"十二五"职业教育国家规划教材修订版　　高等职业教育在线开放课程新形态一体化教材

国家职业教育大数据与会计（会计）专业教学资源库升级改进配套教材

行业会计比较

（第四版）

主　编　张流柱　周　艳

中国教育出版传媒集团
高等教育出版社·北京

内容简介

本书是"十二五"职业教育国家规划教材修订版，同时也是国家职业教育大数据与会计（会计）专业教学资源库升级改进配套教材。

本书是在第三版的基础上，根据财政部颁布的最新《企业会计准则》《政府会计准则——基本准则》和《政府会计制度——行政事业单位会计科目和报表》，融合最新财税法规，紧密结合我国各行业的实际业务和会计核算特点编写而成。本书着重介绍了国民经济中几个支柱行业的典型经济业务的核算内容与方法，具体包括商贸企业、旅游餐饮服务企业、交通运输企业、施工企业、房地产开发企业、农业企业、民间非营利组织和行政事业单位八个行业。在每个学习情境中，结合各行业会计核算的具体要求，突出技能型和应用型人才培养的指导思想，采用横向比较的方法，将各行业会计核算中共性的部分作为已知的知识而省略，分行业介绍其典型的经营业务和管理特点，以及典型业务的会计核算方法，然后再针对该行业进行系统、全面的会计实训操作。

本书基本理论知识介绍简明扼要，全面、详细地介绍各行业自身典型经济业务的会计核算方法，并以学以致用为目标，注重职业技能操作和训练，有利于学习者综合运用会计专业知识，切实增强实际动手操作能力，提高自身综合素质。

为提高学习的针对性和便利性，本书结合各行业的经营业务配备了大量的情境引例、做中学、行业观察和典型任务举例，融入思政育人元素，同时配备完善的教学课件、微课视频、交互式习题自测等二维码资源。

本书适用于高等职业专科院校、职业教育本科院校、中等职业院校、成人高校及应用型本科院校大数据与会计等财务会计类专业及经济管理类相关专业的教学，并可作为社会从业人士的参考读物。

图书在版编目（CIP）数据

行业会计比较 / 张流柱，周艳主编． -- 4版． -- 北京：高等教育出版社，2022.9（2024.12重印）
ISBN 978-7-04-057619-1

Ⅰ. ①行… Ⅱ. ①张… ②周… Ⅲ. ①部门经济-会计-对比研究-高等职业教育-教材 Ⅳ. ①F235-03

中国版本图书馆CIP数据核字(2022)第004145号

行业会计比较（第四版）
HANGYE KUAIJI BIJIAO

策划编辑	武君红	责任编辑	马 一	封面设计	张 志	版式设计	王艳红
插图绘制	杨伟露	责任校对	王 雨	责任印制	高 峰		

出版发行	高等教育出版社	网　　址	http://www.hep.edu.cn
社　　址	北京市西城区德外大街4号		http://www.hep.com.cn
邮政编码	100120	网上订购	http://www.hepmall.com.cn
印　　刷	北京新华印刷有限公司		http://www.hepmall.com
开　　本	787 mm×1092 mm　1/16		http://www.hepmall.cn
印　　张	22		
字　　数	440千字	版　次	2011年12月第1版
插　　页	1		2022年9月第4版
购书热线	010-58581118	印　次	2024年12月第3次印刷
咨询电话	400-810-0598	定　价	49.80元

本书如有缺页、倒页、脱页等质量问题，请到所购图书销售部门联系调换
版权所有　侵权必究
物　料　号　57619-00

"智慧职教"服务指南

"智慧职教"（www.icve.com.cn）是由高等教育出版社建设和运营的职业教育数字教学资源共建共享平台和在线课程教学服务平台，包括职业教育数字化学习中心平台、职教云平台和智慧职教 App。用户在以下任一平台注册账号，均可登录并使用各个平台。

● 职业教育数字化学习中心平台：为学习者提供本教材配套课程及资源的浏览服务。

登录中心平台，在首页搜索框中搜索"行业会计比较"，找到对应作者主持的课程，加入课程参加学习，即可浏览课程资源。

● 职教云平台：帮助任课教师对本教材配套课程进行引用、修改，再发布为个性化课程（SPOC）。

1. 登录职教云平台，在首页单击"新增课程"按钮，根据提示设置要构建的个性化课程的基本信息。

2. 进入课程编辑页面新增教学班级后，在"教学管理"的"教学设计"中"导入"教材配套课程，并根据教学需要进行修改，再发布为个性化课程。

● 智慧职教 App：帮助任课教师和学生基于新构建的个性化课程开展线上线下混合式、智能化教与学。

1. 在安卓或苹果应用市场，搜索"智慧职教 icve" App，下载安装。

2. 登录 App，任课教师指导学生加入个性化课程，并利用 App 提供的各类功能，开展课前、课中、课后的教学互动，构建智慧课堂。

"智慧职教"使用帮助及常见问题解答请访问 help.icve.com.cn。

总　序

　　国家职业教育大数据与会计（会计）专业教学资源库项目（以下简称会计专业资源库）于2008年筹建，2010年获教育部正式立项，2013年顺利通过验收。2014年会计专业资源库建设成果获国家级教学成果一等奖。2016年会计专业资源库升级改进项目获教育部立项，并于2019年验收。2008年至2021年，资源库建设走过与会计行业发展不断融合的13年，走过与全国高职会计专业改革和建设相互借鉴、相互促进的13年，见证并参与了"互联网+"职业教育的高速发展，并将继续与这个变革的时代同步前进。2021年3月，随着《职业教育专业目录（2021年）》的发布，会计专业更名为大数据与会计专业，专业数字化转型的要求对资源库的持续建设和更新提出了更高的要求。

　　会计专业资源库建设主要分为基本建设和升级改进两个阶段。基本建设阶段为2008年至2013年，建成了由"专业中心""课程中心"（含12门核心课程）、"应用中心"（含能力测试系统、虚拟仿真实训系统）、"素材中心"四个中心组成的一整套普适与特色相结合、元素资源与成型资源相配套的高职会计专业标志性教学资源，为"教学做一体化"教学模式的开展提供了互动、开放、可持续的平台，为会计专业人才培养、培训及自主成长提供了解决方案。升级改进阶段为2013年至2019年，以会计行业由财务会计向管理会计转型、国家"营改增"等财税政策和会计政策重大变化、"互联网+"教育模式变革为背景，按照"一体化设计、结构化课程、颗粒化资源"的建设思路，在原已验收的会计专业资源库的基础上开展了下列建设工作：一是进行资源库一体化设计，明确了"大智移云"时代会计职业岗位能力要求及其所需的知识点和技能点，建立了"会计职业岗位知识技能树"。二是重构课程体系。按照管理会计转型要求，新增了"中国会计文化""管理会计基础"等课程，并对成本核算、税费计算与申报等传统课程进行了"管理会计方向"的改建，形成了"以财务会计为基础、以管理会计为重心"的全新课程体系。三是完善颗粒化资源建设。会计资源库项目以各课程的"知识点、技能点"为载体，并以最新财税政策和会计准则为依据进行了颗粒化资源建设，使颗粒化资源由原来的 3 300 余条增加为 10 000 余条。四是注重贯彻立德树人根本任务，德技并修，新增了"中国会计文化"课程，并通过制订课程标准、制作微课、开展会计职业岗位测评等多种渠道进行会计文化、会计职业道德培育。五是开展"互联网＋教育"模式的探索实践和推广应用，形成了适合我国高职会计专业应用的"线上线下混合教学""翻转课堂""自主学习""在线实训"等在线教学模式的典型经验。经过升级改进后的会计专业资源库由"专业中心""课程中心""素材中心""微课中心""培训中心"和"典型应用中心"组成，用户数量已达到了 5 万余人，为全国高职会计专业教育教学、社会学习者自主学习以及员工培训提供了全面的资源支持。

大数据技术与会计专业的结合，不仅体现了会计行业信息化、智能化、数字化的变迁，更推动了课程体系的改变和课程内涵的改革。为此，会计专业资源库将新增大数据基础、财务大数据应用、财税机器人开发与应用、数字化管理会计等大数据及其在财务工作中应用的课程，并将传统的财务会计、成本会计、税费计算与申报等课程与财务信息系统、云财务平台、智慧税务系统等结合起来，升级为智能化、信息化、数字化课程。本套教材是会计专业资源库建设项目的重要成果之一，也是资源库课程开发成果和资源整合应用的重要载体。十余年来，它伴随着资源库的建设和会计行业的变迁而几经修订，汲取着高职会计专业建设和课程改革的成果而不断完善，更依托现代信息化技术而日益丰满，形成了以下几点鲜明特色：

第一，课程体系内容创新。2021 年，项目组在持续进行调研分析的基础上，重新定位了高职会计专业的就业领域、就业岗位，将"财务共享中心""代理记账公司"等新型财务组织的相关岗位任务纳入教学体系，根据会计行业的信息化、智能化、数字化发展特点重新开发一系列基于"大智移云"时代会计岗位群变化的创新教材。本套教材根据高职大数据与会计专业最新的专业教学标准设计，无论是课程体系还是教学内容，均体现了专业变更所带来的创新。同时，各课程之间按照会计工作总体过程关联化、顺序化，做到逻辑一致，内容相谐，实现了顶层设计下会计职业能力培养的递进衔接。

第二，教材内容相对独立。2011 年第一版教材出版时，项目组在顶层设计上要求各课程组"尽量避免不同课程内容之间的重复"，以保证专业教学的体系化。然而在十余年的教材编写和应用实践中，我们发现由于各学校专业人才培养方案不同，其课程内容组合也有所不同。为此，资源库构建了以会计岗位任务为载体，以各"知识点、技能点"为内容的"会计职业知识树"，倡议和鼓励各资源库应用院校根据各自人才培养的需要构建内容不尽相同的"个性化课程",实现了资源库"一体化设计、结构化课程"的建设思路。为此,教材在编写中采用了"结构化课程"的编写思路,每门课程的教学内容相对独立,允许一些边界重叠的课程内容有所重复,如"管理会计基础"课程中的"预算管理""投融资管理""风险管理"等内容与"企业财务管理"课程中的相关内容有一定的重复。从教材使用者的角度来看,教材内容的独立性更有利于组织"个性化"教学。同时,我们也在进一步设想从教材形式改革上来解决这些问题,如探索开发以"知识点、技能点"命名的活页式教材等。

第三,教材体系针对性强。本套教材立足高职"教学做"一体化教学特色,设计三位一体的教材组成。从"教什么,怎么教""学什么,怎么学""做什么,怎么做"三个问题出发,每门课程均编写了"主体教材""教师手册"(放入资源库平台)、"习题与实训用书"。其中,"主体教材"以"学习者用书"为主要定位,立足"学什么,怎么学"进行编写,是课程教学内容的载体;"教师手册"以"教师用书"为主要定位,立足"教什么,怎么教"进行编写,既是教师进行教学组织实施的载体,也是学生参与课堂活动设计的载体;"习题与实训用书"以"能力训练与测试"为主要定位,立足"做什么,怎么做",通过职业判断能力训练、职业实践能力训练、职业拓展能力训练三部分训练全面提高学生的职业能力。

第四,配套资源立体化。资源库教材的最大竞争力在于其丰富、立体的配套资源。按照资源库建设的顶层设计要求,在教材编写的同时,各门课程开发了涵盖课程标准、教学实施方案、电子课件、岗位介绍、操作演示、虚拟互动、典型案例、习题试题、票证账表、图片素材、法规政策、教学视频等在内的丰富的教学资源。这些教学资源的建设与教材编写同步而行,相携而成。为了引导学习者充分使用配套资源,打造真正的"自主学习型"教材,本套教材通过在正文中标注二维码的形式,将各项典型资源与教学内容紧密地结合起来,使之浑然一体。学习者还可通过扫描封面二维码,加入相应资源库课程进行学习。如果说资源库数以万计的教学资源是一颗颗散落的明珠,那么本套教材就是将它们有序串接的珠链。我们有理由相信,这套嵌合着数以万计的优质资源的教材将会成为高职会计专业教学真正意义的数字化、自主学习型的创新教材。

第五,教材教改一体化。作为资源库项目的配套教材,本套教材的编写理念、编写体例、内容框架等均来源于资源库的顶层设计,并与资源库"标准化课程"的建设相配套,因而,本套教材不仅是传统意义上的"教材",更是以教材为载体,反映了资源库课程建设和教学改革的内涵,教材与教改的一体化设计使本套教材发挥了更大的教学价值。

第六,教材体例职业化。遵循工作过程系统化课程开发理论,教材中的大部分课程采用学习情境式教学单元,体现高职教育职业化、实践化特色。本套教材不再使用传统的章节式体例,而是采用职业含义更加丰富的"学习情境"或"项目任务"搭建教学单元。与传统的章节式体例相比,学习情境式或项目任务式教学单元融合了岗位任务完成所需的"职业环境、岗位要求、典型任务、职业工具和职业资料",立体化地描述了完成一项典型工作任务的工作过程和工作情境,再现了大量真实的会计职业的票、账、证、表,满足了高职教育职业性、实践性要求。

第七,教材装帧精美。本套教材大多数采用四色、双色印刷,并以不同的色块,突出重点概念与技能,通过视觉搭建知识技能结构,给人耳目一新的感觉。同时,彩色印刷还原了会计凭证、账簿、报表的本来面目,增强了教材的真实感、职业感。

本套教材的编写团队即为会计专业资源库项目建设团队。会计专业资源库项目由山西省财政税务专科学校校长赵丽生教授、山东商业职业技术学院校长钱乃余教授担任项目负责人,山西省财政税务专科学校赵丽生教授、高翠莲教授、蒋小芸副教授、董京原副教授,江苏财经职业技术学院程淮中教授、浙江金融职业学院孔德兰教授、无锡商业职业技术学院马元兴教授、丽水职业技术学院梁伟样教授、北京财贸职业学院孙万军教授、山东商业职业技术学院张洪波教授、江苏经贸职业技术学院王生根教授、淄博职业学院高丽萍教授、天津职业大学曹军教授、长沙民政职业技术学院张流柱教授等分别担任"中国会计文化""出纳业务操作""成本核算与管理""管理会计基础""会计职业基础""企业财务会计""企业财务管理""税费计算与申报""会计综合实训""会计信息化""审计实务""企业会计制度设计""财务报表分析""行业会计比较"等课程配套教材主编,并不断修订再版,使其与时俱进,日臻完善。更加可贵的是,十余年的磨砺,培育了这支全国高职会计专业教育的核心团队,他们是本套教材质量的最大保障。在这支团队中,走出了3名高职财经名校的校长、3位国家"万人计划"教学名师,诞生了一批高职会计专业教学改革的行家能手。他们活跃在全国高职院校中,以爱岗敬业的情操、为人师表的修养、创新进取的精神、严谨治学的风格取得了一系列的国家级、省级教学成果，引领并推动着高职会计专业教育教学改革。

  千锤百炼出真知。本套教材的编写伴随着资源库建设历程，历时13年已再版至第四版、第五版，本套教材中多部教材相继入选"十二五""十三五"职业教育国家规划教材。依据《国家教材委员会关于首届全国教材建设奖奖励的决定》（国教材〔2021〕6号），《中国会计文化》《会计综合实训（第四版）》《出纳业务操作（第三版）》《会计职业基础（第四版）》《企业财务会计（第四版）》《企业财务管理（第三版）》《审计实务（第三版）》共七部教材被评为首届全国教材建设奖全国优秀教材，是教材建设服务党和国家人才培养成果的典范。它是资源库建设者的心血与智慧的结晶，也是资源库建设成果的集中体现，既具积累之深厚，又具改革之创新。我们衷心地希望它的出版能够为中国高职会计专业教学改革探索出一条特色之路、一条成功之路、一条未来之路！

国家职业教育大数据与会计（会计）专业教学资源库项目组
2021年11月

第四版前言

本书是"十二五"职业教育国家规划教材修订版，同时也是国家职业教育大数据与会计（会计）专业教学资源库升级改进配套教材。

《国家职业教育改革实施方案》对职业教育提出了新的要求：一是坚定不移地加快完善人才培养体系。坚持德技并修、育训结合，把德育融入课堂教学、技能培养、实习实训等环节，促进思政课程与课程思政有机衔接。二是坚定不移地建设技能型社会。着眼需求，提升技能的适应性，紧盯产业链条、紧盯企业需求、紧盯社会急需、紧盯市场信号、紧盯政策框架、紧盯技术前沿，提高技能与经济社会发展的匹配度。基于国家对教材建设提出的新要求及国民经济中几个支柱行业实践发生的新变化，编者对本书第三版做了较大的修改，具体如下：

（1）新增了一个行业。本次修订，在原有七个学习情境，即商贸企业、旅游餐饮服务企业、交通运输企业、施工企业、房地产开发企业、农业企业和民间非营利组织七个行业企业典型业务会计核算的基础上，新增了行政事业单位典型业务的会计核算。一方面完善了行业类型，同时根据各行业的典型经济业务会计核算的介绍实现"财务业务一体化"的有机融合，提升学习者的技能适应性。

（2）增加了思政元素。每个情境的"行业观察"案例均融入了思政元素，并增加素养目标，把德育教育有机地融入教材之中，以提高思想政治教育的实效性，培养学习者的劳模精神、劳动精神、工匠精神，引导学习者爱岗敬业、刻苦学习、精进技艺、全面发展。

（3）精练典型业务，新增情境练习。每个情境均邀请该行业企业专家参与教材编写研讨，重新梳理了各行业的经济活动特点，完善了业务流程，精练了典型业务的案例和训练，同时在国家职业教育大数据与会计（会计）专业教学资源库更新了教学资源，建立了在线测试题库，也可以扫描书中交互式习题自测二维码，方便教学和学习时使用。

（4）体现最新财税法规。结合会计准则和税收政策的变化，将会计准则和指南的变化内容，以及最新财税法规融入每个行业典型业务的会计核算中，确保教材内容的时效性。

  本书由长沙民政职业技术学院张流柱、周艳任主编。参与本书第四版修订的有：长沙民政职业技术学院张流柱、周艳、刘欢、黄娜、欧阳璐璐、刘焕雯、朱孜颖，湖南省第五工程有限公司王京昆、长沙市敏鸿房地产开发有限公司谢端元、长沙仁与公益组织发展与研究中心李娜对本书编写提供了指导与帮助。

  在过去的几年中，我们陆续收到一些老师和同学对本书中文字、数据的更正并就本书的有关表述进行商榷。这对我们帮助良多。这次修订时，我们广泛采纳和吸取了这些意见，在此深表谢意！同时，对所有使用本书的师生表示感谢！你们的信任是这本教材能够持续修订和不断再版的重要原因。同时，在本次修订过程中，编者参考、引用了国内外出版物中的相关资料及网络资源，在此深表感谢！

  尽管我们在本教材的特色建设和精细化方面做出了许多努力，但书中难免还有不妥、疏漏之处，敬请广大读者批评指正，并将意见和建议及时反馈给我们，以便本书不断进行修订完善。

编者
2022 年 6 月

目 录

学习情境一　商贸企业典型业务的会计核算　1

　　职业能力目标　1

　　　学习子情境一　商贸企业的认知　2

　　　学习子情境二　批发业务的核算　5

　　　学习子情境三　零售业务的核算　28

　　　学习子情境四　进出口业务的核算　58

　　情境小结　76

　　情境思考　76

学习情境二　旅游餐饮服务企业典型业务的会计核算　79

　　职业能力目标　79

　　　学习子情境一　旅游餐饮服务企业的认知　80

　　　学习子情境二　酒店业经营业务的核算　82

　　　学习子情境三　餐饮业经营业务的核算　87

　　　学习子情境四　旅行社经营业务的核算　96

　　情境小结　108

　　情境思考　108

学习情境三　交通运输企业典型业务的会计核算　109

　　职业能力目标　109

　　　学习子情境一　交通运输企业的认知　110

　　　学习子情境二　交通运输企业存货的核算　113

　　　学习子情境三　交通运输企业营业收入的核算　118

　　　　学习子情境四　交通运输企业营业成本的核算　123
　　情境小结　139
　　情境思考　139

学习情境四　施工企业典型业务的会计核算　141

　　职业能力目标　141
　　　　学习子情境一　施工企业的认知　142
　　　　学习子情境二　周转材料、临时设施的核算　147
　　　　学习子情境三　工程成本的核算　156
　　　　学习子情境四　工程合同收入的核算　180
　　情境小结　194
　　情境思考　195

学习情境五　房地产开发企业典型业务的会计核算　197

　　职业能力目标　197
　　　　学习子情境一　房地产开发企业的认知　198
　　　　学习子情境二　房地产开发成本的核算　201
　　　　学习子情境三　房地产开发产品的核算　211
　　情境小结　217
　　情境思考　217

学习情境六　农业企业典型业务的会计核算　219

　　职业能力目标　219
　　　　学习子情境一　农业企业的认知　220
　　　　学习子情境二　生物资产的认知　224
　　　　学习子情境三　消耗性生物资产的核算　226
　　　　学习子情境四　生产性生物资产的核算　233

学习子情境五　公益性生物资产的核算　245
学习子情境六　生物资产的转换　247
情境小结　250
情境思考　250

学习情境七　民间非营利组织典型业务的会计核算　251

职业能力目标　251
学习子情境一　民间非营利组织的认知　252
学习子情境二　受托代理资产和受托代理负债的核算　258
学习子情境三　收入和费用的核算　261
学习子情境四　净资产的核算　275
学习子情境五　会计报表的编制　281
情境小结　295
情境思考　295

学习情境八　行政事业单位典型业务的会计核算　297

职业能力目标　297
学习子情境一　行政事业单位的认知　298
学习子情境二　行政事业单位典型业务的会计核算　310
情境小结　328
情境思考　329

参考文献　331

学习情境一

商贸企业典型业务的会计核算

【职业能力目标】

知识目标

- 明确商贸企业及其会计核算的特点
- 熟悉商贸企业的主要经济业务内容和资金运动规律
- 掌握批发业务的核算内容及核算账户
- 掌握零售业务的核算内容及核算账户
- 掌握进出口业务的核算内容及核算账户
- 掌握商贸企业与其他行业在会计核算上的异同

技能目标

- 能根据业务资料对批发业务进行核算
- 能根据业务资料对零售业务进行核算
- 能根据业务资料对进出口业务进行核算
- 能根据业务资料正确填制相关的原始凭证、记账凭证，登记账簿，编制会计报表
- 能根据学习和工作的需要查阅相关的数据和资料
- 能根据企业的经营情况与企业内部和外部各部门之间进行有效的沟通
- 能与其他财务人员进行协调合作

> **素养目标**
> - 具有爱岗敬业、团队合作和协作精神
> - 具备自主学习、归纳和总结知识能力，不断更新知识、方法和技能

学习子情境一　商贸企业的认知

【知识准备】

一、商贸企业及其主要经营活动

（一）商贸企业的分类

商贸企业通过商品购进、销售、调拨、储存等经营业务实现商品流转，其中购进和销售是完成商品流通的关键业务，调拨、储存等业务都是围绕商品购销展开的。商品流通也称商品流转，是指工农业产品通过买卖方式，实现商品从生产领域到消费领域的转移过程。商品流通具有两个基本特征：一是商品实物的转移；二是通过货币结算的买卖行为。只有商品实物的转移而无货币交换或只有货币收付而无实物转移都不属于商品流通。商贸企业按照标准不同，可进行不同的分类。

1. 按照流转区域的不同

商贸企业按照流转区域的不同，可分为国内贸易企业和国际贸易企业。国内贸易企业是指在国内市场上组织各种商品（包括进口商品），并在国内市场上销售的企业，包括批发企业、零售企业和批零兼营企业。国际贸易企业是指组织各种商品在国际市场上销售，或者在国际市场上采购商品，满足国内企业生产和人民生活需要的企业。

2. 按照在社会再生产过程中作用的不同

商贸企业按照其在社会再生产过程中作用的不同，可分为批发企业、零售企业和批零兼营企业。从事批发商品流转的企业称为批发企业；从事零售商品流转的企业称为零售企业；同时从事批发、零售商品流转的企业称为批零兼营企业。

3. 按照商品流通的组织方式不同

商贸企业按照商品流通的组织方式不同，可分为自营商品流通企业和联营商品流通企业。自营商品流通企业是指由商品流通企业自行购进并以其名义对外销售，其特点是一定要采用由商品流通企业自行购进商品并储存，然后再出售的销售组织形式。联营商品流通企业是指由商品流通企业与商品供应商合作，采取先销售后购货结算的一种商品销售组织形式。

（二）商贸企业的主要经营活动

商贸企业的经营活动主要有商品购进、商品销售、商品调拨和商品储存四个环节。与其他行业企业相比较，商贸企业的经营活动有三个显著特点：一是经营活动的主要内容是商品购销；二是资金运动的轨迹是"货币—商品—货币"；三是商品存货在商贸企业全部资产中占有较大比重，是企业核算和管理的重点内容。

1. 商品购进

商品购进，是指商贸企业为了销售或加工后销售，通过货币结算取得商品所有权的交易行为，是商品流转的起点。商品购进必须同时具备以下两个条件：

（1）购进商品的目的是销售。如果购进商品是为了企业自用而不是销售，就不属于商品的购进范围。

（2）通过货币结算取得商品所有权。不通过支付货款而取得的商品，均不属于购进范围，如样品、委托加工商品收回、接受捐赠等。商贸企业商品购进的入账时间，一般以支付货款的时间为依据。在货款先付、商品后到的情况下，以支付货款的时间作为商品购进入账时间；在商品先到、货款后付的情况下，收到商品后暂不入账，待付款时作为商品购进入账时间。

2. 商品销售

商品销售，是指商贸企业通过货币结算而售出商品的交易行为，是商品流转的终点。商品销售必须同时具备以下两个条件：

（1）销售的是本企业所经营的商品。如果销售的商品不属于本企业的经营范围，就不属于商品的销售范围，如包装用品、周转材料等。

（2）通过货币结算转移了商品的所有权。如果发出商品不通过货款结算，也不属于商品的销售范围，如商品移库、赠送样品、拨出委托加工等。

按照《企业会计准则第14号——收入》的要求，企业商品销售收入，应在下列条件均能满足时予以确认：

① 合同各方已批准该合同并承诺将履行各自义务。

② 该合同明确了合同各方与所转让商品或提供劳务（简称"转让商品"）相关的权利和义务。

③ 该合同有明确的与所转让商品相关的支付条款。

④ 该合同具有商业实质，即履行该合同将改变企业未来现金流量的风险、时间分布或金额。

⑤ 企业因向客户转让商品而有权取得的对价很可能收回。

上述五个条件同时满足时才能确认为商品销售收入。具体来说，有以下几种情况：

（1）采用交款提货销售方式，应于货款已收到或取得收取货款的权利，同时已将发票账单和提货单交给购买方时确认收入的实现。

（2）采用预收账款销售方式，应于商品已经发出时，确认收入的实现。

（3）采用托收承付结算方式，应于商品已经发出，并已将发票账单提交银行、办妥收款手续时确认收入的实现。

（4）委托其他单位代销商品的，如果代销单位采用视同买断方式，应于代销商品已经销售并收到代销单位代销清单时，按企业与代销单位确定的协议价确认收入的实现。如果代销单位采用收取手续费方式，应在代销单位将商品销售、企业已收到代销单位代销清单时确认收入的实现。

（5）销售合同或协议明确销售价款的收取采用递延方式，实质上具有融资性质的，应当按照应收的合同或协议价款的公允价值确定销售商品收入金额。应收的合同或协议价款与其公允价值之间的差额，应在合同或协议期间内采用实际利率法进行摊销，计入当期损益。

3. 商品调拨

商品调拨，是指商贸企业在同一独立核算单位内部各实物负责人或柜组、门市部（非同一县市除外）之间的商品转移。商品调拨不作为商品销售处理，也不进行结算，而只是转移各实物负责人或柜组、门市部所承担的经济责任。

4. 商品储存

商品储存，是指商贸企业购进的商品销售之前在企业的停留状态，它以商品资金的形态存在于企业之中。商品储存是商品购进和商品销售的中间环节。保持合理的商品储存是商贸企业开展经营活动必不可少的条件。商品储存包括库存商品、委托代销商品、受托代销商品、发出商品和购买方拒收的代管商品等。

二、商贸企业会计核算的特点

与制造企业相比，商贸企业会计核算有以下的主要特点。

（一）商贸企业会计以商品流转为核心

商贸企业资金运动的轨迹是"货币—商品—货币"。与制造企业相比，其流转过程主要包括购进与销售过程，没有生产过程。

（二）商贸企业的商品存货核算方法与制造企业不同

商贸企业的商品存货核算有数量进价金额核算法、进价金额核算法、售价金额核算法和数量售价金额核算法四种方法，其中数量进价金额核算法和售价金额核算法是目前采用最广泛的两种方法。

（1）数量进价金额核算法，是指对库存商品同时以实物数量和进价金额两种计量单位进行核算的一种方法。

（2）进价金额核算法又称为"进价记账""盘存计销制"，是指对库存商品的总分类核算和明细分类核算都按进价金额记账，而不反映实物数量的一种核算方法。

（3）售价金额核算法也称"售价记账""实物负责制"，是按照售价金额核算企业库存商品的增减变动和结存情况的一种方法。

（4）数量售价金额核算法，是以实物数量和售价金额两种计量单位，反映商品进、销、存情况的一种核算方法。

不同商贸企业应根据库存商品管理要求和信息化处理手段,选用适当的核算方法。商品存货的核算方法见表1-1。

表1-1 商品存货的核算方法

商品存货的核算方法	适用范围
数量进价金额核算法	品种单一、专业性强的零售企业及商品进销存管理采用信息化处理的一般零售企业,如批发企业、农副产品收购企业、粮食企业、外贸企业
进价金额核算法	售价变化快、实物数量不易控制的鲜活商品
售价金额核算法	一般的零售企业
数量售价金额核算法	小型批发企业和品种单一的专业零售企业,商品进销存管理采用信息化处理的一般零售企业

三、商贸企业会计与其他行业会计的比较

商贸企业会计与其他行业会计相比有一定的共性,其资产、负债、所有者权益、收入、费用、利润的确认、计量和报告,都应遵循企业会计准则和相关会计制度的规定。同时,商贸企业在经营管理上,与其他行业又存在着明显的差别,在具体会计核算上也有所不同。表1-2主要以存货核算为例对商贸企业会计与其他行业会计进行比较。

表1-2 商贸企业会计与其他行业会计的比较(存货核算)

项目	共性	特性
存货	1. 购进存货:取得存货应当按照成本进行计量; 2. 发出存货:以加权平均法、先进先出法、个别计价法等计量发出存货的成本; 3. 存货盘存:采取实地盘存制和永续盘存制; 4. 存货的确认范围相同	1. 存货内容:商品存货在企业全部资产中占有较大比重,周转材料金额较小,无原材料和在产品 2. 经营活动以商品购销为主,存货无须自行加工制造,无产品生产过程 3. 商品存货的核算有数量进价金额核算法、进价金额核算法、售价金额核算法和数量售价金额核算法四种方法 4. 采购商品过程中发生的运输费、装卸费、保险费,以及其他可归属于存货采购成本的费用等进货费用,应计入所购商品成本,也可先进行归集,期末根据所购商品的存销情况进行分摊。进货费用金额较小的,发生时直接计入当期销售费用

学习子情境二 批发业务的核算

【情境引例】

永祥商贸公司是一家从事商品批发销售的企业,2022年11月发生如下经济业务:

（1）2日，从北京飞环科技公司购进光波炉200台，单价100元，电饭煲200个，单价150元，货款共计50 000元，增值税税额6 500元。接到银行转来的委托收款结算凭证和增值税专用发票，审核无误后，承付货款。6日，收到购进的光波炉和电饭煲。经检验，发现光波炉质量与合同不符，决定拒收。经与销售方协商，同意退货，并办妥退货手续。10日，收到对方退还的货款。

（2）7日，收到从深圳华星公司购进的电池800节，单价1.50元，货款1 200元，款项已支付。商品运到，实收电池900节，溢100节，原因待查。后与深圳华星公司联系，溢余100节系深圳华星公司多发，本公司同意购进。12日，收到深圳华星公司补来的增值税专用发票，货款150元，增值税税额19.50元，电汇支付其货款。

（3）12日，从温州华宏电器公司购进微波炉400台，单价150元，电水壶200个，单价75元，货款共计75 000元，增值税税额9 750元。温州华宏电器公司代垫运费1 090元（增值税专用发票注明运费1 000元，增值税税额90元），收到温州华宏电器公司发票账单。商品已验收入库，审核后以电汇支付。18日，发现电水壶质量不符合合同要求，经协商，温州华宏电器公司同意退货，退货手续已办妥，货款尚未收到。

（4）12日，上月30日从广东明达公司购进护眼台灯200台，单价130元，商品已验收入库，货款已全部结清。今收到广东明达公司情况说明，由于结算人员失误，误将每台135元错记为130元，现开来销货更正单及增值税发票，应补付货款1 000元，增值税税额130元。

（5）13日，从义乌丰华公司购进电暖手宝100个，单价10元，货款1 000元，增值税税额130元，货款尚未支付。16日，验收时发现商品质量不符，经与义乌丰华公司联系，对方同意给予10%的折让。公司已从当地主管税务机关取得开具红字增值税专用发票通知单送交销售方，并收到义乌丰华公司开具的红字增值税专用发票，货款100元，增值税税额13元。

（6）14日，从山东华普公司购进电热水器80台，单价1 500元，货款120 000元，增值税税额15 600元。山东华普公司给予的付款条件是2/10、1/20、n/30。25日，本公司以电汇支付其货款。

（7）15日，公司销售给福万家超市电饭煲150台，单价200元，货款30 000元，增值税税额3 900元，货款已收到存入银行。

（8）16日，公司销售给华润公司微波炉300台，单价200元，货款60 000元，增值税税额7 800元，商品已发出，代垫运杂费800元，取得运费普通发票，托收手续已办妥。

（9）17日，公司委托蓝华公司销售电热水器50台，协议价1 800元/台，增值税税率13%。代销协议约定，蓝华公司取得代销商品后，无论是否卖出、是否获利，均与本公司无关。该商品已经发出，增值税专用发票已开具，货款尚未收到。

（10）18日，公司向美迪公司购进家乐牌燃具400台，单价150元，商品直运四川大华公司，售价为200元/台，美迪公司代垫运杂费800元，取得运费普通发票，运杂费由四川大华公司负担。购进、销售的增值税税率均为13%。公司已收到美迪公司托收凭证，经审核无误后，货款以电汇支付。本公司对四川大华公司也已办妥托收手续。货款尚未收到。

（11）19日，公司向金利公司销售电水壶200个，售价100元/个，货款20 000元，增值税税额2 600元。为及时收回货款，公司规定的现金折扣条件为2/10、1/20、n/30。30日，公司收到金利公司支付的货款。

（12）22日，公司向金通公司销售护眼台灯150台，售价180元/台，货款27 000元，增值税税额3 510元，用支票支付代垫运杂费410元，取得运费普通发票。托收手续已办妥。28日，银行转来收账通知，金通公司支付货款28 886元，同时收到"拒绝付款理由书"，拒付10台护眼台灯的货款及增值税税额共2 034元。

（13）25日，公司向利通公司销售电取暖器150台，售价260元/台，货款39 000元，增值税税额5 070元，商品已发出，货款已收到。30日，在复核销售发票时，发现单价填开错误，每台多开10元，开出红字增值税专用发票，退还利通公司货款1 500元，增值税税额195元。

（14）30日，结转已销售商品成本。假定上季度毛利率为25%，按毛利率计算法结转已销售商品成本。

要求：根据上述经济业务编制相关会计分录。

【知识准备】

批发企业商品流转包括商品购进、商品销售和商品储存三个环节。批发业务具有如下特征：经营规模、交易量和交易额较大，交易频率较低；商品储备量较大，核算上要随时掌握各种商品进、销、存的数量和结存金额；每次交易都必须取得合法的交易凭证，用以反映和控制商品的交易活动等。批发企业的规模及经营商品品种的多寡决定了其采用的存货核算方法。一般批发企业采用数量进价金额核算法，小型批发企业也可采用数量售价金额核算法。

一、数量进价金额核算法

数量进价金额核算法的内容包括：① 库存商品总账和明细账均按进价记账；② 按照商品的编号、品名及规格，分户设置完整的商品数量金额明细账，记载和反映每种商品的数量和进价金额的增减变动和结存情况；③ 对经营品种繁多的企业，可以在总账与商品明细账之间设置商品类目账（二级账）；④ 企业应采用适当方法随时或定期结转商品销售成本。

采用数量进价金额核算法，便于从数量和金额两方面实行双重控制，可以满足业务部门开展购销业务、财务部门加强资金管理、保管部门明确责任的需要，并且有利于保护商品的安全。但是每笔购销业务都要填制凭证，并按类别、品种的设置登记商品明细账，核算工作量较大。因此，数量进价金额核算法适合于商贸批发企业、农副产品收购企业和外贸企业。经营品种不多，可取得销售商品品种数量金额的零售企业，也可以采用这种核算方法。经营品种虽多但实行商品进销存管理信息化的零售企业，也可以采用这种核算方法。

二、数量售价金额核算法

数量售价金额核算法的内容与数量进价金额核算法基本相同，都是按商品品种设明细账，实行数量和金额双重控制。其不同有两点：①"库存商品"总分类账、类目账和明细账均按售价记账；②设置"商品进销差价"账户，记载售价金额和进价金额之间的差额，定期分摊已销商品进销差价，计算已销商品进价成本和结存商品的进价金额。

数量售价金额核算法，既反映和控制商品的售价，又反映和控制商品的数量，吸取了售价金额核算法和数量进价金额核算法的优点，能充分发挥会计的监督作用。缺点是核算工作量比较大。该方法一般适用于小型批发企业和专业性较强、经营品种单一及贵重物品的零售企业。

【职业判断与业务操作】

一、商品购进的核算

（一）账户设置

商品购进核算主要是反映和监督商品购进、验收入库和货款的结算，需要设置"在途物资""库存商品"等账户。

（1）"在途物资"账户，用以核算企业采用实际成本（或进价）进行商品等物资的日常核算，以及货款已付但尚未验收入库的在途商品的采购成本。其明细账可按供货单位和商品品种设置。

（2）"库存商品"账户，用以核算企业库存的各种商品的实际成本（或进价）或计划成本（或售价），包括库存产成品、外购商品、存放在门市部准备出售的商品、发出展览的商品，以及寄存在外的商品等。该账户可以按照下属各连锁超市的名称设置相应的二级明细账，根据商品的种类、品种和规格设置相应的三级明细账。

（二）商品购进的具体核算

1. 一般购进的核算

批发企业购进商品，由于商品的发运时间和结算凭证的传递时间不一致，通常会出现以下三种情况：①单证与商品同时到达；②单证先到，商品后到；③商品先到，单证后到。这三种情况的会计核算与制造企业购进材料的账务处理相同，在此不再赘述。

批发企业商品购进业务的核算流程

2. 商品购进过程中其他业务的核算

（1）商品购进拒付货款和拒收商品的核算。企业购进商品后拒付货款时，对采用托收承付或委托收款的，应在规定的承付期限内提出充分的理由，填制"拒绝付款理由书"拒付全部或部分款项。由于拒付货款时企业的资金未发生变化，故不作账务处理。

商品购进拒收的核算分三种情况：

① 先拒付货款，后拒收商品。企业收到银行转来的托收凭证，发现所附增值税专用发票与购销合同不符，拒付货款。等商品到达后，再拒收商品。由于先拒付货款，后拒收商品，因此，无须做账务处理，只需将拒收商品记入"代管商品物资"备查簿。

② 先拒收商品，后拒付货款。企业收到商品时，发现商品与购销合同不符，可拒收商品，将拒收商品记入"代管商品物资"备查簿，等银行转来托收凭证时，再拒付货款。

③ 先承付货款，后拒收商品。企业收到银行转来的托收凭证，将所附增值税专用发票与购销合同核对相符后，承付了货款。等商品到达验收时，发现商品与购销合同不符，企业应将所付货款从"在途物资"账户，转入"应收账款"账户，对于支付的该批购进商品的增值税税额也要转入应收账款中，并将拒收商品记入"代管商品物资"备查簿，待与销售方协商解决后，再作相应账务处理。如经协商，企业同意原价购进的，则按商品购进正常程序，从"在途物资"账户转入"库存商品"账户，将增值税税额记入"应交税费"账户，同时冲减"应收账款"账户；如销售方同意退货，收到销售方退还的货款时，借记"银行存款"账户，贷记"应收账款"账户。作上述账务处理时，均应冲减"代管商品物资"备查簿。

■【做中学】■

根据情境引例编制会计分录。

业务（1）：

① 2日，公司收到银行转来的委托收款结算凭证和增值税专用发票，支付货款时：

借：在途物资——光波炉　　　　　　　　　　20 000
　　　　　　——电饭煲　　　　　　　　　　30 000
　　应交税费——应交增值税（进项税额）　　 6 500
　　贷：银行存款　　　　　　　　　　　　　56 500

② 6日，收到2日购进的光波炉和电饭煲，经检验，发现光波炉质量与合同不符，决定拒收。经与销售方协商，同意退货，并办妥退货手续。

商品到达验收时，发现光波炉品种、规格、质量与合同不符，全部予以拒收。经与销售方联系，同意商品退回。购买方已向当地主管税务机关取得开具红字增值税专用发票通知单送交销售方，应将已支付的货款及增值税税额转入"应收账款"账户。

借：库存商品——电饭煲　　　　　　　　　　　　　　　30 000
　　应收账款——北京飞环科技公司　　　　　　　　　　22 600
　　贷：应交税费——应交增值税（进项税额转出）　　　　2 600
　　　　在途物资——光波炉　　　　　　　　　　　　　20 000
　　　　　　　　——电饭煲　　　　　　　　　　　　　30 000

同时，将拒收商品记入"代管商品物资"备查簿。

③ 10日，收到北京飞环科技公司退还的货款时：

借：银行存款　　　　　　　　　　　　　　　　　　　22 600
　　贷：应收账款——北京飞环科技公司　　　　　　　　22 600

同时，在"代管商品物资"备查簿中记录减少。

（2）商品购进中发生溢余和短缺的核算。企业购进商品发生溢余或短缺，未查明原因或经批准才能转销时，先记入"待处理财产损溢"账户，待查明原因后进行处理。

① 企业购进商品发生溢余的，如溢余商品属于自然升溢，则借记"待处理财产损溢"账户，贷记"管理费用"账户；如溢余商品是销售方多发，当收到销售方补来的增值税专用发票并补付货款时，按补付的货款，借记"应付账款"账户，按增值税税额，借记"应交税费——应交增值税（进项税额）"账户，按支付的款项，贷记"银行存款"账户，同时，借记"待处理财产损溢"账户，贷记"应付账款"账户；若购买方不同意购进多发商品，则借记"待处理财产损溢"账户，贷记"库存商品"账户，并将溢余商品记入"代管商品物资"备查簿。

【做中学】

根据情境引例编制会计分录。

业务（2）：

7日，公司收到从深圳华星公司购进的电池，实收900节，溢余100节时：

借：库存商品——电池　　　　　　　　　　　　　　　1 350
　　贷：在途物资——电池　　　　　　　　　　　　　　1 200
　　　　待处理财产损溢——待处理流动资产损溢　　　　 150

溢余100节，经查明，系销售方多发商品，公司同意购进，12日收到深圳华星公司补来的增值税专用发票，并补付货款时：

借：待处理财产损溢——待处理流动资产损溢　　　　　　150
　　应交税费——应交增值税（进项税额）　　　　　　　19.50
　　贷：银行存款　　　　　　　　　　　　　　　　　 169.50

② 企业购进商品发生短缺的，待查明原因后，分别按不同情况进行处理：属于应由销售方、运输单位、保险公司或其他过失人负责赔偿的损失，借记"应付账款""其他应收款"等账户，贷记"待处理财产损溢"账户；属于自然灾害等非正常原因造成的损失，应将扣除残料价值和保险公司或过失人赔偿后的净损失，借记

"营业外支出——非常损失"账户，贷记"待处理财产损溢"账户；属于管理不善等原因造成无法收回的其他损失，报经批准后，借记"管理费用"账户，贷记"待处理财产损溢"账户。企业购进商品发生被盗、丢失、霉变等非正常损失，其增值税进项税额应予转出，借记"待处理财产损溢"等账户，贷记"应交税费——应交增值税（进项税额转出）"账户。

■【做中学】

根据情境引例编制会计分录。

业务（2）：

假定7日公司收到从深圳华星公司购进的电池，实收700节，短少100节时：

借：库存商品——电池　　　　　　　　　　　　　　1 050
　　待处理财产损溢——待处理流动资产损溢　　　　150
　　贷：在途物资——电池　　　　　　　　　　　　　　1 200

短少电池100节，经查明，系销售方少发商品，深圳华星公司同意退还货款。12日，收到深圳华星公司开具的红字增值税专用发票并收到退还的货款时：

借：银行存款　　　　　　　　　　　　　　　　　　169.50
　　贷：应交税费——应交增值税（进项税额）　　　　 19.50
　　　　待处理财产损溢——待处理流动资产损溢　　　150

假定短少100节，经查明，系运输单位过失造成的，其会计分录为：

借：其他应收款　　　　　　　　　　　　　　　　　 169.50
　　贷：待处理财产损溢——待处理流动资产损溢　　　150
　　　　应交税费——应交增值税（进项税额转出）　　19.50

（3）购进商品退出的核算。企业购进商品在验收入库时可能因商品质量、规格不符等问题，而发生进货退出业务。企业发生的进货退出存在两种情况：

① 企业进货后尚未支付货款且未作账务处理，此时发生退货，购买方需将收到的增值税专用发票的发票联和抵扣联退还销售方，销售方将退回的发票联、抵扣联连同记账联注明作废字样，作为扣减当期销项税额和进行有关账务处理的凭证。在未收到购买方退回的增值税专用发票前，销售方不得扣减当期销项税额。

② 企业进货后已支付货款，或虽未支付货款但已作账务处理，原增值税专用发票的发票联和抵扣联已无法退还，此时发生退货，购买方必须取得当地主管税务机关开具的"开具红字增值税专用发票通知单"送交销售方，作为销售方开具红字增值税专用发票的合法依据，销售方在未收到通知单以前，不得开具红字增值税专用发票，收到通知单后，根据退回货物的数量、金额向购买方开具红字增值税专用发票。其记账联作为销售方扣减当期销项税额和进行有关账务处理的凭证，发票联、抵扣联作为购买方扣减进项税额和进行有关账务处理的凭证。

非正常购进商品的核算：进货退出

【做中学】

根据情境引例编制会计分录。

业务（3）：

12日，收到温州华宏电器公司发票账单及商品时：

借：库存商品——电水壶　　　　　　　　　　　　　　　15 200
　　　　　　——微波炉　　　　　　　　　　　　　　　60 800
　　应交税费——应交增值税（进项税额）　　　　　　　 9 840
　　贷：银行存款　　　　　　　　　　　　　　　　　　85 840

18日，发现电水壶质量与合同不符，经协商同意退货（不含抵扣运费），并取得税务机关开具的"开具红字增值税专用发票通知单"，办妥退货手续时：

借：应收账款——温州华宏电器公司　　　　　　　　　　16 950
　　贷：应交税费——应交增值税（进项税额）　　　　　　1 950
　　　　库存商品——电水壶　　　　　　　　　　　　　15 000

收到温州华宏电器公司退还的货款时：

借：银行存款　　　　　　　　　　　　　　　　　　　　16 950
　　贷：应收账款——温州华宏电器公司　　　　　　　　　16 950

（4）购进商品退、补价的核算。企业购进商品验收入库后，由于销售方价格计算错误或发货时按暂估价结算等原因，可能发生进货退价或补价业务。进货退、补价业务只涉及商品价格，不涉及商品数量。

① 进货退价，是指购进商品的实际进价低于原结算的进价，由销售方退还一部分货款给购买方。进货退价应分别按不同情况进行处理：如果退价时，购进商品尚未售出，或虽已售出，但尚未结转销售成本，收到销售方开来的红字增值税专用发票和销货更正单，按退回的货款，借记"银行存款"账户，按多计的增值税额和进价，分别贷记"库存商品""应交税费——应交增值税（进项税额转出）"账户；如果退价时，购进商品已全部或部分售出，并已结转销售成本，按退回的货款，借记"银行存款"账户，按多计的增值税额和进价，分别贷记"主营业务成本""应交税费——应交增值税（进项税额转出）"账户。

② 进货补价，是指购进商品的实际进价高于原结算的进价，应由购买方补付给销售方少收的货款。发生进货补价时，分别不同情况作相反的会计分录。

【做中学】

根据情境引例编制会计分录。

业务（4）：

12日，收到广东明达公司开具的销货更正单和增值税专用发票，假定该护眼台灯尚未销售，货款尚未支付时：

借：库存商品——护眼台灯　　　　　　　　　　　　　　 1 000

应交税费——应交增值税（进项税额）　　　　　　　　　　130
　　　　贷：应付账款——广东明达公司　　　　　　　　　　　　1 130

假定该护眼台灯已销售100台，并已结转销售成本时：
　　借：库存商品——护眼台灯　　　　　　　　　　　　　　　500
　　　　主营业务成本　　　　　　　　　　　　　　　　　　　500
　　　　应交税费——应交增值税（进项税额）　　　　　　　　　130
　　　　贷：应付账款——广东明达公司　　　　　　　　　　　　1 130

（5）购货折让和现金折扣的核算。

① 购货折让的核算。购货折让，是指企业购进的商品，因品种、规格和质量不符等原因，销售方所给予的价格上的减让。购买方在得到销售方的销售折让时，应以商品的买价扣除购货折让后的净额入账。

■【做中学】■

根据情境引例编制会计分录。

业务（5）：

16日，收到从义乌丰华公司购进的电暖手宝时：
　　借：库存商品——电暖手宝　　　　　　　　　　　　　　　1 000
　　　　应交税费——应交增值税（进项税额）　　　　　　　　　130
　　　　贷：应付账款——义乌丰华公司　　　　　　　　　　　　1 130

因商品质量不符，销售方同意给予10%的折让，收到义乌丰华公司开具的红字增值税专用发票时：
　　借：应付账款——义乌丰华公司　　　　　　　　　　　　　113
　　　　贷：应交税费——应交增值税（进项税额转出）　　　　　13
　　　　　　库存商品——电暖手宝　　　　　　　　　　　　　　100

② 现金折扣的核算。现金折扣，是指购买方在赊购商品后，因及时清偿赊购货款而从销售方取得的债务扣除。企业赊购商品，发生现金折扣时，应采用总价法核算。总价法是指以商品的发票价格作为其买价入账，当企业享受现金折扣时，其折扣额冲减当期的财务费用。

■【做中学】■

根据情境引例编制会计分录。

业务（6）：

14日，从山东华普公司购进电热水器，验收入库时：
　　借：库存商品——电热水器　　　　　　　　　　　　　　　120 000
　　　　应交税费——应交增值税（进项税额）　　　　　　　　　15 600
　　　　贷：应付账款——山东华普公司　　　　　　　　　　　　135 600

25日，支付山东华普公司货款，获得1%的现金折扣时：

借：应付账款——山东华普公司　　　　　　　　135 600
　　贷：银行存款　　　　　　　　　　　　　　134 400
　　　　财务费用　　　　　　　　　　（120 000×1%＝）1 200

二、商品销售的核算

（一）账户设置

商品销售核算主要是反映和监督商品销售、出库和货款的结算，需要设置"主营业务收入""主营业务成本"等账户。

（1）"主营业务收入"属损益类账户，用来核算企业确认的销售商品等主营业务收入。该账户可按主营业务收入的种类进行明细核算。

（2）"主营业务成本"属损益类账户，用来核算企业确认的销售商品等主营业务收入时应结转的成本。该账户可按主营业务的种类进行明细核算。

（二）商品销售的具体核算

1. 本地商品销售的核算

本地商品销售一般采用提货制和送货制。企业销售商品确认收入时，应按已收或应收的合同或协议价款，加上应收取的增值税税额，借记"银行存款""应收账款""应收票据"等账户，按确定的收入金额，贷记"主营业务收入"账户，按应收取的增值税税额，贷记"应交税费——应交增值税（销项税额）"账户。

【做中学】

根据情境引例编制会计分录。

业务（7）：

15日，公司销售电饭煲，收到货款时：

借：银行存款　　　　　　　　　　　　　　　33 900
　　贷：主营业务收入　　　　　　　　　　　　30 000
　　　　应交税费——应交增值税（销项税额）　3 900

已知电饭煲的进价为150元/台，结转商品销售成本时：

借：主营业务成本　　　　　　　　　　　　　22 500
　　贷：库存商品——电饭煲　　　　　　　　　22 500

在实际工作中，由于商品种类繁多，每天计算商品销售成本工作量很大，为了简化核算手续，主营业务成本一般在期末集中结转。结转商品销售成本时，按照销售商品进价，借记"主营业务成本"账户，贷记"库存商品"账户。如果售出商品不符合收入确认条件，则不应确认收入，已经发出的商品，应当通过"发出商品"账户进行核算。

【做中学】

根据情境引例编制会计分录。

业务（7）：

假定 15 日公司销售电饭煲时，得知福万家超市资金周转发生困难，货款回收存在较大不确定性，但公司为了减少商品积压，仍将商品发往福万家超市，并已开具增值税专用发票，此时发出商品的成本应通过"发出商品"账户核算。已知电饭煲的进价为 150 元/台，售价为 200 元/台，则发出商品的账务处理为：

借：发出商品——福万家超市　　　　　　　　　22 500
　　贷：库存商品——电饭煲　　　　　　　　　　　22500

同时，将增值税专用发票上注明的增值税税额转入应收账款。

借：应收账款——福万家超市　　　　　　　　　3 900
　　贷：应交税费——应交增值税（销项税额）　　　3 900

▌注意事项 ▐

如果销售该商品的增值税纳税义务尚未发生，则不作这笔分录，待纳税义务发生时再作应交增值税的会计分录。

3 个月后如果福万家超市经营情况逐渐好转，承诺近期付款时：

借：应收账款——福万家超市　　　　　　　　　30 000
　　贷：主营业务收入　　　　　　　　　　　　　30 000
借：主营业务成本　　　　　　　　　　　　　　22 500
　　贷：发出商品　　　　　　　　　　　　　　　22 500

收到福万家超市支付的货款时：

借：银行存款　　　　　　　　　　　　　　　　33 900
　　贷：应收账款——福万家超市　　　　　　　　33 900

2. 异地商品销售的核算

异地商品销售一般采用发货制，通过托收承付或委托收款方式结算货款。在异地商品销售中，销售方一般要委托运输单位将商品运往购买方，至于支付给运输单位的运费，根据购销合同规定，一般由购买方负担。销售方代垫运费时，应通过"应收账款"账户进行核算，然后连同销货款、增值税税额一并通过银行向购买方办理托收。

▌【做中学】 ▐

根据情境引例编制会计分录。

业务（8）：

16 日，公司销售微波炉，办妥托收手续时：

借：应收账款——华润公司　　　　　　　　　　68 600
　　贷：主营业务收入　　　　　　　　　　　　　60 000
　　　　应交税费——应交增值税（销项税额）　　7 800
　　　　银行存款　　　　　　　　　　　　　　　800

3. 分期收款销售商品的核算

企业为了提高市场占有率，扩大销售量，有时会以分期收款的方式销售商品，即商品已经交付，货款分期收回。如果延期收取的货款具有融资性质，其实质是企业向购买方提供免息的贷款，在符合收入确认条件时，企业应当按照应收的合同或协议价款的公允价值确定收入金额。应收的合同或协议价款的公允价值，通常应当按照其未来现金流量现值或商品现销价格计算确定。应收的合同或协议价款与其公允价值之间的差额，应在合同或协议期限内，按应收款项的摊余成本和实际利率计算确定的摊销金额，冲减财务费用。基于重要性要求，应收的合同或协议价款与其公允价值之间的差额，按照应收款项的摊余成本和实际利率进行摊销，与采用直线法进行摊销结果相差不大的，也可以采用直线法进行摊销。

【典型任务举例】

永源公司 2022 年 1 月 1 日采用分期收款方式向长久公司销售大型设备一套，协议约定：从销售当年年末分 5 年分期收款，每年 1 000 万元，合计 5 000 万元。该大型设备成本为 3 000 万元，不考虑增值税。假定现销方式下，该大型设备的销售价格为 4 000 万元，若实际利率为 7.93%，则在 2022 年 1 月 1 日永源公司发出商品时，应编制的会计分录为：

借：长期应收款——长久公司　　　　　　　　　50 000 000
　　贷：主营业务收入　　　　　　　　　　　　40 000 000
　　　　未实现融资收益　　　　　　　　　　　10 000 000

同时结转商品销售成本：

借：主营业务成本　　　　　　　　　　　　　　30 000 000
　　贷：库存商品　　　　　　　　　　　　　　30 000 000

2022 年 12 月 31 日收取货款和增值税税额时：

借：银行存款　　　　　　　　　　　　　　　　11 300 000
　　贷：长期应收款——长久公司　　　　　　　10 000 000
　　　　应交税费——应交增值税（销项税额）　 1 300 000

借：未实现融资收益　　（40 000 000×7.93%＝）3 172 000
　　贷：财务费用　　　　　　　　　　　　　　 3 172 000

其余年份的账务处理同上。

4. 委托代销商品的核算

（1）视同买断方式代销商品。委托方和受托方签订合同或协议，委托方按合同或协议收取代销的货款，实际售价由受托方自定，实际售价与合同或协议价之间的差额归受托方所有。如果委托方和受托方之间的协议明确标明，受托方在取得代销商品后，无论是否能够卖出、是否获利，均与委托方无关，那么，委托方和受托方之间的代销商品交易，与委托方直接销售商品给受托方没有实质区别，在符合销售商品收入确认条件时，委托方应确认相关销售商品收入。如果委托方和受托方之间的协议明确标明，将来受托方没有将商品售出时可以将商品退回给委托方，或受托方因代销商品出现亏损时可以要求委托方补偿，那么，委托方在交付商品时不确认收入，受托方也不作购进商品处理，受托方将商品销售后，按实际售价确认销售收入，并向委托方开具代销清单，委托方收到代销清单时，再确认本企业的销售收入。

【做中学】

根据情境引例编制会计分录。

业务（9）：

17日，公司委托蓝华公司销售电热水器，根据代销协议，蓝华公司无论是否售出或获利，均与委托方无关，因此，发出商品并开具增值税专用发票时，应确认销售收入：

借：应收账款——蓝华公司　　　　　　　　　101 700
　　贷：主营业务收入　　　　　　　　　　　　90 000
　　　　应交税费——应交增值税（销项税额）　11 700

假定电热水器的进价为1 500元/台，结转商品销售成本时：

借：主营业务成本　　　　　　　　　　　　　　75 000
　　贷：库存商品——电热水器　　　　　　　　75 000

（2）收取手续费方式代销商品。委托方在发出商品时通常不确认销售商品收入，而应在收到受托方开出的代销清单时确认销售商品收入；受托方应在商品销售后，按合同或协议约定的方法计算确定的手续费确认收入。企业委托其他单位代销商品，采取支付代销手续费方式时，应设置"委托代销商品""受托代销商品""受托代销商品款"账户。"委托代销商品"属资产类账户，用以核算企业委托其他单位或个人代销的商品。企业将商品交付受托方代销时，记借方；收到受托方已售代销商品清单时，记贷方；期末余额在借方，表示企业尚有委托代销商品的数额。该账户应按受托单位进行明细分类核算。"受托代销商品"属资产类账户，用以核算企业接受其他单位委托代销的商品。企业收到代销商品时，记借方；接受代销商品销售后，结转其销售成本时，记贷方；期末余额在借方，表示企业尚未销售的代销商品数额。该账户应按委托单位进行明细分类核算。"受托代销商品款"属负债类账户，用以核算企业接受代销商品的货款。企业在收到代销商品时，记贷方；销售代销商品时，记借方；期末余额在贷方，表示尚未销售的代销商品的货款。该账户应按委托单位进行明细分类核算。

【做中学】

根据情境引例编制会计分录。

业务（9）：

假定永祥商贸公司与蓝华公司签订委托代销协议，约定蓝华公司应按2 000元/

台对外销售电热水器，公司按不含增值税售价的 10% 支付蓝华公司手续费。本月 30 日，蓝华公司销售电热水器 20 台，开出的增值税专用发票上注明的价款为 40 000 元，增值税税额 5 200 元，款项已收到。永祥商贸公司收到蓝华公司开具的代销清单时，向蓝华公司开出一张相同金额的增值税专用发票。假定电热水器的成本为 1 500 元 / 台，公司发出商品时纳税义务尚未发生，不考虑其他因素。

永祥商贸公司的账务处理为：

① 发出商品时：

借：委托代销商品——电热水器　　　　　　　　　　75 000
　　贷：库存商品——电热水器　　　　　　　　　　　75 000

② 收到代销清单并开出发票时：

借：应收账款——蓝华公司　　　　　　　　　　　45 200
　　贷：主营业务收入　　　　　　　　　　　　　　40 000
　　　　应交税费——应交增值税（销项税额）　　　 5 200
借：主营业务成本　　　　　　　　　　　　　　　30 000
　　贷：委托代销商品——电热水器　　　　　　　　30 000
借：销售费用　　　　　　　　　　　　　　　　　 4 000
　　贷：应收账款——蓝华公司　　　　　　　　　　 4 000

③ 收到蓝华公司支付的货款时：

借：银行存款　　　　　　　　　　　　　　　　　41 200
　　贷：应收账款——蓝华公司　　　　　　　　　　41 200

蓝华公司的账务处理为：

① 收到商品时：

借：受托代销商品　　　　　　　　　　　　　　　40 000
　　贷：受托代销商品款　　　　　　　　　　　　　40 000

② 对外销售时：

借：银行存款　　　　　　　　　　　　　　　　　45 200
　　贷：应付账款——永祥商贸公司　　　　　　　　40 000
　　　　应交税费——应交增值税（销项税额）　　　 5 200

③ 收到永祥商贸公司开来的增值税专用发票时：

借：应交税费——应交增值税（进项税额）　　　　 5 200
　　贷：应付账款——永祥商贸公司　　　　　　　　 5 200
借：受托代销商品款　　　　　　　　　　　　　　40 000
　　贷：受托代销商品　　　　　　　　　　　　　　40 000

④ 扣除手续费后支付货款时：

借：应付账款——永祥商贸公司　　　　　　　　　45 200

　　　　贷：银行存款　　　　　　　　　　　　　　41 200
　　　　　　其他业务收入　　　　　　　　　　　　4 000

5. 直运商品销售的核算

　　直运商品销售是指企业购进商品后，不经过本企业仓库储备，直接从销售单位发运给购买单位的一种销售方式。采用直运商品销售时，商品购进与销售同时进行，商品不通过购销企业仓库的储存环节，因此，可以不通过"库存商品"账户，而直接在"在途物资"账户核算。由于直运商品购进和销售的增值税专用发票上已经列明商品的购进金额和销售金额，因此，商品销售成本可以按照实际进价成本分销售批次随时进行结转。

■【做中学】■

根据情境引例编制会计分录。

业务（10）：

18日，公司收到美迪公司托收凭证，支付货款时：

　　借：在途物资——家乐牌燃具（美迪公司）　　　60 000
　　　　应交税费——应交增值税（进项税额）　　　　7 800
　　　　应收账款——代垫运费（四川大华公司）　　　　800
　　　　贷：银行存款　　　　　　　　　　　　　　68 600

从美迪公司购进燃具直销四川大华公司，办妥托收手续时：

　　借：应收账款——四川大华公司　　　　　　　　91 200
　　　　贷：主营业务收入——燃具　　　　　　　　80 000
　　　　　　应交税费——应交增值税（销项税额）　10 400
　　　　　　应收账款——代垫运费（四川大华公司）　 800

同时结转商品销售成本，应编制的会计分录为：

　　借：主营业务成本——燃具　　　　　　　　　　60 000
　　　　贷：在途物资——家乐牌燃具（美迪公司）　60 000

6. 商品销售涉及商业折扣、现金折扣及销售折让的核算

　　企业在对销售商品收入进行计量时，应注意区别商业折扣、现金折扣和销售折让。

　　（1）商业折扣。商业折扣，是指企业为促进商品销售而在商品标价上给予的价格扣除。商业折扣通常用百分数表示，如5%、10%等。企业应收账款入账金额应按扣除商业折扣以后的发票价格确认。

　　（2）现金折扣。现金折扣的会计核算方法有总价法和净价法两种。我国企业会计准则规定，现金折扣采用总价法。总价法是指应收账款和销售收入均按未扣减现金折扣前的金额入账，当顾客在折扣期内支付货款时，债权人将债务人享有的现金折扣作为财务费用处理。

【做中学】

根据情境引例编制会计分录。

业务（11）：

19日，公司销售电水壶时：

借：应收账款——金利公司　　　　　　　　　22 600
　　贷：主营业务收入——电水壶　　　　　　　　20 000
　　　　应交税费——应交增值税（销项税额）　　2 600

30日，金利公司支付货款，公司给予1%现金折扣时：

借：银行存款　　　　　　　　　　　　　　　22 400
　　财务费用　　　　　　　　　　　　　　　　　200
　　贷：应收账款——金利公司　　　　　　　　22 600

（3）销售折让。销售折让是指企业因售出商品的质量不合格、规格不符合协议或合同要求等原因而在商品价格上给予的减让。销售折让可能发生在企业确认收入之前，也可能发生在企业确认收入之后。若为前者，就相当于商业折扣，可以采用与商业折扣相同的方法进行处理。若销售折让发生在企业确认收入后，应区别不同情况进行处理：如果已确认销售收入的售出商品发生销售折让，且不属于资产负债表日后事项的，应在发生时冲减当期"主营业务收入"，如果按规定允许扣减增值税税额的，还应冲减已确认的"应交税费——应交增值税（销项税额）"；如果销售折让发生在确认销售收入后，并且属于资产负债表日后事项的，其会计处理按资产负债表日后事项处理。

【做中学】

根据情境引例编制会计分录。

业务（11）：

假定19日永祥商贸公司销售给金利公司的电水壶存在商品质量问题，金利公司要求给予20%的销售折让。经协商，销售方已同意折让。金利公司已取得当地主管税务机关出具的"开具红字增值税专用发票通知单"交给永祥商贸公司，永祥商贸公司开出红字增值税专用发票交给金利公司。永祥商贸公司的账务处理为：

借：应收账款——金利公司　　　　　　　　　4 520
　　贷：主营业务收入　　　　　　　　　　　　4 000
　　　　应交税费——应交增值税（销项税额）　　520

假定21日收到金利公司支付的货款时：

借：银行存款　　　　　　　　（22 600－4 520＝）18 080
　　贷：应收账款——金利公司　　　　　　　　18 080

7. 商品销货退回的核算

销货退回是指企业销售的商品因品种、规格、质量不符合要求等原因而发生的购买方退货。企业销售退回应当分别情况处理：① 对于未确认收入的售出商品发生销售退回的，企业按记入"发出商品"账户的商品成本金额，借记"库存商品"账户，贷记"发出商品"账户。② 对于已确认收入的售出商品发生销售退回的，企业应取得"开具红字增值税专用发票通知单"，据此开出红字增值税专用发票。销售退回无论是当年发生的，还是以前年度发生的，均应在发生时冲减退回当期的商品销售收入，同时冲减退回当期的商品销售成本。即借记"主营业务收入"账户，按允许扣减当期销项税额的增值税税额，借记"应交税费——应交增值税（销项税额）"账户，按已付或应付的金额，贷记"银行存款""应付账款"等账户。按退回商品的成本，借记"库存商品"账户，贷记"主营业务成本"账户。如果该项销售已发生现金折扣，应在退回当月一并处理。③ 已确认收入的售出商品发生销售退回属于资产负债表日后事项的，应按照有关资产负债表日后事项的规定进行会计处理。

【做中学】

根据情境引例编制会计分录。

业务（11）：

假定 19 日公司销售给金利公司的电水壶全部存在商品质量问题，金利公司要求退货，经协商，公司同意退货。金利公司已取得当地主管税务机关开具的"企业进货退出及索取折让证明单"交给销售方，永祥商贸公司已开出红字增值税专用发票交给金利公司，则永祥商贸公司的账务处理为：

借：应收账款——金利公司　　　　　　　　　22 600
　　贷：主营业务收入　　　　　　　　　　　　20 000
　　　　应交税费——应交增值税（销项税额）　2 600

8. 购买方拒付货款和拒收商品的核算

在异地商品销售中，购买方发现商品的数量、品种、规格、质量、价格等与合同不符时，就会发生拒付货款和拒收商品。销售方接到购买方提出的"拒绝付款理由书"时，暂不作账务处理，应由业务部门及时查明原因，在未查明原因或未批准解决前，购买方拒付货款部分仍应保留在"应收账款"账户。查明原因解决后，再根据不同情况进行处理。

（1）对于商品计价错误，应由业务部门填制红字增值税专用发票，财务部门审核后，据以作销货退价处理。

（2）对于商品少发，应根据购买方的要求进行处理：如果购买方要求补发商品，在商品发运后，仍按原发票货款进行结算；若购买方不再要求补发商品，则由业务部门填制红字增值税专用发票，作销售退回处理。

（3）对于因商品质量不符合要求，或因商品品种、规格错发，购买方要求退货的，作销售退回处理。

（4）对于商品运输过程中发生的短缺，且购买方不再要求补发商品的，则先要对短缺商品的货款作红字冲销"主营业务收入""应交税费"和"应收账款"账户。然后再根据具体情况进行账务处理,如属于本企业储运部门责任,应由其填制"财产损失报告单",将商品短缺金额转入"待处理财产损溢"账户,经批准后,再转入相关账户;若是外部运输单位的责任,应将损失转入"其他应收款"账户。

(5) 如果购买单位支付了部分货款,同时又拒付部分货款,应将收到的货款,借记"银行存款"账户,对于尚未收到的货款仍然保留在"应收账款"账户内,待与对方协商解决后再予以转销。

【做中学】

根据情境引例编制会计分录。

业务(12):

22日,向金通公司销售护眼台灯时:

借:应收账款——金通公司　　　　　　　　　　30 920
　　贷:主营业务收入　　　　　　　　　　　　　27 000
　　　　应交税费——应交增值税(销项税额)　　 3 510
　　　　银行存款　　　　　　　　　　　　　　　　410

28日,收到金通公司支付的部分货款时:

借:银行存款　　　　　　　　　　　　　　　　28 886
　　贷:应收账款——金通公司　　　　　　　　　28 886

假定出现质量问题的护眼台灯,金通公司要求退货,并取得当地主管税务机关出具的"开具红字增值税专用发票通知单",永祥商贸公司已收到金通公司退回的商品,并开具红字增值税专用发票,则永祥商贸公司的账务处理为:

借:应收账款——金通公司　　　　　　　　　　2 034
　　贷:主营业务收入　　　　　　　　　　　　　 1 800
　　　　应交税费——应交增值税(销项税额)　　　 234

假定出现质量问题的护眼台灯,金通公司要求给予10%折让时:

借:应收账款——金通公司　　　　　　　　　　203.40
　　贷:主营业务收入　　　　　　　　　　　　　　180
　　　　应交税费——应交增值税(销项税额)　　　23.40

假定护眼台灯出现质量问题的原因是运输单位责任造成的商品损坏,则未收到运输单位赔偿款时:

借:银行存款　　　　　　　　　　　　　　　　28 886
　　其他应收款——某运输公司　　　　　　　　 2 034
　　贷:应收账款——金通公司　　　　　　　　　30 920

9. 商品销售退、补价的核算

销货退价是指实际售价低于原结算的售价,销售方应将多收的差额退还给购买方。销货补价是指实际售价高于原结算售价，销售方应向购买方补收少算的差额。发生退、补价时，应由业务部门填制红、蓝字增值税专用发票，同时填制"销货更正单"，财务部门审核后，据以办理退、补价款手续。由于退、补价是销售金额的调整，不涉及商品数量，只需增加或减少"主营业务收入""应交税费——应交增值税（销项税额）"账户的金额，不调整"库存商品""主营业务成本"账户的金额。

■【做中学】■

根据情境引例编制会计分录。

业务（13）：

25日，永祥商贸公司向利通公司销售电取暖器，收到货款时：

借：银行存款　　　　　　　　　　　　　　　　44 070
　　贷：主营业务收入　　　　　　　　　　　　39 000
　　　　应交税费——应交增值税（销项税额）　 5 070

30日，永祥商贸公司复核发票时，发现单价每台多开10元，开出红字增值税专用发票，退还货款时：

借：主营业务收入　　　　　　　　　　　　　　 1 500
　　应交税费——应交增值税（销项税额）　　　　 195
　　贷：银行存款　　　　　　　　　　　　　　 1 695

假定永祥商贸公司在复核发票时，发现单价每台少开10元，开出增值税发票，补收货款时：

借：应收账款——利通公司　　　　　　　　　　 1 695
　　贷：主营业务收入　　　　　　　　　　　　 1 500
　　　　应交税费——应交增值税（销项税额）　　 195

三、商品储存的核算

（一）库存商品明细账的设置与登记

1. 库存商品明细账的设置

库存商品明细账是指按商品的品名、规格、等级分户设置，用以登记其收发存情况的账簿。批发企业库存商品明细账的设置一般有以下三种方法。

（1）三账分设，指业务、仓库、会计部门各设一套库存商品明细账，即业务部门设调拨账，仓库设保管账，会计部门设库存商品明细账。

（2）两账合一，指业务和会计部门合并设置一套库存商品明细账，既记录数量又记录金额，提供业务和会计部门所需要的库存商品明细资料；仓库设保管账。

（3）三账合一，指业务、仓库和会计部门合设一套库存商品明细账，记录数量、金额时还提供业务、仓库和会计部门所需的库存商品明细资料。

2. 库存商品明细账的格式与登记

库存商品明细账一般采用数量金额式账页，其格式见表1-3。

表 1-3　库存商品明细账

类别：　　　　货号：　　　　品名：　　　　规格：　　　　等级：　　　　单位：

年		凭证字号	摘要	借方				贷方				结存			存放地点及数量	
月	日			数量		单价	金额	数量		单价	金额	数量	单价	金额	甲库	乙库
				购进	其他			销售	其他							

库存商品明细账的登记方法与一般明细账有所不同，具体如下：

（1）购进：根据商品入库凭证记入库存商品明细账借方栏的购进数量、单价和金额栏。

（2）销售：根据商品销售的发货凭证，记入库存商品明细账的贷方栏。逐日结转成本的，应登记销售数量、单价和金额栏；定期结转成本的，则平时只登记销售数量栏，不登记单价和金额栏，销售成本金额在月末一次登记。

（3）进货退出：根据进货退出凭证，用红字记入库存商品明细账借方栏的购进数量和金额栏，表示购进的减少，并用蓝字登记单价。

（4）销货退回：根据销货退回凭证记入库存商品明细账的贷方栏。若逐日结转成本的，用红字登记销售数量栏和金额栏，用蓝字登记单价栏；若定期结转成本的，平时只用红字登记销售数量栏，不登记单价和金额栏，红字表示销售的减少。

（5）购进商品退补价：将退补价款的差额记入借方的单价和金额栏，退价用红字反映，补价用蓝字反映。

（6）分期收款发出商品：根据分期收款商品发出凭证记入库存商品明细账贷方栏的其他数量、单价和金额栏。

（7）商品加工收回：根据商品加工成品收回单记入库存商品明细账借方栏的其他数量、单价和金额栏。

（8）商品发出加工：根据商品加工发料单记入库存商品明细账贷方栏的其他数量、单价和金额栏。

（9）商品溢余：根据商品溢余报告单记入库存商品明细账借方栏的其他数量、单价和金额栏。

（10）商品短缺：根据商品短缺报告单记入库存商品明细账贷方栏的其他数量、单价和金额栏。

（二）库存商品盘点及溢缺的核算

商贸企业的商品在储存过程中，由于自然因素或人为原因，可能会引起商品数量的溢缺，以及质量上的变化，为了保护商品的安全，保证账实相符，企业必须建立健全盘点制度，定期或不定期开展库存商品的盘点，以清查商品在数量上有无损耗和溢余，在质量上有无残次、损坏、变质等情况。同时应及时掌握商品结构是否合理，有无冷背、呆滞等问题，便于及时作出调整。盘点结束，填制"商品盘存表"，以反映清查盘点的结果。如有盘盈、盘亏情况，应填制"商品溢余（短缺）报告单"。其会计处理与制造企业基本相同，此处不再赘述。

（三）商品跌价的核算

商贸企业应当定期或者至少每年年度终了，对库存商品进行全面清查，如由于商品遭受毁损、全部或部分陈旧过时或销售价格低于成本等原因，使库存商品成本高于可变现净值的，应将库存商品成本高于可变现净值的部分计提存货跌价准备，计入当期损益。

（四）商品销售成本计算与结转

1. 商品销售成本的结转时间

除经营品种单一、商品整批进出并能分清批次的企业和制度明确规定采用按日结转外，一般企业都采用定期结转。定期结转有按月或按季结转两种，商贸企业定期结转一般为按月结转。

2. 商品销售成本的结转方法

批发企业商品销售成本的结转方法有分散结转和集中结转两种。

分散结转是按每一库存商品明细账户计算出已销售商品的成本，并编制记账凭证逐户结转，然后逐户汇总，求得全部商品销售成本总金额，并编制记账凭证汇总表，据以在库存商品总分类账（或类目账）上结转。

集中结转是平日在库存商品明细账上只登记销售商品的数量，期末（一般为月末）结转已销售商品成本时，根据确定的库存商品单价，在明细账中计算出每种商品的结存金额，然后按类或全部商品汇总计算出大类或全部商品的期末结存金额，再根据类目账和总账资料倒挤大类或全部销售商品的成本，并在总账或类目账上结转。

3. 商品销售成本的计算

在数量进价金额核算法下，批发企业可以采用个别计价法、加权平均法、移动加权平均法、先进先出法和毛利率计算法计算销售商品的成本。由于在财务会计的学习中，个别计价法、加权平均法、移动加权平均法和先进先出法已详细讲述，在此只讲毛利率计算法。毛利率计算法是根据本月实际商品销售收入净额和本季计划或上季实际毛利率，先计算本月商品销售毛利，再据以计算本月商品销售成本的方法。其计算公式如下：

本月商品销售收入净额 = 本月商品销售收入 - 销售折扣与让利
本月商品销售毛利 = 本月商品销售收入净额 × 上季度实际毛利率
（或本季度计划毛利率）
本月商品销售成本 = 本月商品销售收入净额 - 本月商品销售毛利

或按以下公式计算：

本月商品销售成本 = 本月商品销售收入净额 × (1 - 上季度实际毛利率或本季度计划毛利率)

【做中学】

根据情境引例编制会计分录。

业务（14）：

11月公司销售收入为342 700元，假定按上季度毛利率25%结转已销商品成本，其计算过程为：

本月商品销售成本 = 342 700 × (1 - 25%) = 257 025（元）

借：主营业务成本　　　　　　　　　　　　257 025
　　贷：库存商品　　　　　　　　　　　　　　　257 025

采用毛利率计算法计算已销商品的成本，不按商品的品种、规格分别计算，而按商品大类或全部商品计算商品销售成本，可以简化核算工作量，而且计算手续比较简单。由于同类商品中各种商品的毛利率不完全相同，而且上季度实际毛利率（或本季度计划毛利率）与本月实际毛利率也不尽相同，导致计算结果不够准确。因此，这种方法一般在每季度的前两个月采用，而在季末采用加权平均法或移动加权平均法计算出全季度的商品销售成本，再减去前两个月用毛利率计算法计算出的商品销售成本，剩下的就是第三个月的商品销售成本，这样就将前两个月用毛利率法估算的商品销售成本与实际商品销售成本的差额挤到第三个月进行调整，可使得每季度的商品销售成本及季度结存商品的价值接近实际，以提高每季度商品销售成本计算的正确性。商品销售成本的计算方法一经确定，不得随意变更，以保持会计信息的可比性。

【课堂能力训练】

华丰电器公司为从事商品批发业务的一般纳税人，2022年2月发生下列经济业务：

（1）5日，从四海空调厂购进空调50台，每台2 000元，货款100 000元，增值税税额13 000元，商品运到并验收入库，货款以转账支付。

（2）8日，从深圳佳美公司购进电视机100台，每台1 000元，货款100 000元，增值税税额13 000元。11日，开户银行转来深圳佳美公司托收货款结算单证，以及代垫运费增值税专用发票，列明运费1 000元，增值税税额90元。经审核无误，予以承付。

（3）9日，上月28日向星火微波炉厂购进微波炉300台，每台200元，商品已验收入库，货款已支付。现收到供应商开来的更正发票，每台单价应为210元，需补货款3 000元，增值税税额390元。

（4）10日，5日从四海空调厂购进空调50台，每台价格2 000元，商品已入库，货款已支付。复验发现其中5台空调质量不符合要求，经联系后同意作退货处理。12日，收到四海空调厂开具的红字增值税专用发票及退回的货款。

（5）12日，收到8日从深圳佳美公司购进的电视机98台，商品验收时短少2台，经查系运输单位责任造成的，索赔款尚未收到。

（6）12日，向中远商场销售空调30台，单价2 500元；冰箱40台，单价2 400元；电视机50台，单价1 200元；微波炉20台，单价250元。货款总计236 000元，增值税税额30 680元，代垫运输费1 880元，货款尚未收到。

（7）12日，从华美公司购进冰箱100台，每台单价2 000元，货款200 000元，增值税税额26 000元，运费取得增值税专用发票，注明运费2 000元，增值税税额180元。开户银行转来华美公司的托收凭证，经审核无误，予以承付，商品尚未收到。

（8）15日，向华新商场销售空调40台，单价2 500元；冰箱50台，单价2 400元；电视机60台，单价1 200元。货款总计292 000元，增值税税额37 960元，代垫运输费1 360元，货款收到存入银行。

（9）16日，12日从华美公司购买的冰箱运到，经检验发现其中10台质量不符合要求，予以拒收，其余90台验收入库。将拒收10台冰箱的货款、增值税转入"应收账款"账户，拒收商品记入"代管商品物资"备查簿。

（10）18日，12日向中远商场销售的电视机5台存在质量问题，中远商场要求退货，经协商同意退货，已收到"开具红字增值税专用发票通知单"，并已开出红字增值税专用发票，其余货款已收到。

（11）20日，向德盛商场销售空调60台，单价2 500元；冰箱50台，单价2 400元；微波炉40台，单价250元。货款总计280 000元，增值税税额36 400元，用转账支票代垫运输费1 400元，给予的信用条件为：2/10、1/20、n/30。

（12）25日，从广州蓝云公司购进空调100台，每台2 000元，货款200 000元，增值税税额26 000元，广州蓝云公司代垫运输费1 200元。空调直运西安华强公司，每台售价2 400元，货款240 000元，增值税税额31 200元，运输费由西安华强公司负担，购销结算手续均已办妥，货款尚未支付和收到。

（13）27日，收到德盛商场支付的货款312 200元存入银行。

（14）28日，按上季度实际毛利率20%，结转本月销售商品成本。

要求：根据上述经济业务编制会计分录。

学习子情境三 零售业务的核算

【情境引例】

金桥公司是一家从事商品零售的企业，该公司设有电器、服装、副食和化妆品四个柜组，2022年5月发生如下经济业务：

（1）2日，从华光商贸公司购进电饭煲200个，单价150元，货款30 000元，增值税税额3 900元，含税售价226元/个，商品已验收入库，货款已转账付讫。

（2）3日，从广州金华公司购进微波炉400台，单价150元，金华公司代垫运费1 090元，收到增值税专用发票。托收凭证已到，取得增值税专用发票上注明的货款为60 000元，增值税税额7 800元。公司开出面值为68 890元、期限为6个月的银行承兑汇票结算货款。微波炉尚未运达。8日，收到该商品并验收入库，含税售价226元/台。

（3）5日，从上海金环公司购进光波炉200台，单价100元，货款20 000元，增值税税额2 600元，接到银行转来的委托收款结算凭证和增值税专用发票，审核无误后，承付货款。8日，收到购进的光波炉，经检验，发现光波炉质量与合同不符，决定拒收。经与销售方协商，对方同意退货并办妥退货手续。10日，收到对方退还的货款。

（4）9日，收到从惠州奥华公司购进的电池800节，单价1.50元，货款1 200元，款项已支付。商品运到，实收电池900节，溢余100节，原因待查，含税售价2.26元/节。经与惠州奥华公司联系，溢余电池100节系惠州奥华公司多发，商场同意购进。12日，收到惠州奥华公司补来的增值税专用发票，货款150元，增值税税额19.50元，以电汇支付其货款。

（5）12日，从深圳大华公司购进电水壶200个，单价75元，货款15 000元，增值税税额1 950元，含税售价113元/个，收到深圳大华公司增值税专用发票，商品已验收入库，审核后以电汇支付。18日，发现电水壶质量不符合合同要求，经协商，深圳大华公司同意退货，退货手续已办妥，货款尚未收到。

（6）12日，上月30日从中山华泰公司购进护眼台灯200台，单价130元，商品已验收入库，货款已全部结清。今收到中山华泰公司情况说明，由于结算人员失误，误将每台135元错记为130元，现开来销货更正单及增值税发票，应补付货款1 000元，增值税税额130元，货款尚未支付。

（7）30日，各柜组商品销售及货款收入见表1-4。POS刷卡结算手续费为2‰。

表 1-4 各柜组商品销售及货款收入汇总表

2022 年 5 月 30 日　　　　　　　　　　　　　　　　　　单位:元

柜组	销售额合计	现金	POS 刷卡	转账支票	现金溢缺
电器柜	54 780	17 800	28 200	8 780	
服装柜	45 680	23 420	16 210	6 050	
副食柜	95 480	56 970	27 190	11 320	
化妆柜	78 450	34 540	26 370	17 540	
合计	274 390	132 730	97 970	43 690	

（8）5月末"商品进销差价"账户余额为 131 406 元，本月"主营业务收入"账户贷方净发生额为 274 390 元，月末"库存商品"账户余额为 345 840 元，"受托代销商品"账户余额为 36 800 元，计算本月已销商品应分摊的进销差价。

要求：根据上述经济业务编制相关会计分录。

【知识准备】

零售业务商品流转包括商品购进、商品销售和商品储存三个环节。零售业务具有如下特征：经营商品品种、规格繁多；商品进销频繁，数量少，商品储存量较小；直接面对消费者，多采用现款结算，资金进出频繁等。零售企业大多采用售价金额核算法，经营鲜活商品的企业采用进价金额核算法。

一、售价金额核算法

售价金额核算法的内容包括：① 售价记账，金额控制；② 建立实物负责制；③ 设置"商品进销差价"科目；④ 严格商品价格管理，建立商品盘点制度。

售价金额核算法将繁多的按商品品名设置的库存商品明细账改为按实物负责人设置明细账，简化了销货手续和记账工作量，既方便了顾客，又提高了劳动效率和服务质量。但售价金额核算法账面上不能提供各种商品的进销存数量，不便于确定商品溢缺和货款长短款的性质和原因。对于经营品种繁多且还没有实现商品进销存管理信息化的零售企业，售价金额核算法是一种简便有效的核算方法。

二、进价金额核算法

进价金额核算法的内容包括：① 建立实物负责制，按实物负责人分户设置库存商品明细账。② 库存商品总账和明细账都按商品进价记账，不记数量，不设置"商品进销差价"科目。③ 商品销售后按实收销货款登记销售收入，平时不结转商品销售成本，售出的商品也不从"库存商品"账户随即转出，而是分批或定期结转。④ 商品发生溢余、损耗、售价变动、等级变化等，一般不作账务处理。但对发生的事故损失，应查明原因及时入账。发生商品内部调拨业务时，如果库存商品没按门市部或柜组设置明细账，可不作账务处理。⑤ 定期根据实际盘存商品数量，按最后进货单价或原进价计算库存商品结存金额，倒挤商品销售成本。

商品销售成本的计算公式为：

库存商品结存金额＝期末盘点结存数量×实际进价（或最后进价）

商品销售成本＝期初库存商品金额＋本期购进商品金额－期末库存商品结存金额

采用进价金额核算法，手续简便，但商品损耗和差错事故不易被发现，容易掩盖经营管理中存在的问题。因此，采用这种方法应加强商品管理，防止发生漏洞。该方法一般适用于鲜活商品的核算。

【职业判断与业务操作】

一、商品购进的核算

（一）账户设置

实行售价金额核算法的企业，除设置"库存商品"账户外，还需设置"商品进销差价"账户。

（1）"库存商品"账户的核算内容和登记方法，与实行数量进价金额核算法企业的不同之处是：① 对库存商品的增减变动和结存情况按售价记录。这里的售价，包含按规定应向购买者收取的增值税税额。② 库存商品的明细账按实物负责人分户，只记金额，不记实物数量。

（2）"商品进销差价"账户是库存商品的调整账户，用以核算企业采用售价核算的商品售价与进价之间的差额。其贷方登记购进商品的售价大于进价的差价和其他原因增加的进销差价；借方登记购进商品的售价小于进价的差额、核销已销商品应分摊的进销差价和其他原因使库存商品售价大于进价的差额减少的数额；其余额一般在贷方，反映期末库存商品应保留的进销差价。该账户应按商品类别或实物负责人设置明细账。该账户记录的商品售价与进价之间的差额包括两部分：一是不含税的售价与不含税的进价之间的差额，二是应向购买方收取的增值税税额（销项税额）。

（二）商品购进的具体核算

1. 本地商品购进的核算

本地商品购进，一般是购进商品和货款结算同时办理。企业收到结算凭证时，按商品进价、增值税税额，分别借记"在途物资""应交税费——应交增值税（进项税额）"账户，贷记"银行存款""应付账款""应付票据"等账户，商品验收入库时，借记"库存商品"账户，贷记"在途物资""商品进销差价"账户。

【做中学】

根据情境引例编制会计分录。

业务（1）：

① 购入时：

借：在途物资——电饭煲　　　　　　　　　　　　　30 000
　　应交税费——应交增值税（进项税额）　　　　　3 900
　　　贷：银行存款　　　　　　　　　　　　　　　33 900

② 入库时：

借：库存商品——电器柜　　　　　　　　　　　　　45 200
　　　贷：在途物资——电饭煲　　　　　　　　　　30 000
　　　　　商品进销差价——电器柜　　　　　　　　15 200

也可以将①和②合并编制会计分录：

借：库存商品——电器柜　　　　　　　　　　　　　45 200
　　应交税费——应交增值税（进项税额）　　　　　3 900
　　　贷：银行存款　　　　　　　　　　　　　　　33 900
　　　　　商品进销差价——电器柜　　　　　　　　15 200

上例中，若该公司为小规模纳税人，其增值税征收率为3%，则账务处理为：

① 收到结算凭证，支付货款时，按商品购进发票金额入账：

借：在途物资——电饭煲　　　　　　　　　　　　　33 900
　　　贷：银行存款　　　　　　　　　　　　　　　33 900

② 商品验收入库时：

借：库存商品——电器柜　　　　　　　　　　　　　41 200
　　　贷：在途物资——电饭煲　　　　　　　　　　33 900
　　　　　商品进销差价——电器柜　　　　　　　　 7 300

2. 异地商品购进的核算

异地商品购进，由于商品的发运时间和结算凭证的传递时间不一致，通常会出现以下三种情况：① 单证与商品同时到达；② 单证先到，商品后到；③ 商品先到，单证后到。

（1）单证与商品同时到达的核算。单证与商品同时到达的核算与本地商品购进的核算基本相同，在商品发运过程中发生的运杂费应根据购销合同和商品采购成本确定的有关规定进行处理。

【做中学】

根据情境引例编制会计分录。

业务（2）：

假定结算凭证与商品同时到达，其会计分录为：

① 收到发票账单时：

借：在途物资——微波炉　　　　　　　　　　　　　61 000
　　应交税费——应交增值税（进项税额）　　　　　7 890
　　　贷：应付票据——广州金华公司　　　　　　　68 890

② 商品到达验收入库时：

借：库存商品——电器柜　　　　　　　　　　　　　90 400
　　贷：在途物资——微波炉　　　　　　　　　　　　61 000
　　　　商品进销差价——电器柜　　　　　　　　　　29 400

也可以将①和②合并编制会计分录：

借：库存商品——电器柜　　　　　　　　　　　　　90 400
　　应交税费——应交增值税（进项税额）　　　　　　7 890
　　贷：应付票据——广州金华公司　　　　　　　　　68 890
　　　　商品进销差价——电器柜　　　　　　　　　　29 400

（2）单证先到，商品后到的核算。企业先收到有关结算凭证时，按商品进价，借记"在途物资"账户，按应支付的增值税税额，借记"应交税费——应交增值税（进项税额）"账户，按支付的运杂费，借记"销售费用"账户，按应付款项，贷记"银行存款""应付账款""应付票据"等账户；商品到达验收时，按含税售价，借记"库存商品"账户，按商品进价，贷记"在途物资"账户，按含税售价和进价之间的差额，贷记"商品进销差价"账户。

【做中学】

根据情境引例编制会计分录。

业务（2）：

① 3日，收到有关结算凭证，开出银行承兑汇票结算货款时：

借：在途物资——微波炉　　　　　　　　　　　　　61 000
　　应交税费——应交增值税（进项税额）　　　　　　7 890
　　贷：应付票据——广州金华公司　　　　　　　　　68 890

② 8日，商品到达验收入库时：

借：库存商品——电器柜　　　　　　　　　　　　　90 400
　　贷：在途物资——微波炉　　　　　　　　　　　　61 000
　　　　商品进销差价——电器柜　　　　　　　　　　29 400

（3）商品先到，单证后到的核算。商品先到并已验收入库，但结算凭证尚未到达，平时可暂不入账，待单证到达后一并进行账务处理。月终，对于尚未收到发票账单的已入库商品，需按应付给供应商的货款暂估入账，即按含税的售价，借记"库存商品"账户，按暂估的进货原价，贷记"应付账款"账户，按含税的售价与暂估价的差额，贷记"商品进销差价"账户。下月初再用红字冲回，单证到达后，按单证与商品同时到达的情形进行核算。

【做中学】

根据情境引例编制会计分录。

业务（2）：

假定 3 日先收到商品，有关结算凭证尚未到达，商品验收入库后，可不做账务处理。假定 8 日，收到有关结算凭证，其会计分录为：

借：库存商品——电器柜　　　　　　　　　　　　90 400
　　应交税费——应交增值税（进项税额）　　　　 7 890
　　贷：应付票据——广州金华公司　　　　　　　68 890
　　　　商品进销差价——电器柜　　　　　　　　29 400

假定有关结算凭证至月末尚未到达，根据商品购销合同，其会计分录为：

借：库存商品——电器柜　　　　　　　　　　　　90 400
　　贷：应付账款——广州金华公司　　　　　　　61 000
　　　　商品进销差价——电器柜　　　　　　　　29 400

下月初用红字冲回时，应编制的会计分录为：

借：库存商品——电器柜　　　　　　　　　　　　90 400
　　贷：应付账款——广州金华公司　　　　　　　61 000
　　　　商品进销差价——电器柜　　　　　　　　29 400

假定次月 2 日收到有关结算凭证时，应编制的会计分录与 5 月 8 日的账务处理相同。

3. 商品购进过程中其他业务的核算

（1）拒付货款和拒收商品的账务处理与前述数量进价金额核算法的处理相同。商贸企业采用托收承付或委托收款方式和发货制从异地购入商品，当收到销售方的托收凭证，发现金额有错，或商品到达验收入库时发现与合同要求不符，均可拒付货款或拒收商品。

■【做中学】■

根据情境引例编制会计分录。

业务（3）：

5 日，根据委托收款凭证承付货款时：

借：在途物资——光波炉　　　　　　　　　　　　20 000
　　应交税费——应交增值税（进项税额）　　　　 2 600
　　贷：银行存款　　　　　　　　　　　　　　　22 600

商品到达验收时，发现商品品种、规格、质量与合同不符，全部予以拒收，并将拒收商品转入"代管商品物资"备查簿。经与销售方联系，同意商品退回。购买方已向当地主管税务机关取得开具红字增值税专用发票通知单送交销售方，将已支付的货款及增值税税额转入"应收账款"科目。

■【做中学】■

根据情境引例编制会计分录。

业务（3）：

8日，收到光波炉，经检验，发现光波炉质量与合同不符，决定拒收。经与销售方协商，同意退货，并办妥退货手续，已收到销售方开具的红字增值税专用发票，货款尚未收到。

借：应收账款——上海金环公司　　　　　　　　　　22 600
　　应交税费——应交增值税（进项税额）　　　　　2 600
　　贷：在途物资——光波炉　　　　　　　　　　　　　　20 000

假定8日收到光波炉200台，验货时发现部分商品品种、规格、质量与合同不符，拒收100台，其余100台验收入库，光波炉的售价为200元/台。退货时发生运杂费400元，由销售方负担。购买方办妥退货手续，已收到销售方开具的红字增值税专用发票，货款尚未收到时：

借：应收账款——上海金环公司　　　　　　　　　　11 700
　　库存商品——电器柜　　　　　　　　　　　　　　20 000
　　应交税费——应交增值税（进项税额）　　　　　1 300
　　贷：银行存款　　　　　　　　　　　　　　　　　　　400
　　　　在途物资——光波炉　　　　　　　　　　　　　20 000
　　　　商品进销差价——电器组　　　　　　　　　　　10 000

如果部分商品验收入库，部分商品退货，办妥退货手续后，尚未收到销售方开具的红字增值税专用发票及款项时：

借：库存商品——电器柜　　　　　　　　　　　　　20 000
　　应收账款——上海金环公司　　　　　　　　　　10 400
　　贷：在途物资——光波炉　　　　　　　　　　　　　20 000
　　　　商品进销差价　　　　　　　　　　　　　　　　10 000
　　　　银行存款　　　　　　　　　　　　　　　　　　　400

收到销售方开来的红字增值税专用发票及全部款项时：

借：银行存款　　　　　　　　　　　　　　　　　　11 700
　　应交税费——应交增值税（进项税额）　　　　　1 300
　　贷：应收账款——上海金环公司　　　　　　　　　　10 400

（2）购进商品发生溢余和短缺的核算。企业在商品购进过程中，由于自然因素或差错事故，会发生商品溢余和短缺。采用售价金额核算法的企业商品购进过程中发生的溢余和短缺的处理原则和核算方法，与采用数量进价金额核算的企业基本相同，其区别在于：采用售价金额核算的企业，按实收商品的含税售价，记入"库存商品"账户，按溢缺商品的进价金额，记入"待处理财产损溢"账户；含税售价与进价之间的差额，记入"商品进销差价"账户。

若验收商品发生溢余，先按实收数入库，将溢余数按不含税进价转入"待处理财产损溢"账户。查明原因后,再分别情况进行处理:如系销售单位多发,购买方同意购进情况下,由销售单位补开发票,购买方补付货款;如果是运输途中的自然升溢,作减少商品损耗处理。若购进商品发生短缺,先按实收数入库,将短缺数转入"待处理财产损溢"账户,查明原因后,再分别按情况进行处理:如系销售单位少发,要求对方补货或退款;如系运输部门或有关人员责任事故,向对方索赔,转入"其他应收款"账户;如系自然损耗,作为商品损耗处理;如系自然灾害等非正常原因造成的损失,应将扣除残料价值和保险公司或过失人赔偿后的净损失,作非常损失处理。企业购进商品发生被盗、丢失、霉变等非正常损失,其增值税进项税额应予转出,借记"待处理财产损溢"账户,贷记"应交税费——应交增值税(进项税额转出)"账户。

① 购进商品发生溢余时:

【做中学】

根据情境引例编制会计分录。

业务(4):

9日,收到电池,实收900节,溢余100节时,进价1.50元/节,含税售价2.26元/节,其会计分录为:

借:库存商品——电器柜　　　　　　　　　　　　　　2 034
　　贷:在途物资——电池　　　　　　　　　　　　　1 200
　　　　待处理财产损溢——待处理流动资产损溢　　　150
　　　　商品进销差价——电器柜　　　　　　　　　　684

电池溢余100节,经查明,系销售方多发商品,公司同意购进,12日收到惠州奥华公司开具的增值税专用发票,并补付货款时:

借:待处理财产损溢——待处理流动资产损溢　　　　150
　　应交税费——应交增值税(进项税额)　　　　　19.50
　　贷:银行存款　　　　　　　　　　　　　　　　169.50

② 购进商品发生短缺时:

【做中学】

根据情境引例编制会计分录。

业务(4):

假定9日公司收到惠州奥华公司购进电池时,实收700节,短少100节时,进价1.50元/节,含税售价2.26元/节,其会计分录为:

借:库存商品——电器柜　　　　　　　　　　　　　　1 582
　　待处理财产损溢——待处理流动资产损溢　　　　　150
　　贷:在途物资——电池　　　　　　　　　　　　　1 200
　　　　商品进销差价——电器柜　　　　　　　　　　532

电池短少100节，经查明，系销售方少发商品，惠州奥华公司同意退还货款。12日，收到惠州奥华公司开具的红字增值税专用发票，并收到退还货款时，其会计分录为：

借：银行存款　　　　　　　　　　　　　　　　169.50
　　应交税费——应交增值税（进项税额）　　　 19.50
　　贷：待处理财产损溢——待处理流动资产损溢　　　150

假定电池短少100节，经查明，系运输单位过失造成的，则应编制的会计分录为：

借：其他应收款　　　　　　　　　　　　　　　169.50
　　贷：应交税费——应交增值税（进项税额转出）　 19.50
　　　　待处理财产损溢——待处理流动资产损溢　　　150

（3）商品进货退回的核算。企业购进商品后，发现商品的品种、规格或质量等不符合要求时，如果不愿通过退、补价等方式处理，应及时与销售方联系，经其同意后，由销售方开出退货的红字增值税专用发票，办理退货手续，然后将商品退回销售方，作进货退回处理。

【做中学】

根据情境引例编制会计分录。

业务（5）：

12日，收到电水壶支付货款时：

借：库存商品——电器柜　　　　　　　　　　　22 600
　　应交税费——应交增值税（进项税额）　　　 1 950
　　贷：银行存款　　　　　　　　　　　　　　　16 950
　　　　商品进销差价——电器柜　　　　　　　　 7 600

18日，发现电水壶质量与合同不符，经协商同意退货，并取得当地主管税务机关开具的开具红字增值税专用发票通知单，办妥退货手续时：

借：应收账款——深圳大华公司　　　　　　　　16 950
　　商品进销差价——电器柜　　　　　　　　　　 7 600
　　贷：应交税费——应交增值税（进项税额）　　 1 950
　　　　库存商品——电器柜　　　　　　　　　　22 600

收到深圳大华公司退还的货款时：

借：银行存款　　　　　　　　　　　　　　　　16 950
　　贷：应收账款——深圳大华公司　　　　　　　16 950

（4）进货退、补价的核算。企业购进商品后，有时会出现由于销售方计价错误、商品品种错发、等级错发或发货时按暂估价结算等原因，而发生进货退、补价的情形。发生进货退、补价业务时，购买方应根据销售方填制的增值税专用发票及"销货更正单"，据以进行账务处理。

① 只更正购进价格的核算。当销售方开来更正发票时，由于只更正购进价格，没有影响到商品的零售价格，因此，核算时只调整"商品进销差价"或"主营业务成本"账户，而不用调整"库存商品"账户。若是销售方补收货款，则应根据增值税专用发票增加商品购进成本或商品销售成本和增值税进项税额，借记"商品进销差价""应交税费——应交增值额（进项税额）"账户，贷记"应付账款""银行存款"等账户；如果该商品已全部销售并已结转成本，应借记"主营业务成本""应交税费——应交增值税（进项税额）"账户，贷记"银行存款""应付账款"等账户。若是销售单位退还货款，应根据其红字增值税专用发票冲减商品购进成本或商品销售成本和增值税进项税额，借记"银行存款""应付账款"等账户，贷记"商品进销差价""应交税费——应交增值额（进项税额）"账户；如果该商品已全部销售并已结转成本，借记"银行存款""应付账款"等账户，贷记"应交税费——应交增值税（进项税额）""主营业务成本"账户。

■【做中学】■

根据情境引例编制会计分录。

业务（6）：

收到中山华泰公司开来销货更正单及增值税发票时：

借：商品进销差价——电器柜　　　　　　　　　　　1 000
　　应交税费——应交增值额（进项税额）　　　　　130
　　　贷：应付账款——中山华泰公司　　　　　　　　　　1 130

如果该护眼灯已全部销售并已结转成本时：

借：主营业务成本——电器柜　　　　　　　　　　　1 000
　　应交税费——应交增值额（进项税额）　　　　　130
　　　贷：应付账款——中山华泰公司　　　　　　　　　　1 130

假定收到中山华泰公司情况说明，由于结算人员失误，误将每台125元错记为130元，现开来销货更正单及红字增值税发票，应退货款1 000元，增值税税额130元。货款尚未收到时：

借：应付账款——中山华泰公司　　　　　　　　　　1 130
　　　贷：应交税费——应交增值额（进项税额）　　　　　130
　　　　　商品进销差价——电器柜　　　　　　　　　　　1 000

如果该护眼台灯已全部销售并已结转成本时：

借：应付账款——中山华泰公司　　　　　　　　　　1 130
　　　贷：应交税费——应交增值额（进项税额）　　　　　130
　　　　　主营业务成本——电器柜　　　　　　　　　　　1 000

② 购进价格和零售价格同时更正的核算。当销售单位由于商品品种、等级错发等原因而开错价格，事后开来更正发票需要更正购进价和零售价，如因更正价格而

使销售单位补收货款时，应根据其开来的更正发票增加商品购进成本或商品销售成本和增值税进项税额，其核算方法与只更正购进价格的核算方法相同，同时还要增加库存商品的售价金额和进价成本。按更正后售价金额与原入账售价金额的差额，借记"库存商品"账户；按补收货款数额，贷记"在途物资"账户，按更正后进销差价与原入账进销差价的差额，贷记"商品进销差价"账户。如因更正价格而使销售单位退还货款时，应根据更正增值税专用发票冲减商品购进成本或商品销售成本和增值税进项税额，其核算方法与只更正购进价格的核算方法相同。同时，还要冲减库存商品的售价金额和进价成本，按应退货款的数额，借记"在途物资"账户，并按照更正后进销差价与原入账进销差价的差额，借记或贷记"商品进销差价"账户。按更正后售价金额与原入账售价金额的差额，贷记"库存商品"账户。

二、商品销售的核算

（一）商品销售一般业务的核算

企业在进行商品销售核算时，首先要考虑商品销售是否符合收入确认条件，不符合收入确认条件但商品已发出的情况下，应将发出商品通过"发出商品"等账户进行核算。

1. 商品销售的业务程序

零售企业销货主要是采用收取现金、刷信用卡方式结算，也有少量采用转账结算的。不论采用哪一种收款方式，每日营业终了都必须将销货款清点后缴存到银行。解缴货款的方式有集中解缴和分散解缴两种。

（1）集中解缴。集中解缴是每天营业结束后，由各门店（柜组）或收款员按其所收货款，填制"内部交款单"及"商品进销存日报表"，连同所收的货款，一并送交财会部门，财会部门将各门店或柜组的销货款集中汇总后填制"缴款单"送存银行，取得银行缴款单回单。

（2）分散解缴。分散解缴是在每天营业结束后，由各门店（柜组）或收款员负责，按其所收的销货款，填制"缴款单"，将现金直接缴存银行，取得银行缴款单回单后，填制"内部交款单""商品进销存日报表"，并送交财会部门。"内部交款单"由缴款人填制，通常一式两联，一联缴款单位留存，一联上交财务部门，作为入账依据。内部交款单见表1-5。

表1-5 内部交款单

缴款部门： 年 月 日 字第（ ）

项目	摘要	金额			备注
		应交	实收	长短款	
销货款	现金				
	支票				

续表

项目	摘要	金额			备注
		应交	实收	长短款	
	合计				
	大写				

实物负责人：　　　　　　　　　复核：　　　　　　　　　制单：

如果销货发生长短款，还要填制"长短款报告单"。

商品进销存日报表一式两份。其中一份留存，另一份连同内部交款单或银行缴款单回单、商品验收单、商品调价单、商品内部调拨单、长短款报告单和其他有关凭证一并送交财务部门，经审核无误后，作为编制记账凭证及登记账簿的依据。商品进销存日报表见表1-6。

表1-6　商品进销存日报表

柜组名称：　　　　　　　　年　月　日　　　　　　　　编号：

项目		金额	项目		金额	备注
	昨日库存	136 500		本日销售	249 166	
增加	本日购进	235 980	减少	本日调出		
	本日调入			变价减值		
	变价增值			商品损耗		
	商品溢余					
				合计	249 166	
	合计	235 980		本日结存	123 314	
合计			合计			
本月销售计划			销售完成累计			

实物负责人：　　　　　　　　　复核：　　　　　　　　　制表：

2. 商品销售的具体核算

由于企业的库存商品是按售价反映的，其售价与进价及增值税销项税额的差额在"商品进销差价"账户中反映。因此，当已销商品在"库存商品"账户中转销后，应同时转销这部分已销商品的进销差价，从而求得商品的销售成本。但由于逐笔计算已销商品进销差价的工作量很大，所以，在实际工作中，平时不转销已销商品的进销差价，月末采用一定方法计算出全月已销售商品实现的进销差价额后，一次转销"商品进销差价""主营业务成本"账户，调整后的主营业务成本金额就是已销商品的进价成本。

【做中学】

根据情境引例编制会计分录。

业务（7）：

① 根据各柜组的缴款，应编制的会计分录为：

借：库存现金　　　　　　　　　　　　　　132 730
　　银行存款　　　　　　　　　　　　　　141 464.06
　　财务费用——手续费　　　　　　　　　　195.94
　　　贷：主营业务收入——电器柜　　　　　　　54 780
　　　　　　　　　　　——服装柜　　　　　　　45 680
　　　　　　　　　　　——副食柜　　　　　　　95 480
　　　　　　　　　　　——化妆柜　　　　　　　78 450

② 将现金集中存入银行，取得缴款单回单时：

借：银行存款　　　　　　　　　　　　　　132 730
　　　贷：库存现金　　　　　　　　　　　　　132 730

③ 月末计算已销商品的销项税额时：

不含税销售额 = 含税销售额 ÷（1 + 增值税税率）= 274 390 ÷（1 + 13%）
　　　　　　 = 242 823.01（元）

销项税额 = 不含税销售额 × 增值税税率 = 242 823.01 × 13%
　　　　 = 31 566.99（元）

借：主营业务收入　　　　　　　　　　　　31 566.99
　　　贷：应交税费——应交增值税（销项税额）　　31 566.99

④ 转销库存商品时：

借：主营业务成本——电器柜　　　　　　　　54 780
　　　　　　　　——服装柜　　　　　　　　45 680
　　　　　　　　——副食柜　　　　　　　　95 480
　　　　　　　　——化妆柜　　　　　　　　78 450
　　　贷：库存商品——电器柜　　　　　　　　　54 780
　　　　　　　　　——服装柜　　　　　　　　　45 680
　　　　　　　　　——副食柜　　　　　　　　　95 480
　　　　　　　　　——化妆柜　　　　　　　　　78 450

期末，再根据商品进销差价调整主营业务成本。

3. 商品销售收入的调整

采用售价金额核算的零售企业平时按含税的销售额进行账务处理，定期或月末计算出销项税额后，再将含税的销售额调整为不含税的销售额。

■■【做中学】■■

根据情境引例编制会计分录。

业务（7）：

将电器柜含税的销售额调整为不含税的销售额，其计算过程如下：

不含税的销售额 = 含税的销售额 ÷（1 + 增值税税率）= 54 780 ÷（1 + 13%）
　　　　　　　= 48 477.88（元）

销项税额 = 不含税的销售额 × 增值税税率 = 48 477.88 × 13% = 6 302.12（元）

根据以上计算结果编制的调整会计分录为：

借：主营业务收入　　　　　　　　　　　　　　　6 302.12
　　贷：应交税费——应交增值税（销项税额）　　　6 302.12

4. 商品销售成本的计算与结转

实行售价金额核算的企业，平时按含税售价转销库存商品，结转商品销售成本，月末需计算已销商品应分摊的进销差价，调整"主营业务成本"和"商品进销差价"账户余额，以正确计算库存商品价值和商品销售业务的经营成果。计算已销商品进销差价的方法有综合差价率计算法、分类（或柜组）差价率计算法和盘点商品实际进销差价计算法三种。

（1）综合差价率计算法。综合差价率计算法是根据月末调整前"商品进销差价"账户余额和"库存商品""受托代销商品"账户余额及本月商品销售额（含税），计算综合差价率，并按商品的存销比例，分摊商品进销差价的方法。

① 计算本月存销商品的综合差价率。

综合差价率 = 月末分摊前"商品进销差价"账户余额 /（月末"库存商品"
　　　　　　账户余额 + 月末"受托代销商品"账户余额 + 月末"委托代
　　　　　　销商品"账户余额 + 本月"主营业务收入"贷方发生额合计）

② 计算本月销售商品应分摊的进销差价。

本月销售商品应分摊的进销差价 = 本月商品销售额（含税）× 综合差价率
月末应保留的进销差价 = 月末分摊前"商品进销差价"账户余额
　　　　　　　　　　　 − 本月销售商品应分摊的进销差价

【做中学】

根据情境引例编制会计分录。

业务（8）：

综合差价率 = 131 406 ÷（274 390 + 345 840 + 36 800）× 100% = 20%

本月已销商品应分摊的进销差价 = 274 390 × 20% = 54 878（元）

借：商品进销差价　　　　　　　　　　　　　　　54 878
　　贷：主营业务成本　　　　　　　　　　　　　　54 878

（2）分类（或柜组）差价率计算法。分类（或柜组）差价率计算法是按商品大类或营业柜组分别计算综合差价率，然后据以计算各大类或柜组销售商品应分摊的进销差价，并汇总计算全部销售商品应分摊的进销差价的方法。采用这种方法，

"商品进销差价""库存商品""主营业务收入"和"主营业务成本"等账户,均应按商品大类或柜组分户设置明细账。其计算方法与综合差价率法基本相同。采用这种方法,计算的结果较综合差价率计算法准确,但是由于同类(或柜组)商品不同品种的进销差价可能不一致,存销比例也不尽相同,因此,仍与已销商品应分摊的实际进销差价有一定差距。为了真实反映库存商品和销售商品的进销差价,正确核算盈亏,年终应采用盘点商品实际进销差价计算法对商品的进销差价进行一次核实调整。

(3) 盘点商品实际进销差价计算法。盘点商品实际进销差价计算法又称实际差价率计算法,是根据库存商品实际盘点的结果,先求出库存商品实际应保留的进销差价,然后倒挤求出销售商品应分摊的进销差价的方法。其计算公式为:

期末库存商品应保留的进销差价 = 全部库存商品实际含税售价总金额
 − 全部库存商品实际进价总金额

销售商品应分摊的进销差价 = 分摊前"商品进销差价"账户余额
 − 期末库存商品应保留的进销差价

【做中学】

根据情境引例编制会计分录。

业务(8):

假定金桥公司平时采用分类(柜组)差价率计算法计算已销商品应分摊的进销差价,年终盘点后根据"商品盘点表"计算库存商品应保留进销差价为145 800元,"商品进销差价"账户月末余额为142 900元,比实际应保留的商品进销差价少2 900元,说明平时多转了商品进销差价,少计了商品销售成本,应予调整。该公司应编制的会计分录为:

借:主营业务成本　　　　　　　　　　　　　　　　　2 900
　　贷:商品进销差价　　　　　　　　　　　　　　　　　　2 900

如果核实的商品进销差价小于"商品进销差价"账户的余额,说明平时少转了进销差价,多计了主营业务成本,应作与上述相反的会计分录。

(二) 商品销售特殊业务的核算

1. 受托代销商品的核算

(1) 视同买断方式代销商品的核算。受托方在收到代销商品时,按含税售价借记"受托代销商品"账户,按不含税接收价贷记"受托代销商品款"账户,按其差额贷记"商品进销差价"账户。代销商品售出后,按含税售价借记"银行存款"或"库存现金"账户,贷记"主营业务收入"账户;结转商品销售成本时,按含税售价借记"主营业务成本"账户,贷记"受托代销商品"账户。收到委托单位开来的增值税专用发票时,借记"应交税费——应交增值税(进项税额)"账户,按不含税接收价借记"受托代销商品款"账户,按不含税接收价和税款的总额贷记"应付账款"账户。支付代销商品款时,借记"应付账款"账户,贷记"银行存款"账户。月末计算并结转代销商品的销项税额时,借记"主营业务收入"账户,贷记"应交税费——应交增值税（销项税额）"账户。月末，已销代销商品应与自营商品一并分摊商品进销差价，借记"商品进销差价"账户，贷记"主营业务成本"账户。

【典型任务举例】

嘉源超市为增值税一般纳税人。2022年10月接受金源公司委托，代销剃须刀300个，接收价67.80元/个（含税），零售价113元/个（含税），本月代销170个。

要求：编制相关会计分录。

【具体核算方法】

① 收到剃须刀时：

借：受托代销商品——剃须刀　　　　　　　　　33 900
　　贷：受托代销商品款　　　　　　　　　　　　18 000
　　　　商品进销差价　　　　　　　　　　　　　15 900

② 售出170件，货款存入银行时：

借：银行存款　　　　　　　　　　　　　　　　19 210
　　贷：主营业务收入　　　　　　　　　　　　　19 210

同时按售价结转销售成本时：

借：主营业务成本——代销商品成本　　　　　　19 210
　　贷：受托代销商品——剃须刀　　　　　　　　19 210

③ 向委托方开具代销清单，收到委托公司开具的增值税专用发票时：

借：受托代销商品款　　　　　　　　　　　　　10 200
　　应交税费——应交增值税（进项税额）　　　　1 326
　　贷：应付账款　　　　　　　　　　　　　　　11 526

④ 按接收价与委托方结算代销商品款时：

借：应付账款　　　　　　　　　　　　　　　　11 526
　　贷：银行存款　　　　　　　　　　　　　　　11 526

⑤ 月末计算并结转代销商品的销项税额时：

销项税额 = 19 210 ÷（1 + 13%）× 13% = 2 210（元）

借：主营业务收入　　　　　　　　　　　　　　2 210
　　贷：应交税费——应交增值税（销项税额）　　2 210

（2）收取手续费方式代销商品的核算。受托方在收到代销商品时，按代销商品的售价借记"受托代销商品"账户，贷记"受托代销商品款"账户。代销商品销售后，受托方按价税合计收取的款项借记"银行存款"账户，按实现的销售收入贷记"应付账款"账户，按收取的增值税税额贷记"应交税费"账户，同时注销代销商品，借记"受托代销商品款"账户，贷记"受托代销商品"账户。收到委托方开具的增值税专用发票时，借记"应交税费"账户，贷记"应付账款"账户。按扣除手续费后的金额支付代销商品款时，借记"应付账款"账户，贷记"银行存款"和

"其他业务收入"（受托方收取的手续费属于劳务收入）账户。

【典型任务举例】

嘉源超市接受长城电器公司委托，代销星星牌电饭煲100个，每个售价120元，增值税税率13%。本月售出50个。委托代销合同规定代销手续费为销售额的10%，每月末结算一次。

要求：编制相关会计分录。

【具体核算方法】

① 收到委托代销的电饭煲时：

借：受托代销商品——长城电器公司　　　　　　　　　　　12 000
　　贷：受托代销商品款——长城电器公司　　　　　　　　12 000

② 本月售出50个，将收到的货款6 000元和增值税税额780元存入银行时：

借：银行存款　　　　　　　　　　　　　　　　　　　　　6 780
　　贷：应付账款——长城电器公司　　　　　　　　　　　6 000
　　　　应交税费——应交增值税（销项税额）　　　　　　　780

同时，注销已售代销商品：

借：受托代销商品款——长城电器公司　　　　　　　　　　6 000
　　贷：受托代销商品——长城电器公司　　　　　　　　　6 000

③ 月末，收到长城电器公司开来的增值税专用发票，注明货款6 000元，增值税税额780元时：

借：应交税费——应交增值税（进项税额）　　　　　　　　780
　　贷：应付账款——长城电器公司　　　　　　　　　　　780

④ 根据代销合同，扣除代销手续费600元（6 000×10%）后，支付代销商品款时：

借：应付账款——长城电器公司　　　　　　　　　　　　　6 780
　　贷：其他业务收入　　　　　　　　　　　　　　　　　　600
　　　　银行存款　　　　　　　　　　　　　　　　　　　6 180

2. 商品销售长短款的核算

发生长、短款差错，应填写"长（短）款报告单"。在未查明原因前，应记入"待处理财产损溢"账户，待查明原因并经批准核销后，再予以转销，分别记入"其他应收款""销售费用""营业外支出"等账户。长（短）款报告单见表1-7。

表1-7　长（短）款报告单

实物负责人(收银台)：　　　　　　年　月　日　　　　单位:元　字第(　)

应收金额	实收金额	长款金额	短款金额
长短款原因		初步意见	
审批意见			

企业主管：　　　　　　　　　　　　财会：　　　　　　　　　　申请人：

【典型任务举例】

30 日，嘉源超市化妆柜销货记录为 8 600 元，实收 8 650 元；副食柜销货记录为 14 800 元，实收 14 780 元。经查：化妆柜的长款原因不明，转入营业外收入；副食柜短款为收款员张红收款疏忽所致，由其负责赔偿。

要求：编制相关会计分录。

【具体核算方法】

（1）反映当日销售收入时：

借：银行存款	23 430
其他应收款——张红	20
贷：主营业务收入——化妆柜	8 600
——副食柜	14 800
营业外收入	50

（2）转销已销的库存商品时：

借：主营业务成本——化妆柜	8 600
——副食柜	14 800
贷：库存商品——化妆柜	8 600
——副食柜	14 800

3. 消费奖励积分的核算

企业在销售产品或提供劳务的同时授予客户奖励积分的，应当将销售取得的货款或应收货款在商品销售或劳务提供时产生的收入与奖励积分之间进行分配，与奖励积分相关的部分应首先作为递延收益，待客户兑换奖励积分或失效时，结转计入当期损益。

【典型任务举例】

2021 年 10 月，嘉源超市进行国庆促销活动，规定购物满 100 元赠送 10 个积分，不满 100 元不送积分，积分可在 1 年内兑换成与积分相等金额的商品。某顾客购买了价值 2 260 元（含增值税）的服装，积分为 220 分，估计该顾客会在有效期内全额兑换积分。该顾客于 2022 年 1 月购买了价值 226 元（含增值税）的皮鞋，用积分抵扣 220 元，余额以现金支付。

要求：编制相关会计分录。

【具体核算方法】

（1）2021 年 10 月销售时：

借：库存现金	2 260
贷：主营业务收入	1 780
递延收益	220
应交税费——应交增值税（销项税额）	260

（2）2022 年 1 月，顾客在有效期内兑换积分时：

借：库存现金　　　　　　　　　　　　　　　　　6
　　递延收益　　　　　　　　　　　　　　　　 220
　　贷：主营业务收入　　　　　　　　　　　　　200
　　　　应交税费——应交增值税（销项税额）　　 26

4. 以旧换新的核算

以旧换新属于以物易物销售方式。纳税人采取以旧换新方式销售货物，应按新货物的同期销售价格确定销售额。销售商品与有偿收购旧货物是两项不同的业务活动，销售额与收购额不能相互抵减。销售的商品应当按照销售商品收入确认条件确认收入，回收的商品作为购进商品处理。

【典型任务举例】

嘉源超市对某品牌冰箱采取以旧换新的方式销售，每台旧冰箱折价 500 元，每台新冰箱售价 3 390 元，当月采用此方法销售冰箱 60 台。

要求：进行相应会计处理。

【具体核算方法】

借：银行存款　　　　　　　　　　　　　　　173 400
　　原材料——旧冰箱　　　　　　　　　　　　30 000
　　贷：主营业务收入　　　　　　　　　　　　180 000
　　　　应交税费——应交增值税（销项税额）　23 400

对于金银首饰以旧换新，《财政部　国家税务总局关于金银首饰等货物征收增值税问题的通知》明确规定，对金银首饰以旧换新业务，应按销售方实际收取的不含增值税的全部价款计缴增值税。

5. 赠品促销、返券销售、有奖销售和组合销售的核算

（1）赠品促销的核算。赠品促销是指向购买本企业产品的消费者实施馈赠的促销行为，手段有直接赠送、附加赠送等。企业以买一赠一等方式组合销售本企业商品的，不属于捐赠，应将总的销售金额按各项商品的公允价值的比例来分摊确认各项的销售收入。

【典型任务举例】

嘉源超市 2021 年 11 月推出购买羽绒服一件赠送手套一副的买赠活动。该羽绒服进价 190 元 / 件，售价 316.40 元 / 件；手套进价 10 元 / 副，售价 22.60 元 / 副，赠品由超市提供。促销当天共售出羽绒服 60 件，同时赠出手套 60 副。以上售价均为含税价格。

要求：进行相应会计处理。

【具体核算方法】

应交增值税税额 = 316.40 ÷（1 + 13%）× 13% × 60 = 2 184（元）

① 按收取的货款确认销售收入时：

借：库存现金 18 984
　　贷：主营业务收入 16 800
　　　　应交税费——应交增值税（销项税额） 2 184

② 按组合商品的零售价结转销售成本时：

借：主营业务成本 20 340
　　贷：库存商品 20 340

组合商品的零售总额＝（316.40＋22.60）×60＝20 340（元）

赠品赠送属于视同销售行为，因此必须计算增值税税额。

赠品应交增值税税额＝22.60÷（1＋13%）×13%×60＝156（元）

③ 赠品的会计处理：

借：主营业务成本 156
　　贷：应交税费——应交增值税（销项税额） 156

（2）返券销售的核算。返券销售是指顾客在购买一定数额的商品后获得商家赠送相应数额购物券的促销方式。根据会计核算谨慎性原则，在销售商品的同时应该对购物返券按或有事项的核算原则处理。企业在销售实现时将派发的购物券确认为"销售费用"，同时贷记"预计负债"账户；当顾客使用购物券时，借记"预计负债"账户，贷记"主营业务收入"等账户，同时结转销售成本；若顾客逾期弃用购物券时，将"销售费用"和"预计负债"予以冲销。

■【典型任务举例】

嘉源超市2021年1月1日至3日举行元旦大型促销活动，促销期间凡在该商场购物的顾客满100元将获得50元购物返券，购物券只可在促销期间使用，逾期作废。促销当天实现现金销售收入160万元，当日发出购物券80万元，顾客实际使用购物券56.5万元。

要求：进行相应会计处理。

【具体核算方法】

① 发出购物券时：

借：销售费用 800 000
　　贷：预计负债 800 000

② 顾客使用购物券时：

借：预计负债 565 000
　　贷：主营业务收入 500 000
　　　　应交税费——应交增值税（销项税额） 65 000

促销期满时，经统计共发出购物券面额总计300万元，收回254万元，作废46万元。

③ 对未使用作废的购物券作冲销分录如下：

借：预计负债　　　　　　　　　　　　　　　　　　　　　460 000
　　贷：销售费用　　　　　　　　　　　　　　　　　　　　　460 000

（3）有奖销售的核算。有奖销售也是商家经常采用的一种促销方式。有的采取顾客购物后凭销售凭证抽奖的方式，奖品多为实物类赠品；有的奖品隐藏在商品包装中，如"开盖有奖"等方式。如果赠品由厂家提供且未赠出的赠品也由厂家处理，则此时商家无须进行处理。若赠品由商家提供，则应将赠品作为一种"销售费用"，在赠出商品时，借记"销售费用"账户，贷记"库存商品""应交税费——应交增值税（销项税额）"账户。有些赠品的取得还需要满足一定的条件，如集齐某些数字或图案方可获得奖品等，赠品的发出处于不确定状态。根据会计核算谨慎性原则，在商品售出的同时对赠品作"预计负债"处理。赠品发出时，应借记"销售费用"账户，贷记"预计负债"账户；领取赠品时，借记"预计负债"账户，贷记"库存商品""应交税费——应交增值税（销项税额）"账户；若赠品没有发出，则作相反的分录，将"销售费用"和"预计负债"冲销。

（4）组合销售的核算。组合销售是一种附买赠方式的商品销售，其特点是消费者购买正品与赠品是组合在一起不可拆分的，且相互之间有一定内在联系。常见的情况有：买同一品牌的500克白酒送250克白酒或买牙膏送牙刷等类似情况。

■【典型任务举例】■

嘉源超市进行的促销活动规定：当月购买洗衣粉买一送一，买500克大袋洗衣粉送同一品牌小袋洗衣粉50克。500克大袋洗衣粉和50克小袋洗衣粉捆绑在一起销售。月末累计销售10 000套，大袋洗衣粉单位售价5.35元，小袋洗衣粉单位售价0.3元。即一套洗衣粉售价为5.35元。

要求：进行相应会计处理。

【具体核算方法】

$$应交增值税销项税额 = \frac{5.35}{1+13\%} \times 13\% \times 10\,000 = 6\,155（元）$$

① 确认收入时：
借：库存现金　　　　　　　　　　　　　　　　　　　　　53 500
　　贷：主营业务收入　　　　　　　　　　　　　　　　　　　47 345
　　　　应交税费——应交增值税（销项税额）　　　　　　　　　6 155
② 按售价结转成本时：
借：主营业务成本——大袋洗衣粉　　　　　　　　　　　　　53 500
　　　　　　　　——小袋洗衣粉　　　　　　　　　　　　　　3 000
　　贷：库存商品——大袋洗衣粉　　　　　　　　　　　　　　53 500
　　　　　　　　——小袋洗衣粉　　　　　　　　　　　　　　3 000

6. 联营商品流通的核算

联营商品流通是指由商品流通企业与商品供应商合作，采取先销售后购货结算的一种商品销售组织形式。联营分为法人型联营、合伙型联营和合同型联营。

（1）联营方式下商品经营的特点如下：

① 商贸企业一般不需要提供资金购买待出售商品，只提供商品销售场所，与场地出租完全不一样，商贸企业不收取商品销售的场地租金，而是直接参与商品供应商的收益分成。

② 商贸企业没有库存商品管理环节，所有商品的进货、存储均由商品供应商自行负责管理，不存在调价、商品清查等工作，会计核算也随之简化。

③ 商品销售人员一般是由商品提供者配备，商贸企业的人员只需要从事销售的辅助工作，不直接参与商品的销售工作，也不负责发放商品销售人员的工资。

④ 商贸企业与商品供应商采取"先销售后结算"方式结算货款，并控制货款结算。

（2）联营方式下的业务流程如下：

第一步，选择商品供应商。在确定商品供应商的基础上签订联营合同。

第二步，商品销售款管理。商贸企业负责全部联营商品的销售收款工作。

第三步，计算应付款项。商贸企业于每月月末汇总当期全部商品销售额，并根据约定的比例计算应返还供应商的款项。

第四步，联营结算对账。商贸企业计算的应返还款项应当与供应商进行核对。

第五步，支付联营结算款。商贸企业与供应商对返款额核对无误后，就可以办理联营款项的结算工作。

（3）联营商品流通核算的特点。与自营商品流通的核算相比较，联营商品流通的核算具有以下特点：① 所有商品的进货、存储均由商品供应商自行负责管理，商贸企业没有商品购进、储存环节的核算；② 商贸企业负责全部联营商品销售货款的结算，并以商品销售额（流水）的高低作为确定联营厂商的标准，从而保证商贸企业的经济效益。

（4）联营商品流通的具体核算。在联营方式下，商贸企业对商品供应商运达的商品不需进行商品购进及验收入库业务的核算。其核算内容主要包括：① 日常销售的核算；② 销售收入调整；③ 联营分成及已销商品成本结转的核算；④ 结算分成及增值税进项税额的处理。

■【典型任务举例】

（1）工贸商厦将家电类商品采取"引厂进店"方式进行经营。2022年11月20日，家电类商品实现销售额为320 000元，其中收取现金150 000元，银行卡收款共计170 000元，其中中国工商银行卡120 000元、中国建设银行卡50 000元。银行按照2%的比例收取手续费。

根据核对确认后的"销货日报表""内部交款单""银行进账单回单"等原始凭证，会计处理如下：

借：银行存款　　　　　　　　　　　　　　　　　　316 600
　　财务费用　　　　　　　　　　　　　　　　　　　3 400
　　贷：主营业务收入　　　　　　　　　　　　　　320 000

假定工贸商厦家电类商品本月实现销售额 904 万元，调整后的销售收入及应交增值税额如下：

不含税销售收入 = 904 ÷（1 + 13%）= 800（万元）

增值税销项税额 = 800 × 13% = 104（万元）

会计处理如下：

借：主营业务收入　　　　　　　　　　　　　　　1 040 000
　　贷：应交税费——应交增值税（销项税额）　　1 040 000

（2）工贸商厦将本月实现的 904 万元联营家电类商品销售额编制"联营商品返款明细表"，交与商品供应商核对并得到确认后，确定应返还供应商的金额为 700 万元，该商厦留利额为 204 万元。商厦根据审核无误的"联营商品返款明细表"进行会计处理如下：

借：库存商品　　　　　　　　　　　　　　　　　9 040 000
　　贷：在途物资　　　　　　　　　　　　　　　7 000 000
　　　　商品进销差价　　　　　　　　　　　　　2 040 000
借：在途物资　　　　　　　　　　　　　　　　　7 000 000
　　贷：应付账款　　　　　　　　　　　　　　　7 000 000
借：主营业务成本　　　　　　　　　　　　　　　9 040 000
　　贷：库存商品　　　　　　　　　　　　　　　9 040 000
借：商品进销差价　　　　　　　　　　　　　　　2 040 000
　　贷：主营业务成本　　　　　　　　　　　　　2 040 000

（3）工贸商厦于 2022 年 12 月 8 日通过开户银行转账支付商品供应商的应返还款 700 万元，并取得商品供应商开来的上述款项的增值税专用发票。其会计处理如下：

借：应付账款　　　　　　　　　　　　　　　　　7 000 000
　　贷：银行存款　　　　　　　　　　　　　　　7 000 000
借：应交税费——应交增值税（进项税额）　　　　　910 000
　　贷：商品进销差价　　　　　　　　　　　　　　910 000

7. 连锁经营的核算

连锁经营是指若干同行业或同业态的店铺，以同一商号、统一管理或授予特许经营权方式组织起来的，共享规模效益的一种经营组织形式。在连锁经营模式下，核心企业被称为连锁总部、总店或本部，各分散的门店被称为连锁（分）店。连锁企业的经营特点是：企业识别系统及商标统一、商品和服务统一、经营管理统一、经营理念统一。

（1）连锁企业的经营模式。按照总部与各基层单位在组织结构及其管理控制等方面的不同，连锁经营企业的连锁模式有直营连锁、特许连锁和自愿连锁三种。

① 直营连锁又称正规连锁，是指各连锁店同属一个投资主体，实行进货、价格、配送、管理、形象等方面的统一，总部对分店拥有全部的所有权和经营权，统一核算，统负盈亏。

② 特许连锁又称加盟连锁，是指总部同加盟店签订合同，加盟店在规定区域内使用总部的商标、服务标记、商号、技术和销售总部开发的产品，在同样形象下进行销售及劳务服务。总部对加盟店拥有经营权和管理权，加盟店拥有门店的所有权和收益权。加盟店具备法人资格，实行独立核算。

③ 自愿连锁又称自由连锁，是指各门店在保留单个资本所有权的基础上实行联合，总部和门店之间是协商、服务关系，总部统一订货和送货，统一制定销售策略，统一使用物流及信息设施。各门店独立核算，自负盈亏，人事自主，且有很大的经营自主权。

（2）连锁企业的会计核算形式。

① 连锁企业总部的会计核算形式。连锁企业总部的会计核算形式可以分为集中核算和分散核算两种类型。集中核算是指连锁企业全部会计核算都集中在总部财务部门进行，不另设会计单位；分散核算是指以总部财务部为中心，分别在总部采购部门设商品会计组，在基建工程处设基建会计组，在办公室设机关经费会计组等，月末由总部财务部门汇总编制财务报表。

② 连锁企业门店的会计核算形式。规模较大的门店可以设置独立的财务组，专门负责该门店经济业务的核算；规模较小的门店，可配备专门的财会人员或核算员。

③ 连锁企业总部与门店之间业务往来的会计核算形式。连锁企业总部与门店之间业务往来的会计核算形式有往来制和报账制两种。在往来制下，门店有比较完整的账户组织，商品经营、经营费用、固定资产使用等经济业务一般由门店自行核算。在报账制下，门店不设置完整的账户组织，不进行完整的成本核算。对工资款、备用金等采用领取转销的方式核算。门店按月编制销售收入和营业费用等计算表。

（3）连锁企业的会计核算。连锁企业的会计核算包括采购与付款的核算、库存商品纵向配送的核算、库存商品横向调拨的核算，以及门店业务的核算等内容。

三、商品储存的核算

（一）库存商品盘点溢缺的核算

1. 库存商品盘点溢余的核算

库存商品盘点溢余是指商品盘存金额大于账面结存金额的差额。在未查明原因前，先按溢余商品的含税售价，借记"库存商品"账户，按进货原价，贷记"待处理财产损溢"账户，同时调整溢余商品应增加的进销差价。待查明原因并经有关部门批准后，再从"待处理财产损溢"账户转入有关账户。

■【典型任务举例】■

嘉源超市月末盘点，食品柜实际库存金额大于账面结存金额240元，按上月末分类差价率14%计算，进销差价金额为33.60元，原因待查。其会计分录为：

借：库存商品——食品柜　　　　　　　　　　　　　　240
　　贷：待处理财产损溢——待处理流动资产损溢　　　206.40
　　　　商品进销差价　　　　　　　　　　　　　　　33.60

经查明原因，系商品自然升溢，经批准作冲销销售费用处理，其会计分录为：

借：待处理财产损溢——待处理流动资产损溢　　　　　206.40
　　贷：销售费用　　　　　　　　　　　　　　　　　206.40

2. 库存商品盘点短缺的核算

库存商品盘点短缺是指商品盘存金额小于账面结存金额的差额。在未查明原因前，按短缺商品的进货原价，借记"待处理财产损溢"账户，按含税售价，贷记"库存商品"账户，同时调整短缺商品应减少的进销差价。待查明原因并经有关部门批准后，再从"待处理财产损溢"账户转入有关账户。

■【典型任务举例】■

嘉源超市文具柜盘点，商品实际库存金额小于账面结存金额180元，按上月末进销差价率15%计算，商品进销差价金额为27元，原因待查。其会计分录为：

借：待处理财产损溢——待处理流动资产损溢　　　　　153
　　商品进销差价　　　　　　　　　　　　　　　　　27
　　贷：库存商品——文具柜　　　　　　　　　　　　180

经查明原因，以上损耗属于定额范围内自然损耗，经批准列入管理费用。作会计分录如下：

借：管理费用——商品损耗　　　　　　　　　　　　　153
　　贷：待处理财产损溢——待处理流动资产损溢　　　153

（二）库存商品调价的核算

商品调价是指商贸企业根据价格政策或市场情况，对某些商品的价格进行适当地调高或调低。调整某种商品的含税售价时，需通过盘点查明应调价商品的数量，计算商品调价金额，填制"商品调价差额调整单"，并据此调整"库存商品""商品进销差价"账户。调高商品含税售价时，按商品新含税售价与原含税售价的差额，借记"库存商品"账户，贷记"商品进销差价"账户；调低商品含税售价时，作红字冲销会计分录。

【典型任务举例】

嘉源超市根据市场情况将库存棉毛裤 100 条，调价为 55 元/条。棉毛裤原进价 50 元/条，原售价 65 元/条。财务部门收到商品调价差额调整单复核后，作如下会计分录：

  借：商品进销差价   1 000
    贷：库存商品   1 000

（三）商品削价的核算

商品削价是对库存中残损、变质、冷背、呆滞的商品作一次性降价出售的措施。商品削价时，由有关营业柜组盘点数量后，填制"商品削价报告单"一式数联，报经有关领导批准后，进行削价处理。商品削价后，可变现净值高于成本时，根据削价金额借记"商品进销差价"账户，贷记"库存商品"账户，以调整其账面价值。商品削价后，可变现净值低于成本时，除了根据削价金额借记"商品进销差价"账户，贷记"库存商品"账户，以调整其账面价值外，还应冲减存货跌价准备。

【典型任务举例】

嘉源超市削价处理羊毛衫 100 件，原进价 150 元/件，原售价 265 元/件，因存量过多，削价为 145 元/件，作会计分录如下：

  借：商品进销差价   11 500
    存货跌价准备   500
    贷：库存商品——羊毛衫   12 000

（四）商品内部调拨的核算

商品内部调拨是指零售企业在同一独立核算单位内部各实物负责人或柜组（门市部）之间的商品转移。商品内部调拨不作为商品销售处理，也不进行结算，而只是转移各实物负责人或柜组（门市部）所承担的经济责任。在调拨商品时，由调出部门填制商品内部调拨单一式数联，调出部门在各联上签章后，连同商品一并转交调入部门。调入部门验收无误后，在调入部门处签章，表示商品已收讫。该调拨单调入与调出部门各留一联，作为商品转移的依据，另一联转交财会部门入账。会计核算时借记调入部门库存商品的明细分类账，贷记调出部门库存商品的明细分类账，"库存商品"账户的总额保持不变。采取分柜组差价率计算法分摊已销商品进销差价的企业，还要相应调整"商品进销差价"账户。

【典型任务举例】

嘉源超市电器组 2022 年 11 月 5 日将电取暖器 200 台调入红光分店，该电取暖器含税售价 200 元，进价 130 元，双方已办妥调拨手续。商品内部调拨单见表 1-8。

表 1-8　商品内部调拨单

调入部门：红光分店　　　　　　　　　2022 年 11 月 5 日　　　　　　　　　调出部门：电器组

品名	规格	计量单位	调拨数量	零售价格 单价	零售价格 金额	购进价格 单价	购进价格 金额
电取暖器	2 000 W	台	200	200	40 000	130	26 000
合计					40 000		26 000

调入部门签章：　　　　　　　　　　　　　　　　　　　　　　　　　调出部门签章：

财务部门根据转来的"商品内部调拨单"，编制会计分录：

借：库存商品——红光分店　　　　　　　　　　　40 000
　　贷：库存商品——嘉源超市电器组　　　　　　　　　40 000

调整商品进销差价明细账户，编制会计分录如下：

借：商品进销差价——嘉源超市电器组　　　　　　14 000
　　贷：商品进销差价——红光分店　　　　　　　　　　14 000

（五）库存商品明细分类核算

实行售价金额核算的企业，库存商品明细分类账按营业柜组或门市部设置，用以控制各营业柜组或门市部的库存商品总额。采取分柜组差价率计算法调整商品销售成本的企业，还必须按营业柜组或门市部设置"商品进销差价"明细账户，由于"商品进销差价"是"库存商品"账户的抵减账户，在发生经济业务时，这两个账户往往同时发生变动。为了便于记账，可以将"库存商品"与"商品进销差价"账户的明细账合在一起，设置"库存商品和商品进销差价联合明细分类账"，其格式如表 1-9 所示。

表 1-9　库存商品和商品进销差价联合明细分类账

部门：电器组

年 月	年 日	凭证字号 字	凭证字号 号	摘要	库存商品 借方 购进	库存商品 借方 调入	库存商品 借方 调价	库存商品 借方 溢余	库存商品 贷方 销售	库存商品 贷方 调出	库存商品 贷方 调价	库存商品 贷方 短缺	借或贷	余额	商品进销差价 借方	商品进销差价 贷方	借或贷	余额

各营业柜组或门市部为了掌握本部门商品进销存的动态和销售计划的完成情况，便于向财务部门报账，每天营业结束后，应根据商品经营的各种原始凭证，编制"商品进销存日报表"一式数联，营业柜组或门市部自留一联，一联连同有关的原始凭证一并送交财务部门。财务部门复核无误后，据以入账。

四、鲜活商品的核算

零售企业除经营工业品外，也经营蔬菜、瓜果、禽、蛋、肉、鱼、海产品等鲜活商品。与经营其他商品不同，第一，鲜活商品在经营过程中，一般需要经过清选整理，分等分级，按质论价；第二，商品的销售价格随着商品的鲜活程度的变化需随时进行调整，价格变动比较频繁，从而导致早、晚时价不同；第三，鲜活商品交易频繁，且数量零星，往往随进随出；第四，鲜活商品季节性强，上市时间集中，容易腐烂变质，不易保管，损耗数量难以掌握。因此，鲜活商品一般采用进价金额核算法，这是由鲜活商品的特点所决定的。

（一）商品购进的核算

经营鲜活商品的企业，可以向批发企业购进商品，也可直接向生产商、农村承包户、专业户、专业合作社采购商品。商品的交接方式，一般采用提货制或送货制。货款结算方式主要采用现金、转账支票结算。企业购进鲜活商品时，一般由各实物负责人或柜组（门市部）验收商品后，填制一式多联的"收货单"，将其中一联连同销售单位的发票一并送交财务部门。财务部门审核后，根据发票和转账支票存根联，借记"在途物资"和"应交税费——应交增值税（进项税额）"账户，贷记"银行存款"账户；根据收货单，借记"库存商品"账户，贷记"在途物资"账户。库存商品明细分类账一般按经营类别划分的实物负责人进行设置。

在验收商品时，如发生实收数量与应收数量不符，要及时查明原因。对于短缺商品，若确属销售单位少发货，可以要求其补发商品或退回多收货款；若属运输单位责任造成的商品短少，应向运输单位索赔；若属途中合理损耗，则记入"销售费用"账户。对于溢余商品，若确属销售单位多发货，如果同意购进，可补作进货，并补付供货单位货款。如果不同意购进，应将其多发商品如数退回；若属途中自然升溢，则冲减"销售费用"账户。

鲜活商品大多属于农产品。农产品具有种类繁多、产地分散、生产季节性强、品种规格复杂等特点。企业购进农产品，除取得增值税专用发票或海关进口增值税专用缴款书外，还应按照农产品收购发票或者销售发票上注明的农产品买价和9%的扣除率计算进项税额。其计算公式为：

进项税额=买价×扣除率

购进商品的成本=买价-进项税额

■【典型任务举例】■

2022年11月5日，惠达农产品贸易公司向金城水果专业合作社购进苹果50 000

千克，单价 6 元 / 千克，香梨 60 000 千克，单价 5.50 元 / 千克，销售发票注明的货款 630 000 元。货款已付，商品尚未验收入库。应编制的会计分录为：

借：在途物资——苹果　　　　　　　　　　　　　273 000
　　　　　　——香梨　　　　　　　　　　　　　300 300
　　应交税费——应交增值税（进项税额）　　　　 56 700
　　贷：银行存款　　　　　　　　　　　　　　　630 000

11 月 8 日收到商品，验收入库时：

借：库存商品——苹果　　　　　　　　　　　　　273 000
　　　　　　——香梨　　　　　　　　　　　　　300 300
　　贷：在途物资——苹果　　　　　　　　　　　273 000
　　　　　　　——香梨　　　　　　　　　　　300 300

（二）商品销售的核算

当天营业结束后，财务部门根据各柜组（门市部）交来的当日"内部交款单""商品进销存日报表"及"银行进账单回单"进行销售的账务处理。

【典型任务举例】

11 月 10 日，惠达农产品贸易公司收到出售水果收入 110 000 元，货款已存入银行。财务部门根据审核无误的银行回单及"商品进销存日报表"，应编制的会计分录为：

借：银行存款　　　　　　　　　　　　　　　　　110 000
　　贷：主营业务收入　　　　　　　　　　　　　110 000

然而，企业取得的销货款是含税销售额，其中包含了销项税额，因此，需将含税销售额调整为不含税销售额。其计算公式为：

不含税销售额 = 含税销售额 ÷（1 + 增值税税率）

【典型任务举例】

假定 11 月份惠达农产品贸易公司累计主营业务收入为 994 500 元，将含税销售额换算为不含税销售额时：

不含税销售额 = 994 500 ÷（1 + 9%）= 912 385.32（元）

销项税额 = 994 500 − 912 385.32 = 82 114.68（元）

借：主营业务收入　　　　　　　　　　　　　　　82 114.68
　　贷：应交税费——应交增值税（销项税额）　　 82 114.68

（三）商品储存的核算

鲜活商品在储存过程中发生损耗、调价、削价等情况，不需要进行账务处理，月末一次性体现在商品销售成本中。但发生责任事故时，应及时查明原因，在分清责任的基础上，报经批准后，根据不同情况进行处理：属于企业应负担的损失，记入"营业外支出"账户；属于当事人应承担经济责任的，记入"其他应收款"账户。

■【典型任务举例】

惠达农产品贸易公司11月25日有200千克香梨，进价5.50元/千克，全部变质腐烂。现查明是保管员失职造成的，经审批，企业负担60%的损失，其余40%由保管员负责赔偿。应编制的会计分录为：

借：营业外支出　　　　　　　　　　　　　　　　　　660
　　其他应收款——保管员　　　　　　　　　　　　　440
　　贷：库存商品——香梨　　　　　　　　　　　　　　　1 100

月末，由各实物负责人或柜组（门市部）对实存商品进行盘点，将盘存商品的数量填入"商品盘存表"，并以最后一次进货单价作为期末库存商品的单价，计算出各种商品的结存金额，然后倒挤出已销商品的销售成本。其计算公式为：

本期商品销售成本 = 期初结存商品金额 + 本期验收商品金额
　　　　　　　　　－ 本期非销售发出商品金额 － 期末结存商品金额

实际工作中，商品销售成本一般可通过编制"商品销售成本计算表"进行计算。

■【典型任务举例】

11月30日，惠达农产品贸易公司对水果进行盘点。其中苹果结存400千克，最后进价为6元/千克，香梨结存600千克，最后进价为5.50元/千克。假定11月初苹果、香梨结存金额分别为5 000元、4 000元，本月购进苹果金额为261 000元，香梨金额为287 100元，因保管员失职导致香梨腐烂200千克，金额957元。根据上述资料，计算并结转已销售商品成本。

苹果期末结存金额 = 400 × 6 = 2 400（元）

香梨期末结存金额 = 600 × 5.50 = 3 300（元）

已销售苹果成本 = 5 000 + 261 000 － 2 400 = 263 600（元）

已销售香梨成本 = 4 000 + 287 100 － 957 － 3 300 = 286 843（元）

结转销售成本时：

借：主营业务成本——苹果　　　　　　　　　　　　263 600
　　　　　　　　——香梨　　　　　　　　　　　　286 843
　　贷：库存商品——苹果　　　　　　　　　　　　　　263 600
　　　　　　　　——香梨　　　　　　　　　　　　　　286 843

■【典型任务举例】

新源公司是一家商品零售企业，对存货采用售价金额法进行核算。2022年9月发生如下业务：

（1）3日，购入商品一批，价款为300 000元，增值税税额39 000元，货款以银行存款支付，商品已验收入库，该批商品售价为456 300元。

（2）9月份公司共销售商品409 500元，款项已收到存入银行。

要求：（1）编制本月购进商品的会计分录。

（2）编制本月销售商品收入及结转销售成本的会计分录。
（3）计算本月销项税额及已销商品的进销差价并编制会计分录。

【具体核算方法】

（1）购进商品时：

借：在途物资　　　　　　　　　　　　　　　　　　　　300 000
　　应交税费——应交增值税（进项税额）　　　　　　　 39 000
　　贷：银行存款　　　　　　　　　　　　　　　　　　339 000
借：库存商品　　　　　　　　　　　　　　　　　　　　456 300
　　贷：在途物资　　　　　　　　　　　　　　　　　　300 000
　　　　商品进销差价　　　　　　　　　　　　　　　　156 300

（2）销售商品时：

借：银行存款　　　　　　　　　　　　　　　　　　　　409 500
　　贷：主营业务收入　　　　　　　　　　　　　　　　409 500
借：主营业务成本　　　　　　　　　　　　　　　　　　409 500
　　贷：库存商品　　　　　　　　　　　　　　　　　　409 500

（3）计算销项税额时：

销项税额 = 409 500 ÷（1 + 13%）× 13% = 47 110.62（元）

借：主营业务收入　　　　　　　　　　　　　　　　　　 47 110.62
　　贷：应交税费——应交增值税（销项税额）　　　　　 47 110.62

调整实际销售成本时：

商品进销差价率 =（156 300 ÷ 456 300）× 100% = 34.25%
已销商品应分摊的进销差价 = 409 500 × 34.25% = 140 254（元）

借：商品进销差价　　　　　　　　　　　　　　　　　　140 254
　　贷：主营业务成本　　　　　　　　　　　　　　　　140 254

学习子情境四　进出口业务的核算

▶【情境引例 1】

某公司是一个具有进出口权的生产型公司，选择确定的记账本位币为人民币，其外币交易记账汇率采用即期汇率，202×年12月1日"银行存款——美元户"账户的期初余额如表 1-10 所示。

表 1-10　"银行存款——美元户"账户的期初余额

账户名称	外币金额	汇率	人民币金额
银行存款——美元户	USD200 000	6.40	¥1 280 000

该公司 12 月份发生以下业务：

（1）12 月 5 日，上月国外 A 公司所欠货款 30 000 美元今日收到入账，当日即期汇率为 1 美元 = 6.38 元人民币。

（2）12 月 12 日，从美元银行存款账户支付上月所欠国外 B 公司货款 25 000 美元，当日即期汇率为 1 美元 = 6.37 元人民币。

（3）12 月 16 日，将 20 000 美元兑成人民币，当日即期汇率为买入价 1 美元 = 6.29 元，中间价为 1 美元 = 6.30 元。

（4）12 月 18 日，从美元银行存款账户中支付外方工作人员工资 7 200 美元，当日即期汇率为 1 美元 = 6.35 元人民币。

（5）12 月 20 日，收到上月向国外 A 公司销售产品的货款 50 000 美元，当日即期汇率 1 美元 = 6.35 元人民币。

（6）12 月 21 日，从美元存款户中归还欠国外 B 公司货款 25 000 美元，当日即期汇率 1 美元 = 6.36 元人民币。

（7）12 月 26 日，以 40 000 美元兑换成港币，当日港元即期汇率为卖出价 1 港元 = 0.85 元人民币，中间价为 1 港元 = 0.84 元人民币；美元即期汇率为买入价 1 美元 = 6.35 元人民币，中间价为 1 美元 = 6.36 元人民币。

（8）12 月 31 日，当日美元即期汇率 1 美元 = 6.46 元人民币。港币即期汇率为 1 港元 = 0.85 元人民币。

要求：采用月末调整法，作出必要的会计分录。

【知识准备】

一、基本概念

（一）外汇

外汇（Foreign Exchange）是国际汇兑的简称，是指以外币表示的金融资产，可用作国际清偿的支付手段。我国对外汇作了更为明确的规定，根据《中华人民共和国外汇管理条例》第三条，本条例所称外汇，是指下列以外币表示的可以用作国际清偿的支付手段和资产：① 外币现钞，包括纸币、铸币；② 外币支付凭证或支付工具，包括票据、银行存款凭证、银行卡等；③ 外币有价证券，包括债券、股票等；④ 特别提款权；⑤ 其他外汇资产。

（二）汇付结算方式

汇付（Remittance）又称汇款，是通过进出口双方所在地银行的汇兑业务进行结算的、一种操作较为简便的结算方式。汇付就是由付款人通过银行，使用各种结算工具将货款汇交收款人的一种结算方式。汇付按资金调拨方式，分为信汇、电汇和票汇。

(三) 托收结算方式

托收（Collection）是由债权人（出口商）签发汇票，委托当地银行通过其在债务人所在地的联行或代理行向债务人（进口商）收取款项的结算方式。按托收项下的汇票是否附有货运单据的标准，一般将托收分为光票托收和跟单托收。

托收方式的基本当事人有四个：委托人、托收行、代收行和付款人。委托人即开出汇票委托银行向国外付款人收款的出票人，也就是国际贸易中的出口方；托收行即接受委托人的委托，转托国外银行向国外付款人代为收取款项的银行；代收行即接受托收行的委托，代向付款人收款的银行；付款人就是汇票的受票人，即国际贸易中的进口方。根据托收的定义，委托人与托收行、托收行与代收行之间都只是委托代理关系。

(四) 信用证结算方式

信用证（Letter of Credit，L/C）是银行做出的有条件的付款承诺，即银行根据开证申请人的请求和指示，向受益人开具的有一定金额并在一定期限内凭规定的单据承诺付款的书面文件；或者是银行在规定金额、日期和单据的条件下，愿代开证申请人承购受益人汇票的保证书。

信用证结算方式有如下特点：

1. 信用证是一项独立文件

信用证虽以贸易合同为基础，但它一经开立，就成为独立于贸易合同之外的另一种契约。贸易合同是买卖双方之间签订的契约，只对买卖双方有约束力；信用证则是开证行与受益人之间的契约，开证行和受益人及参与信用证业务的其他银行均应受信用证的约束，但这些银行当事人与贸易合同无关，故不受合同的约束。

2. 开证行是第一付款人

信用证支付方式是一种银行信用，是由开证行以自己的信用作出的付款保证，开证行提供的是信用而不是资金，其特点是在符合信用证规定的条件下，首先由开证行承担付款的责任。开证行要依照开证申请人的要求和指示，在规定单据符合信用证条款的情况下，由自身或授权另家一银行向受益人或其指定人进行付款，或支付或承兑受益人开立的汇票，即银行要早于开证申请人付款。

3. 信用证业务处理的是单据

信用证是单据交易，俗称"单据买卖"，即各有关方面处理的是单据，而不是与单据有关的货物、服务及其他行为。单据是银行付款的唯一依据。因此，在信用证业务中，只要受益人或其指定人提交的单据表面上符合信用证规定，开证行就应承担付款或承兑并支付的责任。受益人要想安全、及时地收到货款，必须做到"单单一致、单证一致"。

(五) 贸易术语

贸易术语，又称价格术语、价格条件。国际贸易中，买卖双方所承担的义务会影响到商品的价格。在长期的国际贸易实践中，逐渐产生了把某些和价格密切相关的贸易条件与价格直接联系在一起，形成若干种报价的模式。每一模式都规定了买卖双方在某些贸易条件中所承担的义务。用来表明这种义务的术语，称为贸易术语。贸易术语是国际贸易中构成单价条款的重要组成部分。它明确了双方在货物交接方面各自应承担的责任、费用和风险，说明了商品的价格构成，从而简化了交易磋商的手续，缩短了成交时间。《国际贸易术语解释通则2020》中共包括十一种贸易术语。其中主要的有：

1. FOB：船上交货（Free On Board）

船上交货（……指定装运港）是指当货物在指定装运港口被装上船时，卖方即完成交货。货物灭失或损坏的风险在货物交到船上时发生转移，同时，买方承担自那时起的一切费用。该术语不适合于货物在上船前已经交给承运人的情况。

2. CFR：成本加运费（Cost and Freight）

成本加运费（……指定目的港）是指卖方在船上交货或以取得已经这样交付的货物方式交货。货物灭失或损坏的风险在货物交到船上时转移。卖方必须签订合同，并支付必要的成本和运费，将货物运至指定的目的港。该术语不适合于货物在上船前已经交经承运人的情况。CFR术语要求卖方办理出口清关手续。该术语仅适用于海运或内河运输。

3. CIF：成本、保险加运费（Cost，Insurance and Freight）

成本、保险费加运费（……指定目的港）是指卖方在船上交货或以取得已经这样交付的货物方式交货。货物灭失或损坏的风险在货物交到船上时转移。卖方必须签订合同，并支付必要的成本和运费，将货物运至指定的目的港。在CIF条件下，卖方还必须办理买方货物在运输途中灭失或损坏风险的海运保险，由卖方订立保险合同并支付保险费。该术语不适合于货物在上船前已经交给承运人的情况。CIF是国际贸易中常用的价格术语，仅适用于海运和内河运输。

二、外汇业务核算

外汇业务，也称外币业务，是指外贸企业以人民币（记账本位币）以外的其他币种进行款项收付、往来结算和计价的经济业务。其主要内容包括：

（1）外贸企业购买或销售以外币计价的商品和劳务，即商品进出口业务和劳务输入输出业务；

（2）外贸业务从事的外币借贷业务；

（3）外贸企业拥有、承担、清算的外币债权债务。

一般来说，外汇业务会计核算的主要内容相应地包括外币业务发生时外币金额折算的账务处理和外币业务导致的外币债权债务因汇率变动产生的外币折算差额，即汇兑差额账务处理。为了进行外汇核算，必须相应设置外汇核算账户，具体包括：

（1）货币资金账户。包括"库存现金——外币现金"和"银行存款——外汇存款"账户。

（2）外汇结算的债权账户。包括"应收账款——应收外汇账款""应收票据——应收外汇票据"和"预付账款——预收外汇账款"账户。

（3）外汇结算的债务账户。包括"长期借款——长期外汇借款""短期借款——短期外汇借款""应付账款——应付外汇账款""应付票据——应付外汇票据"和"预收账款——预收外汇账款"账户。

三、出口业务涉及的单证

由于出口方式及出口货物品名不同，所以具体涉及的单证很多，但归纳起来，主要有以下几种单证：

（1）货运委托书。

（2）出口货物报关单。

（3）外销商品发票。

（4）装箱单。

（5）细码单。

（6）原产地证书。

（7）提货单。

（8）出口收汇核销单。

（9）出口许可证。

（10）出口商品检验证书。

（11）其他单证。

国际贸易从形式上看是国家与国家之间的商品买卖，但在实际进出口业务中，主要表现为有关单据的买卖。对出口其他单证的管理主要要求：出口各项有关单证必须根据合同及信用证有关规定进行制作。就出口其他单证而言，主要有商业发票、包装单、运输提单、保险单证、报关单、商品检验证书、原产地证书及结算等单据。其中外销商业发票及结算单证是最主要的单证。

【行业观察】

解决国际贸易争端，"仲裁"提出准确清晰的诉讼路径

青岛公司与某国公司签订国际贸易销售合同，约定某国公司购买青岛公司生产加工的某钢结构产品，货值30万美元。合同约定的仲裁条款为：合同争议均应提交中国国际经济贸易仲裁委员会（简称"中国贸仲"）或者该国贸易仲裁委员会仲裁。

双方因履行上述合同发生纠纷，两年后，公司向中国贸仲提起仲裁，青岛公司由山东青大泽汇律师事务所代理，研究了合同条款后，赶在仲裁开庭前，向青岛某法院提起确认仲裁条款无效的诉讼，并及时向中国贸仲书面通报了这一情况，要求

中止仲裁程序。

庭审时，青岛公司主张：在合同双方没有就仲裁机构的唯一性达成补充协议的情况下，前述合同仲裁条款是无效的。该国公司则辩称：① 就双方的合同纠纷，中国贸仲已受理了由其提起的仲裁申请，并向青岛公司送达了仲裁通知等法律文书；② 青岛公司在仲裁庭确定的开庭日之前未就仲裁协议效力问题向仲裁庭提出异议；③ 依据最高人民法院《关于适用若干问题的解释》第十三条的规定，青岛公司其后向法院提出的要求确认仲裁协议无效的申请，不属于法院受理的范围，应予驳回。

法院经审理并按有关规定逐级层报最高人民法院后裁定：确认合同仲裁条款无效。随后中国贸仲也对该国公司的仲裁申请作了撤案处理。

本案是一起颇为典型的涉外商事纠纷中确认仲裁条款或协议效力的特别诉讼类型，对我国进出口企业处理类似涉外争议，提供了非常准确清晰的诉讼路径，具有很强的实用性和针对性。

【职业判断与业务操作】

一、外币业务发生时的账务处理

（1）对企业发生的外币业务，根据规定的汇率将外币金额折算为记账本位币金额，编制有关特种凭证。

（2）根据特种凭证登记有关外币账户和非外币账户。在登记外币账户时，一方面要记录所发生的外币金额，另一方面也要登记按照一定汇率所折算的记账本位币金额，即要对外币账户做出双重记录。为了反映业务发生时的外币折算过程，对外币折算时所采用的汇率通常要登记在外币账户中，对于非外币账户则可直接登记所折算的记账本位币金额。当然，为了全面记录经济业务的来龙去脉，在记录记账本位币的同时，记录外币金额也是一种较好的记录手段。实际工作中，许多外贸企业都采用了对非外币账户同时作出双重记录的方式。

（3）按照企业会计准则的要求处理所发生的货币兑换业务。

【做中学】

根据情境引例1编制会计分录。

业务（1）：

借：银行存款——美元户　　　　　　（30 000×6.38＝）191 400
　　　贷：应收账款——应收外汇账款——A公司
　　　　　　　　　　　　　　　　　　（30 000×6.38＝）191 400

业务（2）：

借：应付账款——应付外汇账款——B公司
　　　　　　　　　　　　　　　　　　（25 000×6.37＝）159 250
　　　贷：银行存款——美元户　　　　（25 000×6.37＝）159 250

业务（3）：

借：银行存款——人民币户　　　　　　（20 000×6.29＝）125 800
　　财务费用——汇兑差额　　　　　　　　　　　　　　　　200
　　贷：银行存款——美元户　　　　　　（20 000×6.30＝）126 000

业务（4）：

借：应付职工薪酬　　　　　　　　　　（7 200×6.35＝）45 720
　　贷：银行存款——美元户　　　　　　（7 200×6.35＝）45 720

业务（5）：

借：银行存款——美元户　　　　　　　（50 000×6.35＝）317 500
　　贷：应收账款——应收外汇账款——A公司
　　　　　　　　　　　　　　　　　　（50 000×6.35＝）317 500

业务（6）：

借：应付账款——应付外汇账款——B公司
　　　　　　　　　　　　　　　　　　（25 000×6.36＝）159 000
　　贷：银行存款——美元户　　　　　　（25 000×6.36＝）159 000

业务（7）：

US$40 000×6.35÷0.85＝HK$298 823.53

借：银行存款——港元户　　　（298 823.53×0.84＝）251 011.77
　　财务费用——汇兑差额　　　　　　　　　　　　　　3 388.23
　　贷：银行存款——美元户　　　　　　（40 000×6.36＝）254 400

二、期末调整确认外币账户的汇兑损益

期末（指月末、季末或年末，下同）对各种外币账户（包括外币现金、银行存款及以外币结算的债权债务）的期末余额，按照期末市场汇率折合为记账本位币金额，并将外币账户期末余额折合为记账本位币的金额与相应的外币账户的记账本位币期末余额之间的差额进行对比，确认为汇兑损益。

（一）汇兑差额的概念

外贸企业发生外币业务时，应当按外币原币登记外币账户，同时选用一定的汇率将外币金额折算为记账本位币金额，而外汇汇率总是在不断地变化，就导致同一外币数额在不同时点会对应不同的记账本位币数额，两者间相互折算时就会形成汇兑差额。

（二）汇兑差额的产生和确认

汇兑差额的产生有两个途径，即外币兑换及期末汇兑差额的计算。

（1）从事外币兑换业务时，由于银行总是低价买入高价卖出，企业在外币兑换中产生汇兑损失。

（2）期末计算汇兑差额时，应对外币账户的期末余额以期末汇率（即期汇率）进行折算，折算金额与账面金额之间的差额，确认为汇兑差额。在月份（或季度、年度）

终了时，对于各外币账户的期末余额，按期末即时汇率（即期汇）将外币账户期末余额折算为记账本位币金额，并将外币金额账户期末余额折算为记账本位币金额与相对应的记账本位币的期末余额之间的差额，确认为汇兑差额，计入当期损益以外币计量的资产类账户，在汇率上升时会产生汇兑收益，在汇率下降时会产生汇兑损失，以外币计量的负债类账户，在汇率上升时会产生汇兑损失，在汇率下降时会产生汇兑收益。

■【做中学】■

根据情境引例1登记"银行存款——美元户"，计算期末汇兑损益，见图1-1。

业务（8）：

		银行存款——美元户			
期初余额	US$ 200 000	6.40	1 280 000		
(1)	US$ 30 000	6.38	191 400	(2) US$ 25 000	6.37	159 250
(5)	US$ 50 000	6.35	317 500	(3) US$ 20 000	6.30	126 000
				(4) US$ 7 200	6.35	45 720
				(6) US$ 25 000	6.36	159 000
				(7) US$ 40 000	6.36	254 400
期末余额	US$ 162 800		1 044 530		

图 1-1

"银行存款——美元户"的汇兑损益＝US$162 800×6.46－1 044 530＝7 158（元）（收益）

（三）各种情况下汇兑差额的账务处理

（1）项目筹建期内发生的汇兑差额，属于开办费的应记入"长期待摊费用"账户。

（2）与购建固定资产有关的外币专门借款产生的汇兑损益，按照借款费用的处理原则进行处理。因专门借款而发生的利息、折价或溢价的摊销和汇兑差额，在符合资本化条件的情况下，应当予以资本化，计入该项固定资产的购建成本；其他的借款利息、折价或溢价的摊销和汇兑损益，应当于发生当期确认为费用。

（3）银行结售汇或者不同币种之间的兑换而产生的银行买入价、卖出价与企业折算汇率（即期汇率）之间的差额，应当计入当期"财务费用——汇兑差额"。

■【做中学】■

根据情境引例1进行期末汇兑损益调整的账务处理。

业务（8）：

借：银行存款——美元户　　　　　　　　　　7 158
　　贷：财务费用（汇兑损益）　　　　　　　　　　7 158

■【课堂能力训练】■

蓝天股份有限公司（简称蓝天公司）对外币业务采用交易发生日的即期汇率折

算，按月计算汇兑损益。202×年6月30日，市场汇率为1美元=6.25元人民币。202×年6月30日有关外币账户期末余额如表1-11所示。

表1-11 有关外币账户期末余额表

账户名称	外币金额	汇率	人民币金额
银行存款	USD100 000	6.25	￥625 000
应收账款	USD 500 000	6.25	￥3 125 000
应付账款	USD 200 000	6.25	￥1 250 000

蓝天公司同年7月份发生以下外币业务（不考虑增值税等相关税费）：

（1）7月15日，收到某外商投入的外币资本400 000美元，当日的市场汇率为1美元=6.24元人民币，投资合同约定的汇率为1美元=6.30元人民币，款项已由银行收存。

（2）7月18日，进口一台机器设备，设备价款500 000美元，尚未支付，当日的市场汇率为1美元=6.23元人民币。该机器设备正处在安装调试过程中，预计将于明年11月完工交付使用。

（3）7月20日，对外销售产品一批，价款共计200 000美元，当日的市场汇率为1美元=6.22元人民币，款项尚未收到。

（4）7月28日，以外币存款偿还6月份发生的应付账款200 000美元，当日的市场汇率为1美元=6.21元人民币。

（5）7月31日，收到6月份发生的应收账款300 000美元，当日的市场汇率为1美元=6.20元人民币。

要求：进行蓝天公司202×年7月份外币业务会计处理。

（1）编制7月份发生的外币业务的会计分录；

（2）分别计算7月份发生的汇兑差额，并列出计算过程；

（3）编制期末记录汇兑差额的会计分录。

▶【情境引例2】

某生产型进出口公司为增值税一般纳税企业，以人民币为记账本位币，对外币交易采用交易日即期汇率折算。该公司本期发生以下业务：

（1）根据合同规定对外出口自产甲商品一批计3 000千克，每千克成本计人民币96元（不含增值税）。上列出口甲商品发票金额每千克外销价为CIF19.20美元，今日交单出口并结转出口商品销售成本。当日即期汇率为1美元=6.35元人民币。

（2）上列出口甲商品合同规定应付国外中间商2%佣金，当日即期汇率为1美元=6.37元人民币。

（3）上列出口甲商品应付船运公司海运运费计1 470美元，当日即期汇率为

1 美元=6.35 元人民币。

（4）应付上列出口甲商品保险费 1 900 美元，当日即期汇率为 1 美元=6.35 元人民币。

（5）本期外购生产用材料一批，取得增值税专用发票注明进价 580 000 元，增值税税率 13%，材料已验收入库，价款未付。

（6）本期内销产品一批，销售价 620 000 元，增值税税率 13%，开出增值税发票，上列价款尚未收到。

（7）本期"应交税费——应交增值税"账户有期初留抵税额为 79 800 元。该公司在规定的申报期内备齐必要的凭证，经当地税务征税机关审核后向当地税务退税部门申报出口退税，该公司退税率为 9%。

要求：根据该公司上列各项业务，作出必要的会计分录。

【职业判断与业务操作】

一、自营出口销售收入、成本的财务处理

（一）自营出口销售收入的确认

根据我国现行企业会计准则，对销售商品收入的确认，必须同时满足以下 4 个条件：

（1）企业已将商品所有权的主要风险和报酬转移给购买方。

（2）企业既没有保留通常与所有权相联系的继续管理权，也没有对已售出的商品实施有效控制。

（3）与交易相关的经济利益很可能流入企业。

（4）相关的收入金额和已发生或将发生的成本能够可靠计量。

自营出口销售收入实现的标准是，不论是海、陆、空或邮寄出口，原则上均应以取得装运提单并向银行办理交单后作为销售收入的实现。这里的"单"指的是全套商业单据，应包括外销发票（或称货单，Invoice）、运输单据、保险单据等。

（二）自营出口销售收入的计量

实现的销售商品收入应按实际收到或应收到的价款入账，在一般的贸易情况下应遵循以下原则：

（1）有合同、协议的情况下，按合同、协议金额确定。

（2）无合同、协议的情况下，按购销双方都同意或能接受的价格确定。

（3）不考虑各种预计可能发生的现金折扣、销售折让。

由于出口销售价格调控的特殊性，我国为了使销售收入的记账口径一致，不论出口成交采用哪一种价格条款，出口商品销售收入的入账金额一律以离岸价（FOB 价）为基础。按离岸价以外的价格条款成交的出口商品，其发生的境外运输费、保险费及其佣金连同以外汇支付的银行手续费等费用支出，均应冲减商品出口销售收入。

（三）自营出口会计账户的设置

（1）"主营业务收入——自营出口销售收入"账户（见图1-2）。

（2）"主营业务成本——自营出口销售成本"账户（见图1-3）。

主营业务收入——自营出口销售收入	
① 发生海外运输费、保险费、佣金时，应冲减本期的货物销售收入 ② 期末转入"本年利润"账户的自营出口销售收入	企业实现的出口货物销售收入

图 1-2

主营业务成本——自营出口销售成本	
从"库存商品"账户结转的本期已销售货物的成本	期末转入"本年利润"账户的已销售货物的成本

图 1-3

上列账户生产企业多采用三栏式的格式。当发生出口销货退货、退回时，则可做与出口销售收入和出口销售成本相反的会计分录。将会计分录登入上列账户后，可将原来实现的出口销售收入和结转的出口销售成本予以冲销。而在商品流通型企业中，尤其是一些国有外贸企业习惯于采用一种并列式账户，见表1-12。

表 1-12 并列式账户

类别：　　　　　　　　　品名：　　　　　　　　　单位：

年		记账凭证号	摘要	价格条件及地区	数量	借:销售成本金额	贷:销售收入金额	盈亏（金额）	附:国外费用资料		
月	日								佣金	运费	报废

这种并列式账户的借方是"主营业务成本"，贷方是"主营业务收入"，其余额实际上是"销售毛利"。该种账户的优点是可以清楚地看出一单一货出口的盈亏，防止重转、漏转成本和漏付、重付境外费用，有利于汇总核算和编制出口主要商品销售利润（亏损）表。发生实际要支付的海运费、保险费、佣金及发生销售的退货、退回时用红字冲销，其冲销销售成本分录为：

　　借：主营业务成本　　　　　　　　　　　　　　　红字
　　　　贷：库存商品——出口商品　　　　　　　　　红字

而冲销销售收入的分录为：

　　借：应收账款（银行存款等）　　　　　　　　　　红字
　　　　贷：主营业务收入——自营出口销售收入　　　红字

这也是根据外贸企业自身特点而形成的一种习惯做法。

■【做中学】■

根据情境引例2编制会计分录。

业务（1）：

销售商品并结转销售成本。

借：应收账款——应收外汇账款（××客户）
　　　　　　　　　　　　　　　　（57 600×6.35＝）365 760
　　贷：主营业务收入——自营出口销售收入（甲商品）
　　　　　　　　　　　　　　　　（57 600×6.35＝）365 760

借：主营业务成本——自营出口销售成本（甲商品）　288 000
　　贷：库存商品——甲商品　　　　　　　　　　　　288 000

业务（2）：

确认应付国外中间商的佣金。

借：应付账款——国外中间商　　（1 152×6.37＝）7 338.24
　　贷：主营业务收入——出口销售（1 152×6.37＝）7 338.24

业务（3）：

确认应付海外运费。

借：应付账款——船运公司　　　（1 470×6.35＝）9 334.50
　　贷：主营业务收入——出口销售（1 470×6.35＝）9 334.50

业务（4）：

确认应付的保险费。

借：应付账款——保险公司　　　（1 900×6.85＝）12 065
　　贷：主营业务收入——出口销售（1 900×6.85＝）12 065

二、进行出口退（免）税的核算

（一）出口货物退（免）税

所谓出口货物退（免）税是对报关出口货物退还在国内生产环节按税法规定交纳的增值税、消费税或免征应纳税额。现行货物退（免）税管理办法规定：有出口经营权的企业出口或代理出口货物，除另有规定外，可以在货物报关出口并在财务上作销售后，凭有关凭证按月报请税务机关批准退还或免征增值税和消费税。

（二）退（免）税的范围

我国现行享受出口货物退（免）税的企业有以下几类：

（1）经原对外贸易经济合作部和商务部及其授权单位批准的有进口经营权的外贸企业含外贸总公司和到异地设立的经原对外贸易经济合作部和商务部批准的有进出口经营权的独立核算的分支机构。

（2）经原对外贸易经济合作部和商务部及其授权单位批准的有进口经营权的自

营生产企业和生产型集团公司，以及经省级进出口主管部门批准的实行自营进出口权登记制的国有、集团、私营生产企业。

（3）经原对外贸易经济合作部和商务部及其授权单位批准的有进口经营权的工贸企业和集生产与贸易于一体的集团贸易公司等。

（4）外商投资企业。

（5）委托外贸企业代理出口的企业。

（6）经国务院批准设立，享有进出口经营权的中外合资企业和合资连锁企业。

（7）特定企业。如对外承包工程公司、对外承接修理修配业务企业、外轮供应公司等。

（8）高税率货物和贵重货物出口指定退税的企业。

（三）货物退税的税率

我国现行的增值税出口退税率有13%、11%等多档，另对部分产品取消出口退税。对出口货物属于应征消费税的货物基本上实行全征全退。另对部分属于应征消费税的出口货物也相应取消了出口退（免）税政策。为发挥出口退税率的调节作用，我国的出口退税政策常处于不断调整中。

（四）商业、外经贸企业出口货物退（免）税的核算

（1）商业、外经贸企业应退增值税的核算。计算公式：

$$应退税额＝增值税发票货物价值 \times 现行退税率$$
$$应计入成本的税额＝增值税发票税额－应退税额$$

账务处理：

① 申报退税时：

借：其他应收款——应收出口退税
　　贷：应交税费——应交增值税（出口退税）

② 计入成本时：

借：主营业务成本——自营出口销售成本
　　贷：应交税费——应交增值税（进项税额转出）

（2）商业、外经贸企业应退消费税的核算。外经贸企业收购应税消费品出口，除退还其已纳增值税外，还应退还其已纳的消费税。消费税的退税办法分别依据该消费税的征税办法确定，即退还该消费品在生产环节实际缴纳的消费税。计算公式如下：

① 实行从价定率征收办法：

$$应退税额＝购进出口货物的进货金额 \times 消费税税率$$

② 实行从量定额征收办法：

$$应退税额＝出口数量 \times 单位税额$$

账务处理：

① 申报退税时：

借：其他应收款——应收出口退税
　　　贷：主营业务成本——自营出口销售成本
② 收到退税款时：
借：银行存款
　　　贷：其他应收款——应收出口退税

（五）自营出口生产企业免、抵、退税的核算

免税，是指对生产企业出口的自产货物，免征本企业生产、销售环节增值税。

抵税，是指生产企业出口自产货物所耗用的原材料、零部件、燃料、动力等所含应予以退还的进项税额，抵顶内销货物的应纳税额。

退税，是指生产企业出口的自产货物在当月内应抵顶的进项税额大于应纳税额时，对未抵顶的部分予以退税。

（1）生产企业出口货物免、抵、退税的具体计算方式：

① 当期应纳税额的计算：

$$当期应纳税额 = 当期内销货物的销项税额 - （当期进项税额 - 不得免征和抵扣税额）- 上期留抵税额$$

② 免抵退税额的计算：

$$免抵退税额 = 出口货物离岸价 \times 外汇人民币牌价 \times 出口货物退税 - 免抵退税额抵减额$$

③ 当期应退税额和免抵税额的计算（比大小）：如当期期末留抵税额小于或等于当期免抵退税额，则：

$$当期应退税额 = 当期期末留抵税额$$

$$当期免抵税额 = 当期免抵退税额 - 当期应退税额$$

如当期期末留抵税额大于当期免抵退税额，则：

$$当期应退税额 = 当期免抵退税额$$

$$当期免抵税额 = 0$$

（2）生产企业出口货物免、抵、退税的会计处理方法：

① 当期出口物资不予免征、抵扣和退税的税额：

借：主营业务成本
　　　贷：应交税费——应交增值税（进项税额转出）

② 按规定当期应予抵扣税额：

借：应交税费——应交增值税（出口抵减内销产品应纳税额）
　　　贷：应交税费——应交增值税（出口退税）

③ 按规定应予退回的税款：

借：其他应收款
　　　贷：应交税费——应交增值税（出口退税）

④ 收到退回的税款：

借：银行存款
　　贷：其他应收款

【做中学】

根据情境引例2计算出口退税额，并进行会计核算。

① 免、抵退税不得免征和抵扣税额 = 57 600 × 6.35 × (13% - 9%) = 14 630.4（元）

② 应纳税额 = 620 000 × 13% - (580 000 × 13% - 14 630.4) - 79 800 = -59 969.6（元）

期末留抵税额 = 59 969.6（元）

③ 免、抵退税额 = 57 600 × 6.35 × 9% = 32 918.4（元）

④ 免、抵退税额 32 918.4（元）< 当期期末留抵税额 59 969.6（元）

⑤ 应退税额 = 当期免抵退税额 = 32 918.4（元）

业务（5）：

借：在途物资　　　　　　　　　　　　　　　　　　580 000
　　应交税费——应交增值税（进项税额）　　　　　75 400
　　贷：应付账款　　　　　　　　　　　　　　　　655 400

业务（6）：

借：应收账款　　　　　　　　　　　　　　　　　　700 600
　　贷：主营业务收入　　　　　　　　　　　　　　620 000
　　　　应交税费——应交增值税（销项税额）　　　80 600

业务（7）：

借：主营业务成本——自营出口销售成本（甲商品）　14 630.4
　　贷：应交税费——应交增值税（进项税额转出）　14 630.4
借：其他应收款——应收出口退税　　　　　　　　　32 918.4
　　贷：应交税费——应交增值税（出口退税）　　　32 918.4

【课堂能力训练】

天林公司有自营出口权，选择确定的记账本位币为人民币，外币折算与兑换业务按当日即期汇率进行折算。现根据某份合同对美国出口G产品一批计1 000打，成本单价为每打50元，合计人民币50 000元（不含增值税），公司业务部门根据出口合同或信用证规定开出产品出库凭证，并连同外销发票、装箱单及其他出口单证，通过储运部门交付对外运输公司办理托运。G产品出口发票标明：GIF纽约8 000美元，4%佣金，交单日汇率为1美元 = 6.27元人民币。

银行收到全套进口单据经审核无误后，向境外银行办理结算手续。假设收汇日汇率为1美元 = 6.278元人民币。银行收妥外汇后转入公司账户。

企业收到外轮等运输公司开来运费单据假设为428美元，审核无误后通过银行付款。当日汇率为 1 美元 = 6.28 元人民币。

企业收到保险公司送来出口运输保险单，审核无误通过银行支付。假设上列出口业务按发票金额的 110% 投保，保险公司应收保险费率为 0.68%，应付保险费为 59.84 美元，当日美元汇率为 1 美元 = 6.28 元人民币。

要求：根据以上资料，进行必要的会计处理。

▶ 【情境引例 3】

某进出口公司的记账本位币为人民币，对外币交易采用交易日的即期汇率折算，该外贸公司向德国自营进口轴承 1 000 只，价格条款为 FOB 汉堡，轴承单价为每只 4 美元，到达口岸后支付国外运费 10 640 美元，国外保险费 1 000 美元，进口关税 57 800 元，海关代征增值税税率为 13%，国内运杂费 2 000 元，银行手续费 4 560 元。

（1）收到银行转来国外单据，审核无误通知银行承付货款（当日汇率 1∶7.50）。
（2）企业向外轮代理公司支付国外运费（当日汇率 1∶7.50）。
（3）企业向保险公司支付国外保险费（当日汇率 1∶7.50）。
（4）以银行存款支付关税。
（5）以银行存款支付增值税。
（6）以银行存款支付银行手续费。
（7）以银行存款支付国内运杂费。
（8）进口商品验收入库，按实际采购成本入账。

要求：根据该公司上列各项业务，编制会计分录。

■ 【职业判断与业务操作】■

一、自营进口业务会计流程

自营进口业务会计核算流程一般为：进口采购核算、存货核算、加工核算、销售核算、费用核算、税费核算、盈亏核算等。

进口业务会计确认以所有权的转移为准。① 时点确认：审单通过后，确认付款的时点作为会计入账时间。② 初始成本计量：以实付货价和从属费用为准，即采用历史成本原则。

二、自营进口业务会计分录

预存保证金时：
借：其他货币资金——L/C 存款（外币或人民币）
　　贷：银行存款（外币或人民币）

付款赎单时：
借：在途物资——进口商品
　　贷：其他货币资金——L/C 存款（外币或人民币）

支付国外运保费、佣金时：
借：在途物资——进口商品
　　贷：银行存款（外币或人民币）
报关时，按海关纳税通知：
借：在途物资——进口商品（进口关税、消费税）
　　贷：应交税费——进口关税
　　　　　　　　——消费税
按海关纳税通知和规费收据支付关税、消费税、规费时：
借：应交税费——应交关税
　　　　　　　——消费税
　　销售费用（海关规费）
　　贷：银行存款
支付进口增值税时：
借：应交税费——应交增值税（进项税额）
　　贷：银行存款
支付国内运杂费等时：
借：在途物资
　　贷：银行存款
进口货物入库时：
借：库存商品——库存进口商品
　　贷：在途物资——进口商品
进口后销售时：
按发票金额确认销售收入时：
借：应收账款（外币或人民币）
　　贷：主营业务收入——自营进口销售收入
　　　　应交税费——应交增值税（销项税额）
同时结转销售成本：
借：主营业务成本——自营进口销售成本
　　贷：库存商品——库存进口商品
结算时：
借：银行存款（外币或人民币）
　　贷：应收账款（外币或人民币）

■【做中学】■

根据情境引例 3 编制会计分录。

业务（1）：

借：在途物资——进口商品　　　　　（4 000×7.50＝）30 000
　　贷：银行存款　　　　　　　　　　（4 000×7.50＝）30 000

业务（2）：

借：在途物资——进口商品　　　　　（10 640×7.50＝）79 800
　　贷：银行存款　　　　　　　　　　（10 640×7.50＝）79 800

业务（3）：

借：在途物资——进口商品　　　　　（1 000×7.50＝）7 500
　　贷：银行存款　　　　　　　　　　（1 000×7.50＝）7 500

业务（4）：

借：在途物资——进口商品　　　　　57 800
　　贷：应交税费——进口关税　　　　57 800
借：应交税费——进口关税　　　　　57 800
　　贷：银行存款　　　　　　　　　　57 800

业务（5）：

增值税组价＝30 000＋79 800＋7 500＋57 800＝175 100（元）
进口环节增值税＝175 100×13%＝22 763（元）
借：应交税费——应交增值税（进项税额）　　22 763
　　贷：银行存款　　　　　　　　　　22 763

业务（6）：

借：财务费用　　　　　　　　　　　4 560
　　贷：银行存款　　　　　　　　　　4 560

业务（7）：

借：在途物资——进口商品　　　　　2 000
　　贷：银行存款　　　　　　　　　　2000

业务（8）：

进口成本＝30 000＋79 800＋7 500＋57 800＋2 000＝177 100（元）
借：库存商品　　　　　　　　　　　177 100
　　贷：在途物资——进口商品　　　　177 100

【课堂能力训练】

　　某进出口公司为增值税一般纳税人，选择确定的记账本位币为人民币，其外币交易采用交易日即期汇率折算。本期从美国进口一批零件，进口价格为FOB纽约，货款共计310 000美元。进口后，该批零件以国内合同价人民币2 700 000元向国内用户进行销售，该项进口业务的进行情况如下：

（1）收到银行转来的全套进口单证，审核无误后支付货款。银行即期汇率1美元＝6.03元人民币。

（2）收到保险公司有关单据，为上列进口零件应支付保险费9 300美元，银行即期汇率为1美元＝6.01元人民币。

（3）收到外运公司的有关单据，上列进口零件的国外运费为18 100美元。当即以外汇银行存款支付，银行即期汇率为1美元＝6.04元人民币。

（4）上列进口零件到达我国口岸后，报关日汇率为1美元＝6.03元人民币，以银行存款支付进口关税及增值税（适用关税税率5%，增值税税率13%）。

（5）进口零件抵达我国口岸后，结转该进口商品的进口成本。

（6）现将上列进口零件全部销售给国内用户H公司，今根据内销合同开出增值税发票金额为2 700 000元（不含税价），增值税税率13%，上列款项收到存入银行。今根据货物出仓单同时结转该批货物的销售成本。

要求：根据该公司上列各项业务，编制会计分录。

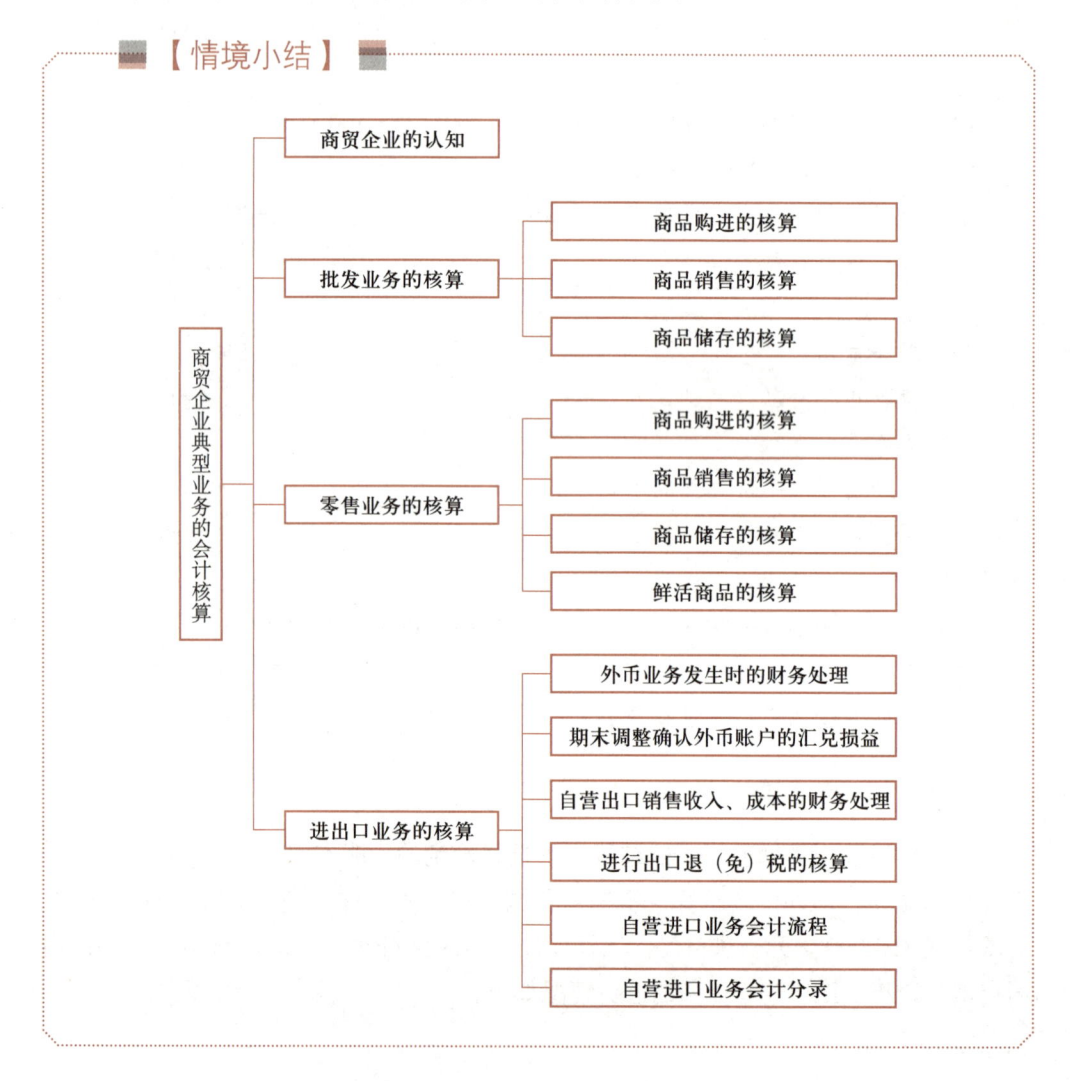

【情境小结】

商贸企业典型业务的会计核算
- 商贸企业的认知
- 批发业务的核算
  - 商品购进的核算
  - 商品销售的核算
  - 商品储存的核算
- 零售业务的核算
  - 商品购进的核算
  - 商品销售的核算
  - 商品储存的核算
  - 鲜活商品的核算
- 进出口业务的核算
  - 外币业务发生时的财务处理
  - 期末调整确认外币账户的汇兑损益
  - 自营出口销售收入、成本的财务处理
  - 进行出口退（免）税的核算
  - 自营进口业务会计流程
  - 自营进口业务会计分录

【情境思考】

1. 商贸企业按照业务类型分类有哪些种类？其会计核算有什么不同？

2. 商贸企业的会计核算与制造企业的会计核算有什么不同？

3. 批发企业的会计核算有哪些方法？零售企业的会计核算有哪些方法？

4. 小张是蓝天股份有限公司的会计人员，主要负责公司涉外业务核算。他在工作中遇到以下一些问题，你能帮他解决吗？

（1）什么是汇兑差额？汇兑差额是如何产生的？当不同货币兑换时，其汇兑差额是如何确认的？

（2）自营出口销售收入应在什么时候入账？为什么自营出口销售收入要一律以FOB价格为核算基础？

（3）办理出口货物退免税主要涉及哪些凭证和资料？

（4）进口的入账时点有何重要性？如何理解进口应统一以CIF为口径？

商贸企业会计核算自测题

学习情境二

旅游餐饮服务企业典型业务的会计核算

【职业能力目标】

知识目标
- 熟悉旅游餐饮服务业的经营管理特点、典型的经济业务类型和业务流程
- 能根据行业经营管理特点，设置会计科目和账户
- 熟悉旅游餐饮服务业的原始单据
- 初步具备根据该行业经营管理特点进行会计制度设计的能力

技能目标
- 能够对旅游餐饮服务业的营业收入，营业成本等进行会计核算
- 能根据旅游餐饮服务业的主要经济业务进行会计处理，具有一定的会计职业判断能力
- 能够通过社会实践熟悉并适应该行业的会计岗位工作

素养目标
- 具备一定的综合能力、执行能力、科学管理能力，不做假账
- 具有爱岗敬业精神和良好的职业素养，善于团队合作

学习子情境一　旅游餐饮服务企业的认知

【知识准备】

一、旅游餐饮服务企业及其主要经营活动

旅游餐饮服务企业是旅游业、餐饮业及服务业的总称，包括旅行社、饭店餐馆、酒店、度假村、歌舞厅、照相馆、洗衣房等各项服务企业。

旅游业以旅游资源和服务设施为条件，通过组织旅行浏览活动而向顾客提供劳务。旅游业具有投资少、见效快、低污染、高利润的特点。

餐饮企业通过向消费者提供各项餐饮服务而赚取利润。餐饮企业从事饮食制品的生产和销售，并且为顾客提供消费场所和服务，集生产、零售及服务于一体，并且生产、零售及服务同步进行。

服务企业是向人们提供各种服务或劳务的企业，如美容美发、客房、照相、洗烫等，服务企业本身不从事商品生产，一般为单纯性的服务企业。

二、旅游餐饮服务企业会计核算的特点

（一）核算方法不同

旅游企业和餐饮企业都执行生产、零售和服务三种职能，在会计核算上就必须分不同业务，结合工业企业、流通企业的会计核算方法进行核算。例如，旅游活动是一种新型的、高级的综合消费，相应地，旅游企业是一种新兴的、综合性的社会服务企业。为了满足旅游者食、住、行、游、买多方面的消费，旅游业的经营涉及旅行社、旅游饭店、旅游商场、旅游娱乐场，以及各种旅游服务企业，也涉及民航、铁路、文物、园艺、工艺美术等部门和行业。因此，许多旅游企业兼有生产、销售和服务职能。

（二）收入和费用分布结构不同

以服务业为例。服务业通常由专门从业人员提供带有技艺性的劳动，以及运用与之相适应的设备和工具作为主要服务内容。在会计核算上，需反映按规定收费标准所得的营业收入，服务过程中开支的各项费用和加工过程中耗用的原材料成本。

（三）自制商品与外购商品分别核算

为了分别掌握自制商品和外购商品的经营成果，加强对自制产品的核算与管理，经营外购商品销售业务的企业，还要对自制商品和外购商品分开进行核算。

（四）涉外性

涉外性主要指旅游企业和大饭店。例如，旅游企业的接待工作主要有三种类型：一是组织国内旅游者在国内进行旅游活动；二是组织国内旅游者出国进行游览活动；三是接待国外旅游者在国内进行游览活动。后两种类型的业务活动，都是涉外性质

业务。因此，在会计核算中，应按照《中华人民共和国外汇管理条例》等法律法规办理外汇存入、转出和结算业务。涉及外汇业务的，应采用复币记账，反映原币和本币，计算汇兑损益和换汇成本。

三、旅游餐饮服务企业与其他行业会计的比较

旅游餐饮服务企业的经营特点是以服务为中心，辅之以产品生产与流通，直接为生产者服务。旅游餐饮服务企业的会计是根据企业经营情况和管理要求，综合运用工业企业、商品流通企业和服务企业的会计核算方法进行会计工作的一个典型。旅游餐饮服务企业和其他行业会计都必须遵守一般的会计理论、会计原则、会计制度和会计方法。但是由于旅游餐饮服务企业的经营特点，决定了其会计核算方法在与其他行业会计具有共性的基础上，又存在着明显的特点。表2-1主要从收入核算、成本核算、存货三个方面进行了比较。

表2-1 旅游餐饮服务企业会计与其他行业会计的比较（收入核算、成本核算、存货）

比较项目	共性	特性
收入核算	1. 设置"主营业务收入"账户,核算企业销售产品、提供劳务等主要生产经营业务所得。 2. 收入确认必须满足有关收入确认条件。 3. 收入要在完工产品和未完工产品之间进行分配	1. 不设置"其他业务收入"账户。 2. "主营业务收入"账户核算范围广泛,一般按照服务类型或收费项目设置明细。如旅行社的"主营业务收入"账户可设立组团外联收入、综合服务收入、零星服务收入、票务收入、地游及加项收入、劳务收入、其他服务收入等二级明细,并可根据实际情况设立三级明细账户进行核算
成本核算	1. 成本核算内容:包括劳动对象的耗费、劳动手段的耗费及劳动力的耗费。 2. 成本计算要求正确划分成本与期间费用,并分别核算,设置"主营业务成本""财务费用""管理费用"及"销售费用"账户	1. 营业成本主要计算直接成本。 2. 旅游餐饮服务企业的生产经营过程往往就是销售甚至消费过程。企业在一定期间的直接成本,可以理解为生产成本,也可以理解为销售成本。 3. 一般只计算总成本,不计算单位成本
存货	1. 购进存货:以历史成本作为入账价值。 2. 发出存货:用加权平均法、先进先出法、个别计价法等计量发出存货的成本。 3. 存货盘存:实地盘存制和永续盘存制。 4. 存货的确认范围相同	1. 存货内容:原材料主要包括饮食原材料、燃料、低值易耗品等。 2. 饮食原材料可从管理角度分为入库管理和不入库管理。对于能长时间储存的粮食、干货、调味品等存货一般采用入库管理。对于不能长时间储存的鲜活材料,通常是随购随用,采用不入库管理。 3. 饮食原材料核算与管理要结合实际、灵活使用存货管理制度

【行业观察】

红色旅游，助力城市发展

红色旅游热潮不断升温。据有关数据显示，2020 年红色旅游人均消费达到 1 287 元，整个红色旅游市场规模达到千亿元级别。据国内有关研究测算，在中国旅游收入每增加 1 元，可带动第三产业消费相应增加 10.7 元，旅游业已经成为推动内需发展、促进行程国内大循环的重要抓手。根据文化和旅游部数据显示，2020 年红色旅游规模突破 1 亿人次，结合经济学模型预估，红色旅游经济贡献突破 1 万亿元。根据国家发展和改革委员会发布的《全国红色旅游经典景区名录》显示，共收录了 200 多个城市的红色景区，其中只有 39 个景区位于一二线大城市，约占八成的景区都在中小城市。200 多个城市当中通达的民航机场超百个，其中一二线城市的大型机场 35 个，大部分的红色景区位于交通并不发达的小城市。

发展红色旅游，有助于推动中小城市发展，刺激中小城市消费迭代。红色旅游应该首先把当地旅游内容体系搭建好，有步骤、有计划地书写好红色故事，打造和培育出响亮的"中国红色故事"品牌。在线旅游平台应充分发挥自身优势，通过红色主题包机、红色旅游特色线路等多种方法，创新推出一系列围绕红色旅游的性价比好产品，让更多的年轻人能够体验红色旅游的魅力。同时在红色旅游出游季中，推动红色旅游产品落地，打造一系列引人注目的旅游产品，推出个性化、定制化的旅游线路，带动当地红色旅游发展。

学习子情境二　酒店业经营业务的核算

【情境引例】

富康宾馆是一家以经营客房服务为主的中型宾馆，是增值税一般纳税人，位于香樟路 25 号。富康宾馆采用先付款后入住结算方式。5 月 14 日，财务部门收到由总服务台送来的"营业收入日报表"（见表 2-2）。其中，转账支票已填写进账单送交银行，POS 刷卡手续费为 5‰。

表 2-2　营业收入日报表
2022 年 5 月 14 日　　　　　　　　　　　　　　　　　　单位:元

营业收入					预收房费		备注
项目	单人房	标准房	套房	合计			
房费	1 500	6 200	4 000	11 700	上日结存	48 960	
加床					本日预收	14 560	
餐饮费	200	2 000	12 00	3 400	其中:现金	4 200	

续表

营业收入					预收房费		备注
项目	单人房	标准房	套房	合计			
小酒柜	30	120	70	220	POS 刷卡	7 000	
其他					转账支票	3 360	
合计	1 730	8 320	5 270	15 320	本日应收	15 320	
出租客房间数:44 间						本日结存	48 200
空置客房间数:6 间						长款:	短款:

要求：富康宾馆如何进行营业收入的核算？何时确认营业收入？

【知识准备】

酒店业务是为顾客提供住宿、餐饮、健身、美容、洗衣、购物等多项服务的综合性企业。本节主要对客房业务进行详细介绍。

酒店业的业务特点主要体现在如下几个方面：第一，酒店业提供的是一种特殊的商品，不出售所有权，只提供使用权。酒店业通过不断提供服务和补充物资供应，不断获取收益。但如果酒店客房出现空置，则其效用必然丧失，而且一般不可弥补，因此，酒店业的营销非常重要。第二，酒店业受旅游季节变换的影响，存在销售淡季和旺季，客房价格存在较大弹性。第三，酒店业的营业成本为直接耗费成本。由于酒店业的建筑施工成本、室内装潢和室内设备一般为一次性投入，日常开支小，而且直接耗费和间接耗费不易划分，因此，一般将酒店业务的间接耗费直接列入销售费用。

【职业判断与业务操作】

一、客房账务的管理

客房账务的管理一般采用一次性结账。所谓一次性结账，是指酒店为方便旅客，实行按商品部购物以外对酒店内所有服务项目（如客房、餐饮、美容美发、洗衣、电信、娱乐设施等），可凭旅客签单进行记账，在离店时采取一次性结算的办法。

采用一次性结账的酒店必须为每一客人设置宾客账户，用于记录赊欠消费和进行统一结账。宾客账务的管理主要包括登记、预收保证金、入数、结账、交款编表等环节。

（一）登记

客人入住酒店后，首先在总台办理住宿手续，并登记"营业日记簿"。

（二）预收保证金

客人入住酒店后，必须交保证金，即先交款，再消费，离店时再结算。预收保证金可有效地减少客房损失。

（三）入数

客人入住后，即开始消费。如何把客人在各个部门的所有消费归集到客人账上，即所谓入数，就是指解决这一问题的过程。为此，要建立消费账户。其主要包括以下内容。

（1）建立散客账户。客人登记入住后，仅用房间号码归集客人的费用是不够的，酒店还应该为客人设置一个账户号码。在现代的大型酒店里，通常是由计算机自动为每个入住的客户分配账号的。

（2）建立团体入住客户。对团体入住客户应开立两个账户，即公账账户和私账账户。团体住客的住宿一般由旅行社或公司付账，这些费用记在公账账户上。

（3）建立消费账户，客人在酒店的各项消费有了汇总及存放的地点，酒店就开始把客人各项消费数计入户头，这就是入数。

入数必须保证准确，更需及时地将顾客的消费信息传递到总台。一般酒店使用计算机联网，为信息传递奠定了良好的基础。只要各消费网点及时将顾客消费账单输入计算机，总台即能获取其消费信息，并进行汇总。

（四）结账

客人离店时必须结账。结账的一般程序如下。

（1）客人确定离店结账，收银员应立即通知客服中心，以便楼层服务员检查客房状况，如小酒吧是否动用，客房物品是否齐备、损坏等。

（2）根据客人报出的房号，取出客人账卡里的登记表、账单等全部资料，并做如下工作：

① 确认该房间客人的姓名，避免发生错付账款的情况。

② 检查取出的账卡资料中是否附有其他应办事项的记录。

③ 询问客人是否有最新消费。

（3）把客人的房间号码输入计算机，指示计算机显示该客人的账户内容，核算客人的全部账单是否已全部输进计入客人的账户，如果发现没有输入进去的账单，查明后应立即输入进去。

（4）账户内容确定无误后，将客人离店的时间输入计算机并打印一份账单。账单打印出来，收银员应审视一遍，确认无误后递交客人确认。

（五）交款编表

为了保证酒店每天客账收入的准确性，收银员在下班前必须做到以下几点：

（1）清理现金，即清点当班所收的现金并按币种分类。

（2）整理账单。把已离店结账的账单、入住客人的保证金单据等按其结算方式进行分类汇总整理。

（3）编制收银报告。收银员平时在入数、结账操作时，已按照各自的代码将收银情况输入计算机，因此，收银员只需把自己的代码输入计算机并给予收银报告的指令，计算机便会自动打印出属于该代码收银员的收银报告。

（4）核对账单与收银报告。

（5）核对现金与收银报告。

（6）送交款项、账单、收银报告。现金核对正确后，将现金装入交款信封封好投入指定保险箱内，同时将账单和收银报告捆扎好，交给收银主管或放到指定的地方。

（7）稽核。稽核是对上述账单资料的查对，对上述程序的检查和控制。

（8）编制"营业收入日报表"。

每日营业终了，还需根据核对过的账单资料和"营业日记簿"，编制"营业收入日报表"，并连同现金、结算凭证送交财会部门入账。

二、客房业务的核算

（一）客房营业收入的核算

1. 确定客房营业收入的入账时间

客房收入属于一种让渡资产使用权的行为。根据最新《企业会计准则》，让渡资产使用权收入的确认应当同时满足以下两个条件：一是相关的经济利益很可能流入企业；二是收入的金额能够可靠地计量。

酒店的入住保证金制度为客房收入提供了可靠的基础，并且根据酒店行业的消费特征，存在着明确的消费标准。因此，客人一旦入住客房进行消费，就应当确认收入。

2. 确定客房营业收入的入账价格

酒店经营实际提供的是客房的使用权，而由于旅游季节性的影响，其价格存在较大的波动性。

客房价格一般有标准价、淡季价、旺季价、团体价、优惠价、折扣价等。在正常情况下，酒店可根据市场供求情况，灵活调整客房价格。因此，客房营业收入应当根据实际的客房价格来确定。

3. 核算客房营业收入

酒店总台同时应设置"营业日记簿"对旅游者的入住、退房情况进行记录，以提高客房使用率。

【典型任务举例】

富康宾馆2022年4月10日的营业日记簿的部分登记内容如表2-3所示。请根据项目间的勾稽关系，完成本日结存栏的相关数据。

表 2-3　营业日记簿

2022 年 4 月 10 日　　　　　　　　　　　　　　　　　　　　　　　　单位：元

房号	姓名	住店日期 月	住店日期 日	已住天数	本日营业收入 房费	本日营业收入 加床	本日营业收入 餐饮费	本日营业收入 小酒柜	本日营业收入 合计	预收房费 上日结存	预收房费 本日预收	预收房费 本日应收	预收房费 本日结存	备注
1001	张红	4	5	5	200		100		300	500		300		
1002	李大民	4	10					20	20		600	20		
2001	刘金明	4	2	8	300		140		440	600	600	440		
2002	许红民	4	3	7	300		90		390	400	600	390		
合计					11 700	3 400	220		15 320	48 960	14 560	15 320		

出租客房间数：44 间　　　　空置客房间数：6 间　　　　记账：刘晓青　　　　审核：黄云

【具体核算方法】

"营业日记簿"中，"本日应收"栏中的数额，应与"本日营业收入"栏的数额相等。"上日结存"栏中的数额为酒店截至上日结存的预收房费数额。

"本日结存"栏的计算公式如下：

本日结存 = 上日结存 + 本日预收 − 本日应收

例如，客户刘金明的本日结存金额计算如下：

本日结存 = 600 + 600 − 440 = 760（元）

总服务台每日营业终了，在"营业日记簿"中完成"本日结存"栏的数据。见表 2-4。

表 2-4　营业日记簿

2022 年 4 月 10 日　　　　　　　　　　　　　　　　　　　　　　　　单位：元

房号	姓名	住店日期 月	住店日期 日	已住天数	本日营业收入 房费	本日营业收入 加床	本日营业收入 餐饮费	本日营业收入 小酒柜	本日营业收入 合计	预收房费 上日结存	预收房费 本日预收	预收房费 本日应收	预收房费 本日结存	备注
1001	张红	4	5	5	200		100		300	500		300	200	
1002	李大民	4	10					20	20		600	20	580	
2001	刘金明	4	2	8	300		140		440	600	600	440	760	
2002	许红民	4	3	7	300		90		390	400	600	390	610	
合计					11 700	3 400	220		15 320	48 960	14 560	15 320	48 200	

出租客房间数：44 间　　　　空置客房间数：6 间　　　　记账：刘晓青　　　　审核：黄云

酒店财务部门收到账单、房费收据存根等凭据，应及时入账。酒店的营业收入，在会计上设置"主营业务收入"账户进行核算。酒店应在"主营业务收入"总账下，按其内部各服务部门设置二级账户，如客房收入、美容部收入、餐饮收入等进行明细核算。由此可见，客房收入应在"主营业务收入——客房收入"账户内核算。

【做中学】

根据学习情境引例，编制会计分录。

业务（1）：

酒店服务业增值税税率为 6%，则：

增值税税额 = 15 320 ÷（1 + 6%）× 6% = 867.17（元）

借：预收账款		15 320
贷：主营业务收入		14 452.83
应交税费——应交增值税（销项税额）		867.17

业务（2）：

POS 刷卡手续费 = 7 000 × 5‰ = 35（元）。

借：库存现金		4 200
银行存款		10 325
财务费用		35
贷：预收账款		14 560

（二）客房营业成本的核算

酒店客房服务中提供的免费或收费用品、水电费用、服务人员的工资，以及固定资产折旧费和周转材料的摊销等均记入酒店的"主营业务成本"账户。酒店的各种推广费用记入"销售费用"科目，行政管理部门的开支记入"管理费用"科目。

学习子情境三　餐饮业经营业务的核算

【情境引例】

荣府饭店是一家中型餐饮服务企业，经营情况良好。该饭店对原材料采取永续盘存制，9 月份期初库存原材料结存情况见表 2-5。

表 2-5　库存原材料结存表

2022 年 8 月 31 日

品名	数量/千克	单价/元
大米	1 000	3.50
面粉	1 100	3.90

续表

品名	数量/千克	单价/元
香菇	40	40.00
木耳	50	45.00
色拉油	400	9.60
白糖	40	8.00

本月发生如下经营业务：

（1）1日，根据8月31日厨房转来的月末剩余原材料、半成品和代售制成品盘存表的金额5 050元，作为厨房本月份领用的原材料入账。

（2）2日，从肉联厂购进鲜肉300千克，每千克11元，取得增值税专用发票，货款以转账支票支付。鲜肉已由厨房验收备用。

（3）3日，从马王堆菜市场购进各种新鲜蔬菜300千克，货款共计2 100元，以现金支付，蔬菜直接送厨房备用，开具农产品收购发票。

（4）4日，向高桥福泰土产公司购进新鲜蘑菇50千克，每千克15元；冬笋40千克，每千克40元；松子15千克，每千克50元。取得增值税专用发票，以转账支票付清账款，已由厨房验收备用。

（5）7日，向东盛水产公司购进条虾120千克，每千克60元；虾仁60千克，每千克80元；黄花鱼150千克，每千克150元。取得增值税专用发票，货已由厨房验收备用，账款以转账支票付讫。

（6）8日，厨房领用大米1 000千克，每千克3.5元。领用面粉800千克，每千克3.90元。

（7）9日，向朋来肉食公司购进牛肉180千克，每千克36元；鸡肉200千克，每千克15元，取得增值税专用发票。货已由厨房验收备用，账款以转账支票付讫。

（8）11日，向百味调味品厂购进鸡精等调味品一批，总计1 800元，取得增值税专用发票。调味品已验收入库，账款以转账支票付讫。

（9）14日，向丰收米行购入大米1 300千克，每千克3.6元；面粉900千克，每千克4元，取得增值税专用发票。粮食已验收入库，并签发转账支票付清账款。

（10）20日，厨房领用调料1 000元；香菇30千克，每千克40元；木耳40千克，每千克45元；色拉油300千克，每千克9.60元。

（11）30日，厨房经过盘点，原材料结存情况见表2-6。

表 2-6 厨房原材料结存表

2022 年 9 月 30 日

品名	数量/千克	单价/元	金额/元
大米	100	3.50	350
面粉	210	3.90	819
香菇	10	40.00	400
木耳	15	45.00	675
色拉油	130	9.60	1 248
合计	—	—	3 492

要求：针对上述业务进行会计处理，计算本月耗用材料的成本。

【知识准备】

一、餐饮企业的经营特点

餐饮企业是指从事加工烹制餐饮制品，供应给消费者食用和饮用的企业。它包括各种类型和风味的中餐馆、西餐馆、酒吧、咖啡店、小吃店等，是一个分布面极广的行业，在国民经济中起着重要作用。

与其他行业相比，餐饮业具备如下三个特点：

（一）餐饮企业类似于制造企业又不同于制造企业

餐饮企业是食品的生产企业，这点与制造企业存在相同之处。餐饮企业与制造企业的不同之处在于：首先，制造企业的主要职能是进行生产，一般不直接从事零售和服务。其次，制造企业的生产通常是大批量、机械化、自动化的，而餐饮企业的食品生产过程直接面向消费者，主要从事单件、小批量的生产加工工作，加工过程中直接人工投入较大，技术要求较高。

（二）餐饮企业类似于零售企业又不同于零售企业

餐饮企业直接向销售者提供产品，这点与零售企业是类似的。餐饮企业不同于零售企业之处在于：① 餐饮企业不仅是商品的销售者，而且是产品的生产者；② 餐饮企业不仅向消费者提供产品，而且提供服务。

（三）餐饮企业具备服务企业的特征

餐饮企业不仅向消费者提供产品，还要为消费者提供舒适的消费场所，并且还需提供优质的服务。

所以，餐饮企业同时具备了制造企业、零售企业及服务业的功能，但与制造企业、零售企业及服务业又存在区别。

二、餐饮企业原材料的分类

（一）按原材料在餐饮制品中所起作用的不同划分

按在餐饮制品中所起的作用不同，原材料可分为如下四类：

1. 粮食类

粮食类是指大米、面粉和杂粮等原材料。

2. 副食类

副食类是指肉、禽、蛋、时令蔬菜等原材料。这类原材料品种繁多，价格悬殊，属鲜活商品，容易变质，库存不宜太多。

3. 干货类

干货类原材料是指干木耳、干蘑菇、干红枣、干黄花菜、干墨鱼等干菜。这类原材料保质期较长，便于保存，可考虑适当的库存。

4. 其他类

其他类是指除粮食类、副食类、干货类以外的各种原材料，如食盐、油、酱油、香料、醋、鸡精、白糖等。

（二）按原材料存放地点的不同划分

按存放地点不同，原材料分为入库管理原材料和不入库管理原材料。

1. 入库管理原材料

入库管理原材料适用于采购量大、保质期较长的原材料，如粮食类、干货类及其他类的原材料。入库管理原材料在购进时应办理入库手续，由专人保管，建立原材料明细账，建立领料制度，保持合理的储存量。

2. 不入库管理原材料

不入库管理原材料适用于采购量小、保质期较短的原材料，如肉、鱼、时令蔬菜等副食类原材料。这类原材料随时采购，购入时交由厨房验收后使用。

【职业判断与业务操作】

一、原材料和饮食制品成本的核算

（一）核算原材料成本

1. 原材料的计价

为了正确核算原材料的成本，必须对其进行合理的计价，同时也为下一步骤的营业成本计算奠定基础。原材料成本分为外购原材料成本和自制原材料成本。

（1）外购原材料成本。外购原材料成本由含税价格和采购费用两部分构成。

（2）自制原材料成本。自制原材料成本由其耗用的原材料成本、人工费用及其他费用组成。委托外部加工的原材料成本由被加工原材料成本、委托加工费用及往返运杂费等构成。

2. 原材料的领用

餐饮企业的厨房根据生产需要向仓库领料时，应填制"领料单"，列明原材料名称、数量、单价和金额，领料单经审核无误后，据以借记"主营业务成本"账户，贷记"原材料"账户。

原材料采购批次不同，可能会由于季节、地区等的不同存在加工差异，因此发料时首先应当考虑其单价。发出材料的计价方法有个别计价法、先进先出法、加权平均法、移动加权平均法等。

【做中学】

根据学习情境引例，编制如下会计分录。

业务（2）：

借：原材料——鲜猪肉	3 300
应交税费——应交增值税（进项税额）	297
贷：银行存款	3 597
借：主营业务成本	3 300
贷：原材料——鲜猪肉	3 300

业务（3）：

向农民购买农产品可按收购价的9%扣除率计算增值税进项税额抵扣。

进项税额＝2 100×9%＝189（元）

借：原材料——时蔬	1 911
应交税费——应交增值税（进项税额）	189
贷：库存现金	2 100
借：主营业务成本	1 911
贷：原材料——时蔬	1 911

业务（4）：

借：原材料——蘑菇	750
——冬笋	1 600
——松子	750
应交税费——应交增值税（进项税额）	279
贷：银行存款	3 379
借：主营业务成本	3 100
贷：原材料——蘑菇	750
——冬笋	1 600
——松子	750

业务（5）：

借：原材料——条虾	7 200

——虾仁	4 800
——黄花鱼	22 500
应交税费——应交增值税（进项税额）	3 105
贷：银行存款	37 605
借：主营业务成本	34 500
贷：原材料——条虾	7 200
——虾仁	4 800
——黄花鱼	22 500

业务（6）：

借：主营业务成本	6 620
贷：原材料——大米	3 500
——面粉	3 120

业务（7）：

借：原材料——牛肉	6 480
——鸡肉	3 000
应交税费——应交增值税（进项税额）	853.2
贷：银行存款	10 333.2
借：主营业务成本	9 480
贷：原材料——牛肉	6 480
——鸡肉	3 000

业务（8）：

借：原材料——调料	1 800
应交税费——应交增值税（进项税额）	234
贷：银行存款	2 034

业务（9）：

借：原材料——大米	4 680
——面粉	3 600
应交税费——应交增值税（进项税额）	745.2
贷：银行存款	9 025.2

业务（10）：

借：主营业务成本	6 880
贷：原材料——调料	1 000
——香菇	1 200
——木耳	1 800
——色拉油	2 880

（二）餐饮制品成本的核算

餐饮企业由于品种繁多，现做现卖，生产和销售紧密相连，所以不能对餐饮制品逐件进行成本计算。根据企业经营特点，一般采用永续盘存制和实地盘存制。

1. 永续盘存制

永续盘存制是根据会计凭证逐笔登记原材料收入与发出，并随时结出账面结存数量的方法。但在永续盘存制下，月末厨房可能会存在已领用的原材料、在制品及未出售的制成品，月初厨房同样也会存在已领未用的原材料、在制品和未出售的制成品。所以考虑到厨房的期初、期末余额，永续盘存制下的原材料耗用成本计算公式如下：

原材料耗用成本 = 厨房期初结存额 + 本期领用额 − 厨房期末结存余额

月末，财务部门以盘存表代替退料单，不移动厨房实物，作假退料处理。

永续盘存制适用于核算制度比较健全的企业。其核算手续严密，责任严明，有利于加强原材料的监督管理。

【做中学】

根据学习情境引例，编制会计分录。

业务（1）：

做领料的会计处理。

借：主营业务成本　　　　　　　　　　　　　　　5 050
　　贷：原材料　　　　　　　　　　　　　　　　　　　　5 050

业务（11）：

厨房期初结存额 = 5 050（元）

本期领用额 = 3 300 + 1 911 + 3 100 + 34 500 + 6 620 + 9 480 + 6 880 = 65 791（元）

厨房结存余额 = 3.50×100 + 3.90×210 + 40.00×10 + 45.00×15 + 9.60×130 = 3 492（元）

本月原材料耗用成本 = 5 050 + 65 791 − 3 492 = 67 349（元）

做假退料处理，会计分录如下：

借：原材料　　　　　　　　　　　　　　　　　　3 492
　　贷：主营业务成本　　　　　　　　　　　　　　　　　3 492

2. 实地盘存制

实地盘存制是根据期末盘点来确定期末原材料的数量，进而确定本期发出原材料数量的方法。采用这种方法，平时只登记原材料的收入，不填领料单。原材料的账面记录，只登记收入数量和金额，不登记发出数量。实地盘存制下原材料耗用成本公式如下：

原材料耗用成本 = 仓库期初余额 + 厨房期初结存额 + 本月原材料收入总额 −
　　　　　　　　仓库期末结存额 − 厨房期末结存额

该种方法不能随时反映企业原材料的领用和结存余额，容易混淆成本和损失，易掩盖人为的损失和浪费，不利于财务监督和管理，一般适用于小规模的餐饮企业。

> **注意事项**
> 餐饮企业成本核算中，应注意永续盘存制与实地盘存制的区别，如两种制度下是否都需要对领料进行登记，以及两种制度下原材料耗用成本的计算方式等。

二、饮食制品定价和销售的核算

（一）确定餐饮制品销售价格

餐饮企业的餐饮制品种类繁多，烹调技术和服务质量各异，一般根据产品的质量、技术等确定餐饮制品毛利率，并根据原材料的成本确定销售价格。确定餐饮制品的销售价格一般有销售毛利率法和成本毛利率法。

1. 销售毛利率法

销售毛利率是指餐饮制品的毛利与销售价格之间的比值，即：

$$销售毛利率 = \frac{销售价格 - 成本价格}{销售价格} \times 100\% = \frac{销售毛利}{销售价格} \times 100\%$$

由此，可知餐饮制品的销售价格计算公式为：

$$销售价格 = \frac{成本价格}{1 - 销售毛利率}$$

2. 成本毛利率法

成本毛利率是指销售毛利与原材料成本价格之间的比值，即：

$$成本毛利率 = \frac{销售毛利}{成本价格} \times 100\%$$

由此，可得出销售价格公式如下：

$$销售价格 = 成本价格 \times (1 + 成本毛利率)$$

> **【典型任务举例】**
>
> 荣府饭店 9 月 20 日部分菜肴的配料如下。
>
> （1）双菇炒冬笋，每盘菜肴的配料如下：冬笋 0.2 千克，每千克 40 元；香菇 0.15 千克，每千克 40 元；蘑菇 0.2 千克，每千克 15 元。其他配料 1 元。
>
> （2）红烧黄花鱼，每盘菜肴的配料如下：黄花鱼 1 条，重 0.6 千克，每千克 150 元；其他配料 2 元。
>
> 该饭店的销售毛利率为 50%。
>
> 要求：分别采用销售毛利率法和成本毛利率法计算上述菜品的销售价格。

> **【具体核算方法】**
>
> 零售价格计算如下：
>
> （1）采用销售毛利率法：

$$双菇炒冬笋零售价 = \frac{0.2 \times 40 + 0.15 \times 40 + 0.2 \times 15 + 1}{1 - 50\%} = 36（元）$$

$$红烧黄花鱼零售价 = \frac{0.6 \times 150 + 2}{1 - 50\%} = 184（元）$$

（2）采用成本毛利率法：

成本毛利率 = 100%

$$双菇炒冬笋零售价 = (0.2 \times 40 + 0.15 \times 40 + 0.2 \times 15 + 1) \times (1 + 100\%)$$
$$= 36（元）$$

$$红烧黄花鱼零售价 = (0.6 \times 150 + 2) \times (1 + 100\%) = 184（元）$$

（二）核算销售收入

餐饮企业每日营业终了，一般由前台收款员根据销售单据编制"销货日报表"，并根据收款情况编制"收款日报表"，将其连同营业款送交财务人员入账。餐饮业的饮食收入应在"主营业务收入——餐饮收入"账户进行核算。

【典型任务举例】

9月25日，荣府饭店收款台转来"销货日报表"和"收款日报表"，如表2-7及表2-8所示，并交来销货现金13 437.00元。

表2-7　销货日报表

2022年9月25日　　　　　　　　　　　　　　　　　　　　单位：元

项目	金额	（减：）金卡优惠	应收金额
菜肴	6 633.00	595.00	6 038.00
点心	2 180.00	30.00	2 150.00
饮料	5 039.00		5 039.00
其他	210.00		210.00
合计	14 062.00	625.00	13 437.00

表2-8　收款日报表

2022年9月25日

收款方式	现金	POS刷卡	签单后期结账	合计
金额	2 820.00	8 967.00	1 650.00	13 437.00

要求：根据上述资料核算荣府饭店4月25日的收入（饭店的增值税税率为6%，POS刷卡手续费率为5‰）。

【具体核算方法】

9月25日，荣府饭店收入的核算：

借：库存现金 2 820
　　银行存款 8 922.16
　　应收账款 1 650
　　财务费用 44.84
　贷：主营业务收入 12 676.42
　　　应交税费——应交增值税（销项税额） 760.58

学习子情境四　旅行社经营业务的核算

【情境引例】

环宇国际旅行社位于韶山路，为一家组团社，主要从事境内外的旅游服务，业务经营正常。202×年12月部分经济业务如下。

（1）15日，接收国际旅游公司组团来重庆旅游。国际旅游公司组成A246旅游团共计20人，旅行日程15天，从202×年12月22日至次年1月5日，共计旅游费30 000美元，旅游协议规定旅游者入境前要预交旅游费的40%。今收到该旅游公司电汇的12 000美元，存入银行，当日美元汇率的中间价为6.80。

（2）20日，某公司委托本旅行社组团12月26日至12月30日去张家界旅游，因此旅行社组成B126旅游团共42人，每人收费1 500元，总计金额63 000元，转账结算。

（3）23日，B126旅游团的刘玲小姐要求退团，今按照合同规定扣除10%的手续费后，以现金退还其剩余款项1 350元。

（4）30日，B126旅游团已经返回。

（5）31日，本月30日返回的B126旅游团已到规定的结算日，收到张家界旅游公司（接团社）报来的"旅游团费用拨款结算通知单"，共计40 000元（不含税价）。其中：综合服务成本30 000元，劳务成本4 000元，地游及加项成本4 000元，其他服务成本2 000元。以上费用均取得增值税专用发票，税率均为6%。

（6）31日，A246旅游团15天行程的计划成本为132 100元，其中：综合服务成本为113 000元，劳务成本为9 000元，地游及加项成本为8 000元，其他服务成本2 100元，当日美元汇率的中间价为6.80。

要求：针对上述业务进行会计处理。

【知识准备】

旅游经营业务是指旅游企业组织旅游者外出旅游，并同时为其提供餐饮、住宿、交通、购物、导游等各种服务的业务。旅游企业是为旅游者提供服务的中介机构，是以营利为目的从事旅游业务的企业。

一、旅行社经营业务的内容

旅行社经营业务大体可以分为两类：一是招徕组团；二是导游接待。旅行社相应分为组团社和接团社。组团社是指从国内、国外组织旅游团队，为旅游者办理出入境手续、保险，安排导游日程、旅游路线和旅游项目，并选派导游翻译人员随团为旅游者提供服务。接团社是指为旅游者在某一地区提供导游翻译，安排旅游者的参观日程，为其订房、订餐及订机票、车票，并为去下一旅游景点做好安排。

二、旅行社经营业务的特点

旅行社经营业务与制造业、商业的经营业务相比具有的特点如下：

（一）没有固定的服务场所，无须为客人提供服务设施

交通工具依靠民航、铁路和出租汽车公司，住宿依靠宾馆饭店、餐馆，观光依靠名胜古迹和秀丽的风景。

（二）工作人员的不确定性

旅游企业的旅游线路均要为旅游者配备导游，而旅游业务存在淡季和旺季。为了充分利用人力资源，降低人工成本，旅游企业一般只配备部分专职导游，兼职导游则根据季节性的要求另行聘请。

（三）组团社和接团社相互依存。

根据旅游企业的合理分工，组团社和接团社相互依存，相互之间结算关系频繁。

【职业判断与业务操作】

一、旅行社营业收入的核算

（一）确定旅行社营业收入的内容

1. 组团外联收入

组团外联收入是指组团社自组外联，收取旅游者住房、用餐、旅游交通、翻译导游、文娱活动等的收入。

2. 综合服务收入

综合服务收入是指接团社向旅游者收取的包括市交通费、导游服务费、一般景点门票费等在内的包价费用收入。

3. 零星服务收入

零星服务收入是指旅行社接待零星旅游者和承办委托事项所得的收入。

4. 劳务收入

劳务收入是指非组团社为组团社提供境内全程导游翻译人员所得的收入。

5. 票务收入

票务收入是指旅行社办理代售国际联客票和国内客票手续费收入。

6. 地游及加项收入

地游及加项收入是指接团社向旅游者收取的按旅游者要求增加的计划外当地旅游项目的费用。

7. 其他服务收入

其他服务收入是指不属于以上各项的其他服务收入。

（二）确认旅行社营业收入

根据企业会计准则，劳务收入的确认要满足以下四个条件：

（1）收入的金额能够可靠地计量；

（2）相关的经济利益很可能流入企业；

（3）交易的完工进度能够可靠地确定；

（4）交易中已发生和将发生的成本能够可靠地计量。

旅行社营业收入通常应在旅游团队结束旅游时确认营业收入。但是，如果旅游团的旅游开始日期和结束日期分属于不同的期间，则应当按照完工百分比法进行营业收入的确认。确定完工比例一般采用以下两种方法：① 按已经提供的劳务占应提供劳务总量的比例。这种方法主要以劳务量为标准确定提供劳务交易的完工程度。② 按已经发生的成本占估计总成本的比例。

（三）核算旅行社营业收入

旅行社的营业收入，不论是接团社还是组团社，都要通过"主营业务收入"账户核算。该账户应按收入类型分别设置明细账户，进行明细核算。如可设立组团外联收入、综合服务收入、零星服务收入、劳务收入、票务收入、地游及加项收入、其他服务收入等二级明细账，并可根据实际情况设立三级明细账进行明细核算。

1. 组团社营业收入的核算

组团社营业收入是指组团社根据组团报价为旅游者提供服务所取得的收入。

（1）组织国内旅游者出境旅游及国内游的核算。组团社的程序是：先吸收旅游者的个人报名和企业单位的集体报名，吸收旅游者报名时应要求其出示身份证件，收取全部价款，填制发票，并与旅游者签订旅游合同。根据组团的情况，由外联部与旅游目的地的接团社签订接团协议，确定接待的人数、日期、等级、内容、价格和结算方式，在旅游团旅游结束后，凭借组团社填制的"旅游团费用拨款结算通知单"结算账款。

当组团社向旅游者预收旅游款时，借记"库存现金"或"银行存款"等账户，贷记"预收账款"账户。当旅游团旅游结束返回，或者按完工程度确认收入时，借记"预收账款"账户，贷记"主营业务收入"账户。

如果旅游者与组团社签订了旅游合同，并预付了旅游款后，因故要求退出旅游团时，旅游者将要按合同规定承担一定数额的手续费，组团社收取的手续费，也应记入"主营业务收入"账户。

■【做中学】■

根据本学习情境引例,编制会计分录。

业务(2):

借:银行存款 63 000
　　贷:预收账款 63 000

业务(3):

借:预收账款 1 500
　　贷:主营业务收入——其他收入 150
　　　　库存现金 1 350

业务(5):

借:预收账款 61 500
　　贷:主营业务收入 61 500

(2)组织国外旅游者入境旅游的核算。组团社组织国外旅游者入境旅游的程序是:先由外联部与客源地旅游公司签订组团协议,确定接待人数、时间、等级、内容、价格等,然后给有关接待单位或部门(接团社等)下达接待计划,根据各接待单位或部门填报的"旅游团费用拨款结算通知单"拨付款项,并根据客源地旅游企业确认的函电和接待计划及审核的"旅游团费用拨款结算通知单"填制结算账单,及时向客源地旅游企业收款。

■【做中学】■

根据学习情境引例,编制会计分录。

业务(1):

借:银行存款——美元户 (12 000×6.80=)81 600
　　贷:预收账款 81 600

业务(6):

按完工百分比法确认营业收入,此处按照已经提供的劳务占应提供劳务总量的比例确定完工比例。A246旅游团的旅游期限总计15天,截至31日累计为10天。

$$完工百分比 = \frac{10}{15} \times 100\% \approx 66.67\%$$

$$应收账款 = \left(30\,000 \times \frac{10}{15} \times 100\% - 12\,000\right) \times 6.8 = 54\,400（元）$$

借:预收账款 81 600
　　应收账款 54 400
　　贷:主营业务收入 136 000

> **注意事项**
>
> 关注完工百分比对劳务收入的确认方法。

2. 接团社经营业务收入的核算

接团社的经营收入是根据组团社下达的接待计划,为旅游者提供服务后,应向组团社收取的款项。

接团社的业务程序是:根据组团社发来的接待计划,制订当地的接待计划,打印出日程表,分发到当地的宾馆、交通部门、旅游景点等接待单位;结合各旅游团的不同特点,配备合适的全陪和地陪;旅游团离开后,根据陪同人员填写的"旅游团费用结算报告单",编制"旅游团费用拨款结算通知单"报组团社办理款项结算。

接团社一般以向组团社发出"旅游团费用拨款结算通知单"时确认经营业务收入的实现。届时据以借记"应收账款"账户,贷记"主营业务收入"账户。

对于业务量较多的旅游企业,为了简化手续,可以将"旅游团费用拨款结算通知单"定期予以汇总,编制"旅游费用汇总表"进行核算。

【典型任务举例】

天盛旅游公司系接团社,根据各组团社4月下旬的"旅游团费用拨款结算通知单"编制"旅游费用汇总表",如表2-9所示。

表2-9 旅游费用汇总表

202×年

项目	金额		
	团体	其他	合计
综合费用	18 100	1 760	19 860
住宿费	96 500	9 500	106 000
午餐、晚餐费	45 700	4 920	50 620
飞机、火车、船票费	59 400	6 600	66 000
行李托运费	560		560
全程交通费	1 180	125	1 305
游江费	7 560	315	7 875
地方风味费	8 610	750	9 360
全程陪同费	7 120	630	7 750
合计	244 730	24 600	269 330

要求:编制会计分录。

【具体核算方法】

借:应收账款——各组团社　　　　　　　　　　　　　269 330
　　贷:主营业务收入——综合服务收入　　　　　　　　177 040
　　　　　　　　　　——劳务收入　　　　　　　　　　7 750

——地游及加项收入　　　　　　　　　　17 235
　　——城市间交通费　　　　　　　　　　 67 305

二、旅行社营业成本的核算

（一）确定旅行社营业成本的内容

旅行社的营业成本包括如下七类：

1. 组团外联成本

它是指各组团社组织的外联团、外国旅游团，按规定开支的住宿费、餐饮费、综合服务费、国内城市间交通费。

2. 综合服务费

它是指接团社接待由组团社组织的报价旅游团（者），按规定开支的住宿费、餐饮费、车费、组团费和接团费。

3. 零星服务成本

它是指接待零星散客、委托代办事项等，按规定开支的委托费、手续费、导游接送费等其他支出。

4. 劳务成本

它是指非组团旅游公司为组团社派出的翻译人员参加全程陪同，按规定开支的各项费用。

5. 票务成本

它是指各地旅游企业代办国际联运客票和国内客票等，按规定开支的各项手续费、退票费等。

6. 地游加项成本

它是指各地旅游企业接待的小包价旅游，或因游客要求增加旅游项目而按规定开支的费用。

7. 其他服务成本

它是指不属于以上各项成本的支出。

（二）核算旅游经营成本

旅行社的营业成本，不论是接团社还是组团社，都要通过"主营业务成本"核算。该账户应按成本类型分别设置明细账户进行明细核算。如可设立组团外联成本、综合服务成本、零星服务成本、劳务成本、票务成本、地游及加项成本、其他服务成本等二级明细项目。

1. 组团社经营业务成本的核算

组团社与接团社之间存在紧密联系，接团社的收入就是组团社的成本。组团社的成本包括两部分：其中主要部分是拨付接团社的支出；另一部分则是组团社为组团而发生的外联费用和全陪人员的部分费用支出，属于服务性支出。

组团社是先收费，再接待。而接团社则是先接待，然后再与组团社结算。一般情况下，组团社按照实际支出结转成本。但如果与接团社之间的结算存在跨月的情况，则为了实现与营业收入之间的配比，先行采用计划成本进行结转。

【做中学】

根据学习情境引例，编制会计分录。

业务（5）：

借：主营业务成本　　　　　　　　　　　　　　　　　40 000
　　应交税费——应交增值税（进项税额）　　　　　　 2 400
　　　贷：应付账款——张家界旅游公司　　　　　　　　　　42 400

业务（6）：

12月31日，A246旅游团按照计划成本入账。

应确认的综合服务成本 = 113 000 × 66.67% = 75 333.33（元）

应确认的劳务成本 = 9 000 × 66.67% = 6 000（元）

应确认的地游及加项成本 = 8 000 × 66.67% = 5 333.33（元）

其他服务成本 = 2 100 × 66.67% = 1 400（元）

营业成本总计 = 132 100 × 66.67%
　　　　　　 = 75 333.33 + 6 000 + 5 333.33 + 1 400 = 88 066.67（元）

做会计处理如下：

借：主营业务成本——综合服务成本　　　　　　　　　75 333.33
　　　　　　　　——劳务成本　　　　　　　　　　　 6 000
　　　　　　　　——地游及加项成本　　　　　　　　 5 333.33
　　　　　　　　——其他服务成本　　　　　　　　　 1 400
　　贷：应付账款——新疆旅游公司　　　　　　　　　　88 066.67

【注意事项】

关注按照计划成本采用完工百分比主营业务成本的确认方法。

2. 接团社经营业务成本的核算

接团社经营成本是指为了给旅游团提供服务而向宾馆、饭店、风景点等支付的费用。一般按照实际成本入账，但如果存在跨期结算，也应按照计划成本入账。

【课堂能力训练】

新疆旅游公司系接团社，发生下列有关经济业务。

12月30日，在接待广州国际旅游公司B756旅游团的过程中，共支出130 580元。其中：支付宾馆住宿费61 200元，餐饮费27 800元，车费30 400元，风味小吃费7 800元，全程陪同费3 380元，款项一并以银行存款支付。

要求：编制会计分录。

三、旅游业增值税的核算

（一）旅游服务适用的税率

旅游服务属于生活服务中的一种（生活服务，是指为满足城乡居民日常生活需求提供的各类服务活动。包括文化体育服务、教育医疗服务、旅游娱乐服务、餐饮住宿服务、居民日常服务和其他生活服务）。旅游服务的增值税税率为6%；增值税征收率为3%；境内的单位和个人销售的在境外提供的旅游服务免征增值税。

（二）旅游服务纳税人身份的认定

根据旅游服务的年销售额，旅游服务纳税人分为一般纳税人和小规模纳税人。超过规定标准（连续不超过12个月的销售额500万元）的应向主管国税机关办理增值税一般纳税人登记。

对年应税销售额未超过规定标准的纳税人，会计核算健全，能够提供准确税务资料的，可以向主管税务机关办理一般纳税人资格登记，成为一般纳税人。会计核算健全，是指能够按照国家统一的会计制度规定设置账簿，根据合法、有效凭证核算。例如：承德青年旅游公司2022年5月1日至2023年4月30日的销售额合计为260万元，未超过500万元，所以为小规模纳税人。若承德青年旅游公司会计核算健全，能够提供准确的税务资料，也可以向当地主管税务机关进行一般纳税人进行登记。注意：纳税人一经登记为一般纳税人后，除国家税务总局另有规定，不能转回。

（三）一般纳税人的增值税计算和账务处理

增值税的计税方法包括一般计税方法和简易计税方法。一般纳税人发生应税行为适用一般计税方法计税；小规模纳税人发生应税行为适用简易计税方法计税。

提供旅游服务的一般纳税人，可以选择全额计税（以其取得的全部价款和价外费用为销售额），也可以选择差额计税（以其取得的全部价款和价外费用，扣除向旅游服务购买方收取并支付给其他单位或者个人的住宿费、餐饮费、交通费、签证费、门票费和支付给其他接团旅游企业的旅游费用后的余额为销售额）。

1. 全额计税

销售旅游服务的一般纳税人，可以按包括向旅游服务购买方收取并支付给其他单位或者个人的住宿费、餐饮费、交通费、签证费、门票费和支付给其他接团旅游企业的旅游费用全部的销售额全额开具增值税专用发票。

【典型任务举例】

承德市青年旅游公司（简称旅游公司）为增值税一般纳税人，选择全额计税方法。2022年5月收取单位和个人缴纳的旅游费用300万元，支付给旅游目的地的地接公司餐饮费（29万元）开具了普通发票，住宿费（66万元）、交通费（33万元）、门票费（66万元），地接公司开具了增值税专用发票（上述金额为发票的价税合计数）。另外旅游公司本月购进计算机、打印机等办公设备取得增值税专用发票上注明的税额合计1万元。该公司5月需缴纳多少增值税？如何向旅游服务购买方开票？如何进行账务处理？

【具体核算方法】

旅游公司 5 月应纳增值税的计算如下：

5 月的销项税额 = 300/1.06×0.06 = 16.98（万元）

5 月的进项税额 = 66/1.06×0.06 + 33/1.09×0.09 + 66/1.06×0.06 + 1
　　　　　　　= 11.20（万元）

5 月应纳增值税税额 = 16.98 − 11.20 = 5.78（万元）

旅游公司可对旅游费用 300 万元全额开具增值税专用发票，其中不含税金额 283.02 万元，税额 16.98 万元。

会计分录如下（以万元为单位）：

收取单位或个人的旅游费时：

借：银行存款 / 应收账款 / 预收账款　　　　　　　　300
　　贷：主营业务收入　　　　　　　　　　　　　　　　283.02
　　　　应交税费——应交增值税（销项税额）　　　　16.98

支付给旅游目的地的地接公司餐饮费时：

借：主营业务成本　　　　　　　　　　　　　　　　29
　　贷：银行存款 / 应付账款 / 预付账款　　　　　　　29

支付给地接公司住宿费、交通费和门票费时：

借：主营业务成本　　　　　　　　　　　　　　　　154.80
　　应交税费——应交增值税（进项税额）　　　　　10.20
　　贷：银行存款 / 应付账款 / 预付账款　　　　　　　165

购进计算机、打印机等办公设备时：

借：固定资产　　　　　　　　　　　　　　　　　　7.69
　　应交税费——应交增值税（进项税额）　　　　　1
　　贷：银行存款 / 应付账款　　　　　　　　　　　　8.69

5 月末结转本月未交增值税时：

借：应交税费——应交增值税（转出未交增值税）　11.20
　　贷：应交税费——未交增值税　　　　　　　　　　11.20

6 月初缴纳 5 月的增值税时：

借：应交税费——未交增值税　　　　　　　　　　11.20
　　贷：银行存款　　　　　　　　　　　　　　　　　11.20

2. 差额计税

提供旅游服务的企业，可以选择以取得的全部价款和价外费用，扣除向旅游服务购买方收取并支付给其他单位或者个人的住宿费、餐饮费、交通费、签证费、门票费和支付给其他接团旅游企业的旅游费用后的余额为销售额。

选择上述办法计算销售额的纳税人，向旅游服务购买方收取并支付的上述费用，不得开具增值税专用发票，可以开具普通发票。

■【典型任务举例】■

承德市青年旅游公司（简称旅游公司）为增值税一般纳税人，选择差额计税方法。2022年5月收取单位和个人缴纳的旅游费用300万元，支付给旅游目的地的地接公司餐饮费（29万元）、住宿费（66万元）、门票费（66万元）、交通费（33万元），地接公司开具了普通发票。旅游公司本月购进计算机、打印机等办公设备取得增值税专用发票上注明的税额合计1万元。该公司5月需缴纳多少增值税？如何向旅游服务购买方开票？如何进行账务处理？

【具体核算方法】

旅游公司5月应纳增值税的计算如下：

5月的销售额=（300-194）/1.06=100（万元）

5月的销项税额=100×0.06=6（万元）

5月的进项税额=1（万元）

5月应纳税额=6-1=5（万元）

旅游公司开具增值税的金额不能超过106万元，其余的只能开具普通发票。

会计分录如下（以万元为单位）：

收取单位或个人的旅游费时：

借：银行存款/应收账款/预收账款　　　　　　　　300
　　贷：主营业务收入　　　　　　　　　　　　　　　　283.02
　　　　应交税费——应交增值税（销项税额）　　　　16.98

支付给旅游目的地的地接公司餐饮费、住宿费、交通费和门票费时：

借：主营业务成本　　　　　　　　　　　　　　　183.02
　　应交税费——应交增值税（销项税额抵减）　　　10.98
　　贷：银行存款/应付账款/预付账款　　　　　　　　194

购进计算机、打印机等办公设备时：

借：固定资产　　　　　　　　　　　　　　　　　7.69
　　应交税费——应交增值税（进项税额）　　　　　1
　　贷：银行存款/应付账款　　　　　　　　　　　　　8.69

5月末结转本月未交增值税时：

借：应交税费——应交增值税（转出未交增值税）　5
　　贷：应交税费——未交增值税　　　　　　　　　　　5

6月初缴纳5月的增值税时：

借：应交税费——未交增值税　　　　　　　　　　5
　　贷：银行存款　　　　　　　　　　　　　　　　　　5

通过以上两个例子，建议一般纳税人的旅游公司关注全额计税和差额计税中取得的支付给其他单位或者个人的住宿费、餐饮费、交通费、签证费、门票费和支付给其他接团旅游企业的旅游费用可以取得增值税专用发票的比例，进行比较后谨慎选择。

（四）小规模纳税人的增值税计算和账务处理

提供旅游服务的小规模纳税人也可以选择全额计税或差额计税方法。

1. 全额计税

选择全额计税时全额开具发票，也可以向当地国税部门代开税率（征收率）为3%的增值税专用发票，购买方用于增值税抵扣。

【典型任务举例】

长沙亲和力旅游公司（简称旅游公司）为增值税小规模纳税人，选择全额计税。2022年6月收取单位和个人缴纳的旅游费用100万元，其中支付给旅游目的地的地接公司住宿费、餐饮费、交通费、门票费90万元，地接公司开具了增值税发票。旅游公司本月购进计算机、打印机等办公设备3万元。该公司5月需缴纳多少增值税？如何进行账务处理？

【具体核算方法】

应纳税额 = 100/1.03 × 0.03 = 2.91（万元）

旅游公司可自行开具普通发票，也可向当地主管税务机关代开增值税专用发票，代开的增值税专用发票上注明的税率为3%，金额为97.09万元，税额为2.91万元。购买方取得税务机关代开的增值税专用发票后可以作为进项税额抵扣。

会计分录如下（以万元为单位）：

收取单位或个人的旅游费时：

借：银行存款/应收账款/预收账款　　　　　　　100
　　贷：主营业务收入　　　　　　　　　　　　　　97.09
　　　　应交税费——应交增值税　　　　　　　　　2.91

支付给旅游目的地的地接公司餐饮费、住宿费、交通费和门票费时：

借：主营业务成本　　　　　　　　　　　　　　90
　　贷：银行存款/应付账款/预付账款　　　　　　　90

购进计算机、打印机等办公设备时：

借：固定资产　　　　　　　　　　　　　　　　3
　　贷：银行存款/应付账款　　　　　　　　　　　　3

7月初缴纳6月的增值税时：

借：应交税费——应交增值税　　　　　　　　　2.91
　　贷：银行存款　　　　　　　　　　　　　　　　2.91

2. 差额计税

选择差额计税时全额开具发票，按差额部分计算并交纳税款。也可以向当地主管税务机关代开税率（征收率）为 3% 的增值税专用发票，主管税务机关选择差额开票，购买方按照代开的增值税专用发票的上税额用于抵扣。

【典型任务举例】

长沙亲和力旅游公司（简称旅游公司）为增值税小规模纳税人，选择差额计税。2022 年 6 月收取单位和个人缴纳的旅游费用 100 万元，其中支付给旅游目的地的地接公司住宿费、餐饮费、交通费、门票费 90 万元，地接公司开具了增值税发票。旅游公司本月购进计算机、打印机等办公设备 3 万元。该公司 5 月需缴纳多少增值税？如何进行账务处理？

【具体核算方法】

应纳税额 =（100－90）/ 1.03 × 0.03 = 0.29（万元）

会计分录如下（以万元为单位）：

收取单位或个人的旅游费时：

借：银行存款 / 应收账款 / 预收账款　　　　　　　　100

　　贷：主营业务收入　　　　　　　　　　　　　　　　100

支付给旅游目的地的地接公司餐饮费、住宿费、交通费和门票费时：

借：主营业务成本　　　　　　　　　　　　　　　　90

　　贷：银行存款 / 应付账款 / 预付账款　　　　　　　　90

购进计算机、打印机等办公设备时：

借：固定资产　　　　　　　　　　　　　　　　　　3

　　贷：银行存款 / 应付账款　　　　　　　　　　　　　3

月末计算本月应交增值税额时：

借：主营业务收入　　　　　　　　　　　　　　　0.29

　　贷：应交税费——应交增值税　　　　　　　　　　0.29

7 月初缴纳 6 月的增值税时：

借：应交税费——应交增值税　　　　　　　　　　0.29

　　贷：银行存款　　　　　　　　　　　　　　　　　0.29

按照现行政策规定适用差额征税办法缴纳增值税，且不得全额开具增值税发票的（财政部、国家税务总局另有规定的除外），纳税人自行开具或者税务机关代开增值税专用发票时，通过新系统中差额征税开票功能，录入含税销售额和扣除额，系统自动计算税额和不含税金额，备注栏自动打印"差额征税"字样。所以旅游公司可自行开具普通发票，也可向当地主管税务机关代开增值税专用发票，代开的增值税专用发票上注明的金额为 99.71 万元，税额为 0.29 万元，备注档自动打印"差额征税"和"代开"字样。购买方取得主管税务机关代开的增值税专用发票后可以作为进项税额抵扣。

通过以上两个例子，可以看出小规模纳税人选择差额计税是有利的。对于部分业务接受方需要增值税专用发票，旅游公司可以在价格上进行适当让步。

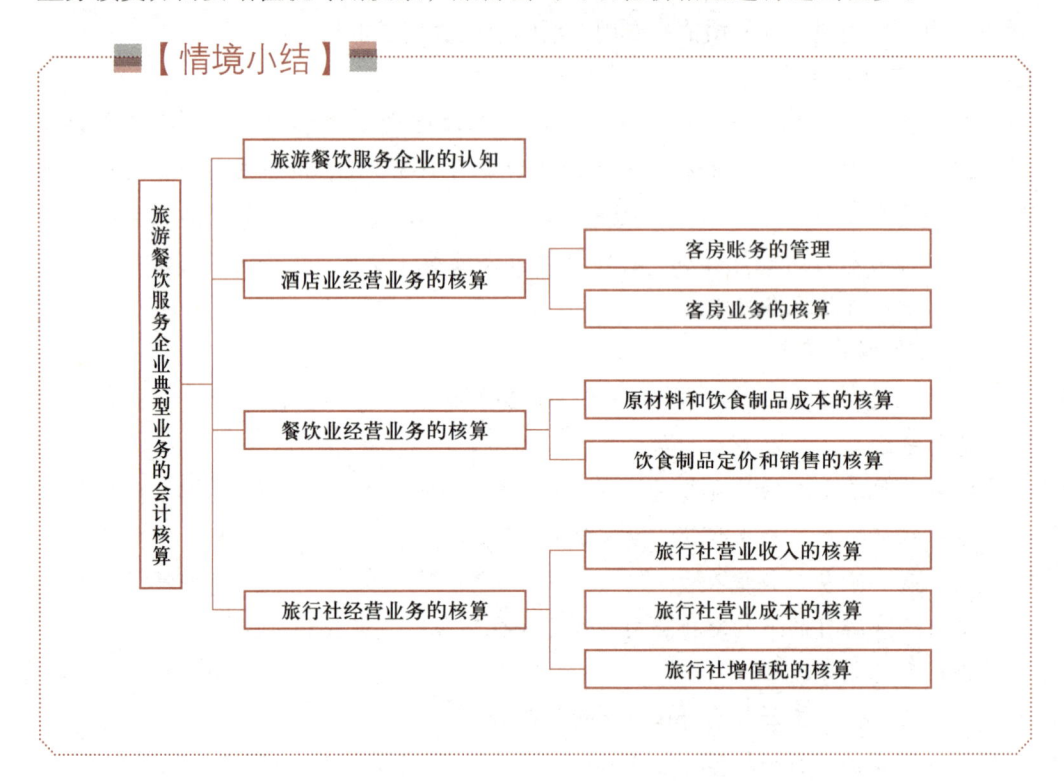

■【情境小结】■

```
                          ┌── 旅游餐饮服务企业的认知
                          │
                          │                        ┌── 客房账务的管理
旅游餐饮服务企业典型业务的 ├── 酒店业经营业务的核算 ──┤
会计核算                   │                        └── 客房业务的核算
                          │
                          │                        ┌── 原材料和饮食制品成本的核算
                          ├── 餐饮业经营业务的核算 ──┤
                          │                        └── 饮食制品定价和销售的核算
                          │
                          │                        ┌── 旅行社营业收入的核算
                          └── 旅行社经营业务的核算 ──┼── 旅行社营业成本的核算
                                                   └── 旅行社增值税的核算
```

■【情境思考】■

1. 王芳身为祥瑞酒店客房部的会计主管，请代她回答：客房部的账务管理主要包括哪些环节？

2. 平安旅行社主要从事组团服务，大江旅行社主要从事接团服务，两家旅行社为业务伙伴。请问平安旅行社的营业收入与大江旅行社的经营业务成本之间有何关系？小王和小张分别是平安旅行社和大江旅行社的会计人员，负责各自旅行社的成本核算，请问他们两人从事的会计核算工作有何不同？

3. 味美酒家是一家新开的中型餐馆，该餐馆的财务人员刘伟正在考虑餐饮制品的成本核算问题。请问刘伟可以采用什么方法来核算餐饮制品的成本呢？请分析这些方法的优缺点和适用性。如果该店的主管想提高管理效率，明确相关人员的责任，采用什么方法会比较恰当？

旅游餐饮服务企业会计核算自测题

学习情境三

交通运输企业典型业务的会计核算

【职业能力目标】

知识目标
- 了解交通运输行业区别于其他行业的经营管理特点
- 熟悉交通运输企业典型的工作任务类型与业务流程
- 掌握交通运输企业特色经济业务的会计核算方法

技能目标
- 能对交通运输企业的特色经济业务（存货、营业收入、营业成本）进行会计核算
- 具备交通运输行业会计的职业判断能力
- 胜任交通运输企业财务会计工作岗位的工作

素养目标
- 熟知安全常识，具有社会责任感

学习子情境一　交通运输企业的认知

▶【情境引例】

新邦物流有限公司是一家集汽车运输、代理国际国内航空货运出港、物流配送业务、铁路运输、仓储及配送于一体，跨区域、网络化、信息化、具有供应链管理能力的国家AAAA级综合型物流企业，是典型的运输企业。

新邦物流有限公司旗下目前拥有多家全资子公司，分布在华南、华东、华北、西南等地，数百家营业网点及几千名员工，拥有和整合千余台各种运输车辆，数百套物流设备，几十万平方米仓库、分拨场地，日吞吐数千吨物资。该公司与国内外数万家企业建立了合作关系，网络覆盖全国各大中城市，在全国各大中城市开通专、快线长途零担与整车业务，并在珠江三角洲与长江三角洲区域内开展城际配送业务。

【知识准备】

一、交通运输企业及其主要经营活动

交通运输企业是指利用运输工具专门从事运输生产或直接为运输生产服务的企业。运输活动能使得劳动对象空间位置发生改变，将产品的生产、分配和消费有机地结合在一起。

交通运输按其运输方式分为公路运输、水路运输、铁路运输、航空运输、管道运输五种。公路运输以汽车作为运输工具，以货物和旅客作为运输对象，分长途运输和短途运输。水路运输分内河运输和海洋运输，后者又分为沿海运输和远洋运输，水上运输的运输工具是船舶，运输对象为货物和旅客。铁路运输以火车作为运输工具对外提供运输劳务以获得经营收入，包括货运和客运两部分。航空运输以飞机作为运输工具提供劳务服务，分货运和客运两种。管道运输则是以管道作为运输工具，主要进行货物运输如自来水、石油、天然气等。本学习情境主要介绍公路运输企业的会计核算。

二、交通运输企业会计核算的特点

交通运输企业会计是专门核算和监督交通运输企业生产经营活动引起的资金运动的行业会计，是一种特殊业务会计。它的适用性局限于那些从事对外提供各种运输服务以获得一定收入的企业。交通运输企业的特点决定了其会计具有与其他企业会计不同的特点。这些特点主要表现在以下几方面。

（一）存货核算的独特性

由于交通运输企业持有存货的目的不是生产或销售，而是为其开展的运输业务服务，因此与制造业、流通业企业相比，其存货所占比重不大，而且存货中不包括

制造业和流通业企业大量持有的原材料和库存商品等,而主要以燃料、轮胎及修理用备件为主,因而其核算具有一定的独特性。

(二)成本结转的特殊性

由于交通运输企业的生产过程就是其销售过程,成本核算不必区分生产成本和销售成本,因此,交通运输企业的营业成本直接通过损益类账户进行归集,而不必像制造业那样,先将生产成本归集到成本计算类的"生产成本"账户,待其加工完成后再转入"库存商品"账户,产品销售后,再将已销产品的成本从"库存商品"账户结转到"主营业务成本"账户进行当期损益的计算。

(三)主营业务核算对象的多样性

交通运输企业除前述五种运输业务外,运输企业的装卸、堆存等业务也属于主营业务。对这些主营业务都需要设置专门的账户进行单独核算。与一般制造业企业相比,其核算具有多样性。

(四)计量单位的特殊性

交通运输企业运输生产的结果是劳动对象的位移,这就决定了运输生产计量单位的特殊性。运输生产计量单位是货物与旅客的周转量。周转量的计算取决于两个因素:一是数量,即货物的重量和旅客的人次;二是距离,即位移的千米、海里等。因此,运输生产的计量单位为人千米(海里)和吨千米(海里)等。

(五)收入结算的复杂性

交通运输企业取得运输业务收入的方式是向旅客发售客票和向货物托运人开出货票,同时收取票款。这种一手交票、一手收钱的方式是一种特殊的销售行为。由于运输企业生产点多、线长、流动性大,其生产过程要经过许多部门、许多单位共同参与才能完成,这就决定了其收入结算方式的多样性。运输企业既要在其营运区域或线路上设营业站、营业所、代办机构等以直接对外销售结算运费,并将运费汇缴至企业;还需要与其他运输企业对代理业务收入进行相互划转与清算。

三、交通运输企业与制造企业生产经营特点的比较

由于交通运输企业发生的经济业务与制造业企业不同,所以其生产经营特点与制造业企业也有所区别,交通运输企业与制造业企业的生产经营特点比较如表 3-1 所示。

表 3-1 交通运输企业与制造业企业的生产经营特点比较

交通运输企业的生产经营特点	制造业企业的生产经营特点
生产过程具有流动性、分散性的特点。除港口、车站卸装场地固定外,其整个运输的过程始终在一个广阔的空间内不断流动,且流动的方向很分散	一般是在一个固定的厂房或工地内从事生产经营活动
在生产过程中不改变劳动对象(旅客和货物)的属性和形态,不创造新的物质产品,只改变其空间位置	通过对劳动对象(原材料)等进行生产加工活动,不断创造新的物质产品

续表

交通运输企业的生产经营特点	制造业企业的生产经营特点
运输生产与消费同时进行。不生产有形产品，不储存产品，也不转让产品，其运输生产的过程也就是产品消费的过程。要提高经济效益，就要充分消费，提高载运率，避免回程空载	生产与消费不同时进行。生产有形产品，能储存产品，也能转让产品
在运输生产过程中只消耗劳动工具(运输设备与工具)，不消耗劳动对象(原材料)。	在制造业生产过程中既消耗劳动工具(机器、设备等)，又消耗劳动对象
固定资产比重大，流动资产占用少。在流动资产中，原材料比重较小，燃料、备品配件及轮胎等比重较大	在流动资产中，原材料比重较大
各种运输方式之间替代性较强	不同的生产经营活动的替代性较弱

【知识拓展】

减税降费为交通运输业研发创新加码

2016年年初，一些全国互联网精英聚集武汉，组建"小码联城"创始团队，致力于公共交通移动支付研发。研发绝非一朝一夕之功，研发资金更是成为团队生存及研发能否成功的重中之重。

"研发费用加计扣除等税收优惠为公司大胆创新提供了底气。""小码联城"财务总监任静介绍，"公司投入2 000万元用于开发新技术，抵减应纳税所得额1 300万元。"省下来的钱为后续二维码研发提供了资金支持。很快，全球首款"双离线二维码"在"小码联城"的实验室内诞生了。随着研发项目的逐一成功，"小码联城"收到的税收红利越来越多：交通运输业增值税税率由10%降至9%，国内旅客运输服务纳入抵扣，给公司带来超过70万元的税收优惠；社保费率下调后，公司每月能减少3万余元的用人成本；个税新政实施后，公司员工需要缴纳的个税也少了，到手的工资多了，员工干劲更大了。

在减税降费政策加持下，"轻装上阵"的"小码联城"不断开疆扩土，陆续进驻了天津、石家庄、郑州、呼和浩特、西安等全国100多个城市，与当地公交、地铁企业开展合作，其移动支付机具已覆盖全国近15万辆公交车，成为公交支付的"领头码"。

"公交普及移动支付只是万里长征第一步。"减税降费让"小码"越跑越快，市场越做越大，行业涉及面越来越广，我们准备把减税降费的红利都投到研发中去，通过大数据反哺公交地铁系统，为公交地铁的路网、调度优化提供支持。"小码联城"帮助武汉公交集团利用大数据建立安全事故管理系统，对故事多发点进行分析，精准识别安全管理中的关键人物、关键环节等。精准的管控，使公交车月均违章数降低了40.3%，交通事故发生率也在逐步下降。想一想交通运输企业应承担的社会责任有哪些？

学习子情境二　交通运输企业存货的核算

【情境引例】

彪马汽车运输有限公司存货按实际成本核算，燃料采用盘存制油耗的管理制度，轮胎采用按行驶里程预提费用法核算。2022 年 6 月发生下列业务：

（1）本月验收入库燃料价值 60 000 元。客车队月初车存油料价值 3 000 元，本月领用油料价值 5 000 元，月末车存油料价值 1 000 元；货车队月初车存油料价值 4 000 元，本月领用油料价值 11 000 元，月末车存油料价值 5 000 元。

（2）该企业 6 日领用新轮胎，成本为 8 000 元。

（3）本月报废轮胎残料 2 000 元，已验收入库；经计算报废轮胎亏驶里程应补提运输费用 1 200 元。

（4）期末计算出本月应预提的轮胎费用为 11 000 元。

要求：假设你是彪马汽车运输有限公司的会计，请编制上述业务的会计分录。

【知识准备】

一、交通运输企业存货的种类

交通运输企业的存货不构成产品的实体，而是其运输成本的主要组成部分。它主要包括以下几个内容。

（一）燃料

运输企业的燃料包括企业库存和车存的各种用途的液体、气体、固体燃料以及各种可用于燃烧的废料。燃料在汽车运输过程中消耗的数量较大，是一项主要的存货。

（二）材料

交通运输企业的材料主要是指交通工具、装卸机械在维护、保养和修理过程中所消耗的材料。

（三）轮胎

轮胎是指车辆、装卸机械用的外胎、内胎和垫带。

（四）备品配件

备品配件是指修理本企业车辆、装卸机械及其他机器设备的各种零件和备件。

（五）低值易耗品

低值易耗品指企业单位价值较低或使用年限较短，达不到固定资产的标准不作为固定资产核算的各种物品，如工具、修理用具、玻璃器皿，以及在营运过程中周转使用的包装容器等。

存货的日常核算既可以采用计划成本又可以采用实际成本，具体采用哪种方法由企业根据具体情况自行决定。

在上述几种存货中，材料、备品配件和低值易耗品的核算与工业企业的原材料和低值易耗品的核算方法基本相同，这里不再专门介绍。

二、燃料的核算

（一）燃料的分类

燃料按用途可分为以下两种类型。

1. 营运耗用的燃料

营运耗用的燃料是指营运车辆在营业性运行中直接消耗的燃料，主要是指营运车辆在运行时消耗的燃料和装卸车倾卸货物时消耗的燃料。

2. 非经营用耗用的燃料

非经营用耗用的燃料是指非经营用车辆耗用的燃料与营运车辆在试用和保修过程中消耗的燃料。

（二）燃料管理

燃料管理包括车存燃料管理和车耗燃料管理两方面。

1. 车存燃料管理

车存燃料是指营运车辆投产后，接受任务出车运行前储存于车辆油箱内的燃料。在实际工作中，车存燃料的管理方法有两种：

（1）满油箱制油耗管理制度。满油箱制油耗管理制度即车辆在投入运营后根据车辆油箱的容积填制领用燃料凭证，该凭证由油库保管。满油箱制的特点是每次加油时都将油箱加满，并要求月末都要将油箱加满。因此，车存燃料数是一个固定数，即油箱容量。

（2）盘存制油耗管理制度。盘存制油耗管理制度是指车辆在投入运营后每次根据实际需要加油，月末经过盘点油箱的实存数后计算出当月实际耗油数。因此，在此种方法下，车存燃料不再是固定数。

2. 车耗燃料管理

在实际工作中，车耗燃料管理可采用路单领油记录和行车燃料发放记录表、路单套写领油收据、路单贴附燃料领用凭证、定额油票等方法。

三、轮胎的核算

汽车外胎的价值较高，使用时间较长。运输企业对于领用轮胎的核算方法一般有如下两种。

（1）一次摊销法。一次摊销法是指领用轮胎时一次性将轮胎价值计入主营业务成本。若一次性领用轮胎的数量较大，则可先将轮胎的价值计入"待摊费用"，然后在一年的时间内分期计入主营业务成本。

（2）按行驶里程预提费用法。按行驶里程预提费用法是指按轮胎行驶的里程数逐月预提轮胎费用计入主营业务成本，待轮胎更换时，再将领用的轮胎价值冲销预提的轮胎费用。

▌【职业判断与业务操作】▌

一、燃料的核算

燃料的核算通过"原材料——燃料"账户进行。实行满油箱制油耗管理制度的企业则只需开设"原材料——燃料"账户来核算燃料的增减及结存数。实行盘存制油耗管理制度的企业一般根据存放地点，在"原材料——燃料"账户下开设"车存"及"库存"两个三级明细账户，分别用来核算车存和库存燃料的增减变动及结存数。

（一）满油箱制油耗的核算

实行满油箱制油耗管理制度的企业要求投入运营的车（船），在每次加油时必须装满油箱，月末根据领油凭证计算出车（船）耗油的数额，以此考核车（船）耗油情况。

在满油箱制油耗管理制度下，日常领用油时，领料部门只填制领油凭证，不用记账。在月初、月末车（船）都充满油的情况下，车（船）本月耗油的总数应该等于该车（船）本月领油凭证上每次领油的累计数。月末根据领油凭证计算出各部门的耗油总数后，应借记"主营业务成本——运输支出——××车（船）""管理费用""其他业务成本"等账户，贷记"原材料——燃料"账户；实行计划成本核算的企业，还应在月末计算结转燃料的成本差异，借记"主营业务成本——运输支出——××车（船）""管理费用""其他业务成本"等账户，贷记"材料成本差异——燃料"账户（若实际成本小于计划成本用红字）。

（二）盘存制油耗的核算

采用盘存制油耗管理制度的企业，每次投入运营的车（船）都应根据实际需要领料加油，月末经盘存油箱的实存数后，计算出当月实际耗油数量。

在盘存制油耗管理制度下，领油时，根据领油凭证，借记"原材料——燃料——车存"账户，贷记"原材料——燃料——库存"账户；月末，经过实际测量油箱的存油数后，计算出当月耗油的实际数量，借记"主营业务成本——运输支出""管理费用""其他业务成本"等账户，贷记"原材料——燃料——车存"账户。采用计划成本核算的企业，月末还要计算并结转材料成本差异。

采用盘存制油耗管理制度进行核算时，月末车（船）实际耗油数可按以下公式计算：

当月实际耗油数 = 月初车（船）存油数 + 本月领用油料数 −
月末车（船）存油数

月初、月末车（船）实际存油数均需经过实际盘存，因为它是一个变量，而不是一个固定数。

■【做中学】■

根据情境引例编制会计分录。

业务（1）：

① 燃料验收入库时，根据入库单、发票等单据编制会计分录如下：

借：原材料——燃料　　　　　　　　　　　　　　　　60 000
　　贷：材料采购——燃料　　　　　　　　　　　　　　60 000

② 领用燃料时，根据燃料发出凭证编制会计分录如下：

借：原材料——燃料——车存　　　　　　　　　　　　16 000
　　贷：原材料——燃料——库存　　　　　　　　　　　16 000

③ 月末，对油箱进行盘存，计算出本月各部门实耗燃料成本。

客车队油耗成本 = 3 000 + 5 000 - 1 000 = 7 000（元）

货车队油耗成本 = 4 000 + 11 000 - 5 000 = 10 000（元）

根据发出燃料成本计算表，编制会计分录如下：

借：主营业务成本——运输支出——客车队　　　　　　 7 000
　　　　　　　　　　　　　　——货车队　　　　　　10 000
　　贷：原材料——燃料——车存　　　　　　　　　　　17 000

■【课堂能力训练】■

飞轮汽车运输企业实行满油箱制油耗管理制度，并按计划成本核算 2022 年 5 月份验收入库燃料计划成本 125 000 元，实际成本为 126 150 元，各部门领用燃料汇总计划成本为：客运一部 18 750 元，客运二部 22 500 元，货运一部 30 000 元，货运二部 26 250 元，企业管理部门车辆 2 250 元，对外销售 5 250 元。当月燃料成本差异率为 1%。请编制对应的会计分录。

二、轮胎的核算

轮胎的采购和入库的核算可比照"原材料"账户的核算方法进行。企业领用轮胎时，其核算方法有两种，即一次摊销法和按行驶胎千米数预提的核算方法。企业可以根据实际情况，采用上述方法之一来核算。

（一）一次摊销法

一次摊销法，就是领用轮胎外胎时，一次性将轮胎外胎的成本计入运输成本。企业运输成本的核算应通过"主营业务成本——运输支出"账户，领用轮胎时，借记"主营业务成本——运输支出"账户，贷记"周转材料——轮胎"账户。采用计划成本核算的企业，月末还要计算并结转材料成本差异。

采用一次摊销法核算的企业，如果一次性领用轮胎的数量很大，也可以先将轮胎成本记入"待摊费用"账户，然后再分次摊到运输成本中去，一般应在本年度内摊完。

【典型任务举例】

飞轮汽车运输公司 2022 年 5 月领用新轮胎外胎，计划成本为 7 000 元，应分摊的材料成本差异（超支差）为 500 元。根据有关资料，编制会计分录如下：

借：主营业务成本——运输支出　　　　　　　　7 500
　　贷：周转材料——轮胎　　　　　　　　　　　　7 000
　　　　材料成本差异　　　　　　　　　　　　　　　500

（二）按行驶胎千米数预提的核算方法

这种核算方法的步骤为：

（1）月末，按照轮胎实际行驶里程和企业规定的胎千米摊销数，计算并预提本月在用轮胎应负担的轮胎费用，其计算公式为：

每月预提轮胎费用 = 本月轮胎行驶里程 × 胎千米摊销费用

按每月预提的轮胎费用，借记"主营业务成本——运输支出"账户，贷记"预提费用——预提轮胎费"账户。

（2）当轮胎报废不能使用时，首先应按报废残值，借记"原材料"账户，贷记"主营业务成本——运输支出"账户；然后将报废轮胎的实际行驶里程与定额行驶里程做比较，如果实际行驶里程与定额行驶里程不相等，应调整运输成本。

调整的运输成本的计算公式为：

超驶或亏驶里程应调整的运输成本 = 轮胎超驶或亏驶里程 ×
胎千米摊销轮胎费用

当报废轮胎超驶里程时，应按上面计算结果冲减多预提的轮胎费用，借记"预提费用——预提轮胎费"账户，贷记"主营业务成本——运输支出"账户。

当报废轮胎亏驶里程时，应按上面计算的结果补提少提的轮胎费用，借记"主营业务成本——运输支出"账户，贷记"预提费用——预提轮胎费"账户。

（3）领用新轮胎时，应按新轮胎的价值冲减该轮胎已经预提的轮胎费用，借记"预提费用——预提轮胎费"账户，贷记"周转材料——轮胎"账户。按计划成本核算的企业，月末还应按领用新轮胎的计划成本，计算出应负担的材料成本差异，直接计入运输成本，借记"主营业务成本——运输支出"账户，贷记"材料成本差异"账户（超支差用蓝字，节约差用红字）。

（4）汽车不能使用报废时，应计算并冲减第一套轮胎的预提费用，借记"预提费用——预提轮胎费"账户，贷记"主营业务成本——运输支出"账户。

【做中学】

根据情境引例编制会计分录。

业务（2）：

领用新轮胎时，根据轮胎领用单据作会计分录：

借：预提费用——预提轮胎费　　　　　　　　　　　　　　8 000
　　贷：周转材料——轮胎　　　　　　　　　　　　　　　　　8 000

业务（3）：

报废轮胎残料入库时：

借：原材料——其他材料　　　　　　　　　　　　　　　　2 000
　　贷：主营业务成本——运输支出　　　　　　　　　　　　　2 000

同时补提报废轮胎亏驶里程运输费用时：

借：主营业务成本——运输支出　　　　　　　　　　　　　1 200
　　贷：预提费用——预提轮胎费　　　　　　　　　　　　　　1 200

业务（4）：

月末预提本月轮胎费用时：

借：主营业务成本——运输支出　　　　　　　　　　　　11 000
　　贷：预提费用——预提轮胎费　　　　　　　　　　　　　　11 000

汽车运输企业无论采用上述哪种核算方式，都应加强在用轮胎的管理，核定车队周转轮胎数量定额，定期盘点，实行交旧领新措施，建立和健全单胎里程记录。轮胎在清查盘点时，若发现有盘盈、盘亏或毁损的情况，应按实际成本、估计价值或计划成本，先记入"待处理财产损溢"账户，待查明原因后，再进行处理。

学习子情境三　交通运输企业营业收入的核算

【情境引例】

宜城汽车运输公司是增值税一般纳税人，下设云湖、禾青两个中心站。云湖中心站设有天柱、石洋两个分所；禾青中心站设有太湖、五岭两个分所。2022年6月份发生下列有关经济业务：

（1）2日，收到各中心站上交的上月客运营业额65 400元（含增值税），其中云湖中心站39 240元，禾青中心站26 160元。

（2）公司总部本月实现运输收入250 000元（不含税），其中客运收入160 000元，货运收入90 000元。收到款项250 300元存入银行，余款尚未收到。

（3）月末，收到各中心站、分所营业收入月报表。宜城汽车运输公司各中心站、分所营业收入月报汇总如表3-2所示。

表 3-2　宜城汽车运输公司各中心站、分所营业收入月报汇总

2022 年 6 月　　　　　　　　　　　　　　　　　　单位：元

站名	运输收入			代理业务收入	营业收入合计	增值税款	价税合计
	客运收入	货运收入	小计				
云湖中心站	200 600	70 000	270 600	400	271 000	24 390	295 390
天柱分所	40 000	45 000	85 000	600	85 600	7 704	93 304
石洋分所	38 000	42 000	80 000	400	80 400	7 236	87 636
小计	278 600	157 000	435 600	1 400	437 000	39 330	476 330
禾青中心站	75 000	90 000	165 000	500	165 500	14 895	180 395
太湖分所	26 000	37 000	63 000	200	63 200	5 688	68 888
五岭分所	60 000	12 000	72 000	200	72 200	6 498	78 698
小计	161 000	139 000	300 000	900	300 900	27 081	327 981
合计	439 600	296 000	735 600	2 300	737 900	66 411	804 311

【知识准备】

一、汽车运输企业营业收入分类

汽车运输企业的营业收入是指汽车运输企业完成客货运输业务、装卸业务、堆存业务、代理业务及其他业务等按照规定的费率向旅客、货物托运人收取的运费、装卸费、堆存费和杂费等收入。通常按经营业务分为以下五类。

（一）运输收入

运输收入是指企业经营旅客、货物运输业务所取得的各项营业收入，是运输企业最主要的收入。它包括客运收入、货运收入及其他运输收入。客运收入是指企业经营旅客运输业务所取得的营业收入，包括长短途客票收入、计时及计程包车收入等。货运收入是指企业经营货物运输业务所取得的营业收入，包括长短途整车或零担货运收入、自动装卸车运输货物收取的装卸费等。其他运输收入是指随客货运输业务收取的其他附加收入，包括行李包裹的托运收入、邮件收入、空调收入等。

（二）装卸收入

装卸收入是指企业经营装卸业务所取得的收入。它包括按规定费率向货物托运人收取的装卸费（不包括自动装卸车运输货物收取的装卸费）；联运货物换装、火车汽车倒装收入及临时出租装卸机械的租金收入。

（三）堆存收入

堆存收入是指企业经营仓库、堆存业务所取得的收入。

（四）代理业务收入

代理业务收入是指企业办理联运业务及为其他运输企业和社会车辆办理代理业

务收取手续费所取得的收入。

（五）其他业务收入

其他业务收入是指除以上各项业务收入外所取得的收入，如客运服务、车辆修理、材料销售、技术转让、广告等收入。

二、营业收入的确认

营业收入的确认必须满足《企业会计准则》所规定的条件。由于汽车运输企业一般提供劳务前就取得劳务报酬，因此其应在售出客票或开出货票时确认收入。汽车运输企业劳务收入分布分散，通常由沿线各车站获取。因此，汽车运输企业的收入管理应采用集中管理和分散管理相结合的原则。

汽车运输企业根据营运票据确认收入额。营运票据是指货物和旅客运输的业务凭证，主要有客运票据、货运票据及其他票据。客运票据主要有固定票据、定额票据、客运包车票据、补充客票等；货运票据主要有整车货票、行李包裹票、零担货票、代理业务货票等；其他票据是指行李装卸费收据、零担装卸费收据、临时收款收据等。若企业发生退票、退运等业务，应直接冲减营业收入。

三、汽车运输企业之间运输收入的结算

代理货运收入一般通过汇兑结算或托收结算来划拨清算企业间的货运收入。客运收入可根据实际情况采用互不结算、相互结算、包干实载率及汇总分配结算等方法。

【职业判断与业务操作】

一、企业营业收入的核算

汽车运输企业要正确核算各项营业收入，应分别设置"主营业务收入"和"其他业务收入"等账户，并按每项收入的具体类别或场所设置明细分类账进行明细分类核算。

为了核算运输企业营运收入，应在"主营业务收入"账户下设置"运输收入""装卸收入""堆存收入""代理业务收入"等明细账户。

二、基层车站、基层营业所营业收入的核算

目前我国的运输企业多采用客运货运兼营的形式，在组织设置上一般是在公司之下设置基层车站或基层营业所，在基层车站或基层营业所下设车间或车队。有些运输企业的基层车站、基层营业所和车间及车队是平行的。基层车站或基层营业所一般是内部独立核算单位，而车队和车间一般为内部核算单位，只向上级报账而不独立核算。若车队和车间与车站是并行设置的，则车队和车间也为内部核算单位。

基层车站、基层营业所将实现的营业收入定期上报公司，并及时将收入向上级解缴。为了核算运输企业内部往来款，可增设资产类"应收内部单位款"账户和负债类"应付内部单位款"账户。

【做中学】

根据情境引例编制会计分录。

业务（1）：

根据银行收款凭证等单据：

借：银行存款	65 400	
贷：应收内部单位款——云湖中心站		39 240
——禾青中心站		26 160

业务（2）：

根据银行收款凭证、运输收入凭证等：

借：银行存款	250 300	
应收账款——××单位	22 200	
贷：主营业务收入——运输收入——客运收入		160 000
——运输收入——货运收入		90 000
应交税费——应交增值税（销项税额）		22 500

业务（3）：

月末，根据各中心站、所营业收入月报汇总凭证：

借：应收内部单位款——云湖中心站	476 330	
——禾青中心站	327 981	
贷：主营业务收入——运输收入——客运收入		439 600
——运输收入——货运收入		296 000
——代理业务收入		2 300
应交税费——应交增值税（销项税额）		66 411

【课堂能力训练】

宜城汽车运输公司下设云湖中心站、禾青中心站两个分站。云湖中心站设有天柱、石洋两个分所；禾青中心站设有太湖、五岭两个分所。宜城汽车运输公司7月发生如下业务：

（1）云湖中心站7月5日的营业收入日报表显示客运收入6 000元，货运收入4 000元，增值税额900元。

（2）云湖中心站收到分所交来的运输收入40 330元（含税），其中天柱分所26 160元，石洋分所14 170元。该云湖中心站代理公司总部车辆货运收入3 000元和增值税款270元存入银行。

（3）云湖中心站将上述各分所交来的款项上交公司。

（4）根据分所编制的营业收入日报表定期汇总确认营业收入，7月5日—10日云湖中心站天柱分所不含税营业收入60 000元（其中客运收入45 000元，货运收入 15 000 元），石洋分所不含税营业收入 40 000 元（其中客运收入 25 000 元，货运收入 15 000 元）。

（5）云湖中心站将代理公司总部车辆货运收入 3 000 元扣除 5% 的手续费后上交公司。

（6）云湖中心站收到托运单位永顺公司预交货物运费现金 6 000 元。

（7）上述永顺公司的货物已发送，实际不含税运费为 4 820 元，增值税款 433.80 元，余款现金退回。

（8）7月31日各中心站汇总本站及各分所营业收入月报，编制营业收入月报表上报公司转账，设云湖中心站本月客运收入为 272 000 元，货运收入为 224 000 元，代理业务收入 5 000 元。

请编制云湖中心站以上业务的会计分录。

三、企业之间营业收入的相互结算

不同运输企业就同一条线路对开固定班车时，若相互代售车票，则需要相互结算客运收入。

【典型任务举例】

宜城汽车运输公司与夏易运输公司均为增值税一般纳税人，两公司之间路段对开了客运班车。根据本月份行车路单汇总计算，宜城汽车运输公司在该区间运费收入计 35 000 元（不含税），夏易运输公司在该区间运费收入计 30 000 元（不含税），两家公司客运收入差额 5 000 元（不含税），已由夏易运输公司扣除代理业务手续费（按2%计算）后汇付宜城汽车运输公司 4 900 元。

（1）宜城汽车运输公司根据在该区间的运费收入，扣除应付代理业务手续费（35 000 元×2%）700 元，编制会计分录如下：

借：应收账款——夏易公司　　　　　　　　　　37 387
　　贷：主营业务收入——运输收入——客运收入　　34 300
　　　　应交税费——应交增值税（销项税额）　　　3 087

（2）宜城汽车运输公司根据夏易运输公司在该区间的运费收入，扣除代理业务手续费 600 元后，应编制会计分录如下：

借：银行存款　　　　　　　　　　　　　　　　32 700
　　贷：应付账款——夏易公司　　　　　　　　　32 046
　　　　主营业务收入——代理业务收入　　　　　600
　　　　应交税费——应交增值税（销项税额）　　54

（3）宜城汽车运输公司根据夏易运输公司汇付客运收入补差金额 5 341 元，应编制会计分录如下：

借：银行存款　　　　　　　　　　　　　　　　5 341
　　应付账款——夏易公司　　　　　　　　　　32 046

　　　　贷：应收账款——夏易公司　　　　　　　　　　　　37 387

学习子情境四　交通运输企业营业成本的核算

【情境引例】

　　祥云汽车运输公司的营运生产单位设有车站、客车队、货车队等。汽车运输成本按客运、货运成本分类计算。车站、车队等基层营运单位的管理与业务费用合并设账归集和统一分配。燃料采用盘存制管理方法。2022 年 5 月汽车营运车日总计 3 758 日，其中：客车为 1 560 日，货车为 2 198 日。2022 年 5 月发生下列经济业务：

　　（1）8 日，以现金支付公司办公费 800 元，车站和各车队办公费 640 元。

　　（2）10 日，以银行存款支付水电费 2 400 元，公司负担 1 440 元，车站及车队负担 960 元。

　　（3）31 日，分配本月工资，客车队司机及助手 48 000 元，保修工人 2 000 元；货车队司机及助手 56 000 元，保修工人 2 400 元；车站及车队管理人员 10 800 元。

　　（4）31 日，按工资总额的 14% 计提职工福利费。

　　（5）31 日，计算出本月耗用的燃料成本为：客车队 120 000 元，货车队 148 000 元，公司内部车队 4 000 元。

　　（6）31 日，计提本月固定资产折旧费，客车 49 680 元，货车 48 400 元，车站及车队 1 120 元，公司办公室 2 304 元。

　　（7）31 日，本月发生的营运间接费用按营运车日分配计入各类运输成本。

　　要求：假设你是单位会计，编制以上业务的会计分录并计算运输成本。

　　汽车运输公司成本核算程序如图 3-1 所示。

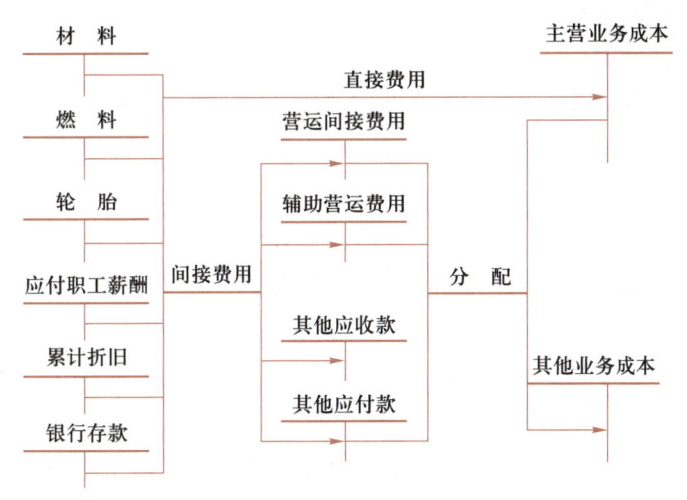

图 3-1　汽车运输公司成本核算程序

【知识准备】

一、交通运输企业营运成本构成与账户设置

交通运输企业的营运成本是指企业在营运生产过程中实际发生的与运输、装卸、堆存和代理业务等营运生产直接有关的支出。营运成本主要分为运输成本、装卸成本、堆存成本等类别。运输成本是指企业完成一定客运和货运运输周转量所发生的各项营运费用。装卸成本是指企业完成一定装卸操作量所发生的各项营运费用。堆存成本是指企业经营仓库和堆存业务完成一定业务量所发生的各项营运费用。汽车运输企业的期间费用主要包括管理费用和财务费用，其核算方法与制造业企业会计核算相似，在此不再赘述。

（一）运输企业营运成本构成

汽车运输企业没有生产和销售之分，因此也就没有生产成本和销售成本的区分，其营运成本直接在"主营业务成本"账户中进行核算。根据汽车运输企业生产耗用的特点，汽车营运成本包括以下四个基本内容。

1. 直接材料

直接材料是指汽车在营运生产过程中实际消耗的各种燃料、轮胎、材料、润料、低值易耗品、备品配件、热隔材料、专用工器具等支出。

2. 直接人工

直接人工是指企业直接从事营运生产活动人员的工资、奖金、津贴、福利费和补贴等。

3. 其他直接费用

其他直接费用是指企业在营运生产过程中发生的固定资产折旧费、修理费、行车杂费、车辆牌照和检验费、车辆清洗费、养路费、过路费、司机途中住宿费、保险费、差旅费、取暖费、办公费等支出。

4. 营运间接费用

营运间接费用是指基层单位组织与管理汽车营运所发生的车队经费和车站经费等支出。

（二）会计账户的设置

为正确核算交通运输企业营运成本，需设置"主营业务成本""其他业务成本""辅助营运费用""营运间接费用"等总账账户，以及"主营业务成本——运输支出""主营业务成本——装卸支出""主营业务成本——堆存支出""主营业务成本——代理业务支出"等明细账户。

1. "主营业务成本——运输支出"账户

"主营业务成本——运输支出"账户用来核算汽车运输企业和沿海、内河、远洋运输企业经营旅客、货物运输业务所发生的各项费用支出。其借方登记运输业务

所发生的各项费用，贷方登记期末转入"本年利润"账户的本期运输支出的实际发生额。结转后，本账户一般无余额。本账户按运输工具类型或单车（船）设置明细账进行核算。

2."主营业务成本——装卸支出"账户

"主营业务成本——装卸支出"账户用来核算交通运输企业经营装卸业务所发生的各项费用支出。其借方登记装卸支出的全部发生额，贷方登记月终转入"本年利润"账户的全部装卸支出。结转后，本账户一般无余额。该账户一般按专业区域或按货种和规定的成本项目设置明细账进行明细核算。

3."主营业务成本——堆存支出"账户

"主营业务成本——堆存支出"账户用来核算企业经营仓库和堆存业务所发生的费用支出。其借方登记堆存支出的全部发生额；贷方登记月末转入"本年利润"账户的全部堆存支出。结转后本账户一般无余额。该账户按装卸作业区、仓库、堆存场地设置明细账，进行明细核算。

4."主营业务成本——代理业务支出"账户

"主营业务成本——代理业务支出"账户用来核算企业经营各种代理业务所发生的各项费用。其借方登记各项代理业务发生的支出，包括工资、职工福利费、材料、低值易耗品摊销、折旧费、水电费、修理费、租赁费、差旅费、取暖费、劳动保护费等；贷方登记月末转入"本年利润"账户数额。结转后本账户无余额。

5."辅助营运费用"账户

"辅助营运费用"账户核算企业辅助生产部门生产产品、提供劳务所发生的辅助生产费用，包括工资、福利费支出、燃料、折旧费用、劳动保护费及事故损失费。发生辅助营运费用时，借记本账户，贷记"应付职工薪酬""原材料""银行存款"等账户。月末，按照规定的分配标准由各项受益业务对象负担时，借记"主营业务成本——运输支出""主营业务成本——装卸支出""主营业务成本——堆存支出""其他业务成本""在建工程"等账户，贷记本账户。

6."营运间接费用"账户

"营运间接费用"账户主要用来核算运输企业基层单位，如车队、车站为组织和管理营运过程所发生的费用。该账户借方核算运输企业发生的各种营运间接费用；贷方核算期末按一定标准结转至"主营业务成本——运输支出""主营业务成本——装卸支出""主营业务成本——堆存支出"等明细账户的数额。期末分配后该账户无余额。

7."其他业务成本"账户

"其他业务成本"账户用来核算企业经营的不属于上述业务的其他主要业务所发生的费用。当企业发生不能直接记入上述不同成本项目（运输支出、装卸支出、堆存支出、代理业务支出）的费用时，借记本账户，贷记"原材料""银行存款""预付账款"等账户；期末将本账户余额转入"本年利润"账户。

二、交通运输企业成本核算程序

交通运输企业成本核算步骤如下：

（1）根据有关营运的原始凭证编制各费用归集分配计算表。

（2）依据各费用归集分配计算表编制会计分录。

（3）按分录登记相关的明细账，如"主营业务成本——运输支出""主营业务成本——装卸支出""主营业务成本——堆存支出""主营业务成本——代理业务支出""营运间接费用""辅助营运费用""其他业务成本"等账户。

（4）将"营运间接费用""辅助营运费用"账户所归集的费用分配至"主营业务成本——运输支出""主营业务成本——装卸支出""主营业务成本——堆存支出""主营业务成本——代理业务支出"等明细账。

（5）依据"主营业务成本——运输支出""主营业务成本——装卸支出""主营业务成本——堆存支出""主营业务成本——代理业务支出"等明细账及相关资料编制运输企业营运成本计算表。

三、汽车运输企业成本核算的内容

汽车运输企业成本核算的内容包括：汽车运输成本的核算、装卸成本的核算及堆存成本的核算。

【职业判断与业务操作】

一、运输成本的核算

（一）直接材料的归集与分配

1. 燃料

汽车运输企业若是采用满油箱制，则车辆当月加油数便是当月耗油数；若是采用盘存制，则当月耗油数 = 月初车存数 + 本月领用数 - 月末车存数。

【典型任务举例】

假设飞轮汽车运输公司2022年5月31日根据燃料领用凭证和车存燃料盘点表等编制燃料耗用计算汇总表，如表3-3所示。

表3-3 飞轮汽车运输公司燃料耗用计算汇总表

2022年5月

领用部门	月初存油/升	本月领用/升	月末存油/升	本月耗用/升	计划成本/元	成本差异/元
客车一队	16 000	12 500	13 500	15 000	45 000	450
客车二队	14 000	14 500	15 500	13 000	39 000	390
货车一队	15 000	20 000	11 000	24 000	72 000	720
货车二队	8 000	15 500	3 500	20 000	60 000	600

续表

领用部门	月初存油/升	本月领用/升	月末存油/升	本月耗用/升	计划成本/元	成本差异/元
保养场	0	500	0	500	1 500	15
公司交通车	0	1 000	0	1 000	3 000	30
合计	53 000	64 000	43 500	73 500	220 500	2 205

注:成本差异=计划成本×1%,计划成本=3.0×本月耗用

【具体核算方法】

根据燃料耗用计算汇总表,编制会计分录如下:

借:主营业务成本
　　——运输支出——客车(直接材料)　　84 840
　　——运输支出——货车(直接材料)　　133 320
　　辅助营运费用　　　　　　　　　　　　1 515
　　管理费用　　　　　　　　　　　　　　3 030
　　贷:原材料——燃料——车存　　　　　216 000
　　　　　　——燃料——库存　　　　　　4 500
　　　　材料成本差异　　　　　　　　　　2 205

2. 轮胎

运输车辆领用车轮内胎、垫带及轮胎零星修补费时,按实际发生数直接计入各成本计算对象的成本中。领用外胎时,若企业采用一次摊销法,则根据"轮胎发出汇总表"将轮胎费用分配到各种业务的成本中;若采用按行驶里程数预提费用法,则根据计算的轮胎摊提费归集并分配成本。

【典型任务举例】

(1)飞轮汽车运输公司2022年5月份领用外胎、内胎和垫带的情况如表3-4所示。

表3-4　飞轮汽车运输公司轮胎领用汇总表

2022年5月　　　　　　　　　　　　　　　　　　　单位:元

领用部门	外胎 计划成本	外胎 材料成本差异	内胎 计划成本	内胎 材料成本差异	垫带 计划成本	垫带 材料成本差异	合计 计划成本	合计 材料成本差异
货车队	4 000	160	900	27	200	6	5 100	193
客车队	6 000	240	600	18	200	6	6 800	264
合计	10 000	400	1 500	45	400	12	11 900	457

注:外胎材料成本差异=计划成本×4%
　　内胎材料成本差异=计划成本×3%
　　垫带材料成本差异=计划成本×3%

根据该表，编制会计分录如下：
① 领用外胎时：

借：预提费用——轮胎预提费用　　　　　　　　　　　　10 000
　　贷：原材料——轮胎　　　　　　　　　　　　　　　　　　10 000

同时：

借：主营业务成本
　　——运输支出——货车（直接材料）　　　　　　　　　160
　　——运输支出——客车（直接材料）　　　　　　　　　240
　　贷：材料成本差异　　　　　　　　　　　　　　　　　　400

② 领用内胎、垫带时：

借：主营业务成本
　　——运输支出——货车（直接材料）　　　　　　　　1 133
　　——运输支出——客车（直接材料）　　　　　　　　　824
　　贷：原材料　　　　　　　　　　　　　　　　　　　　1 900
　　　　材料成本差异　　　　　　　　　　　　　　　　　　57

（2）飞轮汽车运输公司2022年5月保养场轮胎零星修补费用分配情况如下：货车队2 500元，客车队2 800元，公司交通队200元。会计分录如下：

借：主营业务成本
　　——运输支出——货车（直接材料）　　　　　　　　2 500
　　——运输支出——客车（直接材料）　　　　　　　　2 800
　　管理费用　　　　　　　　　　　　　　　　　　　　　200
　　贷：辅助营运费用　　　　　　　　　　　　　　　　5 500

（3）飞轮汽车运输公司2022年5月外胎翻新情况如表3-5所示。

表3-5　飞轮汽车运输公司外胎翻新费用差异计算表

2022年5月

使用部门	翻新轮胎数量/个	每胎次计划翻新费/元	计划翻新费/元	实际翻新费/元	差异/元
货车	15	180	2 700	2 840	140
客车	8	180	1 440	1 530	90
合计	23	—	4 140	4 370	230

根据上述资料编制如下会计分录：

借：预提费用——轮胎预提费用　　　　　　　　　　　　4 140
　　主营业务成本——货车（直接材料）　　　　　　　　　140

　　　　——客车（直接材料）　　　　　　　　　　　　　90
　　　贷：银行存款　　　　　　　　　　　　　　　　4 370

（4）飞轮汽车运输公司轮胎核算采用行驶里程预提法。2022年5月外胎摊提费用如表3-6所示。

表3-6　飞轮汽车运输公司外胎核算采用行驶里程摊提费用计算表

2022年5月

使用部门	实际千车千米	每车装胎/个	实际千胎千米	千车公里摊提额/（元/千米）	摊提额/元
货车队	260	6	1 560	7.0	10 920
客车队	200	6	1 200	6.5	7 800
公司交通队	20	4	80	6.0	480
合计	480	—	2 840		19 200

根据该表作会计处理如下：
借：主营业务成本
　　——运输支出——货车（直接材料）　　　　　10 920
　　——运输支出——客车（直接材料）　　　　　7 800
　　管理费用　　　　　　　　　　　　　　　　　480
　贷：预提费用——轮胎预提费用　　　　　　　　19 200

（二）直接人工的归集与分配

直接人工指企业直接从事营运生产活动人员的工资、奖金、津贴、福利费和补贴。企业直接从事营运生产活动人员的工资根据工资结算表进行汇总、分配。货车队及客车队车辆司机及助手的工资计入各成本计算对象的成本。直接人工中的职工福利费，按工资总额的14%计提计入成本。

■【典型任务举例】■

飞轮汽车运输公司2022年5月工资及福利费如表3-7所示。

表3-7　飞轮汽车运输公司工资及福利费汇总表

2022年5月　　　　　　　　　　　　　　　　　　单位：元

部门及人员类别	工资总额	福利费总额
货车队合计	48 800	6 832
司机及助手	44 000	6 160
管理人员	4 800	672

续表

部门及人员类别	工资总额	福利费总额
客车队合计	56 800	7 952
司机及助手	50 400	7 056
管理人员	6 400	896
保养场合计	24 000	3 360
生产工人	18 400	2 576
管理人员	5 600	784
车站人员	4 000	560
公司管理人员	12 000	1 680
合计	145 600	20 384

【具体核算方法】

根据表3-7，编制会计处理如下：

借：主营业务成本——运输支出
　　　　　　　——货车（直接人工）　　　　　44 000
　　　　　　　——货车（营运间接费）　　　　 4 800
　　　　　　　——客车（直接人工）　　　　　50 400
　　　　　　　——客车（营运间接费用）　　　 6 400
　　　辅助营运费用　　　　　　　　　　　　 24 000
　　　营运间接费用　　　　　　　　　　　　　4 000
　　　管理费用　　　　　　　　　　　　　　 12 000
　　贷：应付职工薪酬——工资　　　　　　　145 600

同时

借：主营业务成本——运输支出
　　　　　　　——货车（直接人工）　　　　　 6 160
　　　　　　　——货车（营运间接费）　　　　　 672
　　　　　　　——客车（直接人工）　　　　　 7 056
　　　　　　　——客车（营运间接费）　　　　　 896
　　　辅助营运费用　　　　　　　　　　　　　3 360
　　　营运间接费用　　　　　　　　　　　　　　560
　　　管理费用　　　　　　　　　　　　　　　1 680
　　贷：应付职工薪酬——职工福利　　　　　 20 384

（三）其他直接费用的归集与分配

1. 折旧费

汽车运输企业中营运车辆一般按工作量法计提折旧。折旧计算公式如下：

$$车辆月折旧额 = 车辆折旧率 \times 车辆月实际行驶里程$$

$$车辆折旧率（元/千·千米）= \frac{车辆原值 - 预计残值 + 预计清理费用}{车辆预计行驶里程}$$

【典型任务举例】

飞轮汽车运输公司营运车辆采用工作量法计提折旧，其余各类固定资产均采用平均年限法。该公司2022年5月固定资产计提折旧情况如表3-8所示。

表3-8　飞轮汽车运输公司固定资产折旧计算表

2022年5月31日　　　　　　　　　　　　　　　　金额单位：元

固定资产类别	使用部门	固定资产原值	分类月折旧率	实际行驶千车千米	车辆折旧率	应提折旧额
生产用固定资产 ——房屋及建筑物		1 480 000				2 960
	公司	640 000	0.002			1 280
	车站	400 000	0.002			800
	货车队	56 000	0.002			112
	客车队	64 000	0.002			128
	保养场	320 000	0.002			640
运输设备	货车队	5 400 000		168	270	45 360
	客车队	5 600 000		200	220	44 000
	公司	200 000		8	150	1 200
机械设备	保养场	400 000	0.004			1 600
	公司	120 000	0.004			480
非生产用固定资产 ——房屋及建筑物 ——其他		880 000				7 360
	公司	800 000	0.009			7 200
	公司	80 000	0.002			160
合计		14 080 000		376		102 960

【具体核算方法】

根据表3-8编制会计分录如下：

借：主营业务成本——运输支出
　　　　　　　　——货车（其他直接费用）　　　　45 360
　　　　　　　　——货车（营运间接费用）　　　　112
　　　　　　　　——客车（其他直接费用）　　　　44 000
　　　　　　　　——客车（营运间接费用）　　　　128
　　营运间接费用　　　　　　　　　　　　　　　　800
　　辅助营运费用　　　　　　　　　　　　　　　　2 240
　　管理费用　　　　　　　　　　　　　　　　　　10 320
　　贷：累计折旧　　　　　　　　　　　　　　　　102 960

2. 保养修理费

由保养场进行的修理所发生的费用，视为辅助生产费用，一般通过"辅助营运费用"账户进行归集与分配。其他情况的修理费用直接计入运输成本与管理费用。

【典型任务举例】

飞轮汽车运输公司2022年5月修理耗用材料汇总表如表3-9所示。

表3-9　飞轮汽车运输公司修理耗用材料汇总表

2022年5月　　　　　　　　　　　　　　　　　　　　　单位：元

领用部门	润料	备品配件	其他材料	合计
货车队	8 000	2 400	1 600	12 000
客车队	9 600	3 200	2 400	15 200
保养场	2 400	9 600	8 800	20 800
公司交通车队	400		200	600
合计	20 400	15 200	13 000	48 600

【具体核算方法】

根据表3-9，编制会计分录如下：

借：主营业务成本——运输支出
　　　　　　　　——货车（其他直接费用）　　　　12 000
　　　　　　　　——客车（其他直接费用）　　　　15 200
　　辅助营运费用　　　　　　　　　　　　　　　　20 800
　　管理费用　　　　　　　　　　　　　　　　　　600
　　贷：原材料　　　　　　　　　　　　　　　　　48 600

3. 养路费

企业一般按货车吨位数和客车座位数计算缴纳养路费，可根据缴款凭证直接计入各计算对象成本及有关费用。借记"主营业务成本——运输支出""管理费用"等账户，贷记"银行存款"账户。

4. 其他费用

其他费用包括公路运输管理费、行车事故引起的救援善后费、车辆牌照和检验费、车船税、过桥费、过渡费、司机途中住宿费等。这些费用在发生时可凭相关凭证直接计入各类运输成本，借记"主营业务成本——运输支出""管理费用"等账户，贷记"银行存款"等账户。

（四）营运间接费用的归集和分配

营运间接费用是指运输企业下属基层营运单位，如车站、车场等为组织和管理营运过程中所发生的不能直接计入成本计算对象的各种间接费用。一般通过"营运间接费用"账户进行核算。

各基层运营单位发生的营运间接费用经归集后于月末进行分配，计入各有关成本计算对象的成本中。对于货车队和客车队的运营间接费用可直接计入货车队和客车队的运输成本；车站经费全部由运输业务负担，月末分配计入货车队和客车队的运输成本；装卸队经费可直接计入装卸成本。

【典型任务举例】

飞轮汽车运输公司2022年5月营运间接费用分配情况如表3-10所示。

表3-10　飞轮汽车运输公司营运间接费用分配表

成本计算对象	分配标准/元	分配率/%	分配额/元
货车队	744	9	6 696
客车队	868	9	7 812
合计	1 612	9	14 508

【具体核算方法】

根据表3-10，作会计处理如下：

借：主营业务成本——运输支出
　　　　——货车（营运间接费用）　　6 696
　　　　——客车（营运间接费用）　　7 812
　　贷：营运间接费用　　　　　　　　14 508

二、装卸成本的核算

（一）装卸成本项目

汽车运输企业的装卸成本一般实行企业和装卸队两级核算，装卸队计算其装卸成本，企业汇总计算各装卸队的总成本。装卸成本的计算对象是机械装卸和人工装卸，计算单位为"元／千操作吨"。汽车运输企业的装卸成本一般分成四大类。

1. 直接人工

直接人工指支付给装卸机械司机、助手和装卸工人的工资、职工福利费等。

2. 直接材料

直接材料指装卸机械耗用的燃料和动力（如汽油、电力等）、轮胎（外胎、内胎、垫带及外胎翻新）费等。

3. 其他直接费用

其他直接费用指装卸机械保养修理费、折旧费及与装卸业务直接有关的工具费、劳动保护费、事故损失等。

4. 营运间接费用

营运间接费用指各装卸队为组织与管理装卸业务而发生的管理费用和业务费用。

（二）装卸费用核算与成本核算

装卸成本通过"主营业务成本——装卸支出"账户进行归集与分配，该账户一般按成本计算对象设置明细账户。

1. 直接人工的归集与分配

【典型任务举例】

飞轮汽车运输公司装卸队2022年5月份工资及福利费如表3-11所示。

表3-11 飞轮汽车运输公司装卸队职工工资及福利费汇总表

2022年5月31日　　　　　　　　　　　　　　　　单位：元

部门及人员类别	工资总额	职工福利费
机械装卸队	28 000.00	3 920.00
司机及助手	23 200.00	3 248.00
维修工人	4 800.00	672.00
人工装卸队	5 440.00	761.60
装卸工	3 840.00	537.60
维修工人	1 600.00	224.00
车队管理人员	7 200.00	1 008.00
合计	40 640.00	5 689.60

【具体核算方法】

根据表3-11，作会计处理如下：

借：主营业务成本——装卸支出
　　　　　——机械（直接人工）　　　　　23 200
　　　　　——机械（其他直接费用）　　　 4 800
　　　　　——人工（直接人工）　　　　　 3 840
　　　　　——人工（其他直接费用）　　　 1 600
　　　营运间接费用　　　　　　　　　　　 7 200
　　贷：应付职工薪酬——工资　　　　　　40 640

同时
借：主营业务成本——装卸支出
　　　　　——机械（直接人工）　　　　　 3 248
　　　　　——机械（其他直接费用）　　　 672
　　　　　——人工（直接人工）　　　　　　537.60
　　　　　——人工（其他直接费）　　　　 224
　　　营运间接费用　　　　　　　　　　　 1 008
　　贷：应付职工薪酬——职工福利　　　　 5 689.60

2. 直接材料的归集与分配

（1）燃料和动力。装卸机械领用燃料应按实际消耗量直接计入装卸成本。

【典型任务举例】

若飞轮汽车运输公司装卸队 2022 年 5 月份领用燃料成本 42 720 元，其中：装卸队 38 400 元，热工装卸队 4 320 元。作会计处理如下：

借：主营业务成本——装卸支出
　　　　　——机械（直接材料）　　　　　38 400
　　　　　——人工（直接材料）　　　　　 4 320
　　贷：原材料　　　　　　　　　　　　　42 720

（2）轮胎。装卸机械的轮胎不采用按行驶公里预提法，一般在领用新胎时一次性计入装卸成本，若一次领用数量较多，则可将轮胎价值记入"待摊费用"，然后按月分摊计入装卸成本。装卸机械轮胎的零星修补费和翻新费一般在费用发生时直接计入装卸成本。

若飞轮汽车运输公司装卸队 2022 年 5 月份领用外胎成本 2 560 元，领用内胎、垫带成本 600 元。作会计处理如下：

借：主营业务成本——装卸支出
　　　　　——机械（直接材料）　　　　　 3 160
　　贷：原材料　　　　　　　　　　　　　 3 160

3. 其他直接费用

（1）保养修理费。由专职装卸机械保修工进行装修保修工作提供的费用，计入装卸成本；由保养场进行装卸机械保养作业的工料费，通过"辅助营运费用"账户核算，然后分配计入装卸成本。

（2）折旧费。装卸机械的折旧费适用工作量法进行计提，并直接计入装卸成本。

【典型任务举例】

飞轮汽车运输公司装卸队2022年5月份保养修理领用润料、备品配件及其他材料成本4 800元，其中机械装卸队4 000元，人工装卸费800元。作会计处理如下：

借：主营业务成本——装卸支出
　　　　——机械（其他直接费用）　　　　4 000
　　　　——人工（其他直接费用）　　　　800
　　贷：原材料等　　　　　　　　　　　　4 800

飞轮汽车运输公司装卸队2022年5月份计提固定资产折旧如下：机械装卸队使用机械计提折旧30 720元，人工装卸队使用机械计提折旧4 608元，装卸队使用房屋计提折旧128元。

借：主营业务成本——装卸支出
　　　　——机械（其他直接费用）　　　　30 720
　　　　——人工（其他直接费用）　　　　4 608
　　营运间接费用　　　　　　　　　　　　128
　　贷：累计折旧　　　　　　　　　　　　35 456

4. 营运间接费用

营运间接费用是指装卸队直接开支的管理费用和业务费，先通过"营运间接费用"账户汇总，月末分配计入各类装卸成本。

【典型任务举例】

飞轮汽车运输公司装卸队2022年5月发生营运间接费用9 200元，经计算分配，其中机械装卸为6 320元，人工装卸为2 880元，作会计处理如下：

借：主营业务成本——装卸支出
　　　　——机械（营运间接费用）　　　　6 320
　　　　——人工（营运间接费用）　　　　2 880
　　贷：营运间接费用　　　　　　　　　　9 200

三、堆存成本的核算

经营堆存业务的企业，根据实际情况，可分别以堆存业务、装卸作业区等作为成本核算对象，按规定的成本项目设置专栏，分别归集堆存业务发生的各项费用；月末"主营业务成本——堆存支出（作业区）"等账户借方归集的全部费用，减去与堆存业务无关支出，即为该成本核算对象的堆存成本。企业汇集各成本核算对象的堆存成本，即为该企业堆存总成本。

堆存业务一般只计算堆存总成本，不用计算堆存单位成本，可以不编制"堆存成本计算单"。

【典型任务举例】

飞轮汽车运输公司有一个作业区经营堆存业务。2022年5月堆存业务支出为：工资费用10 700元，福利费1 498元，燃料及动力费1 800元，材料费1 500元，折旧费7 400元，分摊的营运间接费用为13 000元，则：

本月堆存业务总成本 = 10 700 + 1 498 + 1 800 + 1 500 + 7 400 + 13 000
　　　　　　　　　 = 35 898（元）

根据计算结果编制会计分录如下：

借：主营业务成本——堆存支出　　　　　　　　　　35 898
　　贷：应付职工薪酬——工资　　　　　　　　　　10 700
　　　　　　　　　　——职工福利　　　　　　　　 1 498
　　　　原材料　　　　　　　　　　　　　　　　　 3 300
　　　　累计折旧　　　　　　　　　　　　　　　　 7 400
　　　　营运间接费用　　　　　　　　　　　　　　13 000

【做中学】

根据情境引例编制会计分录并计算运输成本。

业务（1）：

借：管理费用　　　　　　　　　　　　　　　　　　　800
　　营运间接费用　　　　　　　　　　　　　　　　　640
　　贷：库存现金　　　　　　　　　　　　　　　　 1 440

业务（2）：

借：管理费用　　　　　　　　　　　　　　　　　　1 440
　　营运间接费用　　　　　　　　　　　　　　　　　960
　　贷：银行存款　　　　　　　　　　　　　　　　 2 400

业务（3）：

借：主营业务成本
　　——运输支出——客车　　　　　　　　　　　　50 000
　　——运输支出——货车　　　　　　　　　　　　58 400
　　营运间接费用　　　　　　　　　　　　　　　　10 800
　　贷：应付职工薪酬——工资　　　　　　　　　 119 200

业务（4）：

借：主营业务成本
　　——运输支出——客车　　　　　　　　　　　　 7 000
　　——运输支出——货车　　　　　　　　　　　　 8 176

    营运间接费用   1 512
     贷：应付职工薪酬——职工福利   16 688

业务（5）：

  借：主营业务成本
    ——运输支出——客车   120 000
    ——运输支出——货车   148 000
    管理费用   4 000
    贷：原材料——燃料——车存   272 000

业务（6）：

  借：主营业务成本
    ——运输支出——客车   49 680
    ——运输支出——货车   48 400
    管理费用   2 304
    营运间接费用   1 120
    贷：累计折旧   101 504

业务（7）：

  本月营运间接费用 = 640 + 960 + 10 800 + 1 512 + 1 120
         = 15 032（元）

  营运间接费用分配率 = 15 032 ÷ 3 758 = 4（元/车·日）

  客车队分摊的营运间接费用 = 1 560 × 4 = 6 240（元）

  货车队分摊的营运间接费用 = 2 198 × 4 = 8 792（元）

    借：主营业务成本
      ——运输支出——客车   6 240
      ——运输支出——货车   8 792
     贷：营运间接费用   15 032

  本月客车运输成本 = 50 000 + 7 000 + 120 000 + 49 680 + 6 240
         = 232 920（元）

  本月货车运输成本 = 58 400 + 8 176 + 148 000 + 48 400 + 8 792
         = 271 768（元）

  本月运输成本总计 = 232 920 + 271 768 = 504 688（元）

  交通运输企业除计算运输成本、装卸成本和堆存成本外，有时还计算一些其他业务的成本。对企业的其他业务，可按业务种类作为成本核算对象，分别归集各类业务发生的营运费用，并据以计算其他业务的营运成本。

【情境小结】

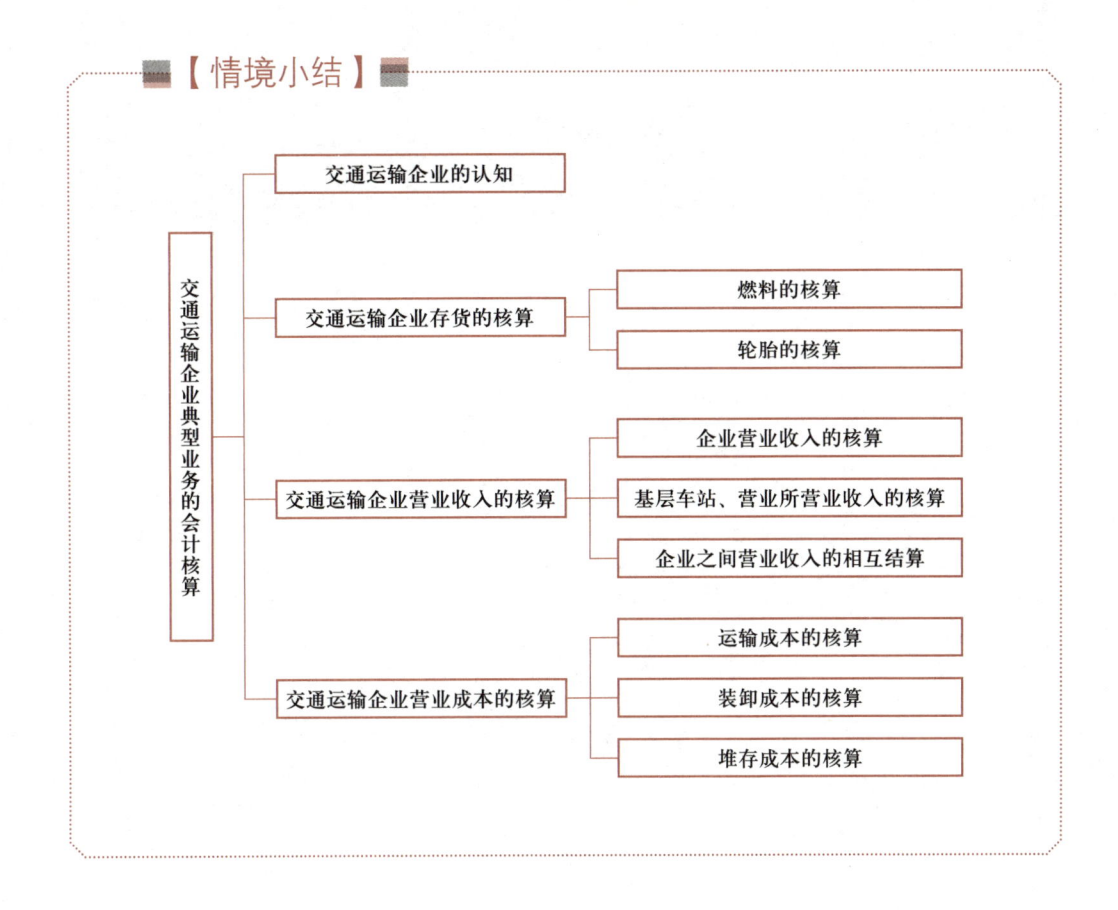

```
                    ┌── 交通运输企业的认知
                    │
                    │                              ┌── 燃料的核算
                    ├── 交通运输企业存货的核算 ──┤
                    │                              └── 轮胎的核算
交通运输企业         │
典型业务的      ────┤                              ┌── 企业营业收入的核算
会计核算            ├── 交通运输企业营业收入的核算 ┼── 基层车站、营业所营业收入的核算
                    │                              └── 企业之间营业收入的相互结算
                    │
                    │                              ┌── 运输成本的核算
                    └── 交通运输企业营业成本的核算 ┼── 装卸成本的核算
                                                   └── 堆存成本的核算
```

【情境思考】

1. 交通运输企业会计有哪些主要特点？
2. 汽车运输企业的存货包括哪些主要内容？
3. 车耗燃料的管理有哪几种？
4. 在实行盘存制和满油箱制的情况下，行车实耗燃料的核算有何区别？
5. 轮胎核算的方法有哪几种？
6. 汽车运输企业的营业收入如何分类？
7. 汽车运输企业的营业成本包括哪些内容？
8. 交通运输企业与制造业企业的存货相比较，主要的区别在哪里？

交通运输企业会计核算自测题

学习情境四

施工企业典型业务的会计核算

【职业能力目标】

知识目标
- 了解施工企业生产经营管理的特点
- 熟悉施工企业会计的核算对象、内容和会计科目
- 掌握施工企业合同成本的构成项目与核算方法
- 掌握施工企业合同成本和合同收入的确认、计量和账务处理方法

技能目标
- 能够独立承担施工企业周转材料和临时设施的核算工作
- 能够独立承担施工企业合同成本的核算工作
- 能够独立进行工程的价款结算
- 具备一定的会计职业判断能力，能对行业基本经济业务进行综合设计与核算

素养目标
- 培养学生严谨、细致的工匠精神、团队协作能力以及持续学习的钻研精神

学习子情境一　施工企业的认知

【知识准备】

一、施工企业及其主要经营活动

（一）施工企业的概念及其分类

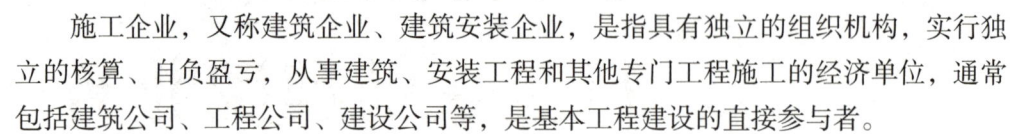

施工企业，又称建筑企业、建筑安装企业，是指具有独立的组织机构，实行独立的核算、自负盈亏，从事建筑、安装工程和其他专门工程施工的经济单位，通常包括建筑公司、工程公司、建设公司等，是基本工程建设的直接参与者。

施工企业按施工的对象分为一般性建筑公司、专业性公司和综合性建筑安装公司。一般性建筑公司，承包一般土建工程的施工；专业性公司，主要承包专门的施工任务，如土石方公司、机械施工公司、工业设备安装公司、工业筑炉公司、管道公司、基础公司等；综合性建筑安装公司，能承担一般土建工程和某些专业性工程的施工任务。

（二）施工企业的主要经营活动

施工企业的主要经营活动是建筑施工生产活动，通过施工生产活动，把各种建筑材料转变为具有特定用途的各类房屋和建筑物，把各种机器设备组装起来形成具有生产能力的各种实体。

1. 施工企业生产经营活动的基本程序

施工企业生产经营活动的基本程序一般包括工程投标、施工准备、工程施工、建设工程项目点交四个环节。

2. 基本建设工程的划分

基本建设工程是由许多部分组成的一个体积庞大、结构复杂的整体。按照从大到小的顺序，基本建设工程一般可划分为建设项目、单项工程、单位工程、分部工程和分项工程五级。

基本建设工程经过以上划分，即可从分项工程开始逐项计算其人工、材料消耗数量及其费用金额，经层层汇总后计算出整个建设项目的工程成本。

（三）施工企业经营活动的特点

施工企业经营活动的特点主要由其生产的建筑产品的特点决定。建筑产品一般都具有体积庞大，建造位置固定，产品使用期限较长，结构、造型多样等特点。

（1）产品位置的固定性与施工生产的流动性。

（2）工程的多样性与生产的单件性。

（3）自然、气候条件对施工生产的制约性。

（4）产品生产的长期性。

（四）施工企业的组织结构

施工企业通常跨地区施工，跨国施工也较为常见。由于受地域因素影响，总部管理部门很难对工程项目部实施有效监督，因此成立了许多分公司（子公司）、项目指挥部等派出机构分级管理，形成行业独特的组织架构。建筑企业的组织架构类型主要有以下5种：

1. 公司总部—工程项目部

在这种模式下，公司总部直接管理所有工程项目部，以公司总部的名义签订承包合同并向发包方开具工程款发票、收取工程款、进行会计核算、申报纳税。

2. 母公司—子公司—工程项目部

中型施工企业常采用此种模式，在这种模式下可能存在子公司使用自己的资质中标某工程项目，以子公司的名义签订承包合同、组织工程项目部进行施工管理、开具工程款发票、收取工程款、进行会计核算和申报纳税；也可能存在以母公司的资质中标某工程项目，再交给子公司进行施工管理。如果该母公司属于集团公司，根据《国家税务总局关于进一步明确营改增有关征管问题的公告》有关规定，授权集团内其他纳税人（以下称"第三方"）为发包方提供建筑服务，并由第三方直接与发包方结算工程款的，由第三方缴纳增值税并向发包方开具增值税发票，与发包方签订建筑合同的建筑企业不缴纳增值税。发包方可凭实际提供建筑服务的纳税人开具的增值税专用发票抵扣进项税额，即以子公司的名义开具工程款发票、收取工程款、进行会计核算和申报纳税。

3. 总公司—分公司—工程项目部模式

分公司存在非独立核算分公司和独立核算分公司两种。

分公司如果非独立核算，一般来讲分公司没有银行账户，不单独设置账套，不设置会计部门和人员，由总公司拨付运营资金。工程项目发生的费用支出由总公司报销，工程项目取得的收入上缴给总公司，统一进行核算。分公司不进行会计核算和纳税申报，所有的财务数据和税务处理均由总公司办理。这种其实与第一种总公司—工程项目部模式无异。

独立核算的分公司主要体现在税务管理上，除企业所得税有特殊规定外，其他所有税种分公司都是独立的纳税人（扣缴义务人）。独立核算的分公司也没有相应的资质，因此在业务上依然是以总公司的名义承揽工程项目、签订承包合同，再由总公司签订内部授权协议，授权该分公司进行施工并向客户开具应税发票、收取工程款、办理工程结算。

4. 总公司—项目指挥部、子公司—工程项目部模式

第四种模式与第二种模式类似，只是核算规模和管理层级上有所不同。项目指挥部为总公司派出机构，工程项目部为子公司派出机构，项目部对内执行施工业务。项目指挥部负责对辖区内各个项目部进行内部结算，总公司负责与客户进行计

价结算、开具应税发票。总公司在编制会计报表时需要抵消子公司项目部和总公司项目指挥部重合部分的数据。

5. 总公司—总承包部（内部承包单位）—工程项目部模式

有的建筑企业跨地承揽了众多工程项目，为了便于管理，成立了"总承包部"实行内部承包经营制度，由于总承包部并没有进行工商注册和税务登记，尽管在总公司内部有时也被称之为"分公司"，但其事实上属于总公司下属的事业部，与前述"总公司—分公司—工程项目部"模式中的"分公司"不是同一概念。

总承包部没有相应的资质，只能以总公司的名义承揽工程项目、签订承包合同、负责项目施工和工程结算。工程项目所发生的所有财务数据和税务数据均从工程项目部汇总到总承包部，最终汇总到施工企业总公司，以总公司的名义向客户开具应税发票、收取工程款；以总公司的名义向分包商和供应商收取成本和费用发票；以总公同的名义进行会计核算、统一纳税申报。项目部和总承包部只作为会计核算主体，总承包部的合同收入和合同成本是总公同的营业收入和营业成本中的一部分，工程项目部形成的利润上交总承包部，总承包部形成的利润上交总公司，最终的利润分配权归总公司，同时企业所得税也由总公司负责汇算清缴。

二、施工企业会计核算的特点

施工企业会计核算的特点取决于施工企业经营活动的特点，主要有以下几方面。

（一）采取分级管理、分级核算

施工生产的流动性，决定了企业的施工及管理人员、施工机具、材料物资等生产要素，以及施工管理、后勤服务等组织机构，都要随工程地点的转移而流动。因此，施工企业在组织会计核算时，要适应施工分散、流动性大等特点，采取分级管理、分级核算，使会计核算与施工生产有机地结合起来，充分调动各级施工单位搞好生产的积极性。同时要更加重视施工现场的施工机具、材料物资等的管理和核算，及时反映它们的保管和使用情况，以避免集中核算造成会计核算与施工生产脱节现象。

此外，施工生产流动性的特点还决定了企业施工队伍每转移到一个新的施工现场，都要根据施工的需要搭建各种临时设施。因此，施工企业还须做好有关临时设施的搭建、施工过程中的价值摊销、维修、报废、拆除等方面的会计核算工作。

（二）成本核算对象具有单件性

由于建筑安装工程各有不同的功能和结构，需要单独设计图纸，即使根据同一标准设计进行施工的同类型、同规模的工程，也会因自然条件、交通条件、材料要求和物价水平不同，造成施工过程中工料费用不同。因此，建筑安装工程只能按要求和单独的图纸组织单件生产，不能像制造业企业那样成批生产。施工企业的这一特性，决定了工程成本的核算应实行分批（订单）法，以每一独立编制施工图预算的单位工程为成本核算对象。

（三）产成品和在产品的划分具有特殊性

在制造业企业会计核算中，产成品是指本企业已经完成全部生产过程，并已验收入库可供销售的产品；在产品是指没有完成全部生产过程，不能作为商品销售的产品。施工企业如果采用与制造业企业相同的方法来划分产成品，则只有工程已经全部竣工、办理了竣工验收交付使用手续，才能算作产成品。但由于建筑安装工程施工具有周期较长的特点，按照这种划分方法，在长期的施工过程中，不能对工程进度、工程质量和工程成本进行有效的监督。所以对建筑安装产品，需要人为地划分产成品和在产品，即将工程进度达到预算定额的工作内容，不需要在本企业内部进一步施工，可据以进行结算的分部分项工程，作为已完工程，即假定的"产成品"；将已投料施工，但尚未完成预算定额规定的全部工序和内容，而暂时无法进行结算的分部分项工程，视为"未完工程"，即"在产品"。按照这种划分方法，施工企业可以及时对已完工程统计工程进度，进行工程价款结算，考核工程成本，计算财务成果。

（四）工程价款结算方法独特

由于施工企业的建筑产品具有造价高、周期长等特点，决定了施工企业在施工中需垫支大量的资金。因此，对工程价款结算，若等到工程全部竣工后才进行，势必会影响施工企业的资金周转，从而影响施工生产的正常进行。所以，除工期较短、造价较低的工程采用竣工后一次结算价款外，大多采用按月结算、分段结算等方法。为了进一步解决施工企业垫支资金较多的问题，须向发包单位或建设单位预收工程款和备料款，待办理工程价款结算时，再予以扣还。

此外，由于施工周期长，对于跨年度施工的工程，施工企业还需要根据工程的完工进度，采用完工百分比法分别计算和确认各年度的工程价款结算收入和工程施工费用，以确定各年的经营成果。

（五）设置施工企业专用的会计科目

财政部颁发的《企业会计准则——具体准则》统一规定了企业会计科目，并要求企业按照制度规定设置和运用会计科目；同时，允许不同行业、不同企业根据自身的特点，在不影响会计核算要求和会计报表指标汇总，以及对外提供统一的财务会计报告的前提下，确定适合本企业的会计科目，或自行增设、减少或合并某些会计科目。施工企业在设置会计科目时，应遵循《企业会计准则》的要求，并根据自身的特点加以确定，其中属于施工企业专用会计科目的有："周转材料""临时设施""临时设施摊销""临时设施清理""合同履约成本""合同结算""机械作业"等科目。

三、施工企业与其他行业企业会计核算的比较

施工企业会计与其他行业会计之间具有一定的共性。一般的会计理论、会计原则、会计制度和会计方法，对于施工企业和其他行业都普遍适用。同时，施工企业在经营和管理上，与其他行业又存在着明显的差别，在具体的会计核算上也有所不同。

下面主要从存货、成本核算和损益等方面，对施工企业与其他行业会计核算进行比较，如表 4-1 所示。

表 4-1 施工企业与其他行业会计核算的比较

比较项目	共性	施工企业特性
存货	1. 购进存货：以历史成本作为入账价值； 2. 发出存货：以加权平均法、先进先出法、个别计价法等计量发出存货的成本； 3. 存货盘存：实地盘存制和永续盘存制； 4. 存货的确认范围相同	1. 存货内容：除了原材料外，还包括周转材料、临时设施； 2. 周转材料核算是重要内容
成本核算	1. 成本核算内容包括：劳动对象的耗费、劳动手段的耗费及劳动力的耗费； 2. 成本计算要求正确划分成本与期间费用，并分别核算； 3. 生产成本要在完工产品和在产品之间进行分配	1. 成本核算内容包括：施工建筑材料、人工费用、机械使用费用、其他直接费用、施工间接费用等； 2. 一般以工程合同为基础确定成本核算对象，以工程合同执行期为成本核算期
损益	1. 收入包括主营业务收入； 2. 费用包括销售费用、管理费用和财务费用； 3. 利润总额包括营业利润、投资净收益、营业外收支净额	1. 期末未完工的工程要对其结果进行职业判断，根据判断结果来确定是否应确认收入； 2. 对合同结果能够确定的工程，合同收入与合同费用一般按投入法、产出法进行核算

四、新收入准则的运用

《企业会计准则第 14 号——收入》（财会〔2017〕22 号）取代了《企业会计准则第 15 号——建筑合同》在建筑合同中的收入确认和成本处理规定。本章中建筑施工企业的会计核算均采用最新的《企业会计准则第 14 号——收入》进行核算。

■【行业观察】■

深入贯彻发展理念，服务构建发展格局

国家统计局发布《中华人民共和国 2020 年国民经济和社会发展统计公报》，公报指出：2020 年全社会建筑业增加值为 72 996 亿元，比上年增长 3.5%。全国具有资质等级的总承包和专业承包建筑业企业利润为 8 303 亿元，比上年增长 0.3%，其中国有控股企业利润为 2 871 亿元，比上年增长 4.7%。2020 年全社会固定资产投资 527 270 亿元，比上年增长 2.7%。其中，不含农户的固定资产投资为 518 907 亿元，比上年增长 2.9%。分区域看，东部地区投资比上年增长 3.8%，中部地区投资比上年增长 0.7%，西部地区投资比上年增长 4.4%，东北地区投资比上年增长 4.3%。在不含农户的固定资产投资中，基础设施投资比上年增长 0.9%。

学习子情境二　周转材料、临时设施的核算

【情境引例】

星河建筑工程有限公司在 2022 年 11 月份发生下列有关周转材料的经济业务：

（1）第二项目部乙工程本月领用安全网一批，其计划成本为 20 000 元，应负担的材料成本差异为 2%，采用一次摊销法核算。

（2）第二项目部乙工程本月领用木模板 20 立方米，每立方米的计划成本为 1 000 元，预计使用 10 次，预计残值占计划成本的 4%，本月实际使用 5 次，采用分次摊销法核算。

（3）第一项目部 A 工程本月领用全新脚手架料一批，其计划成本为 20 000 元，预计使用期限为 12 个月，预计残值占计划成本的 10%，采用分期摊销法核算。

（4）第二项目部丁工程领用木模板 20 立方米，每立方米的计划成本为 1 000 元，应负担的材料成本差异为 2%，用于浇铸钢筋混凝土过梁和圈梁 60 立方米，预算定额中规定完成每立方米工程量木模板的摊销额为 10 元。

（5）第一项目部 B 工程期末盘点周转材料时发现一批木模板已不能继续使用，应予报废，木模板期初账面价值为 5 000 元，已提摊销额为 3 500 元，残料已验收入库，价值为期初账面价值的 10%。

（6）第一项目部 B 工程完工返回一批挡板，挡板的期初账面价值为 5 000 元，预计成色应为 60%，已提摊销额 2 000 元，实际成色只有 40%。

（7）第二项目部乙工程已竣工，将在用的木模板 10 立方米移到丙工程使用，予以转账，其成色为 40%。

要求：根据上列资料，计算周转材料的应提摊销额、已提摊销额和应补提的摊销额，并进行相应的账务处理。

【知识准备】

一、周转材料的分类及特点

（一）周转材料的分类

1. 模板

模板指浇灌混凝土用的木模、钢模等，包括配合模板使用的支撑材料、滑模材料、扣件等在内。

2. 挡板

挡板指土方工程用的挡土板，包括用于挡板的支撑材料。

3. 架料

架料指搭脚手架用的竹竿、木杆、钢管（包括扣件）、竹木跳板等。

4. 其他

其他指不属于上述各类的其他周转材料，如搭吊使用的轻轨、枕木等（不包括附属于搭吊的钢轨）。

（二）周转材料的特点

1. 与低值易耗品相似

周转材料与低值易耗品一样，在施工生产中起着劳动手段的作用，能多次使用而逐渐转移其价值。因而，周转材料也要划分为"在库"和"在用"两阶段分别进行管理和核算，并将在用周转材料的价值分期摊销计入工程成本。

2. 具有材料的通用性

周转材料一般都要安装后才能发挥其使用价值，未安装时形同材料，因而不能作为低值易耗品来管理。同时，为避免与材料相混淆，一般应设专库保管。

3. 周转材料的独特性

每完成一个生产周期，拆除周转材料后，其形态会发生改变，并有数量上的损失。因而，拆除周转材料后，应盘点其成色和数量，并对账面记录作相应的调整。

二、临时设施的分类及特点

临时设施是指施工企业为保证施工生产和管理工作的正常进行而在施工现场建造的生产和生活用的各种临时性简易设施。

（一）临时设施的种类

建筑工地搭建的临时设施通常可分为大型临时设施和小型临时设施两类。

1. 大型临时设施

大型临时设施包括：

（1）施工现场干部员工的临时宿舍；

（2）食堂、浴室、医务室、厨房、俱乐部、图书室等现场临时性文化福利设施；

（3）施工单位及附属企业设在现场的临时办公室；

（4）现场各种料具库、成品、半成品库和施工机械设备库；

（5）临时道路、围墙、塔式起重机路基、围墙等；

（6）施工过程中应用的临时给水、排水、供电、供热和管道（不包括设备）等；

（7）现场的混凝土构件预制厂、混凝土搅拌站、钢筋加工厂、木材加工厂、附属加工厂等临时性建筑物。

2. 小型临时设施

小型临时设施包括：

（1）现场施工和警卫安全用的作业棚、工地收发室、机棚、休息棚、自行车棚、队组工具库、现场临时厕所、吸烟室、茶炉棚；

（2）灰池、蓄水池、工地内部行人道、施工用不固定的水管电线、宽3米以内的便道、临时刺网等。

（二）临时设施的特点

1. 临时性

由于建筑产品建造和使用地点的固定性，导致建筑企业施工生产的流动性，所以建筑企业需要搭建临时设施，以供给现场施工人员居住、办公、生活福利用房，以及一些必要的附属设施等，在工程完工以后，这些临时设施就必须拆除或作其他处理。

2. 非流动资产

临时设施是施工企业非流动资产的重要组成部分。从临时设施的性质来看，它属于劳动资料，但是它与固定资产不同，其结构简陋，只能用于某一项工程。所以，企业会计制度规定，将临时设施作为其他非流动资产进行核算和管理。

【职业判断与业务操作】

一、周转材料领用与摊销的核算

（一）账户设置

为了总括地核算和监督周转材料的收入、发出、结存及其价值的摊销情况，施工企业应设置"周转材料"账户。它属于资产类账户，其借方登记企业库存及在用周转材料的计划成本或实际成本；贷方登记周转材料的摊销额以及因盘亏、报废、毁损、短缺等原因减少的周转材料价值；期末借方余额反映期末所有在库周转材料的计划成本或实际成本，以及在用周转材料的摊余价值。

本账户应设置"在库周转材料""在用周转材料"和"周转材料摊销"三个明细账户。

施工企业从外单位租入周转材料，按照规定支付的租赁费直接记入"工程施工"等账户，不通过"周转材料"账户核算。

采用计划成本进行周转材料核算的施工企业，应在周转材料首次领用时，结转其应负担的材料成本差异。

（二）核算方法

由于施工企业购买周转材料的核算与制造企业购买周转材料的核算方法相同，因此，这里只介绍施工企业周转材料的领用与摊销的核算。

由于周转材料在施工生产过程中能够反复多次周转使用。因此周转材料的价值应根据其损耗程度逐渐地转移，分次摊销计入工程成本中。实际工作中，周转材料的摊销方法一般有以下四种。

1. 一次摊销法

一次摊销法是指在周转材料领用时，就将其全部价值一次性计入工程成本或有关费用的方法。这种方法一般只适用于单位价值低、易腐、易损的周转材料，如安全网等。

【做中学】

根据学习情境引例编制会计分录。

业务（1）：

① 计算领用安全网的摊销额 = 20 000 × (1 + 2%) = 20 400（元）

② 编制领用安全网的会计分录：

借：合同履约成本——乙工程——其他直接费用——措施费　20 400
　　贷：周转材料——在库周转材料　　　　　　　　　　　　20 000
　　　　材料成本差异　　　　　　　　　　　　　　　　　　　400

2. 分次摊销法

分次摊销法是指根据周转材料的预计使用次数，计算每次的摊销额并计入工程成本或有关费用的一种方法。这种方法一般适用于使用次数较少或不经常使用的周转材料，如预制钢筋混凝土构件所使用的定型模板和土方工程中使用的挡板等。计算公式如下：

$$周转材料每使用一次的摊销额 = \frac{周转材料账面价值 \times (1 - 残值占账面价值\%)}{预计使用次数}$$

【做中学】

根据学习情境引例编制会计分录。

业务（2）：

① 编制领用木模板的会计分录：

借：周转材料——在用周转材料　　　　　　　　　　　　　20 000
　　贷：周转材料——在库周转材料　　　　　　　　　　　　20 000

② 计算木模板每次摊销额：

$$每次的摊销额 = \frac{20\,000 \times (1 - 4\%)}{10} = 1\,920（元）$$

③ 当月木模板应提摊销额 = 1 920 × 5 = 9 600（元）。

④ 编制当月木模板计提摊销额的会计分录：

借：合同履约成本——乙工程——其他直接费用——措施费　9 600
　　贷：周转材料——周转材料摊销　　　　　　　　　　　　9 600

3. 分期摊销法

分期摊销法是指根据周转材料的预计使用期限，计算每期的摊销额并计入工程成本或相关费用的一种方法。这种方法一般适用于经常使用或使用次数较多的周转材料，如钢管脚手架、跳板、塔吊轻轨、枕木等。其计算公式如下：

$$周转材料每期摊销额 = \frac{周转材料原值 \times (1 - 残值率)}{预计使用期限}$$

周转材料的分期摊销

【做中学】

根据情境引例编制会计分录。

业务（3）：

① 编制领用脚手架的会计分录：

借：周转材料——在用周转材料　　　　　　　　　20 000
　　贷：周转材料——在库周转材料　　　　　　　　　　20 000

② 计算脚手架每月摊销额 = 20 000 × (1 - 10%) ÷ 12 = 1 500（元）。

③ 编制当月计提脚手架摊销额的会计分录：

借：合同履约成本——A工程——其他直接费用——措施费　1 500
　　贷：周转材料——周转材料摊销　　　　　　　　　　　1 500

4. 定额摊销法

定额摊销法是指根据实际完成的实物工程量和预算定额规定的周转材料消耗定额，计算本期的摊销额并计入工程成本或有关费用的一种方法。这种方法一般适用于各种模板等周转材料。其计算公式如下：

周转材料本期摊销额 = 实际完成的实物工程量 × 单位工程量周转材料消耗定额

周转材料的定额摊销

【做中学】

根据情境引例编制会计分录。

业务（4）：

① 编制领用木模板的会计分录：

借：周转材料——在用周转材料　　　　　　　　　20 000
　　贷：周转材料——在库周转材料　　　　　　　　　　20 000

借：合同履约成本——丁工程——其他直接费用——措施费　400
　　贷：材料成本差异　　　　　　　　　　　　　　　　　400

② 计算木模板本月的摊销额 = 60 × 10 = 600（元）。

③ 编制当月木模板计提摊销额的会计分录：

借：合同履约成本——丁工程——其他直接费用——措施费　600
　　贷：周转材料——周转材料摊销　　　　　　　　　　　600

二、周转材料清理报废、退回和转移的核算

施工企业的周转材料经常会根据需要退回仓库或转移到其他工地使用，有的周转材料经过多次反复使用后失去再使用价值，需要作清理报废处理，有时还可能发生短缺毁损的情况。

（一）周转材料清理报废的核算

在实际工作中，周转材料无论采用哪种摊销方法，平时计算的摊销额一般都不可能与实际损耗价值完全一致。为了使周转材料的摊销额与实际损耗价值基本一

周转材料摊销的调整

致,以保证工程成本的准确性,不论采用何种摊销方法,年终或工程竣工时,施工企业都必须对在用周转材料进行盘点清理,根据实际损耗情况调整已提摊销额。

■【做中学】■

根据情境引例编制会计分录。

业务(5):

① 计算报废木模板应补提摊销额:

应提摊销额=5 000-5 000×10%=4 500(元)

应补提的摊销额=4 500-3 500=1 000(元)

② 编制报废木模板的会计分录:

借:合同履约成本——B工程——其他直接费用——措施费　1 000
　　贷:周转材料——周转材料摊销　　　　　　　　　　　　　　1 000
借:原材料　　　　　　　　　　　　　　　　　　　　　　　500
　　贷:周转材料——在用周转材料　　　　　　　　　　　　　　　500
借:周转材料——周转材料摊销　　　　　　　　　　　　　4 500
　　贷:周转材料——在用周转材料　　　　　　　　　　　　　　4 500

(二)周转材料退回的核算

对于工程完工或不使用而退回仓库的周转材料,应及时办理退库手续并核定其成色(即新旧程度)。对那些成色低于原先确定的,按下列方法补提摊销额:

退库降低成色的周转材料应补提的摊销额=应提摊销额-已提摊销额

其中:应提摊销额=退库周转材料的期初账面价值×(1-退库时确定的成色%)

■【做中学】■

根据情境引例编制会计分录。

业务(6):

① 计算收回入库挡板应补摊销额:

应提摊销额=5 000×(1-40%)=3 000(元)

应补提摊销额=3 000-2 000=1 000(元)

② 编制收回入库挡板的会计分录:

借:合同履约成本——B工程——其他直接费用——措施费　1 000
　　贷:周转材料——周转材料摊销　　　　　　　　　　　　　　1 000
借:周转材料——在库周转材料　　　　　　　　　　　　　5 000
　　贷:周转材料——在用周转材料　　　　　　　　　　　　　　5 000

(三)周转材料转移的核算

对于从一个工程转移到另一个工程(不属于同一个成本核算对象)或从一个工地转移到另一个工地使用的周转材料,应及时办理转移手续,并确定转移时的成色。对降低成色的,应比照上述退库周转材料的方法补提摊销额,补提的摊销额应计入转出前受益工程的成本。

■【做中学】■

根据情境引例编制会计分录。

业务（7）：

① 计算模板转移时应补提摊销额，公式如下：

转移模板应补提的摊销额 = 应提摊销额 − 已提摊销额

应提摊销额 = 转移模板的计划成本 ×（1 − 转移时确定的成色%）

已提摊销额 = 转移模板的计划成本 × $\dfrac{模板账面已提摊销额}{模板账面计划成本}$

根据上述计算公式，本例计算如下：

应提摊销额 = 10 000 ×（1 − 40%）= 6 000（元）

已提摊销额 = 10 000 ×（9 600 ÷ 20 000）= 4 800（元）

应补提摊销额 = 6 000 − 4 800 = 1 200（元）

② 根据上述计算结果，编制如下会计分录：

借：合同履约成本——乙工程——其他直接费用——措施费　1 200
　　贷：周转材料——周转材料摊销　　　　　　　　　　　　　　　1 200
借：周转材料——在用（丙工程）　　　　　　　　　　　10 000
　　贷：周转材料——在用（乙工程）　　　　　　　　　　　　　　10 000
借：周转材料——周转材料摊销（乙工程）　　　　　　10 000
　　贷：周转材料——周转材料摊销（丙工程）　　　　　　　　　　10 000

三、临时设施的会计核算

（一）账户设置

为了总括地核算和监督施工企业临时设施的搭建成本和价值摊销情况，以及出售、拆除、报废临时设施的清理情况，企业应设置下列会计账户。

1."临时设施"账户

"临时设施"账户是资产类账户，用来核算施工企业搭建的各种临时设施的实际成本。其借方登记企业购置或搭建各种临时设施的实际成本；贷方登记企业出售、拆除、报废不需用或不能继续使用的临时设施的实际成本；期末借方余额反映企业在用临时设施的实际成本。本账户应按临时设施的种类和使用部门设置明细账，进行明细分类核算。

2."临时设施摊销"账户

"临时设施摊销"账户是资产类账户，也是"临时设施"账户的备抵调整账户，用来核算企业各种临时设施在使用过程中发生的价值损耗，临时设施价值的摊销情况。其贷方登记企业按月计提摊入工程成本的临时设施摊销额；借方登记企业出售、拆除、报废、毁损和盘亏临时设施的已提摊销额；期末贷方余额反映企业在用临时设施的已提摊销额。本账户只进行总分类核算，不进行明细分类核算。

3. "固定资产清理——临时设施清理"账户

"固定资产清理——临时设施清理"账户是资产类账户，用来核算企业因出售、拆除、报废和毁损等原因而转入清理的临时设施成本以及发生的清理费用和取得的清理收入。其借方登记出售、拆除、报废和毁损临时设施的净值以及发生的清理费用；贷方登记收回出售临时设施的价款和清理过程中取得的残料价值或变价收入；期末借方余额反映临时设施清理后的净损失，如为贷方余额，则反映临时设施清理后的净收益。临时设施清理工作结束后，应将净损失或净收益分别转入"营业外支出"和"营业外收入"账户。本账户期末余额，反映尚未清理完毕临时设施的价值以及清理净收入（清理收入减去清理费用）。本账户应按被清理的临时设施名称设置明细账，进行明细核算。

（二）会计核算

1. 临时设施购建业务的核算

施工企业临时设施购建一般都需要有一定的工期和过程，为了核算临时设施购建成本，一般先通过"在建工程"账户进行归集，建成投入使用时再转入"临时设施"账户。

2. 临时设施摊销业务的核算

临时设施应按建造过程中实际发生的全部支出计价，并按工程受益期限，分期摊入工程成本。计算公式如下：

$$临时设施每期（月）摊销额 = 临时设施总值 \div 预计使用期限$$

3. 临时设施拆除报废业务的核算

【典型任务举例】

星河建筑工程有限公司在2022年11月份为五号厂房工程搭建现场活动板房和材料库棚，本月共发生费用50 000元。其中：活动板房购置费36 000元，材料库棚费14 000元，增值税税额6 500元。搭建过程中领用材料8 000元，花费人员工资2 400元，由银行支付其他费用66 900元。活动板房安装费5 300元，材料库棚安装费1 060元，用银行卡支付，这两个临时设施当月已完工并交付使用，并预计按20个月平均摊销。2024年3月厂房工程竣工，临时设施拆除清理。清理采取以料抵工方式，另向拆除清理承包人收取残料折价款1 000元存入银行。

要求：根据上述业务编制相应的会计分录。

【具体核算方法】

（1）2022年11月，星河建筑工程有限公司对购建的现场活动板房和材料库棚应作如下账务处理。

① 购建成本的归集：

借：在建工程——临时活动板房　　　　　　　　　　36 000

——临时材料库棚		14 000
应交税费——应交增值税——进项税额		6 500
贷：原材料		8 000
应付职工薪酬		2 400
银行存款		66 900
借：在建工程——临时活动板房		5 000
——临时材料库棚		1 000
应交税费——应交增值税——进项税额		360
贷：银行存款		6 360

② 购建完成投入使用：

借：临时设施——临时活动板房		41 000
——临时材料库棚		15 000
贷：在建工程——临时活动板房		41 000
——临时材料库棚		15 000

（2）2022年11月，计算星河建筑工程有限公司现场活动板房和材料库棚临时设施每月摊销额。星河建筑工程有限公司对临时活动板房和临时材料库棚确定的摊销期限为20个月。因此：

临时设施平均每月摊销额 = 56 000 ÷ 20 = 2 800（元）

2022年12月起每月计提摊销额时编制会计分录如下：

借：合同履约成本——五号厂房工程（其他直接费用）		2 500
贷：临时设施摊销——活动板房		2 050
——材料库		750

（3）2024年3月，星河建筑工程有限公司的临时活动板房和临时材料库棚实际使用16个月后，由于厂房工程完工而提前拆除。已提摊销额为44 800元（2 800×16），尚有余值11 200元。其拆除清理过程的会计分录如下：

① 转入清理：

将拆除报废的临时设施转入清理，注销其原值和累计已提摊销额时：

借：固定资产清理——临时设施		12 000
临时设施摊销——活动板房		32 800
——材料库		12 000
贷：临时设施——临时活动板房		41 000
——临时材料库棚		15 000

② 收到残料变卖价款时：

借：银行存款		1 000
贷：固定资产清理		884.96

　　　　应交税费——应交增值税（销项税额）　　　　　　　　　115.04

③ 结转清理后的净损失 9 115.04 元（10 000 - 884.96）。
　　借：营业外支出——处理临时设施净损失　　　10 315.04
　　　　贷：固定资产清理——临时设施　　　　　　　　　10 315.04

学习子情境三　工程成本的核算

【情境引例】

　　星河建筑工程有限公司下设第一、第二两个项目部，实行公司与项目部两级成本核算体制。2022 年第一项目部同时承建 A 和 B 两项建筑工程，至 10 月 1 日，A 工程归集的相关成本费用见表 4-8、表 4-9，B 工程为当月新开工工程。

　　（1）10 月份发生相关经济业务，建筑安装生产工人薪酬资料如下：

　　① 应付计件工资 150 000 元，其中 A 工程 85 000 元，B 工程 65 000 元。

　　② 应付计时工资 38 300 元，加班工资 5 500 元。

　　③ 应付其他工资 21 550 元，其中工资性津贴 9 300 元，奖金 10 000 元，其他工资 2 250 元。

　　④ 建筑安装工人职工社会保险费 64 605 元、住房公积金 11 000 元、工会经费和职工教育经费 11 000 元。

　　⑤ 工日利用统计表，见表 4-2。

表 4-2　工日利用统计表

受益工程	计时工日	计件工日	合计
A 工程	1 000	2 000	3 000
B 工程	800	1 600	2 400
合计	1 800	3 600	5 400

　　⑥ 计时工资以计时工日为分配标准。

　　⑦ 其他工资、社会保险费、住房公积金、工会经费、职工教育经费用全部工日为标准。

　　（2）10 月 31 日，根据各种审核无误的领料凭证、大堆材料耗用计算单、集中配料耗用计算单等，汇总编制"材料费用分配汇总表"，见表 4-3。

　　（3）10 月份发生有关机械使用经济业务如下：

　　① 以转账支票支付租用的塔吊和挖掘机的租赁费 35 000 元，增值税 4 550 元。其中塔吊租金 20 000 元，A 工程使用台班 6 个，B 工程使用台班 4 个；挖掘机租金 15 000 元，A 工程使用台班 4 个，B 工程使用台班 6 个。

表 4-3 材料费用分配汇总表

2022 年 10 月 31 日

用料对象	主要材料											其他材料 (差异率 2%)		合计		
^	黑色金属材料 (差异率 2.5%)		硅酸盐材料 (差异率 -3%)		化工材料 (差异率 4%)		小计		结构件 (差异率 -3%)		^		^	
^	计划成本	成本差异	计划成本	成本差异	计划成本	成本差异	计划成本	成本差异	计划成本	成本差异	计划成本	成本差异	计划成本	成本差异
A 工程	190 000	4 750	140 000	-4 200	35 000	1 400	365 000	1 950	18 000	-540	6 000	120	389 000	1 530
B 工程	165 000	4 125	110 000	-3 300	28 000	1 120	303 000	1 945	12 000	-360	2 000	40	317 000	1 625
小计	355 000	8 875	250 000	-7 500	63 000	2 520	668 000	3 895	30 000	-900	8 000	160	706 000	3 155

② 公司自有的 1 台履带式推土机本月领用燃料柴油计划成本 3 000 元，应分摊的材料成本节约差异额为 100 元；分配机械操作人员工资及其他薪酬共计 5 650 元；发生维修费 2 450 元，以银行存款支付；计提折旧费 1 000 元。

③ A、B 工程 2021 年 10 月使用公司自有机械情况分别是：履带式推土机实际工作 12 个台班，其中为 A 工程工作 4 个台班，为 B 工程工作 8 个台班，使用费按工作台时（班）在两项工程间分配机械使用费；混凝土搅拌机 1 台，本月实际发生机械作业费用 8 000 元。两项工程预算搅拌机使用费总额为 64 000 元，其中 A 工程预算使用费 40 000 元，B 工程预算使用费 24 000 元，实际使用费按预算比例分配；载重工程卡车 4 辆，本月实际发生费用 120 000 元，提供运输作业 6 000 吨公里。其中，为 A 工程提供作业量 3 500 吨公里，为 B 工程提供作业量 2 500 吨公里，使用费按完成作业量分配。

（4）10 月份发生施工生产用具使用费 18 000 元，其中 A 工程 10 000 元，B 工程 8 000 元；以银行存款直接支付检验试验费及场地清理费等 7 000 元，其中 A 工程 4 000 元，B 工程 3 000 元。

（5）10 月份发生如下各项间接费用：分配本月管理人员工资 60 000 元；本月以银行存款支付工程部办公室用水电费 12 000 元；计提本月行政管理用固定资产折旧额 15 000 元；以银行存款支付固定资产修理费 600 元；报销差旅费 12 400 元，以现金支付。假设 10 月份只有第一项目部 A、B 两项建筑工程的施工任务，没有发生对外销售产品、劳务、作业等业务。A 工程发生的直接费用是 3 500 000 元，B 工程发生的直接费用是 1 500 000 元。

要求：根据以上经济业务，编制相应会计分录。

■【知识准备】■

一、工程成本的概念

施工企业提供建筑、安装等服务而实际发生的成本费用称为"建造合同成本"。

建筑施工项目的成本数据主要来源于三个方面，第一是来自施工企业材料采购部门和工程项目部的材料设备采购、租赁业务的相关单据；第二是来自施工企业成本预算部门提供的劳务分包和专业分包工程量计价单；第三是各部门发生的日常费用报销单据。

二、工程成本项目的内容

建筑安装工程成本是施工企业在生产经营过程中，为完成一定数量的建筑工程和安装工程所发生的费用总和。其内容具体分为以下六个成本项目。

（一）人工费

人工费是指生产一线工人的劳务费，建筑企业自有劳务队的工人工资和奖金、分包给劳务分包公司所产生的劳务分包费。

（二）材料费

材料费是指施工过程中耗用的各种原材料、辅助材料、机械配件、零配件、半成品的实际成本和周转材料的摊销以及租赁费用。

（三）机械使用费

机械使用费是指施工过程中使用自有机械设备所发生的机械使用费和租用外单位机械设备的租赁费，以及施工机械安装、拆卸和进出场费。

（四）分包费

分包费核算专业分包成本。建筑工程总承包单位根据总承包合同的约定或根据建设单位的允许，将承包工程中专业性较强的专业工程分包给具备相应资质的专业公司施工，比如防水、保温、防腐、门窗、电梯、地暖、幕墙等。分包费包含了分包方支付的人工费、材料费等。

（五）其他直接费用

其他直接费用是核算除直接人工费、直接材料费、直接机械费和分包方之外的其他直接成本。它主要包括施工过程中发生的工程定位复测费及工程点交费用、场地清理费、青苗补偿费、环境保护费、安全生产费、临时设施费用、文明施工费、燃料动力费（包含直接耗用的水、电、气等费用），以及现场发生的材料二次搬运费等。其他直接费用具有较大弹性。就具体单项资产（单位工程）来讲，可能发生也可能不发生，需要根据现场具体施工条件加以确定。

（六）间接费用

间接费用也叫现场经费，是指施工企业下属（分公司、施工队、项目部等）为组织和管理工程施工所发生的费用。它包括现场管理人员的薪酬、行政管理用固定资产折旧费与修理费、物料消耗、低值易耗品摊销、取暖费、水电费、办公费、差旅交通费、财产保险费、季节性停工费或窝工损失等。

在会计核算中，将第 1~5 项内容计入直接费用，发生时直接计入合同成本；将第 6 项内容计入间接费用，在期末按照系统、合理的方法分摊计入合同成本。与合同有关的零星收益，如合同完成后处置残余物资取得的收益，应当冲减合同成本。

【职业判断与业务操作】

一、工程成本的核算程序

按照工程成本核算内容的详细程度不同，工程成本的核算程序分为工程成本的总分类核算程序和工程成本的明细分类核算程序两种。

（一）工程成本的总分类核算程序

（1）本期施工过程中发生的各项施工费用，首先应按其用途和发生的地点归集到有关成本、费用账户。

（2）会计期末，将应计提结转的相关费用，如临时设施的摊销等分别计提结转记入"合同履约成本""机械作业"账户。

（3）会计期末，将归集在"机械作业"账户中的各项费用，按照受益对象和受益数量进行分配，记入"合同履约成本"账户。

（4）会计期末，计算确定本期已完工或已确认进度工程的实际成本，并将已经完工的实际成本从"合同履约成本"账户的贷方结转到"主营业务成本"账户的借方。尚未完工工程的实际成本仍然保留在"合同履约成本"账户中，不予结转。

（二）工程成本的明细分类核算程序

工程成本的明细分类核算程序，应与工程成本的总分类核算程序相适应。具体核算程序如下：

（1）根据各种费用的原始凭证和有关费用分配计算表，将当期发生的施工费用，按照用途分别记入"合同履约成本——工程施工——×工程""机械作业明细账""间接费用明细账"等。

（2）根据"机械作业明细账"和"机械使用台账"，编制"机械使用分配表"，将应当由成本核算对象承担的机械作业费分别记入"合同履约成本——工程施工——×工程——机械使用费"。

（3）根据"间接费用明细账"编制"间接费用分配表"，将归集在"合同履约成本——工程施工——间接费用"卡的间接费用，分别记入成本核算对象的"合同履约成本——工程施工——×工程"。

（4）会计期末，将各项施工费用分别记入"合同履约成本——工程施工——×工程"之后，计算各个成本核算对象的本期已经完工工程的实际成本，并编制"工程成本表"，将已经完工的"工程成本卡"抽出归档保管。

二、施工企业成本核算原则

（1）该成本与一份当前或预期取得的合同直接相关，包括直接人工、直接材料、制造费用（或类似费用）、明确由客户承担的成本，以及仅因该合同而发生的其他成本。

（2）该成本增加了企业未来用于履行履约义务的资源。

（3）该成本预期能够收回。

三、账户设置

为了总括地核算和监督建筑安装工程施工过程中各项施工费用的发生和分配情况，正确计算工程成本，施工企业应设置下列账户。

（一）"合同履约成本"账户

"合同履约成本"账户是资产类账户，是用来核算企业进行建筑安装工程施工所发生的各项费用支出，并确定各个成本核算对象的实际成本的账户。其借方登记施工过程中实际发生的人工费、材料费、机械使用费、分包费、其他直接费用和相应分摊的间接费用等各项施工费用；贷方登记工程合同完成后结转的已竣工工程的实际成本；期末借方余额反映工程开工之日起到本期末已发生的工程成本的累计数。

（二）"机械作业"账户

"机械作业"账户是成本类账户，用来核算施工企业及其内部独立核算的施工单位、机械站和运输队使用自有施工机械和运输设备进行机械作业所发生的各项费用。其借方登记机械作业过程中实际发生的各项费用；贷方登记按受益对象分配结转的机械作业成本；期末一般无余额。

本账户应设置"承包工程"和"机械出租"两个明细账户，在明细账户下，再按施工机械或运输设备的种类等成本核算对象设置明细账，并按规定的成本项目分设专栏，进行明细分类核算。机械作业成本项目一般分为：人工费、燃料及动力费、折旧及修理费、其他直接费用、间接费用（为组织和管理机械作业中所发生的费用）。

施工企业及其内部独立核算的施工单位，从外部或本企业其他内部独立核算的机械站租入施工机械，按照规定的台班费定额支付的机械租赁费直接记入"合同履约成本——工程施工——机械使用费"账户中，不通过该账户核算。

四、具体核算方法

（一）人工费的核算

工程成本中的人工费，是指在施工过程中直接从事工程施工的建筑安装工人以及在施工现场为工程制作结构件和运料等工人的薪酬总额。

1. 项目部生产工人（含临时工人）工资等薪酬的核算方法

（1）计件工资。计件工资一般都能分清受益对象，属于直接费用，应直接记入各项工程成本的"人工费"项目。

（2）计时工资和加班工资。如果项目部当期只有一个单位工程，或虽有若干单位工程项目，但根据用工记录能够分清受益对象的，应直接记入各成本核算对象；如果不能分清受益对象的，则应根据计时工日记录进行合理分配。

计算公式如下：

$$日平均计时工资 = \frac{建筑安装工人计时工资总额 + 加班工资}{建筑安装工人计时工日合计}$$

$$某成本核算对象应负担的计时工资 = 该成本核算对象实际耗用的计时工日数 \times 日平均计时工资$$

企业在核算人工费时，应严格划分人工费的用途，非工程施工发生的人工费，一律不得计入工程成本。建筑安装工人从事现场临时设施搭建、现场材料整理和加工等发生的人工费，应记入"在建工程""采购保管费"等账户；辅助生产部门的工人、机械作业人员的人工费、施工管理部门工作人员的人工费，应分别记入"辅助生产""机械作业"和"制造费用"账户；其他部门人员的工资应记入其他各有关账户。

【做中学】

根据情境引例编制会计分录。

业务（1）：

第一步：编制人工费分配表，如表4-4所示。

表4-4　人工费分配表

2022年10月

项目	工日数	分配率	A工程 工日	A工程 金额	B工程 工日	B工程 金额	合计
一、工资				121 303		94 047	215 350
1. 计件工资	3 600		2 000	85 000	1 600	65 000	150 000
2. 计时工资及加班工资	1 800	24.33	1 000	24 333	800	19 467	43 800
3. 其他工资	5 400	3.99	3 000	11 970	2 400	9 580	21 550
二、社会保险	5 400	11.96	3 000	35 880	2 400	28 725	64 605
三、住房公积金	5 400	2.04	3 000	6 120	2 400	4 880	11 000
四、工会经费及职工教育经费	5 400	2.04	3 000	6 120	2 400	4 880	11 000
合计				169 423		132 532	301 955

第二步：根据"人工费分配表"，编制如下会计分录：

借：合同履约成本——工程施工——A工程——人工费　169 423
　　　　　　　　　　　　　　——B工程——人工费　132 532
　贷：应付职工薪酬——工资　　　　　　　　　　　215 350
　　　　　　　　　——社会保险　　　　　　　　　 64 605
　　　　　　　　　——住房公积金　　　　　　　　 11 000
　　　　　　　　　——工会经费和职工教育经费　　 11 000

根据上述分录登记"合同履约成本明细账"和"工程成本卡"，见表4-11~表4-13。

2. 内包人工费的核算方法

内包人工费是指企业实行劳务与项目两层分离后，项目部与所属的劳务公司在签订劳务合同的前提下结算的全部工程价款。

内包人工费应按月结算计入单位工程成本，借记"合同履约成本——工程施工——××工程——人工费"账户，贷记"内部往来——劳务公司"账户。

3. 外包人工费的核算方法

财务管理部门核算的人工费，来源于成本预算部门提供的月度（季度）人工费劳务分包工程量确认书及相关业务发票。成本预算部门一般根据劳务分包单位每期报送的工程量进行审定计价，并据此编制月度（季度）劳务分包结算单和劳务分包成本计提表提交给财务管理部门作为入账的依据。

当取得劳务分包单位开具的发票时，编制如下会计分录：

借：合同履约成本——工程施工——××工程——人工费
　　应交税费——应交增值税（进项税额）
　　贷：应付账款/银行存款等

如果当期未取得相应金额的劳务分包发票，可以根据工程量计价单暂估人工费，注意需按照不含税价暂估，在以后会计期间根据实际收到的发票金额进行相应的账务调整。

【典型任务举例】

湖南星城建筑有限公司劳务分包成本计提表如表 4-5 所示。

表 4-5　湖南星城建筑有限公司劳务分包成本计提表

工程名称：乾州书苑 2 期　　　　　　2022 年 4 月 30 日

供应商	合同约定税率	计价内容	本期计提				
^	^	^	数量/平方米①	单价(元/平方米)③	总价/元 ④=①×③	不含税价/元 ⑤=④÷(1+6%)	增值税/元 ⑥=⑤×6%
湖南前进工程劳务有限公司	6%	外墙石材工程劳务量	3 680	220	809 600	763 773.58	45 826.42
^	^	顶板抗裂砂浆工程劳务量	36 000	8	288 000	271 698.11	16 301.89
^	^	二次结构高层劳务费	480	120	57 600	54 339.62	3 260.38
^	^	二次结构多层洋房商业劳务费	680	150	102 000	96 226.42	5 773.58
本期合计			40 840	498	1 257 200	1 186 037.13	71 162.27

【具体核算方法】

湖南星城建筑有限公司就此笔外包劳务费在收到劳务发票和分包结算单时，编制如下会计分录：

借：合同履约成本——工程施工——乾州书苑 2 期
　　　　　　　　——人工费　　　　　　　　1 186 037.73
　　应交税费——应交增值税（进项税额）　　　71 162.27
　　贷：银行存款　　　　　　　　　　　　　　1 257 200

（二）材料费的核算

工程成本中的材料费是指在工程施工过程中耗用的构成工程实体的主要材料和结构件的实际成本、有助于工程形成的其他材料的实际成本以及周转材料的摊销额和租赁费用。

施工现场储存的材料，除了用于工程施工，还可能用于搭建临时设施或者用于其他非生产方面。企业必须根据发出材料的用途，严格划分工程用料和其他用料的界限，只有直接用于工程施工的材料才能计入工程成本。

施工生产中耗用的材料品种多、数量大、领用频繁。因此，企业应根据发出材料的有关原始凭证进行整理、汇总，并应区分不同情况进行核算。期末，企业应根据领用材料的各种原始凭证，编制"材料费用分配汇总表"，作为各工程材料费核算的依据。

【做中学】

根据情境引例编制会计分录。

业务（2）：

第一步：根据"材料费用分配汇总表"，编制分配材料费用计划成本的会计分录：

借：合同履约成本——工程施工——A 工程——材料费　389 000
　　　　　　　　　——工程成本——B 工程——材料费　317 000
　　贷：原材料——主要材料　　　　　　　　　　　　　668 000
　　　　　　　——结构件　　　　　　　　　　　　　　 30 000
　　　　　　　——其他材料　　　　　　　　　　　　　　8 000

第二步：根据"材料费用分配汇总表"，编制分配材料费用成本差异的会计分录：

借：合同履约成本——工程施工——A 工程——材料费　　1 530
　　　　　　　　　　　　　　——B 工程——材料费　　1 625
　　贷：材料成本差异——主要材料　　　　　　　　　　3 895
　　　　　　　　　　——结构件　　　　　　　　　　　　900
　　　　　　　　　　——其他材料　　　　　　　　　　　160

根据上述分录，登记"合同履约成本明细账"和"工程成本卡"，见表 4-10～表 4-12。若有回收废料业务可用红字在借方登记。

（三）机械使用费的核算

施工机械分为大型施工机械（如大型挖土机、推土机、压路机、大型吊车、升板滑模设备等）和中小型施工机械（如小型挖土机、机动翻斗车、混凝土搅拌机、砂浆搅拌机等）。随着工程机械化施工程度的不断提高，机械使用费在工程成本中的比重也日益增长。

为了独立考核使用自有施工机械和运输设备进行作业的费用情况，发生的机械作业费用应先通过"机械作业"账户进行归集，期末再按一定的方法分配计入各工程成本核算对象。如果是企业承包工程负担的机械使用费，应借记"合同履约成本"账户；如果是企业自建工程负担的机械使用费，应借记"在建工程"账户；如果是对外出租业务负担的机械使用费，应借记"劳务成本"账户。

1. 租入施工机械使用费的核算

施工企业从外单位或本企业其他内部独立核算的机械站租入施工机械支付的租赁费，一般可以根据"机械租赁费结算账单"所列金额，直接计入有关成本核算对象的"机械使用费"成本项目。如果发生的租赁费应由两个或两个以上成本核算对象共同负担的，则根据所支付的租赁费总额和各个成本核算对象实际使用台班数分配计入有关成本核算对象。计算公式如下：

平均台班租赁费 = 支付的租赁费总额 ÷ 租入机械作业总台班数

$$\text{某成本核算对象应负担的机械租赁费} = \text{该成本核算对象实际使用台班数} \times \text{平均台班租赁费}$$

【做中学】

根据情境引例编制会计分录。

业务（3）：

第一步：根据A、B工程使用情况，编制"机械租赁费分配表"，见表4-6。

表4-6 机械租赁费分配表

2022年10月31日

受益对象	塔吊 台班单价：2 000元/个 台班/个	塔吊 台班单价：2 000元/个 金额/元	挖掘机 台班单价：1 500元/个 台班/个	挖掘机 台班单价：1 500元/个 金额/元	合计/元
A工程	6	12 000	4	6 000	18 000
B工程	4	8 000	6	9 000	17 000
合计	10	20 000	10	15 000	35 000

第二步：根据机械租赁费分配表，若收到发票且发票认证通过则编制如下会计分录：

借：合同履约成本——工程施工——A工程——机械使用费 18 000
　　　　　　　　　　　　　　——B工程——机械使用费 17 000
　　应交税费——应交增值税（进项税额）　　　　　　4 550
　贷：银行存款　　　　　　　　　　　　　　　　　　39 550

根据上述分录，登记"合同履约成本明细账"和"工程成本卡"，见表4-10~表4-12。

2. 自有施工机械使用费的核算

（1）自有机械使用费的项目一般设为人工费、燃料及动力费、折旧及修理费、其他直接费用和间接费用五项。其中：人工费指企业支付给在工程施工中各类机械操作人员的劳动报酬；燃料及动力费指机械运转所消耗的动力、燃料费用；折旧及修理费指按规定对机械计提的折旧基金、大修理基金和实际发生的经常修理费及更换工具、部件的价值；其他直接费用指机械耗用的润滑及擦拭材料和其他材料费用及其他直接费用，如养路费、机械搬运费、安装费、拆卸费及辅助设施费等；间接费用指为组织管理机械施工和运输作业所发生的各项费用。

（2）自有施工机械使用费归集的核算。对于自有施工机械，其使用过程中发生的费用应首先按机组或单机归集，计算每台班的实际成本，然后根据各个成本核算对象使用台班数，确定应计入各成本核算对象的机械使用费。进行机械作业所发生的各项费用的归集和分配，通过"机械作业"账户进行，并按照机械设备的类别设置明细账，按规定的成本项目归集费用。

【做中学】

根据情境引例编制会计分录。

业务（3）：

星河建筑工程有限公司第一项目部承建的A、B工程2021年10月使用公司自有的履带式推土机发生有关费用，应编制会计分录如下：

① 领用燃料柴油计划成本为3 000元，应分摊的材料成本节约差异额为100元。

借：机械作业——履带式推土机（燃料及动力费）　　2 900
　　贷：原材料——其他材料　　　　　　　　　　　　　　3 000
　　　　材料成本差异——其他材料　　　　　　　　　　　　100

② 分配机械操作人员工资及其他薪酬共计5 650元。

借：机械作业——履带式推土机（人工费）　　　　　5 650
　　贷：应付职工薪酬　　　　　　　　　　　　　　　　　5 650

③ 以银行存款支付发生的维修费2 450元。

借：机械作业——履带式推土机（维修费）　　　　　2 450
　　贷：银行存款　　　　　　　　　　　　　　　　　　　2 450

④ 本月履带式推土机应计提折旧费1 000元。

借：机械作业——履带式推土机（折旧及修理费）　　1 000
　　贷：累计折旧　　　　　　　　　　　　　　　　　　　1 000

3. 自有施工机械使用费分配的核算

施工企业各月发生的机械作业费用，应在月末时进行分配。根据各种机械的不同使用特点，机械作业费用的分配方法一般包括使用台班分配法、预算成本分配法、作业量分配法等几种。

（1）使用台班分配法。使用台班分配法是指根据机械的单位台班实际成本和各受益对象使用的台班数分配机械作业成本的方法。该方法适用于以单机或机组为成本核算对象的施工机械和运输设备作业成本的分配。其计算公式如下：

$$\text{某种机械每台班实际成本} = \frac{\text{该种机械作业费用合计}}{\text{该种机械实际作业台班数}}$$

$$\text{某受益对象应分配的某种机械作业费用} = \text{该受益对象使用该种机械的台班数} \times \text{该种机械每台班实际成本}$$

■【做中学】■

根据情境引例编制会计分录。

业务（3）：

根据履带式推土机本月实际发生费用为 12 000 元，实际工作 12 个台班，其中为 A 工程工作 4 个台班，为 B 工程工作 8 个台班，分配计算如下：

履带式推土机台班实际成本 = 12 000（元）÷ 12（台班）= 1 000（元 / 台班）

A 工程应分配的机械使用费 = 4（台班）× 1 000（元 / 台班）= 4 000（元）

B 工程应分配的机械使用费 = 8（台班）× 1 000（元 / 台班）= 8 000（元）

（2）预算成本分配法。预算成本分配法是以各受益对象的机械使用费预算成本作为分配标准分配机械作业成本的一种方法。该方法适用于以机械类别为成本核算对象，不便于计算台班或完成产量的机械作业费用的分配。其计算公式如下：

$$\text{当期机械使用费分配率} = \frac{\text{当期发生机械使用费总额}}{\text{当期各成本对象已完工预算机械使用费之和}}$$

$$\text{某成本对象当期应负担机械使用费} = \text{该成本对象当期完工预算机械使用费} \times \text{当期机械使用费分配率}$$

■【做中学】■

根据情境引例编制会计分录。

业务（3）：

根据混凝土搅拌机本月实际发生机械作业费用 8 000 元，A、B 两工程预算搅拌机使用费总额为 64 000 元，其中 A 工程预算使用费 40 000 元，B 工程预算使用费 24 000 元。分配计算如下：

混凝土搅拌机使用费分配率 = 8 000 ÷ 64 000 = 0.125

A 工程应分配的机械使用费 = 40 000 × 0.125 = 5 000（元）

B 工程应分配的机械使用费 = 24 000 × 0.125 = 3 000（元）

（3）作业量分配法。作业量分配法是以各种机械所完成的作业量为基础进行分配的方法。计算公式如下：

$$\text{某种机械单位作业量实际成本} = \frac{\text{该种机械实际发生作业费用总额}}{\text{该种机械实际完成作业量}}$$

$$\text{某受益成本核算对象应负担的该种机械使用费} = \text{该种机械单位作业量实际成本} \times \text{该种机械为受益成本核算对象提供的作业量}$$

作业量分配法一般适用于易计算完成作业量的单台成本类机械，如汽车运输作业。

【做中学】

根据情境引例编制会计分录。

业务（3）：

载重工程卡车本月实际发生费用 120 000 元，提供运输作业 6 000 吨公里，其中为 A 工程提供作业量 3 500 吨公里，为 B 工程提供作业量 2 500 吨公里，分配计算如下：

载重工程卡车单位作业量实际成本 ＝ 120 000 ÷ 6 000 ＝ 20（元／吨公里）

A 工程应分配的机械使用费 ＝ 3 500 × 20 ＝ 70 000（元）

B 工程应分配的机械使用费 ＝ 2 500 × 20 ＝ 50 000（元）

月末，企业应根据自有机械使用费的计算分配结果，编制"自有机械使用费分配表"。其格式如表 4-7 所示。

表 4-7 自有机械使用费分配表

单位：元

受益对象	履带式推土机	混凝土搅拌机	载重工程卡车	合计
A 工程	4 000	5 000	70 000	79 000
B 工程	8 000	3 000	50 000	61 000
合计	12 000	8 000	120 000	140 000

根据"自有机械使用费分配表"，编制会计分录如下：

借：合同履约成本——工程施工——A 工程——机械使用费　79 000
　　　　　　　　　　工程施工——B 工程——机械使用费　61 000
　贷：机械作业——履带式推土机　　　　　　　　　　　　12 000
　　　　　　　——混凝土搅拌机　　　　　　　　　　　　 8 000
　　　　　　　——载重工程卡车　　　　　　　　　　　　120 000

根据以上会计处理登记"机械作业成本明细账"（仅以履带式推土机为例，见表 4-8）和"合同履约成本明细账"和"工程成本卡"，见表 4-10~表 4-12。

表 4-8 机械作业成本明细账

成本核算对象：履带式推土机　　　　　　　　　　　　　　　　　　　　　　　　　单位：元

| 2022 年 | | 凭证号数 | 摘要 | 借方 | | | | | 贷方 | 余额 |
月	日			人工费	燃料动力费	折旧及修理费	其他直接费用	间接费用	合计		
10	1	略	领用燃料柴油		2 900				2 900		2 900
			分配职工薪酬	5 650					5 650		8 550
			支付机修费			2 450			2 450		11 000
			计提折旧			1 000			1 000		12 000

续表

2022年		凭证号数	摘要	借方					合计	贷方	余额
月	日			人工费	燃料动力费	折旧及修理费	其他直接费用	间接费用			
			结转作业成本							12 000	平
			本月合计	5 650	2 900	3 450			12 000	12 000	平

（四）分包费的核算

"分包费"明细账户核算专业分包成本。建筑工程总承包单位根据分包合同的约定或经建设单位的允许，将承包合同中的专业性质较强的分包工程分包给具有相应资质的其他建筑企业施工。

由分包商组织施工，建筑工程总承包单位负责监督和质量验收，收入和成本在工程总收入和总成本中反应，建筑工程总承包单位支付给分包方分包款即可。

分包费包括分包方支付的人工费、材料费等，施工企业成本预算部门一般根据专业分包单位报送的工程量进行计价，并据此编制月度或季度专业分包结算单和专业分包成本计提单。

编制会计分录为：

借：合同履约成本——工程施工——分包费
　　应交税费——应交增值税（进项税额）/ 待认证进项税额
　贷：应付账款 / 银行存款

如果当期未取得相应金额的专业分包发票，可以根据工程量计价单和专业分包成本计提表暂估分包费，注意需按照不含税价暂估，在以后会计期间根据实际收到的发票金额进行相应的账务调整。

【知识拓展】

劳务分包和专业工程分包的区别

（1）分包主体的资质不同。专业工程分包人持有的是专业承包企业的资质，存在等级之分；劳务分包人持有的是劳务作业企业资质，不分等级。

（2）合同标的的指向不同。专业工程分包合同指向的标的是专业分包项目（分部分项工程），计取的是工程款，其主要表现形式为包工包料；劳务分包合同指是表向的是劳务，计取的是人工费，其主要表现形式为包工不包料。

（3）是否需要发包人同意。除总承包合同中约定的分包外，专业工程分包合同必须经发包人同意；劳务分包则无须经发包人同意。

（4）是否需要对发包人负责。在专业工程分包条件下，总分包双方要对分包工程及其质量向发包人负责；在劳务分包条件下，劳务分包人对发包人不直接承担责任。

（5）管理的内容不同。在专业工程分包条件下，总承包方履行的职责主要是专业分包项目（分部分项工程）施工过程、施工资料、进场材料、设备质量状况的监督检查，即符合性管理。劳务分包管理，则是施工期间的全方位管理，例如，提供临时设施；提供测量放线、施工技术和安全技术交底；检查施工作业与交底的符合性；提供工程施工、防护材料和施工机具设备；组织分部分项工程验收；编制质量控制记录，收集质量保证资料；编制竣工资料等，即实施性管理。

（五）其他直接费用的核算

建筑安装工程成本中的其他直接费用是指施工过程中发生的用具使用费、检验实验费、工程定位复测费、工程点交费、场地清理费、材料二次搬运费、临时设施摊销费等。

工程施工中发生的其他直接费用，凡明确了受益对象的，直接计入各受益对象的"其他直接费用"成本项目，即借记"合同履约成本——工程施工——××工程——其他直接费用"。凡不能明确受益对象，需要在几个受益对象之间分配的，可以采用生产工时（工日）法，工、料、机费用比例法等进行费用的分配。

1. 生产工时（工日）法

这种方法是以生产工时（日）为基础分配其他直接费用的一种方法，一般适用于费用发生的大小与生产工时（日）的多少成正比例或近似成正比例的情况。如施工现场材料二次搬运费等。其分配公式如下：

$$生产工时（日）分配率 = \frac{发生的其他直接费用总额}{各合同生产工时（日）数合计}$$

$$某合同应负担的其他直接费用 = 该合同实际耗用生产工时（日）数 \times 生产工时（日）分配率$$

2. 工、料、机费用比例法

这种方法是以各合同已发生并登记在成本账户的人工费、材料费、机械使用费三项合计金额为基础分配其他直接费用的一种方法，适用于费用的发生与各合同实际耗用工时（日）关系不大的情况。计算公式如下：

$$分配率 = \frac{某项其他直接费用实际数}{各受益对象工料机预算或实际费用之和}$$

$$某合同应负担的某项其他直接费用 = 该合同工料机预算或实际费用合计 \times 分配率$$

【做中学】

根据情境引例编制会计分录。

业务（4）：

借：合同履约成本——工程施工——A 工程——其他直接费用 10 000
　　　　　　　　　　　　　　——B 工程——其他直接费用　8 000

　　　　贷：周转材料——低值易耗品摊销　　　　　　　　　　　18 000
　　　　借：合同履约成本——工程施工——A 工程——其他直接费用　4 000
　　　　　　　　　　　　　　　　——B 工程——其他直接费用　3 000
　　　　　　贷：银行存款　　　　　　　　　　　　　　　　　　7 000
　　根据上述分录，登记"合同履约成本明细账"和"工程成本卡"，见表 4-10～表 4-12。

（六）间接费用的核算

1. 间接费用的内容

　　工程成本中的间接费用是指施工企业所属各施工单位（如工程处、施工队、项目经理部等）为管理施工生产活动所发生的各项费用，主要包括施工单位发生的管理人员工资、奖金、职工福利费、劳动保护费、行政管理费、固定资产折旧费及修理费、物料消耗费、低值易耗品摊销、取暖费、水电费、办公费、差旅费、财产保险费、工程保修费、排污费及其他费用。

2. 间接费用的归集

　　间接费用是施工企业所属各施工单位为组织和管理施工生产活动所发生的共同性费用，一般难以分清具体的受益对象。因此，在费用发生时，应先通过"合同履约成本——工程施工——间接费用"账户进行归集，成本计算期每月采用系统、合理的方法分配计入各项工程成本。

【做中学】

　　根据情境引例编制会计分录。

业务（5）：

① 分配本月管理人员工资 60 000 元：

　　借：合同履约成本——工程施工——间接费用　　　　60 000
　　　　贷：应付职工薪酬　　　　　　　　　　　　　　　　60 000

② 本月以银行存款支付工程部办公室用水电费 12 000 元：

　　借：合同履约成本——工程施工——间接费用　　　　12 000
　　　　贷：银行存款　　　　　　　　　　　　　　　　　　12 000

③ 计提本月行政管理用固定资产折旧额 15 000 元：

　　借：合同履约成本——工程施工——间接费用　　　　15 000
　　　　贷：累计折旧　　　　　　　　　　　　　　　　　　15 000

④ 以银行存款支付固定资产修理费 600 元：

　　借：合同履约成本——工程施工——间接费用　　　　　　600
　　　　贷：银行存款　　　　　　　　　　　　　　　　　　　600

⑤ 报销差旅费 12 400 元，以现金支付：

　　借：合同履约成本——工程施工——间接费用　　　　12 400

贷：库存现金　　　　　　　　　　　　　　　　　　　　12 400

3. 间接费用的分配

一般情况下，建筑工程的施工间接费用以工程直接费用为标准分配，安装、装饰等工程的施工间接费用以工程人工费为标准分配。基本方法如下：

（1）按工程直接费用比例法，即以各工程发生的直接费用为标准分配间接费用的一种方法。其计算公式为：

$$间接费用分配率 = \frac{当期发生的全部间接费用}{当期各合同发生的直接费用之和}$$

$$某合同当期应负担的间接费用 = 该合同当期实际发生的直接费用 \times 间接费用分配率$$

这种分配方法适用于一般建筑工程、市政工程、机械施工的大型土石方工程等建筑工程的间接费用的分配。

（2）按工程人工费比例法，即以各工程发生的人工费为标准分配间接费用的一种方法。其计算公式为：

$$间接费用分配率 = \frac{当期发生的全部间接费用}{成本对象发生的人工费之和}$$

$$某成本对象应负担的间接费用 = 该成本对象实际发生的人工费 \times 间接费用分配率$$

这种分配方法适用于各种安装工程、人工施工的土石方工程、装饰工程等的间接费用的分配。

【做中学】

根据情境引例编制会计分录。

业务（5）：

星河建筑工程有限公司2022年10月份，实际发生的全部间接费用可采用工程直接费用比例法直接分配计入各建筑工程成本核算对象。则A工程和B工程本月应负担的间接费用可计算如下：

分配率 = 100 000 ÷ 5 000 000 = 0.02

A工程应分配的间接费用 = 3 500 000 × 0.02 = 70 000（元）

B工程应分配的间接费用 = 1 500 000 × 0.02 = 30 000（元）

应作会计分录如下：

借：合同履约成本——工程施工——A工程——间接费用　70 000
　　　　　　　　　　工程施工——B工程——间接费用　30 000
　贷：合同履约成本——工程施工——间接费用　　　　　100 000

根据星河建筑工程有限公司2022年10月份实际发生和分配的间接费用，其明细账见表4-9，"合同履约成本明细账"和"工程成本卡"见表4-10~表4-12。

表 4-9 合同履约成本——工程施工——间接费用明细账

2022 年		凭证字号	摘要	借方							贷方	余额
月	日			管理人员薪酬	固定资产使用费	办公费	差旅交通费	工具使用费	水电费	工程保修费	其他费用	合计		
10	1	略	分配职工薪酬	60 000								60 000		60 000
			支付水电费						12 000			12 000		72 000
			提取折旧		15 000							15 000		87 000
			支付修理费								600	600		87 600
			报销差旅费				12 400					12 400		100 000
			分配间接费用	60 000	15 000		12 400		12 000		600		100 000	平
			本月合计	60 000	15 000		12 400		12 000		600	100 000	100 000	平

表 4-10 合同履约成本总账

2022 年		凭证字号	摘要	借方						贷方	借或贷	余额
月	日			人工费	材料费	机械使用费	其他直接费用	间接费用	合计			
10	1	略	月初余额	34 500	242 000	32 000	8 600	13 426	330 526		借	330 526
			分配工资	301 955					301 955		借	632 481
			领用材料		706 000				706 000		借	1 338 481
			领用材料的价差		3 155				3 155		借	1 341 636
			支付机械租赁费			35 000			35 000		借	1 376 636

续表

2022年		凭证字号	摘要	借方						贷方	借或贷	余额
月	日			人工费	材料费	机械使用费	其他直接费用	间接费用	合计			
10	1		自有机械使用费			140 000			140 000		借	1 516 636
			施工用具使用费				18 000		18 000		借	1 534 636
			实验费、清理费				7 000		7 000		借	1 541 636
			结转施工间接费用					100 000	100 000		借	1 646 636
			结转竣工工程成本	203 923	632 530	129 000	22 600	83 426	1 071 479	1 071 479	平	
			本月合计	132 532	318 625	78 000	11 000	30 000	570 157			570 157

表4-11 工程成本卡

成本核算对象：A工程合同成本

2022年		凭证编号	摘要	借方						贷方	借或贷	余额
月	日			人工费	材料费	机械使用费	其他直接费用	间接费用	合计			
10	1		期初余额	34 500	242 000	32 000	8 600	13 426	330 526		借	330 526
			分配工资	169 423					169 423		借	499 949
			领用材料		389 000				389 000		借	888 949
			领用材料的价差		1 530				1 530		借	890 479
			支付机械租赁费			18 000			18 000		借	908 479
			自有机械使用费			79 000			79 000		借	987 479
			施工用具使用费				10 000		10 000		借	997 479

续表

2022年		凭证编号	摘要	借方					贷方	借或贷	余额
月	日			人工费	材料费	机械使用费	其他直接费用	间接费用	合计			
10		1	试验费、清理费				4 000		4 000		借	1 001 479
			分配间接费用					70 000	70 000		借	1 071 479
			结转竣工工程成本	203 923	632 530	129 000	22 600	83 426	1 071 479	1 071 479	平	0
			本月合计	0	0	0	0	0	0	0	平	0

注:A工程本月竣工。

成本核算对象:B工程合同成本

表4-12 工程成本卡

2022年		凭证编号	摘要	借方					贷方	借或贷	余额
月	日			人工费	材料费	机械使用费	其他直接费用	间接费用	合计			
10		1	分配工资	132 532					132 532		借	132 532
			领用材料		317 000				317 000		借	449 532
			领用材料的价差		1 625				1 625		借	451 157
			支付机械租赁费			17 000			17 000		借	468 157
			自有机械使用费			61 000			61 000		借	529 157
			施工用具使用费				8 000		8 000		借	537 157
			实验费、清理费				3 000		3 000		借	540 157
			分配间接费用					30 000	30 000		借	570 157
			本月合计	132 532	318 625	78 000	11 000	30 000	570 157		借	570 157

注:B工程本月新开工。

星河建筑工程有限公司 2022 年 10 月份工程未完工前,"工程成本卡"归集每一成本核算对象从开工起至本月止累计实际发生的全部施工费用。当工程竣工时,工程成本"合同取得成本""合同履约成本"账户结转至"主营业务成本"账户。

本月星河建筑工程有限公司承建的 A 工程已竣工,结转其竣工工程成本。应编制会计分录如下:

　　借:主营业务成本——A 工程　　　　　　　　　　　1 074 979
　　　贷:合同履约成本——工程施工——A 工程　　　　1 074 979

通过以上核算,施工企业发生的各项施工费用已经归集在"合同履约成本"总账和"工程成本卡"中。期末,对已完工程应进行工程成本结算;承包工程竣工后,应及时办理竣工成本决算。

(七)工程成本的结算

工程成本结算是指施工企业按工程合同按时计算和确认"已完工程"成本,向建设单位收取工程价款。

1. 工程成本的结算方式

施工企业应按照与工程价款结算期相一致的原则来确定各项工程成本的结算方式。由于工程价款的结算方式不同,工程成本结算的方式主要有:定期结算、分段结算和竣工后一次结算等。

对于工程量小、造价低、工期短、合同约定竣工后一次结算工程价款的工程,其成本结算也应于竣工后一次进行。工程竣工前,"工程成本卡"中归集的生产费用,均为该工程未完施工的实际成本。工程竣工后,"工程成本卡"中归集的生产费用总额,就是竣工工程的实际成本。

对于工程量大、工期长、造价高、合同约定定期结算工程价款或分段结算工程价款的工程,其工程成本的结算,一般采取定期结算或分段结算与竣工决算相结合的方式,以及时反映各个时期工程成本的节约或超支情况和降低成本计划的执行情况,分析各期(或各施工段)成本计划的执行情况,进一步查明工程成本各项目(人工费、材料费、机械使用费、其他直接费用和间接费用)的节约或超支情况和原因,促使企业加强施工管理,进一步降低工程成本。

2. 定期结算方式工程成本的结算

一般情况下,施工企业在同一会计期间会有若干个工程项目在同时施工,期末往往既有"已完工程",又有"未完工程"。所谓"已完工程"是指已经完成了预算定额规定的全部工序内容,在本企业不需要再进行施工的工程。所谓"未完工程"是指已经投入人工、材料等进行施工,但尚未完成预算定额规定的全部工序内容,不能办理工程价款结算的工程。如果合同约定该工程采用定期结算工程价款,企业就应在期末进行未完施工盘点,确定已完施工和未完施工的数量,作为办理工程结算的依据。

定期结算方式下工程成本结算的程序是：先计算已完施工预算成本，再计算已完施工实际成本。

在定期结算成本时，必须将归集在"工程成本卡"上的施工生产费用在已完施工和未完施工之间进行分配，以确定已完施工的实际成本。本期已完施工的实际成本可用下式计算：

$$\text{某工程本期已完施工实际成本} = \text{期初未完施工成本} + \text{本期发生的生产费用} - \text{期末未完施工成本}$$

期末未完施工成本的计算方法，主要有按预算单价计算和按实际费用计算两种。

（1）按预算单价计算未完施工成本。如果期末未完施工在当期施工的工程中所占比重较小，而且期初、期末未完施工的数量变化也不大，为了简化核算手续，可以计算出期末未完施工的预算成本，将其视同为实际成本，用以计算本期已完施工的实际成本。期末未完施工预算成本的计算方法主要有约当产量法和工序成本法。

① 约当产量法（又称估量法）是指根据某一未完分部分项工程通过施工现场盘点确定的未完工程数量折合为相当于已完分部分项工程的数量，然后乘以分部分项工程的预算单价，计算其预算成本的方法。其计算公式为：

$$\text{期末未完施工成本} = \text{期末未完施工数量} \times \text{估计完工程度} \times \text{分部分项工程预算单价}$$

这种方法一般适用于均衡投料的分部分项工程。

■【典型任务举例】■

星河建筑工程有限公司第二项目部承建的 H 工程按月结算工程价款。2022 年 10 月末对工程进行盘点，确定屋面防漏工程有未完施工 2 000 平方米，预算单价 30 元/米^2，其中人工费 10 元、材料费 15 元、机械使用费 2 元、其他直接费用 3 元，完工进度 75%。要求：按约当产量法计算期末未完施工的成本。

【具体核算方法】

编制 H 工程屋面"未完施工盘点表"，见表 4-13。

表 4-13　未完施工盘点表

2022 年 10 月 31 日

单位工程名称	分部分项工程名称	预算单价/（元/米^2）	已完工序名称	完工进度	数量/平方米	约当产量/平方米	预算成本/元	人工费/元	材料费/元	机械使用费/元	其他直接费用/元
H 工程	屋面防漏	30	略	75%	2 000	1 500	45 000	15 000	22 500	3 000	4 500
合计							45 000	15 000	22 500	3 000	4 500

H 工程屋面期末未完施工成本 = 2 000 × 75% × 30 = 45 000（元）

② 工序成本法（又称估价法）是指先确定分部分项工程各个工序的直接费用占整个预算单价的百分比，用以计算出每个工序的预算单价，然后乘以未完工程各个工序的工程量，确定出未完工程的预算成本。其计算公式如下：

某工序单价 = 分部分项工程预算单价 × 某工序费用占预算单价的百分比

期末未完工程成本 = ∑（未完工程中某工序的完成量 × 该工序单价）

这种方法适用于不均衡投料或各工序工料定额有显著不同的分部分项工程。

【典型任务举例】

2022 年 10 月末，星河建筑工程有限公司对工程进行盘点。地面工程由管线埋设、砂浆抹平和地砖铺设三道工序组成，各工序占该分部分项工程的比重为 2∶3∶5，该分部分项工程的预算单价为每平方米 120 元。月末现场盘点，未完成管线埋设工序的有 20 000 平方米，未完成砂浆抹平工序的有 14 000 平方米，未完成地砖铺设工序的有 10 000 平方米。要求：按工序成本法计算期末未完施工的成本。

H 工程未完地面施工成本计算如下：

管线埋设工序单价 = 120 × 20% = 24（元）

砂浆抹平工序单价 = 120 × 30% = 36（元）

地砖铺设工序单价 = 120 × 50% = 60（元）

H 工程地面未完施工成本 = 20 000 × 24 + 14 000 × 36 + 10 000 × 60
= 1 584 000（元）

注意事项

按工序成本法（估价法）计算未完施工的成本，先要算出每个工序的单价，如果工序过多，应将工序适当合并，计算出每一扩大工序的单价，然后再乘以相应的未完施工数量以算出未完施工的成本。

如果期末未完工程的材料费成本占比重较大，也可将未完施工的材料预算成本作为未完施工的成本，以简化计算手续。

（2）按实际费用计算未完施工成本。当期未完施工占全部工程量的比重较大，同时预算成本与实际成本的差异又较大时，如果将未完施工的预算成本视同为实际成本，就会影响已完工程实际成本的正确性。因此，应按实际费用计算未完施工成本，即以工程实际已发生的生产费用占预算应发生的生产费用的比例为分配率，分配计算未完施工的实际成本。期末未完施工的实际成本计算公式如下：

$$期末未完施工实际成本 = \frac{期初累计未完施工成本 + 本期发生的生产费用}{累计已完工程预算成本 + 期末未完施工预算成本} \times 期末未完施工预算成本$$

【典型任务举例】

2022年10月末，星河建筑工程有限公司对工程进行盘点。承建的C工程，2021年10月发生的施工费用为620 000元，期初未完施工成本为12 000元，本期已完工程预算成本为550 000元，期末未完施工预算成本为150 000元。

要求：按实际费用计算未完施工成本。

C工程期末未完施工实际成本为：

$$期末未完施工实际成本 = \frac{12\ 000 + 620\ 000}{550\ 000 + 150\ 000} \times 150\ 000 = 135\ 428.57（元）$$

（八）竣工成本决算

施工企业承包建设的工程合同项目竣工后，应及时办理工程交验和工程竣工成本决算。

工程合同竣工决算程序与方法如下。

（1）根据工程合同确定的造价资料或施工图预算，结合工程设计变更、材料代用等有关签证资料，及时编制工程结算书。一方面作为向发包单位办理工程价款结算的依据；另一方面结算部门据此计算确定竣工工程预算成本并进行工、料、机分析，作为竣工成本分析的依据。

（2）财会部门首先根据"工程成本卡"归集的竣工工程从开工至竣工累计的实际成本与结算部门计算确定的预算成本（如果企业编有成本计划的，还要与计划成本）比较，计算降低额和降低率；其次根据施工过程统计的工、料、机实际耗用数量与结算部门工、料、机分析表的预算用量比较，计算工、料、机节超数量及节超率。

（3）根据上述资料编制"竣工成本决算表"，并对其节超原因进行全面深入分析。最终将"工程成本卡""工程结算书""竣工成本决算表"及有关分析资料作为工程经济技术档案归档保存，以便日后查考。"竣工成本决算表"的格式见表4-14，工、料、机消耗分析表见表4-15。

表4-14 竣工成本决算表

建设单位：   工程造价：   工程名称：
单方造价：   工程结构：   建筑面积：
开工日期：   竣工日期：
         年　　月

成本项目	预算成本	实际成本	成本降低额	成本降低率%	简要分析说明
人工费					
材料费					
机械使用费					
其他直接费用					
间接费用					
合计					

表 4-15　工、料、机消耗分析表

项目	单位	预算用量	实际用量	节(+)超(−)	节(+)超(−)/%	简要分析
一、人工	工日					
二、材料						
钢材	千克					
木材	立方米					
水泥	千克					
砂	立方米					
……						
三、机械						
塔吊	台班					
搅拌机	台班					
推土机	台班					
……						

学习子情境四　工程合同收入的核算

▶【情境引例 1】

　　2022 年 9 月 1 日，星城建筑安装工程有限公司（简称星城建筑）作为承包商与市环保局签订了一项建造污水处理站的合同。星城建筑主体负责项目的建设管理，具体包括工程技术、场地清理、地基构建、管道和管线的铺设、设备安装、装修；建筑材料的供应；设备的供应。合同总价格为 1 500 万元（不含税价，下同）。11 月 20 日在合同履行过程中，市环保局变更了污水设备部分设计方案，并同意新增价款 300 万元，2022 年 12 月 25 日，污水处理站工程经客户验收合格。客户于当月 30 日支付了全部工程款 1 800 万元。

■【知识准备】■

一、合同收入的确认

　　在新收入准则下，不再区分销售商品、提供劳务、让渡资产使用权和建造合同的收入确认模式，而是采用统一的收入确认模式。建筑施工企业应当在履行了合同中的履约义务，即在客户取得相关商品控制权时确认收入。

二、收入确认的条件

　　当企业与客户之间的合同同时满足下列条件时，企业应当在客户取得相关商品控制权时确认收入：

　　（1）合同各方已批准该合同并承诺将履行各自义务；

合同收入确认五步法之一二

（2）该合同明确了合同各方与所转让商品或提供劳务相关的权利和义务；

（3）该合同有明确的与所转让商品相关的支付条款；

（4）该合同具有商业实质，即履行该合同将改变企业未来现金流量的风险、时间分布或金额；

（5）企业因向客户转让商品而有权取得的对价很可能收回。

在合同开始日即满足前款条件的合同，企业在后续期间无须对其进行重新评估，除非有迹象表明相关事实和情况发生重大变化。

【职业判断与业务操作】

新收入准则更加强调了合同的判断与运用，以控制权转移代替风险和报酬的转移来作为收入确认时点的判断标准。一般根据收入确认五步分析法来进行收入的判断：

第一步：识别与客户订立的合同；

第二步：识别合同中的单项履约义务；

第三步：确定交易价格；

第四步：将交易价格分摊至各项履约义务；

第五步：履行各单项义务时确认收入。

【做中学】

根据情境引例1按照收入五步确认分析法分析如下：

第一步：污水处理站建筑合同交易价格清楚，权利义务可辨认，具有经济实质，构成准则所说的"合同"，具有法律效力，合同提供了可明确区分的建筑服务产品。

第二步，合同开始日，企业应当对合同进行评估，识别该合同所包含的各单项履约义务。

履约义务是指合同中企业向客户转让可明确区分商品的承诺。履约义务既包括合同中明确的承诺，也包括由于企业已公开宣布的政策、特定声明或以往的习惯做法等导致合同订立时客户合理预期企业将履行的承诺。

企业向客户承诺的商品同时满足下列条件的，应当作为可明确区分商品：① 客户能够从该商品本身或从该商品与其他易于获得资源一起使用中受益；② 企业向客户转让该商品的承诺与合同中其他承诺可单独区分。

情景引例中，星城建筑的承包合同中存在若干项向客户转让商品或服务的承诺，包括：工程技术服务承诺、场地清理服务承诺、地基构建服务承诺、管道和管线铺设服务承诺、装修服务承诺、转让建筑材料的承诺、转让所有设备的承诺、提供设备安装服务的承诺和专用设备的供应和安装承诺。

下列情形通常表明企业向客户转让该商品的承诺与合同中其他承诺不可单独区分：① 企业需提供重大的服务以将该商品与合同中承诺的其他商品整合成合同约定

的组合产出转让给客户。②该商品将对合同中承诺的其他商品予以重大修改或定制。③该商品与合同中承诺的其他商品具有高度关联性。

星城建筑以上这些单项承诺本身能够明确区分。但根据合同转让个别商品和服务的承诺无法与合同中的其他承诺单独区分开来，公司的所有工程成本投入整合到一起形成组成产出视为单项履约合同，即建造污水处理站视为单项合同。

第三步，确定交易价格，企业应当按照分摊至各单项履约义务的交易价格计量收入。

新收入准则第十四条规定，企业应当按照分摊至各单项履约义务的交易价格计量收入。交易价格，是指企业因向客户转让商品而预期有权收取的对价金额。企业代第三方收取的款项以及企业预期将退还给客户的款项，应当作为负债进行会计处理，不计入交易价格。

情境案例中，星城建筑对于建造污水处理站单项履约义务，应当按照已收或应收对价总额确认收入，确定合同开始时交易价格为1 500万元。

第四步，将交易价格分摊至各项履约义务。

新收入准则第十五条规定，企业应当根据合同条款，并结合其以往的习惯做法确定交易价格。在确定交易价格时，企业应当考虑可变对价、合同中存在的重大融资成分、非现金对价、应付客户对价等因素的影响。

企业应当区分下列三种情形对合同变更分别进行会计处理：

（1）合同变更增加了可明确区分的商品及合同价款，且新增合同价款反映了新增商品单独售价的，应当将该合同变更部分作为一份单独的合同进行会计处理。

（2）合同变更不属于本条（1）规定的情形，且在合同变更日已转让的商品或已提供的服务（简称"已转让的商品"）与未转让的商品或未提供的服务（简称"未转让的商品"）之间可明确区分的，应当视为原合同终止，同时，将原合同未履约部分与合同变更部分合并为新合同进行会计处理。

（3）合同变更不属于本条（1）规定的情形，且在合同变更日已转让的商品与未转让的商品之间不可明确区分的，应当将该合同变更部分作为原合同的组成部分进行会计处理。

情境案例中，11月20日在合同履行过程中，市环保局变更了污水设备部分设计方案，并同意新增价款300万元，星城建筑提供的建造服务前后不可明确区分，要在11月20日调整交易价格为1 800万元。

第五步，履行各单项义务时确认收入。根据新收入准则第十二条的规定，对于在某一时段内履行的履约义务，企业应当在该段时间内按照履约进度确认收入，但是，履约进度不能合理确定的除外。企业应当考虑商品的性质，采用产出法或投入法确定恰当的履约进度。

12月25日，污水处理站工程经客户验收合格。星城建筑完成了合同中的单项履约义务，市环保局在取得污水处理站公章的控制权时可以确认 1 800 万元的收入。

【情境引例 2】

星城建筑与客户签订了如下合同：

（1）2022 年 11 月为客户拥有的一条铁路更换 100 根铁轨，合同价格为 10 万元（不含税价）。截至 2022 年 12 月 31 日，甲公司共更换铁轨 60 根，剩余部分预计在 2023 年 3 月 31 日之前完成。该合同仅包含一项履约义务，且该履约义务满足在某一时段内履行的条件。

（2）2022 年 10 月，与省高速公路开发公司签订了一项修建一段总长为 50 千米的跨省高速公路建造合同，合同总金额为 150 000 万元，工期为 2 年，2022 年修建了 10 千米。

（3）2022 年 9 月，公司中标一项住宅工程，按照合同于 2022 年 10 月开工，截至 2022 年 12 月，共发生成本 300 万元，预计会继续发生 700 万元的成本。在合同执行过程中，因未按照要求做好安全生产准备，造成一次施工事故，赔偿 10 万元。因管理不善报废的材料增加了 1 万元；10 月，甲公司采购一批水泥，成本为 20 万元，但截至 12 月，水泥只用了 40%。

（4）2022 年 8 月 10 日，与中天房开公司签订了一项总金额为 12 000 万元的商品房建造合同，合同规定的建设期为三年。2022 年实际发生合同成本 3 700 万元，年末预计为完成合同尚需发生成本 6 300 万元；2023 年实际发生合同成本 4 600 万元，年末预计为完成合同尚需发生成本 1 400 万元。

（5）2022 年 10 月，为客户装修一栋办公楼并安装一部电梯，合同总金额为 100 万元。星城建筑预计的合同总成本为 80 万元，其中包括电梯的采购成本 30 万元。2022 年 12 月，甲公司将电梯运达施工现场并经过客户验收，客户已取得对电梯的控制权，但是根据装修进度，预计到 2023 年 2 月才会安装该电梯。截至 2022 年 12 月，甲公司累计发生成本 40 万元，其中包括支付给电梯供应商的采购成本 30 万元以及因采购电梯发生的运输和人工等相关成本 10 万元。

假定该装修服务（包括安装电梯）构成单项履约义务，并属于在某一时段内履行的履约义务，星城建筑是主要责任人，但不参与电梯的设计和制造。

上述金额均不含增值税。

【知识准备】

《企业会计准则第 14 号——收入》第十一条规定，满足下列条件之一的，属于在某一时段内履行履约义务；否则，属于在某一时点履行履约义务：

（1）客户在企业履约的同时即取得并消耗企业履约所带来的经济利益。

（2）客户能够控制企业履约过程中在建的商品。

（3）企业履约过程中所产出的商品具有不可替代用途，且该企业在整个合同期间内有权就累计至今已完成的履约部分收取款项。

根据新收入准则，对于在某一时段内履行的履约义务，企业应当在该段时间内按照履约进度确认收入，但是，履约进度不能合理确定的除外。

一、履约进度的判断原则

企业应当考虑商品的性质，采用产出法或投入法确定恰当的履约进度，并且在确定履约进度时，应当扣除那些控制权尚未转移客户的商品和服务。

二、履约进度的判断方法

（一）产出法

根据已转移给客户的商品对于客户的价值确定履约进度；对于类似情况下的类似履约义务，企业应当采用相同的方法确定履约进度。

产出法主要包括按照实际测量的完工进度、评估已实现的结果、已达到的里程碑、时间进度、已完工或交付的产品等确定履约进度的方法。

【做中学】

业务（1）：

甲公司提供更换铁轨的服务属于在某一时段内履行的履约义务，甲公司按照已完成的工作量确定履约进度。因此，截至2022年12月31日，该合同的履约进度为60%（60÷100），甲公司应确认的收入为6万元（10万元×60%）。

业务（2）：

履约进度＝已完成的合同工程量÷合同预计工程量

上式适用于工程量容易确定的建造合同，如道路工程、土石方工程和砌筑工程等。

履约进度＝10÷50＝20%

（二）投入法

根据企业履行履约义务的投入确定履约进度，主要包括以投入的材料数量、花费的人工工时或机器工时、发生的成本和时间进度等投入指标确定履约进度。

【做中学】

业务（3）：

当企业的投入与企业向客户转移商品或服务没有直接关系时，不能直接使用投入法，如产生的成本对履约义务没有帮助（废料、返工、计划外的人工等），除非这些成本已经反映在合同的价格里。

履行义务所做出的投入＝300－10－1－20×60%＝277（万元）

企业预计总投入＝300＋700－10－1＝989（万元）

合同履约进度＝277÷989＝28%

业务（4）：

履约进度 = 累计实际发生的合同成本 ÷ 合同预计成本

上式中的"合同预计总成本"不是最初预计的总成本，而是根据累计实际发生的合同成本和预计为完成合同还需发生的成本计算确定的

2022年履约进度 = 3 700/（3 700 + 6 300）= 37%

2023年履约进度 = （3 700 + 6 400）/（3 700 + 6 400 + 1 400）= 85.57%

业务（5）：

在该合同中，该电梯不构成单项履约义务，其成本相对于预计总成本而言是重大的，甲公司是主要负责人，但是未参与该电梯的设计和制造；客户先取得了电梯的控制权，随后才接受与之相关的安装服务。若计算履约进度时考虑电梯成本，则已发生的成本和履约进度不成比例，如果是一般建造合同，人工，材料付出算进度，但电梯成本过于大了，客户其实在电梯上是不赚钱的，所以计算履约进度时应将电梯成本扣除。

履约进度 = （40 − 30）÷（80 − 30）= 20%

【情境引例3】

星城建筑与其客户签到了一项总金额为5 800万元的时代广场固定造价合同，该合同不可撤销。星城建筑负责时代广场工程的施工及全面管理，客户按照第三方监理公司确认的工程完工量，每年与星城建筑结算一次。该工程已于2021年2月开工，预期2024年6月完工；预期可能发生的工程总成本为5 500万元，截至2022年年底，由于材料价格上涨等原因，甲公司将预计工程总成本调整为6 000万元。2023年根据工程最新情况估计工程总成本调整为6 100万元。假定该建造工程整体构成单项履约义务，并属于在某一时段内履行的履约义务，该公司采用成本法确定履约进度，不考虑其他相关因素，该合同的相关成本资料如表4-16所示。

表4-16 时代广场工程相关成本资料表

单位：万元

项目	2021年	2022年	2023年	2024年	2025年
年末累计实际发生成本	1 540	3 000	4 880	6 100	—
年末预计完成合同尚需发生成本	3 960	3 000	1 220	—	—
本期结算合同价款	1 740	1 960	1 800	300	—
本期实际收到合同价款	1 896.6	2 136.4	1 962	—	327

2021年年末，星城建筑当期发生人工费用724万元，材料费用399万元，各项规费90万元，临时设施摊销费用85万元，机械使用费102万元，施工现场管理费

用 140 万元。其他年份施工数据省略。

按照合同约定，工程质保金 300 万元需等到客户 2025 年保质期结束且未发生重大质量问题方能收款。假定星城建筑与客户结算是发生增值税纳税义务，增值税税率 9%。

【知识准备】

一、设置账户

施工企业设置"合同履约成本""合同结算""主营业务收入""主营业务成本"等账户，分别核算确认的施工企业工程合同收入和合同成本。

二、合同收入和合同费用确认方法

《企业会计准则第 14 号——收入》规定，企业应当按照分摊至各项履约义务的交易价格计量收入。

三、账户设置

（一）合同取得成本

"合同取得成本"是用来核算企业取得合同时发生的增量成本，或者是实施某个方案引起的成本增加，或是在建造活动发生之前增加的成本。

（二）合同履约成本

履约业务开始之后，在这个基础上增加的成本计入"合同履约成本"中，"合同履约成本"账户核算企业为履行当前或预期取得的合同所发生的应当确认为一项资产的成本。在施工企业核算中，本科目核算各项工程施工合同发生的实际成本，一般包括施工企业在施工过程中发生的人工费、材料费、机械使用费、其他直接费、间接费用等。本账户可以设置"服务成本""工程施工"等明细项目，针对具体的建筑服务或工程提供明细核算。设置"成本结转"明细科目，用于反映已结转成本。

账户一般为借方余额，反映企业尚未结转的合同履约成本即施工成本。

（三）合同结算

"合同结算"账户用于核算同一合同下属于在某一时段内履行履约义务涉及与客户结算对价的合同资产或合同负债。

可设置"合同结算——价款结算"和"合同结算——收入结转"两个明细账户，其中"合同结算——价款结算"反映定期与客户进行结算的金额。"合同结算——收入结转"科目反映按照履约进度结转的收入金额。

当确认的收入 > 结算金额时，则"合同结算"表现为合同资产。当确认的收入 < 结算金额，"合同结算"表现为合同负债。

（四）合同履约成本减值准备

该账户核算合同履约成本有关的资产发生减值。可按照不同成本核算对象，设

合同收入的确定

置二级明细科目。

【职业判断与业务操作】

在企业实务中，为了区分建设方、分包方、材料供应商等各方责任，防止各方推诿，EPC总承包模式是近年来国际上较为流行的建设项目组织实施形式。

EPC（Engineering Procurement Construction）总承包合同一般会包含设计、施工以及采购合同等三种事项。EPC项目根据分类情况的合同收入确认方式有三种：① 如果设计、施工、采购视为三项履约业务，则设计按履约进度确定收入，施工需要按照履约的进度的确认，采购则按完工交付时点来确认；② 如果设计、施工、采购视为两项履约业务，则设计、施工按履约进度确定收入，采购按完工交付时点确认收入；③ 如果视为一个单项履约业务，视为一项"商品"按完工交付时点确认收入，视为一项"服务"按履约进度确认收入。

为简化核算，所列举的核算弱化了采购和设计部分，采购和设计部分的核算做法取决于企业对于履约义务的判断，重点进行施工部分的核算。

合同收入的核算

【做中学】

1. 2021年，业务分录处理如下：

（1）为履行该项建造合同，累计本年发生的成本为1 540万元。

借：合同履约成本——工程施工——时代广场——人工费　　724
　　合同履约成本——工程施工——时代广场——材料费　　399
　　合同履约成本——工程施工——时代广场——机械使用费　102
　　合同履约成本——工程施工——时代广场——间接施工成本　315
　　贷：银行存款等　　　　　　　　　　　　　　　　　　1 540

（2）确认计量当年的收入并结转成本。

履约进度 = 1 540 ÷（1 540 + 3 960）× 100% = 28%

合同收入 = 5 800 × 28% = 1 624

业务分录如下：

借：合同结算——收入结算　　　　　　　　　　　　　1 624
　　贷：主营业务收入——时代广场　　　　　　　　　　1 624

借：主营业务成本　　　　　　　　　　　　　　　　　1 540
　　贷：合同履约成本——工程施工——时代广场　　　　1 540

（3）结算合同价款。

借：应收账款——时代广场　　　　　　　　　　　　　1 896.6
　　贷：合同结算——价款结算　　　　　　　　　　　　1 740
　　　　应交税费——应交增值税（销项税额）　　　　　156.6

(4) 收到结算价款时。

借：银行存款　　　　　　　　　　　　　　　　　　　　　1 896.6
　　贷：应收账款——时代广场　　　　　　　　　　　　　　　　1 896.6

如果实际收款，则应当预交企业所得税，一般计税方式下预征率为2%，简易计税方式下预征率为3%。

(5) 资产负债表列报。

2021年12月31日，时代广场施工项目账户余额情况如下表4-17。

表4-17　时代广场施工项目账户余额表

单位：万元

账户	期初余额	借方发生额	贷方发生额	方向	期末余额
合同履约成本		1 540	1 540	平	0
合同结算		1 624	1 740	贷	116
应收账款		1 896.6	1 896.6	平	0

"合同结算"账户余额为贷方116万元（1 740 - 1 624），表明星城建筑已经与客户结算但尚未履行履约义务的金额为116万元，资产负债表中"合同负债"列报金额为116万元。

"合同履约成本"账户余额为0，资产负债表中"存货"列报金额为0。

2. 2022年账务处理如下：

(1) 时代广场工程项目实际发生成本时，只考虑增量成本3 000 - 1 540 = 1 460万元。

借：合同履约成本——工程施工——时代广场　　　　　　　1 460
　　贷：原材料/应付职工薪酬/累计折旧　　　　　　　　　　　1 460

(2) 确认计量当年的收入并结转成本。

履约进度 = 3 000 ÷（3 000 + 3 000）× 100% = 50%

合同收入 = 5 800 × 50% - 1 624 = 1 276（万元）

编制会计分录如下：

借：合同结算——收入结转　　　　　　　　　　　　　　　1 276
　　贷：主营业务收入——时代广场　　　　　　　　　　　　　1 276
借：主营业务成本——时代广场　　　　　　　　　　　　　1 460
　　贷：合同履约成本——工程施工——时代广场　　　　　　　1 460

在2022年12月31日，由于时代广场项目合同预计总成本6 000万元，合同总收入5 800万元，预计发生损失金额为200万元，其中100万元已经反映在损益计算资料表中，如表4-18所示。

表 4-18　时代广场项目损益计算资料表

账户	借方累计发生额	贷方累计发生额
主营业务收入		2 900(1 624+1 276)
主营业务成本	3 000(1 540+1 460)	

因此将剩余的、为完成工程将发生的预计损失 100 万确认为当期损失。根据《企业会计准则第 13 号——或有事项》的相关规定，待执行合同变成亏损合同的，该亏损合同产生的义务满足相关条件的，则应当对亏损合同确认为预计负债。因此，为完成合同将发生的预计损失 100 万元应当确认为预计负债。

　　借：主营业务成本　　　　　　　　　　　　　　　　100
　　　　贷：预计负债　　　　　　　　　　　　　　　　　　　100
（3）结算合同价款。
　　借：应收账款——时代广场　　　　　　　　　　　　2 136.4
　　　　贷：合同结算——价款结算　　　　　　　　　　　　1 960
　　　　　　应交税费——应交增值税（销项税额）　　　　　　176.4
（4）收到结算价款时。
　　借：银行存款　　　　　　　　　　　　　　　　　　2 136.4
　　　　贷：应收账款——时代广场　　　　　　　　　　　　2 136.4
（5）资产负债表列报。

2022 年 12 月 31 日，时代广场施工项目相关账户余额情况如表 4-19 所示。

表 4-19　时代广场施工项目相关账户余额表

单位：万元

账户	期初余额	借方发生额	贷方发生额	方向	期末余额
合同履约成本		1 460	1 460	平	0
合同结算	116	1 276	1 960	贷	800
应收账款		2 136.4	2 136.4	平	0

"合同结算"账户余额为贷方 800 万元（116+1 960-1 276），表明星城建筑已经与客户结算但尚未履行履约义务的金额为 800 万元，资产负债表中"合同负债"列报金额为 800 万元。

"合同履约成本"账户余额为 0，资产负债表中"存货"列报金额为 0。

3. 2023 年账务处理如下：

（1）时代广场工程项目实际发生成本时，只考虑增量成本 4 880-3 000=1 880（万元）。

　　借：合同履约成本——工程施工——时代广场　　　　1 880

　　　　贷：原材料／应付职工薪酬／累计折旧　　　　　　　　　　　1 880

（2）确认计量当年的收入并结转成本。

履约进度＝4 880÷（4 880＋1 220）×100%＝80%

合同收入＝5 800×80%－1 624－1 276＝1 740（万元）

编制会计分录如下：

　　借：合同结算——收入结转　　　　　　　　　　　　　　　　1 740
　　　　贷：主营业务收入——时代广场　　　　　　　　　　　　　1 740
　　借：主营业务成本——时代广场　　　　　　　　　　　　　　　1 880
　　　　贷：合同履约成本——工程施工——时代广场　　　　　　　1 880

在2023年12月31日，由于时代广场项目合同预计总成本6 100万元，合同总收入5 800万元，预计发生损失金额为300万元，其中240万元已经反映在损益计算资料中，如表4-20所示。

表4-20　时代广场项目损益计算资料表

单位：万元

账户	借方累计发生额	贷方累计发生额
主营业务收入		4 640（1 624＋1 276＋1 740）
主营业务成本	4 880（1 540＋1 460＋1 880）	

根据《企业会计准则第13号——或有事项》的相关规定，待执行合同变成亏损合同的，该亏损合同产生的义务满足相关条件的，则应当对亏损合同确认为预计负债。预计负债的余额为300－240＝60万元，但企业2022年年底已经确认了100万负债，2023年年底企业需转回合同预计损失40万元。

　　借：预计负债　　　　　　　　　　　　　　　　　　　　　　　40
　　　　贷：主营业务成本　　　　　　　　　　　　　　　　　　　　40

（3）结算合同价款。

　　借：应收账款——时代广场　　　　　　　　　　　　　　　　　1 962
　　　　贷：合同结算——价款结算　　　　　　　　　　　　　　　1 800
　　　　　　应交税费——应交增值税（销项税额）　　　　　　　　　162

（4）收到结算价款时。

　　借：银行存款　　　　　　　　　　　　　　　　　　　　　　　1 962
　　　　贷：应收账款——时代广场　　　　　　　　　　　　　　　1 962

（5）资产负债表列报。

2023年12月31日，时代广场施工项目相关账户余额情况如表4-21所示。

表4-21 时代广场施工项目相关账户余额表

单位：万元

账户	期初余额	借方发生额	贷方发生额	方向	期末余额
合同履约成本		1 880	1 880	平	0
合同结算	800	1 740	1 800	贷	860
应收账款		1 962	1 962	平	0

"合同结算"账户余额为贷方860万元（800+1 800-1 740），表明星城建筑已经与客户结算但尚未履行履约义务的金额为860万元，资产负债表中"合同负债"列报金额为860万元。

"合同履约成本"账户余额为0，资产负债表中"存货"列报金额为0。

4. 2024年1~6月账务处理如下：

（1）时代广场工程项目实际发生成本时，只考虑增量成本6 100-4 880=1 220（万元）。

借：合同履约成本——工程施工——时代广场　　　1 220
　　贷：原材料/应付职工薪酬/累计折旧　　　　　　　　　1 220

（2）确认计量当年的收入并结转成本。合同完工，履约进度100%。

合同收入=5 800-1 624-1 276-1 740=1 160（万元）。

编制会计分录如下：

借：合同结算——收入结转　　　　　　　　　　1 160
　　贷：主营业务收入——时代广场　　　　　　　　　　1 160
借：主营业务成本——时代广场　　　　　　　　1 220
　　贷：合同履约成本——工程施工——时代广场　　　1 220

在2024年6月30日，时代广场项目累计发生总成本6 100万元，合同总收入5 800万元，实际发生损失金额为300万元，均已经反映在损益计算资料表中，如表4-22所示。

表4-22 时代广场项目损益计算资料表

单位：万元

账户	借方累计发生额	贷方累计发生额
主营业务收入		1 624+1 276+1 740+1 160
主营业务成本	1 540+1 460+1 880+1 220	

原已计提的预计负债需要转销。

借：预计负债　　　　　　　　　　　　　　　　60
　　贷：主营业务成本　　　　　　　　　　　　　　　　60

2024 年 6 月 30 日，时代广场施工项目相关账户余额情况如表 4-23 所示。

表 4-23　时代广场施工项目相关账户余额

单位：万元

账户	期初余额	借方发生额	贷方发生额	方向	期末余额
合同履约成本		1 220	1 220	平	0
合同结算	860	1 160		借	300

"合同结算"账户余额为借方 300 万元（1 160－860），是星城建筑工程质保金，资产负债表中"合同资产"列报金额为 300 万元。该金额需等到客户 2024 年年底保质期结束且未发生重大质量问题后方能收款。

"合同履约成本"账户余额为 0，资产负债表中"存货"列报金额为 0。

5. 2025 年账务处理如下：

保质期结束且未发生重大质量问题，业务分录如下：

借：应收账款　　　　　　　　　　　　　　　　327
　　贷：合同结算——价款结算　　　　　　　　　　300
　　　　应交税费——应交增值税（销项税额）　　　　27

实际收到价款时：

借：银行存款　　　　　　　　　　　　　　　　327
　　贷：应收账款　　　　　　　　　　　　　　　　327

▶【情境引例 4】

湖南旺德府餐饮有限公司有一项改建工程，宣布对外招标，招标价为 1 200 万元。为了签订该项目工程合同，星城建筑在洽谈过程中发生差旅费 2 万元，中介服务费 3 万元，后星城建筑顺利中标，按照合同于 2022 年 1 月开工，截至 2022 年 12 月，共发生成本 300 万元，包含在履行建造合同过程中，因管理不善报废的材料 10 万元，预计会继续发生 700 万元成本；截至 2022 年年末，客户确认工程结算款 200 万元。假定 2023 年 12 月，由于原材料和用工成本大涨，甲公司实际发生合同成本 1 010 万元，目前乙公司仍只确认合同价款为 1 200 万元，合同履约进度星城建筑安装不能合理确定，价款变更问题仍在进一步磋商中。

■【知识准备】■

一、设置账户

"合同取得成本"是用来核算企业取得合同时发生的增量成本，或者是实施某个方案引起的成本增加，或是在建造活动发生之前增加的成本。

"合同履约减值准备"本科目核算与合同履约成本有关的资产的减值准备，可按合同进行明细核算。

二、合同成本的确认

企业应当在下列支出发生时，将其计入当期损益：

（1）管理费用。

（2）非正常消耗的直接材料、直接人工和制造费用（或类似费用），这些支出为履行合同发生，但未反映在合同价格中。

（3）与履约义务中已履行部分相关的支出。

（4）无法在尚未履行的与已履行的履约义务之间区分的相关支出。

三、合同履约成本不能合理确定的处理原则

当履约进度不能合理确定时，企业已经发生的成本预计能够得到补偿的，应当按照已经发生的成本金额确认收入，直到履约进度能够合理确定为止。

■【做中学】■

根据【情境引例4】编制对应会计分录：

（1）借：合同取得成本——旺德府改建项目　　　　3
　　　　　管理费用　　　　　　　　　　　　　　　2
　　　　　　贷：银行存款　　　　　　　　　　　　　　　5

（2）2022年核算工程成本

借：合同履约成本——工程施工——旺德府改建项目　300
　　　贷：原材料　　　　　　　　　　　　　　　　　　300

管理不善造成材料报废

借：管理费用　　　　　　　　　　　　　　　　　　10
　　　贷：合同履约成本——工程施工——旺德府改建项目　10

截至目前投入合同成本 = 300 - 10 = 290（万元）。

预计合同总成本 = 300 + 700 - 10 = 990（万元）。

2022年合同履约进度 = 290 ÷ 990 = 29.29%

2022年本期合同成本 = 990 × 29.29% = 290

借：主营业务成本——旺德府改建项目　　　　　　290
　　　贷：合同履约成本——成本结转　　　　　　　　　290

确认本期合同收入 = 1 200 × 29.29% = 351.48（万元）。

借：合同结算——收入结转　　　　　　　　　　　351.48
　　　贷：主营业务收入——旺德府改建项目　　　　　　351.48

借：应收账款　　　　　　　　　　　　　　　　　200
　　　贷：合同结算——价款结算　　　　　　　　　　　200

借：应收账款　　　　　　　　　　　　　　　　　218
　　　贷：合同结算——价款结算　　　　　　　　　　　200

　　　　　应交税费——应交增值税——销项税额　　　　　　　　　　　18

　（3）2023年核算，合同总收入由于双方未调整价格依然为1 200万元，合同累计总成本为290＋1 010＝1 300（万元）。

　　　依据合同预期可取得对价＜合同形成的资产账面价值
　　　计提该项改建项目资产减值损失＝1 300－1 200＝100（万元）。

　　　借：资产减值损失　　　　　　　　　　　　　　　　100
　　　　　贷：合同履约成本减值准备　　　　　　　　　　　　100

　　　本年度合同履约成本核算为：

　　　借：合同履约成本——工程施工——旺德府改建项目　1 010
　　　　　贷：原材料等　　　　　　　　　　　　　　　　1 010

　　　因合同履约进度不能确定，但合同收入1 200万元预计能够得到补偿，确认合同成本＝1 200－290＝910（万元）。

　　　借：主营业务成本　　　　　　　　　　　　　　　910
　　　　　贷：合同履约成本——成本结转　　　　　　　　　910

　　　同时确认合同收入＝1 200－351.48＝848.52（万元）。

　　　借：合同结算——收入结转　　　　　　　　　　848.52
　　　　　贷：主营业务收入　　　　　　　　　　　　　848.52
　　　借：应收账款　　　　　　　　　　　　　　　　1 000
　　　　　贷：合同结算——价款结算　　　　　1 000（1 200－200）

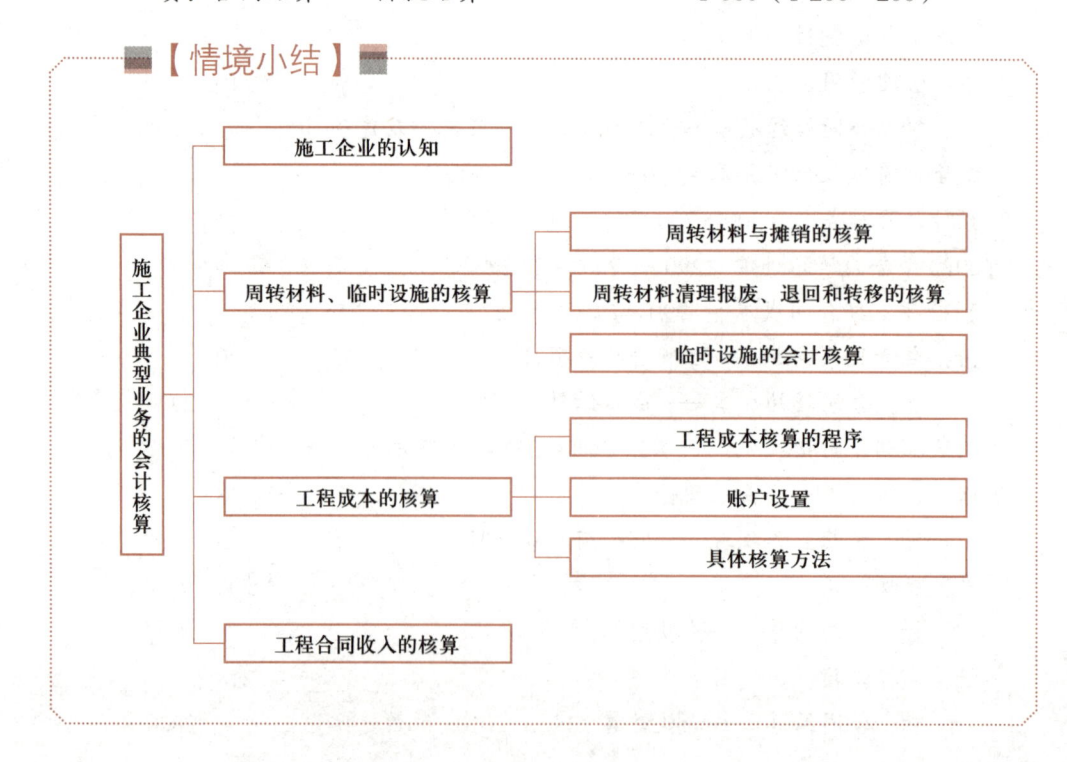

【情境小结】

施工企业典型业务的会计核算
- 施工企业的认知
- 周转材料、临时设施的核算
  - 周转材料与摊销的核算
  - 周转材料清理报废、退回和转移的核算
  - 临时设施的会计核算
- 工程成本的核算
  - 工程成本核算的程序
  - 账户设置
  - 具体核算方法
- 工程合同收入的核算

【情境思考】

张传是一名即将毕业的高职会计专业的大学生,他拟去参加一家建筑施工企业会计人员的招聘面试,就有关专业问题,他的指导老师给他拟定了如下题目叫他去做准备,你能帮他解决吗?

1. 与制造业相比较,施工企业的会计核算主要有什么特点?
2. 施工企业的周转材料内容与制造业相比有哪些异同?
3. 施工企业怎样进行临时设施的核算?
4. 工程成本核算对象如何确定?与制造业成本核算相比有哪些异同?
5. 施工企业机械使用费怎样进行核算?

施工企业
会计核算
自测题

学习情境五

房地产开发企业典型业务的会计核算

【职业能力目标】

知识目标

- 明确房地产开发企业及其会计核算的特点
- 掌握房地产开发企业开发成本的核算内容及账户
- 掌握房地产开发企业开发产品的核算内容及账户
- 熟悉房地产开发企业典型的工作任务类型与业务流程
- 掌握房地产开发企业与制造企业在会计核算上的异同

技能目标

- 能根据业务资料正确核算房地产开发企业的开发成本
- 能根据业务资料正确进行房地产开发企业开发产品的取得、销售、出租、周转等会计核算
- 能根据业务资料正确填制相关的原始凭证、记账凭证,编制会计报表
- 能胜任房地产开发企业财务会计工作岗位的工作

素养目标

- 熟悉与房地产行业相关的宏观调控金融政策
- 及时了解当地住房安居政策,保障民生安居乐业

学习子情境一　房地产开发企业的认知

【知识准备】

一、房地产开发企业概述及其主要经营活动

"房"是指房屋，"地"是指土地，"产"是指产权，房地产是房产与地产的统称。广义的房地产是指土地和定着于土地之上的永久的建筑物、构筑物、附属设施，以及包括水、矿藏、森林等在内的自然资源，还包括与上述物质有关的权益及由此衍生的权利。

（一）房地产开发企业的概念及其开发的形式

房地产开发是房地产开发企业根据城市建设总体规划和社会经济发展的要求，在依法取得土地使用权（开发权、经营权）的基础上，对土地及其地上建筑物进行建设、改造、利用等生产建设与经营管理的活动。

房地产开发企业就是从事房地产开发和经营管理的企业，它既是房地产产品的生产者，又是房地产商品的经营者。

房地产开发既可将土地和房屋分别开发，也可将土地和房屋合在一起开发，还可将土地、房屋以及有关市政、公共配套设施综合起来开发。

具体来说，根据其开发对象的不同，房地产开发的形式可以分为：

（1）土地的开发与经营。
（2）房屋的开发与经营。
（3）城市基础设施和公共配套设施的开发与建设。
（4）代建工程的开发与建设。

（二）房地产开发企业的主要经营活动

房地产开发企业的主要经营活动是开发、经营商品房等建筑产品，建筑产品的开发建设过程是开发企业经营活动的中心环节。房地产开发企业典型经济业务的会计核算主要包括开发成本的核算、开发产品的核算、出租开发产品的核算及周转房的核算。

1. 开发成本的核算

开发成本是指房地产开发企业在开发过程中所发生的各项费用支出。开发成本按其用途，可分为如下四类：

（1）土地开发成本，指房地产开发企业开发土地（即建设场地）所发生的各项费用支出。

（2）房屋开发成本，指房地产开发企业开发各种房屋（包括商品房、出租房、周转房、代建房等）所发生的各项费用支出。

（3）配套设施开发成本，指房地产开发企业为满足居民居住的需要，或根据城

市市政建设规划的要求，以及产品开发项目建设设计规范的要求，而参与开发、建设的各种服务性配套设施所发生的各项费用支出。

（4）代建工程开发成本，指房地产开发企业接受委托单位的委托，代为开发建设的工程（或参加委托单位招标，经过投标中标后承建的开发项目）所发生的各项费用支出。

2. 开发产品的核算

开发产品是指企业已经完成全部开发过程，经验收合格，符合设计标准，可以按照合同规定的条件移交购货单位的产品，或者可以作为商品对外销售的产品，包括已开发完成的土地、房屋、配套设施和代建工程等。主要涉及开发产品增加和减少的核算。

3. 出租开发产品的核算

出租开发产品是指由房地产开发企业开发完成、用于出租经营的土地和房屋。它是企业资产的一部分，但不同于企业的固定资产，也不同于企业的一般劳动产品。企业会计制度规定，对于意图出售而暂时出租经营的开发产品，应在资产负债表的"存货"项目内列示。

4. 周转房的核算

房地产开发企业的周转房是指用于安置拆迁居民、产权归企业所有的各种房屋。包括：

（1）在开发过程中已明确其为安置拆迁居民的房屋。

（2）搭建用于安置拆迁居民的临时性简易房屋。

（3）开发的在未销售前用于安置拆迁居民的房屋。

二、房地产开发企业会计核算的主要特点

房地产开发企业的产品是地产或房产，产品开发周期长，生产经营方式多样，投资主体复杂，与一般企业的生产经营活动有很大的不同。在房地产开发过程中，还涉及土地开发、房屋建造的业务，但其与施工企业的会计核算又有所不同。房地产开发企业会计核算的特点主要体现在以下几个方面。

（一）资金需求量大，筹资渠道广泛，财务风险大

房地产开发企业产品单位价值高，建设周期长，因此房地产开发企业资金投入量比其他行业大得多，属于资本密集型行业。房地产开发企业所需资金，主要通过负债和吸收所有者投资取得。债务筹资渠道主要有金融机构贷款、预收购房金，预收代建工程款或发行股票、增资扩股等。目前我国房地产开发企业主要通过债务形式融资，因而资产负债率较高，借款费用负担较重。一旦开发产品销路不畅，其所占用的大量资金将难以收回和参与周转，致使企业陷入财务困境。

（二）资金占用形态的多元性，表现为成本核算对象的确定具有复杂性

房地产开发企业的开发经营涉及的内容非常广泛，既有土地的开发和经营、房

屋的开发和经营，又有代建工程的开发，以及城市基础设施和公共配套设施的开发与建设等业务。因此，房地产开发企业的资金运动，不仅表现为货币资金依次转化为储备资金、在建资金、建成资金的直线运动特点，而且表现为在储备资金转化为建设资金的过程中，呈现出资金占用的多元性、多向平行运动的特点。其中包括土地开发项目在建资金、商品房项目在建资金、代建工程项目在建资金、配套设施及市政工程等项目在建资金的多种不同存在形态。随着各项在建项目的完工，在各项在建资金转化为建成资金过程中，同样表现出多元性及多向平行运动的特征。从房地产开发企业资金运动的这一特征可以看出，其会计核算需要按资金占用的多种形态组织资金运动的分类核算；同时在成本核算中，要以开发项目作为成本计算对象分别设置成本计算单进行费用的归集和分配，计算各项开发项目的成本。

（三）核算周期的长期性

房地产开发企业的产品开发，通常需要经过开发所在地区总体规划的可行性研究、征地补偿、拆迁安置、七通一平、建筑安装、配套设施工程、绿化环卫工程等多种建设阶段完成。因此，产品开发周期较长，有的需要几年甚至十几年才能完成。这就意味着企业的经营开发资金在建设过程中需要停留较长的时间，并且需要投入较大的金额。这一特点决定了房地产开发企业的会计核算应按权责发生制原则和配比原则，合理确定各个会计期间的收入和费用，正确处理跨年度的各项收入和费用，以合理确定各期的损益。

（四）商品销售的特殊性

随着我国市场经济的不断发展，房地产开发企业的开发产品逐步进入市场，使开发产品具有商品的特征。房地产开发企业的产品，既有一般商品的属性，又具有特殊性。其特殊性主要表现在：① 房地产产品的不可移动性。房地产产品通常在固定地点上进行开发建设，产品是不可移动的。② 商品的价格受所处地理位置、交通条件、基础设施、配套工程等相关因素的影响较大，通常按供需双方合同或协议规定的价格、市场价格等作价销售。

◤ 行业观察 ◢

严控地产行业贷款秩序　助力楼市平稳健康发展

2020 年 12 月 31 日，央行和银保监会联合发布了一份《关于建立银行业金融机构房地产贷款集中度管理制度的通知》，监管指向了房地产贷款。简单来说就是给房地产贷款划了两条线。一条线是"房地产贷款占比"，一条线是"个人住房贷款占比"，针对房地产贷款和个人住房贷款设置上限。"限贷令"有效限制了资金过多流入房地产行业。贷款资金被限制，房价就失去了再次大涨的基础。对于开发商来说，面对现金流吃紧的状况，就不得不依靠销售回款来保持充裕的现金流，而在目前较为低迷的楼市行情下，购房者遇到高性价比房源的机会大大增加。

建立房地产贷款集中度管理制度，是健全我国宏观审慎管理制度和完善房地产金融管理长效机制的重要举措，有助于提高金融体系韧性和稳健性，有助于银行业金融机构优化信贷结构，有助于房地产市场的平稳健康发展，有助于推动金融、房地产行业同实体经济均衡发展。

三、房地产开发企业与制造企业的生产经营特点比较

由于房地产开发企业的特殊性，其发生的经济业务与制造企业不同，所以其生产经营特点与制造企业也有所区别，如表 5-1 所示。

表 5-1　房地产开发企业与制造企业的生产经营特点比较

房地产开发企业的生产经营特点	制造企业的生产经营特点
在进行房地产开发前必须取得土地使用权，然后才可兴建建筑物	在营业执照范围内，有厂房、机器、人员、材料等必备资源就可进行产品生产
经营范围涉及房地产开发、经营、物业管理等	经营范围涉及产品的生产和销售、劳务的提供等
房地产开发企业产品销售后产品位置不变	产品销售后产品位置会发生转移、实物消耗
房产完工后根据用途不同，分别作为开发产品、出租开发产品、周转房使用	产品生产完成后，作为产成品入库，一般用于对外销售
房屋销售后购房者取得房屋的所有权，以及国有土地使用权	产品销售后购买人取得产品所有权
土地使用权期限较长：居住用地 70 年；工业用地 50 年；商业、旅游、娱乐用地 40 年等	寿命期限因具体产品而有所不同

学习子情境二　房地产开发成本的核算

【情境引例】

盛世房地产开发企业在某月份内，共发生了下列有关土地开发支出，见表 5-2。

表 5-2　盛世房地产开发企业土地开发成本

单位：元

支出项目	商品性土地	自用土地
支付土地征用及拆迁补偿费	850 000	750 000
支付承包设计单位前期工程款	60 000	36 000
应付承包施工单位基础设施款	56 000	50 000
分配开发间接费用	20 000	
合计	986 000	836 000

要求：根据相关支出分别核算商品性土地和自用土地的开发成本，并编制相关会计分录。

【知识准备】

一、房地产开发产品种类

（一）土地的开发与经营

土地开发是指土地平整、管道铺设和道路建设等基础设施建设。企业将有偿获得的土地开发完成后，既可有偿转让给其他单位使用，也可自行组织建造房屋和其他设施，然后作为商品作价出售，还可以开展土地出租业务，但土地所有权仍归国家所有。其土地开发成本包括企业开发土地（即建设场地）所发生的各项费用支出。

（二）房屋的开发与经营

房屋的开发指房屋的建造；房屋的经营指房屋的销售与出租。企业可以在开发完成的土地上继续开发房屋，开发完成后，可作为商品作价出售或出租。企业开发的房屋，按用途可分为商品房、出租房、周转房、安置房和代建房等。其房屋开发成本包括企业开发各种房屋所发生的各项费用支出。

（三）城市基础设施和公共配套设施的开发

城市基础设施是为城市顺利进行各种经济活动和其他社会活动而建设的各类设施的总称，主要包括能源设施、供排水设施、交通设施、邮电通信设施、环保设施、防灾设施等。公共配套设施主要指住宅区内的市政公用设施和绿地，主要包括教育、医疗卫生、文化体育、商业服务、行政管理、社区服务和绿地等。其开发成本包括建设这些设施所发生的各项费用支出。

（四）代建工程的开发

代建工程的开发是企业接受政府和其他单位委托，代为开发的工程。其开发成本包括在代建过程中所发生的各项费用支出。

二、开发成本的构成内容

在会计核算上将以上四类房地产开发产品种类，分为如下七个成本项目。

（一）土地征用及拆迁补偿费

土地征用及拆迁补偿费是指房地产开发企业按照城市建设总体规划进行土地开发而发生的各项费用，包括土地征用费、耕地占用税、劳动力安置费及有关地上、地下附着物拆迁补偿的净支出（即扣除拆迁旧建筑物回收的残值）等。

（二）前期工程费

前期工程费是指土地、房屋开发前发生的规划、设计、可行性研究以及水文地质勘察、测绘、场地平整等费用。

（三）基础设施费

基础设施费是指土地、房屋开发过程中发生的供水、供电、供气、排污、排洪、通信、照明、绿化、环卫设施以及道路等基础设施费用。

（四）建筑安装工程费

建筑安装工程费是指土地房屋开发项目在开发过程中按建筑安装工程施工图施工所发生的各项建筑安装工程费和设备费等。

（五）公共配套设施费

公共配套设施费主要包括不能有偿转让的开发小区内公共配套设施发生的支出。其估算可参照建筑安装工程费的估算方法。

（六）不可预见费

不可预见费包括基本预备费和涨价预备费。其依据项目的复杂程度和前述各项费用估算的准确程度计算，以上述（一）至（五）项之和为基数，按 3%~5% 计算。

（七）开发期间费用

开发期间费用的估算应考虑项目在开发过程中所负担的各种税金和地方政府或有关部门征收的费用。在一些大中型城市中，这部分费用在开发建设项目投资构成中占较大的比重，应根据当地有关法规标准估算。

三、开发费用

开发费用是指与房地产开发项目有关的管理费用、销售费用和财务费用。

（一）管理费用

管理费用可按项目开发成本的构成内容中前（一）至（五）项之和为基数，按 3% 左右计算。

（二）销售费用

销售费用是指开发建设项目在销售产品过程中发生的各项费用以及专设销售机构或委托销售代理的各项费用。主要包括以下三项：

（1）广告宣传费，约占销售收入的 2%~3%；

（2）销售代理费，约占销售收入的 1.5%~2%；

（3）其他销售费用，约占销售收入的 0.5%~1%。

以上各项合计，销售费用约占销售收入的 4%~6%。

（三）财务费用

财务费用是指为筹集资金而发生的各项费用，主要为借款利息和其他财务费用，如汇兑损失等。

【职业判断与业务操作】

一、房地产开发成本的账户设置

为核算房地产开发企业的开发成本，企业可根据其本身经营开发的业务要求，设置下列账户。

（一）"开发成本"账户

"开发成本"账户属于成本类账户。本账户核算房地产开发企业在土地、房屋、配套设施和代建工程开发过程中所发生的各项费用。企业对出租房进行装饰及增补室内设施而发生的出租房工程支出，也在本账户核算。该账户借方登记企业在土地、房屋、配套设施和代建工程开发过程中所发生的各项费用，贷方登记结转开发完成已竣工验收的开发产品的实际成本，借方余额反映在建开发项目的实际成本。该账户按开发成本的种类，如"土地开发""房屋开发""配套设施开发"和"代建工程开发"等设置二级明细账户，并在二级明细账户下，按成本核算对象和成本项目进行明细核算。

（二）"开发间接费用"账户

"开发间接费用"账户属于成本类账户。该账户核算房地产开发企业内部独立核算单位为开发产品而发生的各项间接费用，包括工资、福利费、折旧费、修理费、办公费、水电费、劳动保护费、周转房摊销等。其借方登记企业内部独立核算单位为开发产品而发生的各项间接费用，贷方登记期末分配结转入开发成本各成本核算对象的开发间接费用，期末无余额。该账户应按企业内部不同的单位、部门（分公司）设置明细账户。

二、开发成本的具体核算方法

发生各项开发支出时，借记"开发成本——土地开发成本"或"房屋开发成本"等账户，贷记"银行存款""应付账款""应付职工薪酬"等相关账户。期末分配结转由该开发项目负担的开发间接费用时，借记"开发成本——××开发成本"账户，贷记"开发间接费用"账户。

（一）土地开发成本的核算

1. 土地开发支出划分和归集的原则

房地产开发企业开发的土地，按其用途可分为如下两种：一种是为了转让、出租而开发的商品性土地（也叫商品性建设场地）；另一种是为开发商品房、出租房等房屋而开发的自用土地。前者是企业的最终开发产品，其费用支出单独构成土地的开发成本；后者则是企业的中间开发产品，其费用支出应计入商品房、出租房等有关房屋开发成本。

2. 土地开发成本核算对象的确定

为了既有利于土地开发支出的归集，又有利于土地开发成本的结转，对需要单独核算土地开发成本的开发项目，可按下列原则确定土地开发成本的核算对象。

（1）对开发面积不大、开发工期较短的土地，可以每一项独立的开发项目（即地块）为成本核算对象。

（2）对开发面积较大、开发工期较长、分区域开发的土地，可以一定区域作为土地开发成本核算对象。

成本核算对象应在开工之前确定，一经确定就不能随意改变，更不能相互混淆。

（3）土地开发成本项目的设置。根据土地开发支出的一般情况，企业对土地开发成本的核算，可设置如下几个成本项目：土地征用及拆迁补偿费、前期工程费、基础设施费、开发间接费用等。

【做中学】

根据情境引例编制会计分录。

（1）用银行存款支付土地征用及拆迁补偿费时：

借：开发成本——商品性土地开发成本（征地补偿费）　850 000
　　　　　　——自用土地开发成本（征地补偿费）　　750 000
　　贷：银行存款　　　　　　　　　　　　　　　　　1 600 000

（2）用银行存款支付承包设计单位前期工程款时：

借：开发成本——商品性土地开发成本（前期工程费）　60 000
　　　　　　——自用土地开发成本（前期工程费）　　36 000
　　贷：银行存款　　　　　　　　　　　　　　　　　96 000

（3）将应付承包施工单位基础设施款入账时：

借：开发成本——商品性土地开发成本（基础设施费）　56 000
　　　　　　——自用土地开发成本（基础设施费）　　50 000
　　贷：应付账款——应付工程款　　　　　　　　　　106 000

（4）分配应计入商品性土地开发成本的开发间接费用时：

借：开发成本——商品性土地开发成本（开发间接费）　20 000
　　贷：开发间接费用　　　　　　　　　　　　　　　20 000

同时应将各项土地开发支出分别对应记入商品性土地开发成本、自用土地开发成本明细分类账的开发成本项目。

（二）配套设施开发成本的核算

1. 配套设施的种类及其支出归集的原则

房地产开发企业开发的配套设施，可以分为如下两类：一类是开发小区内不能有偿转让的公共配套设施，如水塔、锅炉房、居委会、派出所、消防设施、幼托园所、自行车棚、公厕等；另一类是能有偿转让的城市规划中规定的大型配套设施项目，包括：

（1）开发小区内营业性公共配套设施，如商店、银行、邮局等。

（2）开发小区内非营业性公共配套设施，如中小学、文化站、医院等。

（3）开发小区外为居民服务的给排水、供电、供气的增容增压、交通道路等。这类配套设施，如果没有投资来源，不能有偿转让，也将它归入第一类中，计入房屋开发成本。

2. 配套设施支出的归集方法

（1）对能分清并直接计入某个成本核算对象的第一类配套设施支出，可直接计入有关房屋等开发成本，并在"开发成本——房屋开发成本"账户中归集其发生的支出。

（2）对不能直接计入有关房屋开发成本的第一类配套设施支出，应先在"开发成本——配套设施开发成本"账户进行归集，等到开发完成后再按一定标准分配计入房屋等开发项目成本及能有偿转让的公共配套设施产品成本中。

（3）对能有偿转让的第二类大型配套设施支出，应在"开发成本——配套设施开发成本"账户进行归集，开发完成后按其实际成本转为"开发产品"处理。

（4）配套设施与房屋等开发产品同步开发，则配套设施费用在实际发生时记入"开发成本——房屋开发成本"或"配套设施开发成本"账户；如果配套设施与房屋等不是同步开发，经批准后可按配套设施的预算或计划成本，预提配套设施费，将其记入房屋等开发成本明细分类账的"配套设施费"项目，并记入"开发成本——房屋开发成本"等账户的借方和"其他应付款"或"预提费用"账户的贷方。

【典型任务举例】

祥云房地产开发企业根据建设规划要求，在开发小区内负责建设一间商店、一座水塔和一所幼儿园，上述设施均发包给施工企业施工。其中，商店建成后，有偿转让给湘江公司经营超市。水塔和幼儿园的开发支出按规定计入有关开发产品的成本。水塔与商品房等同步开发，幼儿园与商品房等不同步开发，其支出经批准采用预提办法。上述各配套设施共发生了下列有关支出，见表5-3。

表5-3 祥云房地产开发企业配套设施开发支出

单位：元

支出项目	商店	水塔	幼儿园
支付土地征用及拆迁补偿费	180 000	9 000	180 000
支付承包设计单位前期工程款	65 000	20 000	45 000
应付承包施工企业基础设施工程款	85 000	22 000	95 000
应付承包施工企业建筑安装工程款	620 000	530 000	400 000
分配水塔设施配套设施费	75 000		
分配开发间接费用	95 000		
预提幼儿园设施配套设施费	80 000		

【具体核算方法】

（1）用银行存款支付土地征用及拆迁补偿费时：

借：开发成本——配套设施开发成本（商店）　　　　　180 000
　　　　　　——配套设施开发成本（水塔）　　　　　　9 000
　　　　　　——配套设施开发成本（幼儿园）　　　　180 000
　　贷：银行存款　　　　　　　　　　　　　　　　　369 000
（2）用银行存款支付承包设计单位前期工程款时：
借：开发成本——配套设施开发成本（商店）　　　　　 65 000
　　　　　　——配套设施开发成本（水塔）　　　　　 20 000
　　　　　　——配套设施开发成本（幼儿园）　　　　 45 000
　　贷：银行存款　　　　　　　　　　　　　　　　　130 000
（3）将应付承包施工企业基础设施工程款和建筑安装工程款入账时：
借：开发成本——配套设施开发成本（商店）　　　　　 85 000
　　　　　　——配套设施开发成本（水塔）　　　　　 22 000
　　　　　　——配套设施开发成本（幼儿园）　　　　 95 000
　　贷：应付账款——应付工程款　　　　　　　　　　202 000
借：开发成本——配套设施开发成本（商店）　　　　　620 000
　　　　　　——配套设施开发成本（水塔）　　　　　530 000
　　　　　　——配套设施开发成本（幼儿园）　　　　400 000
　　贷：应付账款——应付工程款　　　　　　　　　1 550 000
（4）分配应记入商店配套设施开发成本的水塔设施支出时：
借：开发成本——配套设施开发成本（商店）　　　　　 75 000
　　贷：开发成本——配套设施开发成本（水塔）　　　 75 000
（5）分配应记入商店配套设施开发成本的开发间接费用时：
借：开发成本——配套设施开发成本（商店）　　　　　 95 000
　　贷：开发间接费用　　　　　　　　　　　　　　　 95 000
（6）预提应由商店配套设施开发成本负担的幼儿园设施支出时：
借：开发成本——配套设施开发成本（商店）　　　　　 80 000
　　贷：预提费用——预提配套设施费　　　　　　　　 80 000
（7）同时应将各项配套设施支出分别记入各配套设施开发成本明细分类账中。

（三）房屋开发成本的核算

房屋开发和建设是房地产开发企业的主要经济业务。房屋开发的目的与用途主要有以下几个方面：一是为对外销售而开发的商品房；二是为出租经营而开发的经营房；三是为安置拆迁居民周转使用而开发的周转房；四是受其他单位委托，代为开发建设的代建房。尽管开发的这些房屋用途不同，但其开发建设的特点和费用支出的内容及费用的性质都大致相同，其开发成本均应在"开发成本——房屋开发成本"明细账中核算。

■【典型任务举例】

天之衡房地产开发公司将锦绣家园开发小区中的一幢商品住宅工程出包给市第十建筑公司。工程完工，市第十建筑公司提交"工程价款结算单"，工程价款共计9 000 000元，已预付6 000 000元。经审查同意，天之衡房地产开发公司支付余款。期末分配结转该商品住宅开发工程应负担的开发间接费用25 000元。

要求：编制相关会计分录。

【具体核算方法】

（1）根据"工程价款结算单"确认房屋开发成本：

借：开发成本——房屋开发成本　　　　　　　　　9 000 000
　　贷：银行存款　　　　　　　　　　　　　　　　3 000 000
　　　　预付账款——市十建锦绣家园工程　　　　　6 000 000

（2）分配该商品房应负担的间接费用：

借：开发成本——房屋开发成本　　　　　　　　　　25 000
　　贷：开发间接费用　　　　　　　　　　　　　　　25 000

（四）代建工程开发成本的核算

（1）企业接受委托单位代为开发建设场地和房屋，其建设内容和特点与企业的土地开发和房屋开发基本相同，所以可比照土地开发和房屋开发的核算方法进行核算，其开发费用分别在"开发成本——土地开发"和"开发成本——房屋开发"两个明细账户核算，开发工程完工验收合格时，转入"开发产品——代建工程"账户。

■【典型任务举例】

万达房地产开发公司接受新辉公司委托，代为开发一幢商品房，此商品房将对新辉公司的职员销售。万达房地产开发公司用银行存款支付基础设施费200 000元，配套设施费60 000元。

要求：对代建工程已发生费用进行账务处理。

【具体核算方法】

根据有关费用支出凭证，编制会计分录如下：

借：开发成本——房屋开发（新辉公司商品房基础设施费）
　　　　　　　　　　　　　　　　　　　　　　　　200 000
　　　　　　——房屋开发（新辉公司商品房配套设施费）
　　　　　　　　　　　　　　　　　　　　　　　　 60 000
　　贷：银行存款　　　　　　　　　　　　　　　　260 000

（2）除土地、房屋以外，其他代建工程如市政工程等，其所发生的支出应通过"开发成本——代建工程开发"账户进行核算，工程完工验收记入"开发产品——代建工程"账户。

【典型任务举例】

环宇房地产开发公司 5 月接受市政建设指挥部委托，代为兴建松江风景区：

5 月 10 日，公司用银行存款支付拆迁补偿费 500 000 元，设计勘察费 60 000 元，基础设施费 30 000 元；5 月 15 日，结转应付某施工企业工程进度款 450 000 元；5 月 25 日，支付风景区绿化费 30 000 元；5 月 31 日，企业分配松江风景区应负担的开发间接费用 50 000 元；5 月 31 日，该风景区竣工，结转其实际成本。

要求：编制环宇房地产开发公司上述业务的会计分录。

【具体核算方法】

（1）5 月 10 日：

借：开发成本——代建工程开发（松江风景区）　　590 000
　　贷：银行存款　　　　　　　　　　　　　　　　590 000

（2）5 月 15 日：

借：开发成本——代建工程开发（松江风景区）　　450 000
　　贷：应付账款——某施工企业　　　　　　　　　450 000

（3）5 月 25 日：

借：开发成本——代建工程开发（松江风景区）　　30 000
　　贷：银行存款　　　　　　　　　　　　　　　　30 000

（4）5 月 31 日：

借：开发成本——代建工程开发（松江风景区）　　50 000
　　贷：开发间接费用　　　　　　　　　　　　　　50 000

借：开发产品——代建工程（松江风景区）　　　　1 120 000
　　贷：开发成本——代建工程开发（松江风景区）　1 120 000

（五）开发间接费用的核算

1. 开发间接费用的组成和核算

开发间接费用是指房地产开发企业内部独立核算单位在开发现场组织管理开发产品而发生的各项费用，主要包括：开发企业内部独立核算单位人员工资、福利费、设备等折旧费、修理费、办公费、水电费、劳保费、周转房摊销等费用。这些费用虽也属于为房地产开发而发生的费用，但它不能确定其为某项开发产品所应负担，因而无法将其直接计入各项开发产品成本。为了简化核算手续，将它先记入"开发间接费用"账户，然后按照适当分配标准，分别计入各项开发产品成本。企业行政管理部门（总部）为组织和管理生产经营活动而发生的管理费用，应作为期间费用，记入"管理费用"账户。

2. 开发间接费用的分配

每月终了，应对开发间接费用进行分配，按实际发生数计入有关开发产品的成本。企业可根据开发经营的特点自行确定开发间接费用的分配方法。土地开发、房屋开发、配套设施和代建工程，均应分配开发间接费用。为了简化核算手续并防止重复分配，对应计入房屋等开发成本的自用土地和不能有偿转让的配套设施的开发成本，均不分配开发间接费用。这部分开发产品应负担的开发间接费用，可直接分配计入有关房屋开发成本。也就是说，企业内部独立核算单位发生的开发间接费用，只需对有关开发房屋、商品性土地、能有偿转让配套设施及代建工程进行分配。开发间接费用的分配标准，可按月份内各项开发产品实际发生的直接成本（包括土地征用及拆迁补偿费、前期工程费、基础设施费、建筑安装工程费、配套设施费）进行，即：

$$某项开发产品成本分配的开发间接费用 = \frac{月份内该项开发产品实际发生的直接成本 \times 本月实际发生的开发间接费用}{应分配开发间接费各开发产品实际发生的直接成本总额}$$

【典型任务举例】

2022年8月某房地产企业开发间接费用如表5-4所示。

表5-4　2022年8月某房地产企业开发间接费用分配表

单位：元

开发项目编号名称	直接成本	间接费用分配率	分配开发间接费
商品房	200 000		20 000
出租房	80 000		8 000
周转房	60 000		6 000
大型配套设施	110 000		11 000
公共配套设施	80 000		
商品性土地	150 000		15 000
合计	680 000	0.1	60 000

要求：根据开发间接费用分配表，结转相关开发项目应负担的间接费用。

【具体核算方法】

间接费用分配率 = 60 000 ÷ (680 000 - 80 000) = 0.1

房屋应分配的开发间接费用 = (200 000 + 80 000 + 60 000) × 0.1 = 34 000（元）

借：开发成本——房屋开发成本　　　　　　　　　　34 000
　　　　　　——配套设施开发成本　　　　　　　　11 000
　　　　　　——商品性土地开发成本　　　　　　　15 000
　　贷：开发间接费用　　　　　　　　　　　　　　60 000

学习子情境三 房地产开发产品的核算

【情境引例】

盛大房地产开发公司根据其开发的住宅楼验收交接凭证，结转住宅楼开发实际成本 10 000 000 元。其后将该住宅楼出售，取得不含税价款收入 15 000 000 元，增值税率 9%，税款 1 350 000 元，所有款项存入银行。

要求：根据相关业务进行相应账务处理。

【知识准备】

房地产开发企业的主要经营活动就是开发土地、房屋、配套设施等建筑产品，并对其进行经营管理。产品开发完成后，企业根据其用途的不同分别作如下处理。

一、作为商品对外销售的通过"开发产品"核算

开发产品是指企业已经完成全部开发过程，经验收合格符合设计标准，可以按照合同规定的条件移交给购货单位，或者可以作为商品对外销售，包括土地、房屋、配套设施和代建工程等。

二、用于出租经营的通过"出租开发产品"核算

出租开发产品是指由房地产开发企业开发完成，用于出租经营的土地和房屋。

三、用于安置周转使用的通过"周转房"核算

周转房是指用于安置被拆迁居民、产权归企业所有的各种房屋。包括：在开发过程中已明确其为安置拆迁居民的房屋，搭建用于安置拆迁居民的临时性简易房屋，开发的在未销售前用于安置拆迁居民的商品房等。

四、自建自用的房产通过"固定资产"核算

房地产开发企业用于办公楼等自行使用的自建房产，作为企业不动产列入房屋建筑物类固定资产。

【职业判断与业务操作】

一、开发产品的核算

房地产开发项目完成全部开发过程后，经过验收合格，需要结转开发产品成本。在竣工验收时，应借记"开发产品"账户，贷记"开发成本"账户。

【做中学】

根据情境引例编制会计分录。

（1）住宅楼完工验收，结转开发成本：

借：开发产品——房屋　　　　　　　　　　　　　10 000 000
　　贷：开发成本——房屋开发成本　　　　　　　　　　10 000 000

(2)住宅楼出售收到价款，结转销售成本：

借：银行存款　　　　　　　　　　　　　　　　16 350 000
　　贷：主营业务收入——商品房销售　　　　　　15 000 000
　　　　应交税费——应交增值税（销项税额）　　 1 350 000
借：主营业务成本——商品房销售成本　　　　　　10 000 000
　　贷：开发产品——房屋　　　　　　　　　　　 10 000 000

二、出租开发产品的核算

（一）房地产出租业务核算的账户设置

（1）对于出租的开发产品，应设置"出租开发产品"账户核算。为核算出租开发产品的库存及损耗价值，下设"出租产品"和"出租产品摊销"两个二级账户。企业接受其他单位和个人的委托代管的房产，应设置"代管房产备查簿"进行登记，不在本账户核算。

（2）对于在出租经营过程中发生的经营收入和经营成本，可通过设置"主营业务收入"和"主营业务成本"账户进行核算。

（二）房地产出租业务的账务处理

1. 出租开发产品增加的账务处理

当房地产企业开发建成了用于出租的土地和房屋，应在签订出租合同、协议后，按土地和房屋的实际成本，借记"出租开发产品——出租产品"账户，贷记"开发产品"账户。

【典型任务举例】

华天房地产开发公司将开发竣工的一栋写字楼出租给万全公司使用，该楼开发总成本为800万元，完工后立即投入出租经营使用。

要求：对华天房地产开发公司有关业务进行账务处理。

【具体核算方法】

（1）写字楼完工结转开发成本：

借：开发产品——房屋　　　　　　　　　　　　　8 000 000
　　贷：开发成本——房屋开发成本　　　　　　　　8 000 000

（2）签订出租合同后：

借：出租开发产品——出租产品　　　　　　　　　8 000 000
　　贷：开发产品——房屋　　　　　　　　　　　　8 000 000

2. 出租开发产品摊销的计算和账务处理

出租开发产品在租赁经营期间，由于使用及自然力的侵蚀，其价值会逐渐减少，企业应根据出租开发产品的账面原价（即实际成本）、预计净残值和使用年限，计算其价值损耗，按月计提出租开发产品的摊销额并计入主营业务成本。

出租开发产品摊销额的计算公式如下：

出租开发产品月摊销率＝[（1－估计净残值率）÷预计使用年限]÷12

出租开发产品月摊销额＝出租房屋原值×出租开发产品月摊销率

当房地产开发企业的出租产品改变用途作为商品对外销售，应于销售实现时，按售价借记"银行存款"或"应收账款"账户，贷记"主营业务收入——商品房销售"账户，并贷记"应交税费——应交增值税（销项税额）"账户；同时结转对外销售的出租开发产品的成本，按出租产品摊余价值借记"主营业务成本"账户，按出租产品累计已提摊销额，借记"出租开发产品——出租产品摊销"账户，按出租产品原始价值，贷记"出租开发产品——出租产品"账户。

■【典型任务举例】

天安房地产开发公司将开发的一栋商品房出租给甲企业，房屋总成本720万元，租赁期限为5年，每月租金3万元（不含税），出租不动产增值税税率为9%，增值税税额2 700元。租赁期间按月进行出租房摊销，该商品房预计使用年限40年，无残值。5年后租赁到期，天安房地产开发公司将该栋商品房改变用途，出售给丁公司，双方协议作价（不含税）为800万元，增值税税额72万元，款项已收存银行。

要求：对天安房地产开发公司相关业务进行账务处理。

【具体核算方法】

（1）完工结转开发成本：

借：开发产品——房屋　　　　　　　　　　　　　　　　7 200 000

　　贷：开发成本——房屋开发成本　　　　　　　　　　　　　7 200 000

（2）商品房用于出租：

借：出租开发产品——出租产品　　　　　　　　　　　　7 200 000

　　贷：开发产品——房屋　　　　　　　　　　　　　　　　　7 200 000

（3）按月收取租金，并进行出租房摊销：

借：银行存款　　　　　　　　　　　　　　　　　　　　　32 700

　　贷：主营业务收入——房屋出租　　　　　　　　　　　　　　30 000

　　　　应交税费——应交增值税（销项税额）　　　　　　　　　2 700

出租房月摊销额＝7 200 000÷40÷12＝15 000（元）

借：主营业务成本　　　　　　　　　　　　　　　　　　　15 000

　　贷：出租开发产品——出租产品摊销　　　　　　　　　　　　15 000

（4）将房屋对外出售，收到价款：

借：银行存款　　　　　　　　　　　　　　　　　　　　8 720 000

　　贷：主营业务收入——商品房销售　　　　　　　　　　　　8 000 000

　　　　应交税费——应交增值税（销项税额）　　　　　　　　720 000

同时，结转商品房销售成本：

借：主营业务成本——商品房销售　　　　　　　6 300 000
　　出租开发产品——出租产品摊销
　　　　　　　　　　　　（15 000×12×5＝）900 000
　　　贷：出租开发产品——出租产品　　　　　　7 200 000

3. 出租开发产品修理费用的账务处理

（1）出租期间发生的修理费，金额不大的直接借记"主营业务成本"账户，贷记"银行存款""应付职工薪酬"等有关账户。

（2）出租期间对所出租产品进行装饰及增添相关设施而发生的装饰工程支出，应先通过"开发成本"账户进行归集，完工后结转工程的成本时，借记"出租开发产品"账户，贷记"开发成本"账户。

（3）出租期间房地产开发企业的出租产品改变用途，作为商品对外销售发生的修理费用，应列为"销售费用"，不得作为"主营业务成本"进行列支。

三、周转房的核算

（一）周转房业务核算的账户设置

为了核算周转房的使用、摊销及其增减变动情况，企业应设置"周转房"账户，并在其下设置"在用周转房"和"周转房摊销"两个二级账户，用以核算在用周转房的开发成本及其损耗价值的摊销情况。

（二）周转房的账务处理

1. 周转房增加的账务处理

企业开发的房产，明确用于安置拆迁居民周转使用的周转房和临时性简易房屋，开发完成时应将其开发成本转入"开发产品——房屋"之中；实际将房屋投入安置使用时，再从"开发产品——房屋"成本转入"周转房——在用周转房"账户。

2. 周转房摊销的计算和账务处理

周转房在周转使用过程中会发生损耗，其损耗价值应转移到受益对象的成本中去。由于周转房并非以营利为目的，因而其每期的摊销额不能计入"主营业务成本"中，而只能由入住的拆迁居民原所在地正在开发的工程来负担，作为开发期间的费用计入土地、房屋的开发成本。

周转房摊销价值一般应按月计提，其计算原理类似于出租开发产品摊销额的计算。按计提的月摊销额，借记"开发成本"或"开发间接费用"等账户，贷记"周转房——周转房摊销"账户。

由于周转房可分为用作周转使用的商品房和周转用临时简易房屋，其摊销计算方法稍有不同：

（1）用作周转使用的商品房由于使用年限较长，可采用年限平均法计提每月摊销额。计算公式如下：

$$月摊销率=[（1-估计净残值率）÷预计摊销年限]÷12$$

$$月摊销额=周转房原值×月摊销率$$

（2）周转用临时简易房屋由于周转使用次数有限，一般可按预计周转使用次数（即安置拆迁居民次数）计提每周转使用一次摊销额。计算公式如下：

$$每次摊销额=周转房原值×（1-估计净残值率）÷预计周转使用次数$$

3. 周转房修理费用的账务处理

房地产开发企业的周转房在供拆迁居民使用过程中发生的修理费用，应按其受益对象，作为开发期间的费用计入土地、房屋的开发成本。实际发生修理费用时，借记"开发成本——商品性土地开发成本""开发成本——房屋开发成本""开发间接费用"账户，贷记"银行存款""应付职工薪酬"等账户。

4. 周转房改变用途对外销售的账务处理

企业将周转房改变用途对外销售时，应视作商品房销售处理。取得销售收入时，借记"银行存款""应收账款"等账户，贷记"主营业务收入——商品房销售"账户，并贷记"应交税费——应交增值税（销项税额）"账户；同时，按周转房摊余价值结转销售成本，借记"主营业务成本——商品房销售"账户，按累计已提摊销价值，借记"周转房——周转房摊销"账户，按周转房原始价值，贷记"周转房——在用周转房"账户。

■【典型任务举例】■

华源房地产开发公司为安置湘江花园小区的动迁居民，将其建造的C栋商品房作为周转房。该商品房实际开发成本为6 000 000元。在使用过程中，按月计提周转房摊销额，该商品房预计使用年限50年，假定期末无残值。使用数月后，周转房发生修理费用50 000元，以银行存款支付；20个月后，湘江花园小区竣工交房，公司将C栋周转房作为商品房对外销售，售房收入8 800 000元（不含税），增值税额792 000元，所有款项已存入银行。

要求：对华源房地产开发公司相关经济业务进行会计处理。

【具体核算方法】

（1）C栋商品房完工结转开发成本：

借：开发产品——C栋商品房　　　　　　　　　　6 000 000
　　贷：开发成本——房屋开发成本　　　　　　　　　　6 000 000

（2）C栋商品房用于周转使用时：

借：周转房——在用周转房　　　　　　　　　　　6 000 000
　　贷：开发产品——C栋商品房　　　　　　　　　　　6 000 000

（3）按月计提周转房摊销：

月摊销额=6 000 000÷50÷12=10 000（元）

借：开发间接费用（或开发成本——湘江花园小区）　　　　10 000
　　　贷：周转房——周转房摊销　　　　　　　　　　　　　　10 000

（4）支付维修费用：

借：开发间接费用（或开发成本——湘江花园小区）　　　　50 000
　　　贷：银行存款　　　　　　　　　　　　　　　　　　　　50 000

（5）周转房改变用途对外出售：

借：银行存款　　　　　　　　　　　　　　　　　　　　9 592 000
　　　贷：主营业务收入——商品房销售　　　　　　　　　　8 800 000
　　　　　应交税费——应交增值税（销项税额）　　　　　　　792 000
借：主营业务成本——商品房销售　　　　　　　　　　　5 800 000
　　　周转房——周转房摊销　　　　　（10 000×20=）200 000
　　　贷：周转房——在用周转房　　　　　　　　　　　　6 000 000

【行业观察】

国家出拳定"稳"基调，维护社会长治久安

推进住房保障工作，会有效改善城镇户籍困难群众住房条件，但大城市中新市民、青年人等群体住房困难问题仍然比较突出，需加快完善以公租房、保障性租赁住房和共有产权住房为主体的住房保障体系。2021年06月24日，国务院办公厅发布了《国务院办公厅关于加快发展保障性租赁住房的意见》（国办发〔2021〕22号）（简称《意见》）。

《意见》从五个方面明确了保障性租赁住房的基础制度：

一是明确对象标准。保障性租赁住房主要解决符合条件的新市民、青年人等群体的住房困难问题。

二是引导多方参与。保障性租赁住房由政府给予土地、财税、金融等政策支持，充分发挥市场机制作用，引导多主体投资、多渠道供给，坚持"谁投资、谁所有"。

三是坚持供需匹配。从实际出发，因城施策，采取新建、改建、改造、租赁补贴和将政府的闲置住房用作保障性租赁住房等多种方式，切实增加供给。

四是严格监督管理。城市人民政府要建立健全住房租赁管理服务平台，加强对保障性租赁住房建设、出租和运营管理的全过程监督，强化工程质量安全监管。

五是落实地方责任。城市人民政府对本地区发展保障性租赁住房，促进解决新市民、青年人等群体住房困难问题负主体责任。

《意见》的提出，加快完善了以公租房、保障性租赁住房和共有产权住房为主体的住房保障体系，明确了保障性租赁住房基础制度和支持政策，坚持"房子是用来住的、不是用来炒的"的定位，突出住房的民生属性，缓解住房租赁市场结构性供给不足，推动建立多主体供给、多渠道保障、租购并举的住房制度，推进以人为核心的新型城镇化，促进实现全体人民住有所居，维护社会长治久安。

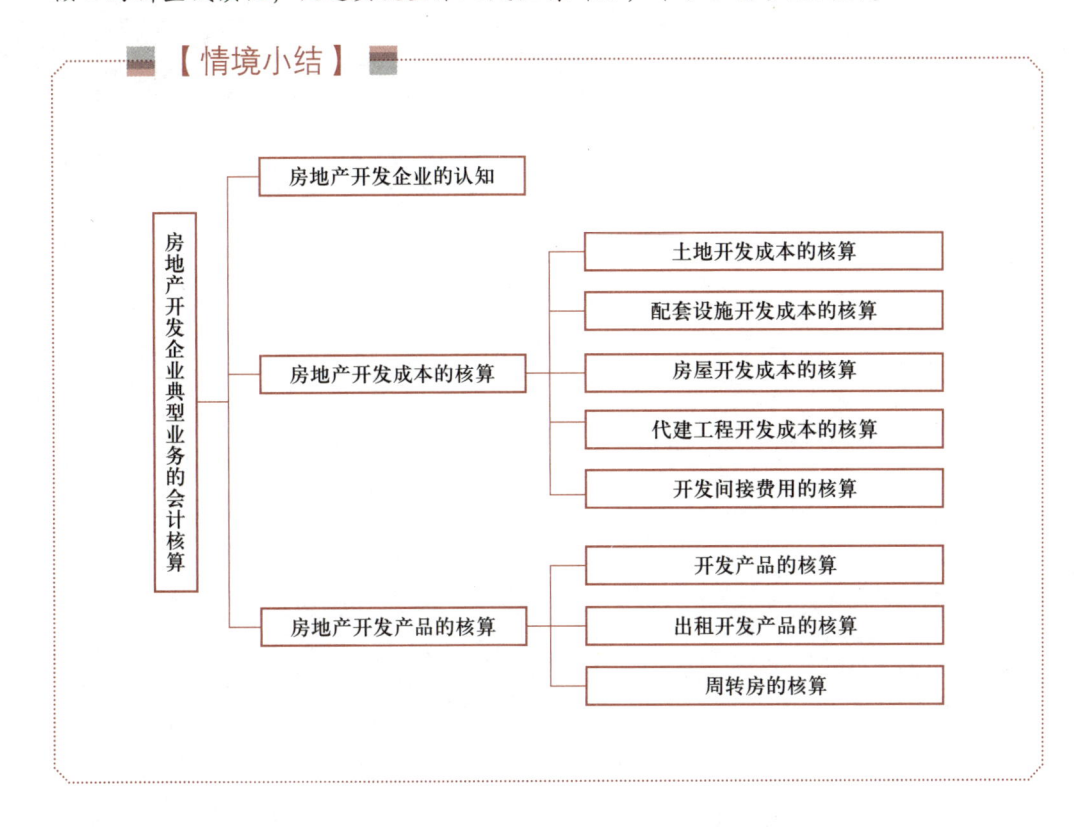

【情境小结】

```
房地产开发企业典型业务的会计核算
├── 房地产开发企业的认知
├── 房地产开发成本的核算
│   ├── 土地开发成本的核算
│   ├── 配套设施开发成本的核算
│   ├── 房屋开发成本的核算
│   ├── 代建工程开发成本的核算
│   └── 开发间接费用的核算
└── 房地产开发产品的核算
    ├── 开发产品的核算
    ├── 出租开发产品的核算
    └── 周转房的核算
```

【情境思考】

张洪原是一家制造企业的会计，刚刚应聘进入一家房地产开发企业，继续从事会计工作。他在工作中遇到一些问题，你能帮他解决吗？

1. 与制造企业相比较，房地产开发企业的会计核算主要有什么特点？
2. "开发成本"账户与"生产成本"账户的用法有何异同？
3. 房地产开发企业的开发成本主要包括哪些？如何设置账户？
4. 什么是周转房？周转房的核算主要涉及哪些业务？
5. 房地产开发企业开发产品的增加和出售如何核算？
6. 房地产开发企业"开发间接费用"与制造企业哪个账户的用法相似？如何使用？
7. 房地产开发企业的成本核算与其他行业会计是否相同？为什么？
8. 房地产开发企业出租开发产品改变用途对外出售如何进行账务处理？

房地产开发企业会计核算自测题

学习情境六

农业企业典型业务的会计核算

【职业能力目标】

知识目标

- 理解农业企业的业务特征及会计核算特点
- 掌握生物资产的定义和分类
- 掌握消耗性生物资产、生产性生物资产和公益性生物资产的核算方法
- 掌握各类生物资产转换的会计处理
- 掌握农业企业与其他行业在会计核算上的异同

技能目标

- 能够区分消耗性生物资产、生产性生物资产和公益性生物资产
- 能够对消耗性生物资产、生产性生物资产和公益性生物资产进行会计处理
- 能够对各类生物资产转换进行会计处理
- 能根据学习和工作的需要查阅相关的数据和资料
- 能根据企业的经营情况与企业内部和外部各部门之间进行有效的沟通
- 能与其他财务人员进行协调合作

> **素养目标**
> - 具有吃苦耐劳的精神
> - 具有较强的沟通能力，与人为善
> - 具有可持续发展的科学观
> - 能掌握工作方法，具备敬业精神、团队合作能力和良好的职业素养

学习子情境一　农业企业的认知

【知识准备】

我国是农业大国，农业资源十分丰富。改革开放以来，随着农业联产承包责任制的推行和农业科学技术的大力推广，农产品的深度加工得到迅猛发展，农业产值不断地提高，农业在我国国民经济的发展中发挥着越来越重要的作用。

随着市场经济体制的建立和发展，我国的传统农业逐渐向现代化农业转变，农业的经营方式由分散经营向集约化、规模化、农工商一体化转变，而传统的个体农业也正在向多种所有制并存、多种经营方式并存、农工商并存的现代农业企业转变。

一、农业企业及其主要经营活动

（一）农业企业的概念及其分类

农业企业是指种植业、养殖业或以其为依托、农工商综合经营、实行独立核算和具有法人地位的农业社会经济组织单位。

按经济性质划分，农业企业包括全民所有制、集体所有制、私营、外商投资等各种性质的企业。

按组织形式划分，农业企业包括有限责任公司、股份有限公司等各种组织形式的企业。

（二）农业企业的主要经营活动

农业生产是农业企业最主要的经营活动，主要包括种植业、林业、畜牧养殖业、渔业等多种生产活动。

1. 种植业生产

种植业生产主要是指各种农产品的生产。农产品主要包括粮食（小麦、水稻、玉米等）、经济作物（棉花、大豆、麻类等）、饲料作物（多汁饲料、青贮饲料、青割饲料等）、蔬菜（黄瓜、番茄、芹菜、白菜等）等。

种植业生产的特点是以土地为基本生产资料，受自然条件影响较大，生产周期较长。从播种开始，经过除草、中耕、施肥等田间管理，到农产品的产出直到销售，一般需要几个月的时间。

2. 林业生产

林业生产包括林产品的生产和经济林木的生产。林产品是指利用经济林木生产出来的产品，如生产果品、食用油料、工业原料和药材等。

经济林木是指可以利用自身的某个部位进行某种产品的生产或自身的某个部位本身就是一件产品的林木。例如，利用茶树的树叶进行茶叶的生产；利用橡胶树上的乳液进行橡胶的生产；而果树上的果实自身就是一件产品。经济林木从树苗种植开始，一般要经过多年才能投产，属于多年生植物，可以长期提供产品。

3. 畜牧养殖业生产

畜牧养殖业生产是利用动物的生理机能，通过人工饲养管理而获得畜禽产品的生产。

畜牧养殖业生产包括养牛、养猪、养羊、养鸡、养蜂、养蚕等。各种畜禽自然生长的特征不同，提供的产品也具有不同的特点。一部分畜禽提供的产品是畜禽动物自身的繁殖、增重和活重等，另一部分畜禽提供的产品不仅包括畜禽动物自身的繁殖、增重和活重，还包括畜禽动物以外的各种产品，如羊毛、牛奶、畜禽蛋等。

4. 渔业生产

渔业生产包括水生动物和植物的育苗、养殖和天然捕捞等生产业务。

水生动植物的养殖包括淡水养殖和海水养殖。淡水养殖包括鱼、虾、蟹、珍珠等的养殖，海水养殖包括贝类、藻类等，如牡蛎、海带、紫菜等的养殖。

天然捕捞是指在天然湖泊、江河、海洋等场所捕捞自然生长的水产品。除了以上农业生产经营活动以外，很多现代农业企业还通过对农产品的深度加工提高其附加值，大力发展农产品的加工、贸易、运输等环节，实行农业、工业、商业、运输业、建筑业和服务业等的综合经营，这已成为当今农业企业发展的趋势。

二、农业企业会计核算的特点

由于农业生产过程、组织形式、经营方式和管理体制等方面与其他行业，尤其是与制造业相比，存在明显的差异，从而形成了农业企业会计核算的特点，主要表现在以下三个方面。

（一）核算内容的多样性

农业企业会计核算内容的多样性，取决于农业企业的经营特点和经营内容的多样性。

在农业企业的生产经营过程中，土地是最基本、最重要的生产资料。农业产品是有生命的动植物产品，而农业产品本身的生长过程又具有其特定的规律，农业生产过程既是自然再生产过程，又是经济再生产过程；农业生产受自然条件的影响较大，产品生命周期较长，受季节性和地域性影响较大。同时，农业企业的林业、畜牧养殖业、渔业的生产过程也相互依赖、相互促进。因此，现代农业企业呈现出"一业为主，多种经营"的特点，实行综合经营，全面发展。除传统农业外，农业企业还广泛涉足工业、商业、运输业、建筑业、服务业等多种行业，有些农业企业还设有后勤、医院、学校、公安等机构。

农业企业经营的多样性，决定了会计核算既要满足企业综合经营管理的需要，提供汇总资料，又要适应多种行业生产经营的特点，采用相应的核算方法分别反映各行业的收入、成本、费用及利润。

（二）核算体制的复杂性

农业企业会计核算体制还应当与其管理体制相适应。现代农业企业在管理上实行联产承包、统分结合、双层经营的体制，由此导致了农业企业会计核算体制的复杂化。

当今广大国有农场通常采取分散核算的体制，多实行场部、场直单位（生产队）两级核算体制，部分规模较大的农场还实行场部、分场、场直单位（生产队）三级核算体制，家庭农场作为一个经营层次，一般由生产队代为核算，并监督其财务活动。实行承包责任制后，农村合作组织与承包农户由原来的借支、预支和年终分配结算，转为承包户平时按照承包合同预交产品和货币资金，年终结算兑现合同。乡镇企业的体制更加复杂多样，不仅乡镇兴办了企业，而且村、组、户也以不同形式联合办起了各种企业，有的乡镇企业还设有企业公司或专业公司，都推行承包经营。这些多形式、多层次、多层承包的管理体制，带来了农业企业会计核算体制的复杂性。

（三）核算方法的灵活性

根据农业企业生产经营和管理体制的特点，其核算方法应在贯彻执行企业会计准则的前提下，充分体现其灵活性。如在农业的种植业、林业、牧业、渔业等生产经营过程中，劳动对象和劳动手段可以相互转化，引起会计核算对象和方法的变化。在畜牧养殖业中，饲养的幼畜是劳动对象，应在存货类账户中核算；当幼畜成龄转为产畜、役畜后，应视同固定资产项目，并于每期期末提取折旧；而当产畜、役畜失去生产能力而被淘汰时，或自行屠宰转为劳动对象，或对外出售获得收入。

此外，农业企业的产品除了直接对外销售外，还有一部分不直接对外销售，而留作自用，这部分产品一般有两种用途：一是用于投入再生产（如种子、饲料、工业用原料等），二是用于职工消耗（如口粮、棉花、油等）。为正确计算农业企业的经营成果，留作自用的农产品虽未销售，也必须合理作价，视同销售处理。

三、农业企业与其他行业企业会计核算的比较

农业企业会计与其他行业企业会计之间具有一定的共性。一般的会计理论、会

计原则、会计制度和会计方法，对于农业企业和其他行业都普遍适用，农业企业会计与其他行业企业会计都应遵守会计基本准则，其资产、负债、所有者权益、收入、费用、利润的确认、计量和划分都要符合会计基本准则的要求。

同时，农业企业在经营和管理上，与其他行业又存在明显的差别，在具体的会计核算上也有所不同。下面主要从存货、成本核算和损益等方面，对农业企业与商贸企业和制造业企业会计核算进行比较。具体内容见表6-1。

表6-1 农业企业与商贸企业和制造业企业会计核算的比较

比较项目	共性	特性
存货	1. 购进存货：以历史成本作为入账价值； 2. 发出存货：以加权平均法、先进先出法、个别计价法等方法计量发出存货的成本； 3. 存货盘存：采用实地盘存制和永续盘存制； 4. 存货的确认范围相同	1. 存货内容除了原材料、包装物、低值易耗品外，还包括农产品消耗性生物资产等； 2. 存货具有较强的自产自用性； 3. 部分存货可以和固定资产类项目相互转换
成本核算	1. 成本核算内容包括劳动对象的耗费、劳动手段的耗费及劳动力的耗费； 2. 成本计算要求正确划分成本与期间费用，并分别核算； 3. 生产成本要在完工产品和在产品之间进行分配	1. 成本核算内容包括农业生产成本、人工费用、制造费用以及机械作业费用等； 2. 种植业、畜牧养殖业等产业成本核算方法各不相同

■【行业观察】■

涉农税收优惠政策之增值税简概

2019年8月，国家税务总局发布的《支持脱贫攻坚税收优惠政策指引》中，共有70条涉农税收优惠政策，尤其值得注意的是，国家对农业企业的税收优惠，多数为直接优惠，基本涵盖了农业生产和加工的全链条。例如，在生产环节，对生产销售有机肥、农膜、滴灌产品，批发零售种子、种苗、农药、农机免征增值税，在有效降低农机企业税负的同时，也降低农户的生产成本。在流通环节，对蔬菜、部分鲜活肉蛋产品免征增值税。此外，税收政策还鼓励农业资源综合利用，以部分农林剩余物为原料生产资源综合利用产品，可享受增值税即征即退70%的相关优惠。

学习子情境二 生物资产的认知

【知识准备】

一、生物资产的定义及特点
（一）生物资产的定义
生物资产是指与农业生产相关的有生命的（即活的）动物和植物。与国际会计准则相比较，我国会计准则在定义生物资产时不涉及产权方面的概念，定义相对宽泛。

（二）生物资产的特点
1. 生物资产的生物转化性

有生命的动物或植物其自身具有生物转化的能力。生物转化指的是生物资产的质量和数量发生变化的生长、蜕化、繁殖和生产的过程。生物资产的自身转化过程与制造企业的原材料消耗过程具有一定的相似性，两种过程的结果都是资产的形态最终发生了变化，并且价值得到了增加。两者的区别在于，一方面，在生物资产的转化过程中生物体自身起到了主导作用，人工的管理以及自然界的作用对于生物资产的转化起到的是辅助作用，而工业生产中的原材料没有自身转化的能力；另一方面，生物资产在完成转化过程后其数量常常是增加的，如细胞分裂、产畜的生产等，而工业生产过程中原材料是被消耗的对象，在转化过程完成后原材料的数量是减少的。企业从事农业生产的目的，主要是增强生物资产的生物转化能力，最终获得更多的符合市场需要的农产品。

2. 生物资产的流动性与长期性

具有特殊经营目的的生物资产具有流动性的特点。例如，饲养牛羊以取其皮肉为经营目的，此时生物资产只能利用一次，这样的生物资产具有流动性。

生物资产在经营过程中可以长期使用，连续多年为企业创造价值。例如，饲养牛羊以取其奶、毛为经营目的，这样的生物资产可以长期、反复使用，具有长期性。

就生物资产的长期性而言，其与固定资产具有一定的相似性，但生产性生物资产与固定资产具有本质区别，生物资产是有生命的，具有天然增值能力，而固定资产是没有生命的，不具有自身增值潜能。这主要体现在以下两个方面：一方面，固定资产投产后，其价值随着生命周期的延续呈逐年下降趋势，而生产性生物资产的价值随生命周期的延长呈缓慢增长、快速增长、趋于稳定和下降趋势；另一方面，固定资产投产后，其产能随着生命周期的延续呈逐年递减趋势，而生产性生物资产的产能随生命周期的延长呈零产能、增长、稳定、下降趋势。

二、生物资产的确认与分类

（一）生物资产的确认

生物资产必须同时满足以下三个条件才能予以确认：

（1）企业因过去交易或事项而拥有或者控制着该生物资产；

（2）该生物资产所包含的未来经济利益很可能流入企业；

（3）该生物资产的成本能够可靠地计量。

（二）生物资产的分类

根据生物资产持有目的不同，可以将其分为消耗性生物资产、生产性生物资产和公益性生物资产。

1. 消耗性生物资产

消耗性生物资产是指将来为收获农产品或为出售而持有的生物资产，如玉米和小麦等庄稼、用材林、存栏待售的牲畜、养殖的鱼等。消耗性生物资产通常被一次性消耗并终止其服务能力或未来经济利益，因此在一定程度上具有存货的特征，应当作为存货在资产负债表中列报。

2. 生产性生物资产

生产性生物资产是指为产出农产品、提供劳务或出租等目的而持有的生物资产。生产性生物资产具备自我生长性，能够在持续的基础上予以消耗并在未来的一段时间内保持其服务能力或未来经济利益，属于劳动手段，包括经济林、薪炭林、产畜和役畜等。

与消耗性生物资产相比较，生产性生物资产的最大不同在于，生产性生物资产具有能够在生产经营中长期、反复使用，从而不断产出农产品或者是长期使用的特征。具体来说，消耗性生物资产在收获农产品之后，该资产就不复存在，而生产性生物资产在产出农产品之后，该资产仍然保留，并可以在未来期间继续产出农产品。因此，通常认为生产性生物资产在一定程度上具有固定资产的特征，例如，果树每年产出水果、奶牛每年产奶等。

以能否进入正常生产周期为标准，生产性生物资产还应当分为未成熟生产性生物资产和成熟生产性生物资产。未成熟生产性生物资产是指未进入正常生产周期，不能多年连续提供劳动服务或可以连续收获产品的生产性生物资产，如未开始下蛋的鸡鸭等，成熟生产性生物资产是指进入正常生产周期，能够多年连续提供劳动服务或可以连续收获产品的生产性生物资产。

3. 公益性生物资产

公益性生物资产是指以防护、保护环境为主要目的的生物资产，包括防风固沙林、水土保持林和水源涵养林等。

公益性生物资产与消耗性生物资产、生产性生物资产有着本质不同。后面两者的目的是直接给企业带来经济利益，而公益性生物资产主要是出于防护、保护环境等目的，尽管其不能直接给企业带来经济利益，但具有服务潜能，有助于企业从相关资产中获得经济利益，因此应当确认为生物资产，并且应当单独核算。

学习子情境三　消耗性生物资产的核算

【情境引例】

西北农场 2022 年发生部分经济业务如下：

（1）用银行存款，购入一批成年肉猪，买价为 28 000 元，运输费为 1 200 元，装卸费为 400 元，保险费为 1 400 元。

（2）种植的农作物为水果玉米，耗用种子费 5 000 元，肥料费 4 000 元，农药费 5 000 元，人工费 16 000 元。

（3）自行营造用材林，林木郁闭前用银行存款支付育林费 300 000 元，抚育费 40 000 元，森林保护费 20 000 元，调查设计费 20 000 元。

（4）繁殖一批仔猪，出售前用银行存款支付饲料费 80 000 元，人工费 90 000 元，其他直接费用 15 000 元。

（5）养殖一批草鱼，出售前用银行存款支付苗种费 12 000 元，饲料费 31 000 元，人工费 20 000 元。

（6）取得天然起源林 800 亩，该批林木属于工业原料林。

要求：根据上述资料，编制相关会计分录。

【知识准备】

为了对消耗性生物资产进行核算，需要设置"消耗性生物资产""消耗性生物资产跌价准备"等账户。

（一）"消耗性生物资产"账户

"消耗性生物资产"账户用于核算农业企业持有的消耗性生物资产的实际成本。该账户的借方登记通过外购、自行栽培、营造、繁殖等各种方式取得的消耗性生物资产的实际成本，贷方登记收获和处置消耗性生物资产的实际成本，期末借方余额反映企业消耗性生物资产的实际成本。

（二）"消耗性生物资产跌价准备"账户

"消耗性生物资产跌价准备"账户用于核算消耗性生物资产价格下跌时计提的跌价准备。该账户的借方登记处置消耗性生物资产结转的跌价准备和转回的消耗性生物资产跌价准备，贷方登记消耗性生物资产可变现净值低于账面价值的差额，期末贷方余额反映企业已经计提但尚未转销的消耗性生物资产跌价准备。

【职业判断与业务操作】

一、消耗性生物资产取得的核算

外购生物资产的成本,包括购买价款、相关税费、运输费、保险费以及可直接归属于购买该资产的其他支出。其中,可直接归属于购买该资产的其他支出包括场地整理费、装卸费、栽植费、专业人员服务费等,企业利用一笔款项一次性购入多项生物资产时,在购买过程中发生的相关税费、运输费、保险费等可以直接归属于购买该资产的其他支出,应当按各项生物资产的价款比例进行分配,分别确定各项生物资产的成本。

(一)外购消耗性生物资产

企业外购的消耗性生物资产,按应计入生物资产成本的金额,借记"消耗性生物资产"账户,贷记"银行存款""应付账款""应付票据"等账户。

【做中学】

根据本学习情境引例,编制会计分录。

业务(1):

借:消耗性生物资产　　　　　　　　　　　　　　31 000
　　贷:银行存款　　　　　　　　　　　　　　　　　　31 000

(二)自行栽培的大田作物和蔬菜

自行栽培的大田作物和蔬菜的成本,按照其在收获前耗用的种子、肥料、农药等材料费、人工费等必要的支出进行确定。按收获前发生的必要支出,借记"消耗性生物资产"账户,贷记"银行存款"账户。

【做中学】

根据本学习情境引例,编制会计分录。

业务(2):

借:消耗性生物资产　　　　　　　　　　　　　　30 000
　　贷:银行存款　　　　　　　　　　　　　　　　　　30 000

(三)自行营造的林木类消耗性生物资产

自行营造的林木类消耗性生物资产的成本,按其郁闭前发生的育林费、抚育费、森林保护费、营林设施费、良种试验费、调查设计费及分摊的间接费用等必要支出进行确定,借记"消耗性生物资产"账户,贷记"银行存款""应付账款""应付票据"等账户。

【做中学】

根据本学习情境引例,编制会计分录。

业务(3):

借:消耗性生物资产　　　　　　　　　　　　　　380 000

贷：银行存款　　　　　　　　　　　　　　　　　　　380 000

（四）自行繁殖的育肥畜

自行繁殖的育肥畜的实际成本，按其在出售前发生的饲料费、人工费及其他直接费用和间接费用进行确定。按育肥畜出售前发生的必要支出，借记"消耗性生物资产"账户，贷记"银行存款""应付账款""应付票据"等账户。

■【做中学】■

根据本学习情境引例，编制会计分录。

业务（4）：

　　借：消耗性生物资产　　　　　　　　　　　　　　　　185 000
　　　贷：银行存款　　　　　　　　　　　　　　　　　　　185 000

（五）水产养殖的动物和植物

水产养殖的动物和植物的实际成本，按其在出售或入库前耗用的苗种、饲料、肥料等材料费、人工费、其他直接费用和应分摊的间接费用等必要支出进行确定。按水产养殖动植物出售前发生的必要支出，借记"消耗性生物资产"账户，贷记"银行存款""应付账款""应付票据"等账户。

■【做中学】■

根据本学习情境引例，编制会计分录。

业务（5）：

　　借：消耗性生物资产　　　　　　　　　　　　　　　　63 000
　　　贷：银行存款　　　　　　　　　　　　　　　　　　　63 000

（六）天然起源的消耗性生物资产

天然林等天然起源的消耗性生物资产，只有在有确凿证据表明企业能够拥有、控制该生物资产时，才能予以确认。天然起源的消耗性生物资产的公允价值无法可靠地取得，应按名义金额确定生物资产的成本，同时计入当期损益。名义金额为1元人民币，借记"消耗性生物资产"账户，贷记"营业外收入"账户。

■【做中学】■

根据本学习情境引例，编制会计分录。

业务（6）：

　　借：消耗性生物资产　　　　　　　　　　　　　　　　1
　　　贷：营业外收入　　　　　　　　　　　　　　　　　　1

二、消耗性生物资产的后续计量

消耗性生物资产的后续计量通常有两种方式：历史成本计量和公允价值计量。

采用历史成本对消耗性生物资产进行计量时，生物资产成本按历史成本减去累计折旧和跌价准备后的金额计量。

采用公允价值对消耗性生物资产进行计量时，需要同时满足两个条件：一是生物资产有活跃的交易市场，即该生物资产能够在交易市场中直接交易；二是能够从交易市场上取得同类或类似生物资产的市场价格及其他相关信息，从而对生物资产的公允价值作出科学、合理的估计。

在公允价值计量模式下，企业不再对生物资产计提折旧和计提跌价准备或减值准备，应当以资产负债表日生物资产的公允价值减去估计销售时所发生费用后的净额计量，各期变动计入当期损益。一般情况下，企业对生物资产的计量模式一经确定，不得随意变更。

以下主要阐述在历史成本计量模式下消耗性生物资产的会计核算方法。

林木类消耗性生物资产在生长的过程中，经营者会对林木进行择伐、间伐或者因抚育更新而采伐，经过采伐后的林木需要补植，对于补植所发生的林木类资产后续经营支出，借记"消耗性生物资产"账户，贷记"银行存款""应付账款""应付票据"等账户。

【典型任务举例】

（1）西北农场对工业原料林实行更新采伐，更新采伐后按作业计划对采伐迹地进行更新造林，用银行存款支付森林保护费6 000元，人工费18 000元，材料费8 000元。

（2）西北农场下属的乙林班统一组织培植管护一片森林，2022年3月，发生森林管护费用共计40 000元，其中：人员工资20 000元，尚未支付；使用库存肥料16 000元；管护设备折旧4 000元。管护总面积为5 000公顷，其中作为用材林的杨树林共计4 000公顷，杨树林已郁闭的占75%，其余的尚未郁闭；作为水土保持林的马尾松共计1 000公顷，全部已郁闭。假定管护费用按照森林面积比例进行分配。

要求：根据上述资料，编制相关会计分录。

【具体核算方法】

（1）根据业务（1）编制会计分录如下：

借：消耗性生物资产　　　　　　　　　　　　32 000
　　贷：银行存款　　　　　　　　　　　　　　　32 000

（2）根据业务（2），有关计算如下：

未郁闭杨树林应分配共同费用的比例 = 4 000×（1-75%）÷5 000 = 0.2
已郁闭杨树林应分配共同费用的比例 = 4 000×75%÷5 000 = 0.6
已郁闭马尾松应分配共同费用的比例 = 1 000÷5 000 = 0.2
未郁闭杨树林应分配的共同费用 = 40 000×0.2 = 8 000（元）
已郁闭杨树林应分配的共同费用 = 40 000×0.6 = 24 000（元）
已郁闭马尾松应分配的共同费用 = 40 000×0.2 = 8 000（元）

西北农场应编制的会计分录如下：

借：消耗性生物资产——用材林（杨树林）	8 000	
管理费用	32 000	
贷：应付职工薪酬		20 000
原材料		16 000
累计折旧		4 000

三、消耗性生物资产减值的核算

（一）消耗性生物资产发生减值的确认

《企业会计准则第 5 号——生物资产》规定，企业至少应当于每年年度终了对消耗性生物资产和生产性生物资产进行检查，有确凿证据表明上述生物资产发生减值的，应当计提生物资产减值准备。此外，生物资产存在下列情形之一的，通常表明该生物资产发生了减值。

（1）因遭受火灾、旱灾、水灾、冻灾、台风、冰雹等自然灾害，造成消耗性或生产性生物资产发生实体损坏，影响该资产的进一步生长或生产，从而降低其产生经济利益的能力。

（2）因遭受病虫害或动物疫病侵袭，造成消耗性或生产性生物资产的市场价格大幅度持续下跌，并且在可预见的未来无回升的希望。

（3）因消费者偏好改变而使企业消耗性或生产性生物资产收获的农产品的市场需求发生变化，导致市场价格逐渐下跌。

（4）因企业所处经营环境，如动植物检验检疫标准等发生重大变化，从而对企业产生不利影响，导致消耗性或生产性生物资产的市场价格逐渐下跌。

（5）其他足以证明消耗性或生产性生物资产实质上已经发生减值的情形。

（二）消耗性生物资产减值的账务处理

消耗性生物资产的可变现净值是指在日常活动中，消耗性生物资产的估计售价减去出售时估计将要发生的成本、估计的销售费用以及相关税费后的金额，其确定应当遵循《企业会计准则第 1 号——存货》的规定。生产性生物资产的可收回金额根据其公允价值减去处置费用的净额与资产预计未来现金流量现值两者之间较高者确定，应当遵循《企业会计准则第 8 号——资产减值》的规定。消耗性生物资产的可变现净值或生产性生物资产的可收回金额低于其成本或账面价值时，企业应当按照可变现净值或可收回金额低于成本或账面价值的差额，计提生物资产减值准备，借记"资产减值损失"账户，贷记"存货跌价准备——消耗性生物资产"或"生产性生物资产减值准备"账户。

企业在每年年度终了对消耗性生物资产进行检查时，如果消耗性生物资产减值的影响因素已经消失，减记的金额应当予以恢复，并在原已计提的减值准备金额内转回，转回的金额计入当期损益，借记"存货跌价准备——消耗性生物资产"账户，贷记"资产减值损失"账户。

【典型任务举例】

（1）西北农场种植小麦200公顷，2022年6月发生自然灾害导致90公顷的小麦遭到严重损害，灾后可变现净值约为160 000元，灾后受损的小麦可变现净值低于账面价值的差额为140 000元，则应计提跌价准备为140 000元。

（2）沿用（1）的相关数据资料，假设通过科学技术手段消除了自然灾害的影响，此时，公司应对生物资产的可变现净值进行恢复。

要求：根据上述资料，编制相关会计分录。

【具体核算方法】

（1）根据业务（1）编制会计分录如下：

借：资产减值损失——消耗性生物资产（小麦）　　140 000
　　贷：存货跌价准备——消耗性生物资产（小麦）　　140 000

（2）根据业务（2）编制会计分录如下：

借：存货跌价准备——消耗性生物资产（小麦）　　140 000
　　贷：资产减值损失——消耗性生物资产（小麦）　　140 000

四、消耗性生物资产的收获以及处置

（一）收获消耗性生物资产的核算

农产品是指来源于农业的初级产品，即在农业活动中获得的植物、动物、微生物及其产品。国家规定初级农产品是指种植业、畜牧业、渔业产品。

消耗性生物资产收获后转为企业拥有的农产品时，应当按消耗性生物资产的账面价值结转成本，借记"农产品"账户，贷记"消耗性生物资产"账户。消耗性生物资产成本结转的具体方法包括加权平均法、蓄积量比例法、轮伐期年限法、折耗率法等，上述方法都是林业中通常使用的方法。

1. 加权平均法

加权平均法是畜牧养殖企业常用的方法，下面举例说明。

【典型任务举例】

西北农场2022年4月末养殖的肉猪账面余额为38 000元，共计50头。5月15日花费10 000元新购入一批肉猪养殖，共计20头。5月30日屠宰并出售肉猪30头，支付临时工屠宰费用500元，出售取得价款30 000元。5月份共发生饲养费用1 000元，其中，支付给专职饲养员工资600元，饲料费用400元。

要求：根据上述资料，编制相关会计分录。

【具体核算方法】

采用加权平均法结转成本，相关计算如下：

加权平均单位成本 =（38 000 + 10 000 + 1 000）÷（50 + 20）= 700（元）

出售猪肉的成本 = 700 × 30 = 21 000（元）

编制会计分录如下：

借：消耗性生物资产——肉猪　　　　　　　　　10 000
　　贷：银行存款　　　　　　　　　　　　　　　10 000
借：消耗性生物资产——肉猪　　　　　　　　　 1 000
　　贷：应付职工薪酬——工资　　　　　　　　　　600
　　　　原材料　　　　　　　　　　　　　　　　　400
借：农产品——猪肉　　　　　　　　　　　　　21 500
　　贷：消耗性生物资产　　　　　　　　　　　 21 000
　　　　库存现金　　　　　　　　　　　　　　　　500
借：库存现金　　　　　　　　　　　　　　　　30 000
　　贷：主营业务收入　　　　　　　　　　　　 30 000
借：主营业务成本　　　　　　　　　　　　　　21 500
　　贷：农产品——猪肉　　　　　　　　　　　 21 500

2. 蓄积量比例法

蓄积量比例法以达到经济成熟可供采伐的林木为"完工"标志，将包括已成熟和未成熟的所有林木按照完工程度（林龄、林木培育程度、费用发生程度等）折算为达到经济成熟可供采伐的林木总体蓄积量，然后，按照当期采伐林木的蓄积量占折算的林木总体蓄积量的比例，确定应该结转的林木资产成本。该方法主要适用于择伐方式和林木资产由于择伐更新使其价值处于不断变动的情况。计算公式为：

<u>某期应结转的林木资产成本 =（当期采伐林木的蓄积量÷林木总体蓄积量）×期初林木资产账面总值</u>

3. 轮伐期年限法

轮伐期年限法是将林木的原始价值按照可持续经营的要求，在其轮伐期的年份内平均摊销，并结转林木资产成本。其中，轮伐期是指将一块林地上的林木均衡分批、轮流采伐一次所需要的时间（通常以年为单位计算）。计算公式为：

<u>某期应结转的林木资产成本 = 林木资产原值÷轮伐期</u>

4. 折耗率法

折耗率法也是林业常用的方法之一。该方法按照采伐林木所消耗的林木蓄积量占到采伐为止预计该地区、该树种可能达到的总蓄积量摊销、结转所采伐林木资产成本。计算公式为：

<u>采伐的林木应摊销的林木资产价值 = 折耗率×所采伐林木的蓄积量</u>
<u>折耗率 = 林木资产总价值÷到采伐为止预计的总蓄积量</u>

其中，折耗率应分树种、地区分别测算；林木资产总价值是指该地区、该树种营造林的历史成本总和；到采伐为止预计的总蓄积量是指到采伐为止预计该地区、该树种可能达到的总蓄积量。

（二）处置消耗性生物资产的核算

消耗性生物资产在出售时，按交易实际收到的金额借记"银行存款"账户，贷记"主营业务收入"账户，同时按消耗性生物资产的账面余额借记"主营业务成本"账户，贷记"消耗性生物资产"账户。若资产已计提跌价准备、减值准备或累计折旧，则需结转相应的跌价准备、减值准备或累计折旧。这里所说的消耗性生物资产，是指未经收获直接销售的生物资产，如鲜活商品鱼或者猪等。

■【典型任务举例】

（1）西北农场2022年10月将育成的50头猪仔出售给某食品加工厂，价款总额为23 000元，已经收到对方的银行付款。该批猪仔未计提跌价准备，出售猪仔时，该批猪仔的账面价值为19 000元。

（2）西北农场2022年10月出售鲜鲤鱼8 000千克，每千克鲤鱼售价为8元，每千克鲤鱼成本为6元。该批鲤鱼未计提跌价准备，尚未收到对方的货款。

要求：根据上述资料，编制相关会计分录。

【具体核算方法】

（1）根据业务（1）编制会计分录如下：

借：银行存款　　　　　　　　　　　　　　　　23 000
　　贷：主营业务收入　　　　　　　　　　　　　　23 000
借：主营业务成本　　　　　　　　　　　　　　19 000
　　贷：消耗性生物资产　　　　　　　　　　　　　19 000

（2）根据业务（2）编制会计分录如下：

借：应收账款　　　　　　　　　　　　　　　　64 000
　　贷：主营业务收入　　　　　　　　　　　　　　64 000
借：主营业务成本　　　　　　　　　　　　　　48 000
　　贷：消耗性生物资产　　　　　　　　　　　　　48 000

学习子情境四　生产性生物资产的核算

▶【情境引例】

西北农场2022年发生如下经济业务：

（1）购买15头种公猪、30头母猪，单价分别为5 000元和4 000元，支付的价款共计195 000元。此外，发生的运输费为4 500元，保险费为3 000元，装卸费为2 250元，款项尚未支付。

（2）自行营造的具有生长特点的柑橘果树林达20公顷，发生直接材料费用100 000元，人员工资80 000元，以银行存款支付技术咨询服务费18 000元。

（3）养殖奶牛 5 头，产奶前实际成本包括饲料费 40 000 元，人工饲养费 16 000 元，其他费用 9 000 元。

（4）自 2016 年开始自行营造 100 公顷橡胶林，当年发生种苗费 180 000 元，平整土地和定植所需的机械折旧费 55 000 元，定植当年抚育发生肥料及农药费 250 000 元，人员工资等 450 000 元。该橡胶林达到正常生产期为 6 年，从定植后至今共发生管护费用 2 500 000 元，以银行存款支付。

（5）将一批肉羊转为种羊，这批种羊的账面价值为 56 000 元，已计提存货跌价准备 6 000 元。

（6）取得天然起源林 1 500 公顷，该批林木属于生产性生物资产。

要求：根据上述资料，编制相关会计分录。

【知识准备】

生产性生物资产在一定程度上具有固定资产的特征，例如，果树每年产出水果、奶牛每年产奶等。下面专门介绍生产性生物资产的核算。

为了对生产性生物资产进行核算，需要设置"生产性生物资产""生产性生物资产减值准备""农业生产成本""生产性生物资产累计折旧""农产品"等账户。

（一）"生产性生物资产"账户

"生产性生物资产"账户属于资产类账户，核算农业企业持有的生产性生物资产的实际成本。该账户的借方登记通过外购、自行栽培、营造、繁殖等各种方式取得的生产性生物资产的实际成本，贷方登记收获和处置生产性生物资产的实际成本，期末借方余额反映生产性生物资产的实际成本。

（二）"生产性生物资产减值准备"账户

"生产性生物资产减值准备"账户属于资产类账户，核算生产性生物资产可收回金额低于成本或账面价值时计提的减值准备。该账户的借方登记处置生产性生物资产时结转的减值准备，贷方登记生产性生物资产可收回金额低于成本或账面价值的差额，期末贷方余额反映企业已经计提但尚未结转的生产性生物资产减值准备。

生产性生物资产减值准备一经计提不得转回，这是与消耗性生物资产的不同之处。

（三）"农业生产成本"账户

"农业生产成本"账户属于成本类账户，核算企业在农业经营活动中发生的各项生产费用。该账户按种植业、畜牧养殖业、林业和水产业等行业分类确定核算对象，对生产活动中发生的各项费用进行归集与分配。

（四）"生产性生物资产累计折旧"账户

"生产性生物资产累计折旧"账户属于资产类账户，核算成熟的生产性生物资产的累计折旧，按生产性生物资产的种类、群别等进行明细核算。该账户的借方登记处置生产性生物资产结转的累计折旧，贷方登记计提的生产性生物资产的折旧，期末贷方余额反映成熟的生产性生物资产的累计折旧额。

（五）"农产品"账户

"农产品"账户属于资产类账户，核算企业从事农业活动所收获的农产品和家庭农场上的农产品的实际成本，包括种植业产品、畜牧业产品、水产品和林产品。

【职业判断与业务操作】

一、生产性生物资产取得的核算

（一）外购生产性生物资产

农业企业外购生产性生物资产，按应计入生产性生物资产成本的金额借记"生产性生物资产"账户，贷记"银行存款""应付账款"等账户。

外购生产性生物资产的成本包括购买价款、相关税费、运输费、保险费以及可直接归属于购买该资产的其他支出。其中，可直接归属于购买该资产的其他支出包括场地整理费、装卸费、栽植费、专业人员服务费等。

购买过程中发生的相关税费、运输费、保险费等可直接归属于购买该资产的其他支出，应当按照各项生物资产的价款比例进行分配，分别确定各项生物资产的成本。

【做中学】

根据本学习情境引例，编制会计分录。

业务（1）：

（1）确定应分摊的运输费、保险费和装卸费：

分摊比例 =（4 500 + 3 000 + 2 250）÷（15 × 5 000 + 30 × 4 000）= 0.05

15 头种公猪应分摊的费用 = 15 × 5 000 × 0.05 = 3 750（元）

30 头母猪应分摊的费用 = 30 × 4 000 × 0.05 = 6 000（元）

（2）确定种猪入账价值：

15 头种公猪的入账价值 = 15 × 5 000 + 3 750 = 78 750（元）

30 头母猪的入账价值 = 30 × 4 000 + 6 000 = 126 000（元）

应编制会计分录如下：

借：生产性生物资产——种公猪　　　　　　　　　　78 750
　　　　　　　　　　——母猪　　　　　　　　　　126 000
　　贷：应付账款　　　　　　　　　　　　　　　　204 750

（二）自行营造的林木类生产性生物资产

自行营造的林木类生产性生物资产的初始取得成本，按达到预先计划的生产经营目的前所发生的必要支出入账，借记"生产性生物资产"账户，贷记"银行存款""应付账款"或"应付票据"等账户。

【做中学】

根据本学习情境引例,编制会计分录。

业务(2):

借:生产性生物资产——未成熟生产性生物资产
　　（柑橘果树林）　　　　　　　　　　　　　　198 000
　　贷:原材料　　　　　　　　　　　　　　　　　100 000
　　　　应付职工薪酬——工资　　　　　　　　　　80 000
　　　　银行存款　　　　　　　　　　　　　　　　18 000

(三)自行繁殖的产畜和役畜

自行繁殖的产畜和役畜,按其达到生产经营目的前发生的必要支出,借记"生产性生物资产"账户,贷记"银行存款""应付账款""应付票据"等账户。需要注意的是,在具体业务中,生产性生物资产在达到预定生产经营目的之前发生的必要支出在"生产性生物资产——未成熟生产性生物资产"账户归集。

未成熟生产性生物资产达到预定生产经营目的时,按其账面余额,借记"生产性生物资产——成熟生产性生物资产"账户,贷记"生产性生物资产——未成熟生产性生物资产"账户。未成熟生产性生物资产已计提减值准备的,还应同时结转已计提的减值准备。

【做中学】

根据本学习情境引例,编制会计分录。

业务(3):

借:生产性生物资产——未成熟生产性生物资产(奶牛)　65 000
　　贷:原材料　　　　　　　　　　　　　　　　　40 000
　　　　应付职工薪酬——工资　　　　　　　　　　16 000
　　　　银行存款　　　　　　　　　　　　　　　　9 000

【做中学】

根据本学习情境引例,编制会计分录。

业务(4):

(1)借:生产性生物资产——未成熟生产性生物资产
　　　　（橡胶林）　　　　　　　　　　　　　　935 000
　　　贷:原材料——种苗　　　　　　　　　　　180 000
　　　　　　——肥料及农药　　　　　　　　　　250 000
　　　　　应付职工薪酬　　　　　　　　　　　　450 000
　　　　　累计折旧　　　　　　　　　　　　　　55 000

(2)借:生产性生物资产——未成熟生产性生物资产
　　　　（橡胶林）　　　　　　　　　　　　　2 500 000

贷：银行存款　　　　　　　　　　　　　　　　2 500 000

　　因此，该 100 公顷橡胶林的成本为：

　　180 000 + 55 000 + 250 000 + 450 000 + 2 500 000 = 3 435 000（元）

　　（3）借：生产性生物资产——成熟生产性生物资产

　　　　　　　　（橡胶林）　　　　　　　　　　　　3 435 000

　　　　　贷：生产性生物资产——未成熟生产性生物资产

　　　　　　　　（橡胶林）　　　　　　　　　　　　3 435 000

（四）育肥畜转为产畜和役畜

企业将育肥畜转为产畜和役畜，按照其消耗性生物资产账面余额，借记"生产性生物资产"账户，贷记"消耗性生物资产"账户。若原资产已经计提存货跌价准备，还需要同时结转存货跌价准备。

【做中学】

根据本学习情境引例，编制会计分录。

业务（5）：

　　借：生产性生物资产　　　　　　　　　　　　　　50 000

　　　　存货跌价准备——消耗性生物资产（肉羊）　　6 000

　　　　贷：消耗性生物资产　　　　　　　　　　　　56 000

（五）天然起源的生产性生物资产

天然林等天然起源的生物资产，当有确凿证据表明企业能够拥有、控制该生物资产时，才能予以确认。天然起源的生物资产的公允价值无法可靠地取得，应按名义金额确定生物资产的成本，同时计入当期损益，名义金额为 1 元人民币，借记"生产性生物资产"账户，贷记"营业外收入"账户。

【做中学】

根据本学习情境引例，编制会计分录。

业务（6）：

　　借：生产性生物资产　　　　　　　　　　　　　　1

　　　　贷：营业外收入　　　　　　　　　　　　　　1

二、生产性生物资产的后续计量

生产性生物资产的后续计量也有历史成本计量和公允价值计量两种方式。

采用历史成本对生产性生物资产进行计量，未成熟的生产性生物资产按成本减去累计减值准备后的金额计量时，成熟的生产性生物资产按成本减去累计折旧及累计减值准备后的金额计量。这里主要阐述在历史成本计量模式下的生产性生物资产的会计核算方法。

以林业为例，由于间伐、择伐或者抚育更新而补植林木类生产性生物资产而发生的后续支出，借记"生产性生物资产"账户，贷记"银行存款""应付职工薪酬"

等账户。

【典型任务举例】

西北农场对自有的橡胶林进行择伐，择伐后按照作业计划对择伐迹地进行更新造林，发生人工费用 60 000 元，材料费用 30 000 元。

要求：根据上述资料，编制相关会计分录。

【具体核算方法】

该农场应编制会计分录如下：

借：生产性生物资产——未成熟生产性生物资产（橡胶林） 90 000
  贷：应付职工薪酬——工资   30 000
    原材料   60 000

三、生产性生物资产折旧的核算

生产性生物资产折旧的核算是指在生产性生物资产的使用寿命内，按照确定的方法对应计折旧额进行系统分摊。

其中，应计折旧额是指应当计提折旧的生产性生物资产的原价扣除预计净残值后的余额，如果已经计提减值准备，还应当扣除已计提的生产性生物资产减值准备的累计金额。

预计净残值是指预计生产性生物资产使用寿命结束时，在处置过程中所发生的处置收入扣除处置费用后的余额。

（一）生产性生物资产折旧范围

当生产性生物资产达到预定生产经营目的时，企业应当对该项资产按期计提折旧。

与固定资产计提折旧类似，企业一般应按月计提折旧，当月增加的成熟生产性生物资产，当月不计提折旧，从下月起计提折旧；当月减少的成熟生产性生物资产，当月照计提折旧，从下月起不计提折旧。成熟生产性生物资产提足折旧后，不管能否继续使用，均不再提取折旧，提前报废的成熟生产性生物资产，也不再补提折旧。

注意事项

需要注意的是，以融资租赁方式租入的生产性生物资产和以经营租赁方式租出的生产性生物资产，应当计提折旧；以融资租赁方式租出的生产性生物资产和以经营租赁方式租入的生产性生物资产，不应计提折旧。

（二）影响生产性生物资产预计使用寿命的因素

企业在确定生产性生物资产的使用寿命时，应当考虑下列主要因素：

（1）该资产的预计生产能力或实物产量。

（2）该资产的有形损耗，如经济林木、产畜和役畜的老化情况等。

（3）该资产的无形损耗，如因新品种的出现而使现有的生产性生物资产的产出能力和产出农产品的质量等方面相对下降、市场需求的变化使生产性生物资产产出的农产品相对过时等。

（4）有关资产使用的法律或者类似的限制。对于融资租赁的生产性生物资产，按租赁合同的规定，如果能够合理确定租赁期届满时将会取得租赁资产所有权的，应当在租赁资产尚可使用年限内计提折旧，如果无法合理确定租赁期届满时能够取得租赁资产所有权的，应当在租赁期与租赁资产尚可使用年限两者中较短的期间内计提折旧。

> **注意事项**
>
> 企业至少应当于每年年度终了对生产性生物资产的使用寿命、预计净残值和折旧方法进行复核。

（三）生产性生物资产的折旧方法

《企业会计准则第 5 号——生物资产》规定了企业可选用的折旧方法包括平均年限法、工作量法、产量法等。在具体运用时，企业应当根据生产性生物资产的具体情况，合理选择相应的折旧方法。

1. 平均年限法

平均年限法是将生产性生物资产的应计提折旧额平均分摊到生产性生物资产预计使用年限中的一种方法。采用平均年限法计提折旧，在每一会计期间所计提的折旧额是相等的，在资产使用年限到期时，对资产进行报废，一般有可回收残值。计算公式为：

$$年折旧率 =（1-净残值率）÷ 预计使用寿命（年）$$
$$月折旧率 = 年折旧率 ÷ 12$$
$$月折旧额 = 固定资产原值 × 月折旧率$$

【典型任务举例】

西北农场的一头奶牛原价为 15 000 元，预计这头奶牛产奶期为 5 年，预计净残值率为 5%。

要求：计算该奶牛的月折旧额。

【具体核算方法】

奶牛年折旧率 =（1-5%）÷ 5 = 19%

奶牛月折旧率 = 19% ÷ 12 = 1.58%

奶牛月折旧额 = 15 000 × 1.58% = 237（元）

2. 工作量法

工作量法是根据实际工作量计提生产性生物资产折旧额的一种方法。计算公式为：

单位工作量折旧额 =［生产性生物资产原值 ×（1 - 预计净残值率）］÷ 预计工作总量

某项生产性生物资产月折旧额 = 该项生产性生物资产当月工作量 × 单位工作量折旧额

3. 产量法

产量法是按照生产性生物资产提供的农产品产量或者新的生物资产的数量来计提折旧的方法，实质上是工作量法的一种特殊形式。而产量法更能体现生物资产自身生长发育的规律，能很好地与成本收益原则保持一致。计算公式为：

单位产出品折旧额 =［生产性生物资产原值 ×（1 - 预计净残值率）］÷ 预计产出品总量

某项生产性生物资产月折旧额 = 该项生产性生物资产当月产出品数量 × 单位产出品折旧额

■【典型任务举例】■

西北农场的奶牛原值为 10 000 元，预计奶牛生产牛奶的综合产量为 50 000 千克，预计净残值率为 5%，当月该奶牛产奶 600 千克。

要求：根据上述资料，计算该头奶牛的月折旧额。

【具体核算方法】

该头奶牛的月折旧额计算如下：

每千克牛奶折旧额 =［10 000 ×（1 - 5%）］÷ 50 000 = 0.19（元）

该头奶牛月折旧额 = 600 × 0.19 = 114（元）

（四）生产性生物资产折旧的账务处理

企业按月对成熟的生产性生物资产计提折旧，借记"农业生产成本""管理费用"等账户，贷记"生产性生物资产累计折旧"账户。

■【典型任务举例】■

（1）西北农场为对种植的经济作物进行保护，种植了一批农田防护林，该批农田防护林本月应计提折旧 800 元。

（2）西北农场对本公司用于产奶的奶牛计提折旧 2 600 元。

要求：根据上述资料，编制相关会计分录。

【具体核算方法】

（1）根据业务（1），该公司应编制会计分录如下：

借：管理费用　　　　　　　　　　　　　　　　　　　　800

　　贷：生产性生物资产累计折旧　　　　　　　　　　　　800

（2）根据业务（2），该农场应编制会计分录如下：

借：农业生产成本——奶牛　　　　　　　　　　　　2 600

　　贷：生产性生物资产累计折旧　　　　　　　　　　　2 600

四、生产性生物资产减值的核算

由于生产性生物资产同样具有未来经济利益的不确定性和高风险性，因此企业会计准则规定企业每年年末需要对生产性生物资产进行检查。有确实的证据表明在遭受自然灾害、病虫害、动物疫病侵袭或市场需求变化等情况下，生产性生物资产可回收金额低于账面价值，此时要对生产性生物资产计提减值准备。计提减值准备应以生产性生物资产可回收金额与账面价值之间的差额入账，同时确认当期损益。

注意事项

根据企业会计准则规定，生产性生物资产减值准备一经提取不得转回。

判断生产性生物资产的减值条件见消耗性生物资产减值。经过判断，生产性生物资产确实已经发生减值的，企业应当根据企业会计准则进行相应的资产减值账务处理，具体步骤如下：

（1）判断生产性生物资产减值迹象；

（2）计算确定生产性生物资产可回收金额，并比较可回收金额与资产账面价值。首先，确定生产性生物资产可回收金额，需要计算资产公允价值减去处置费用后的净额，以及预计资产在未来所能带来的现金流量现值；其次，如果可回收金额低于账面价值，取其差额作为减值准备的金额。

（3）对符合计提减值条件的生产性生物资产进行账务处理，借记"资产减值损失"账户，贷记"生产性生物资产减值准备"账户。

【典型任务举例】

（1）西北农场对自有橡胶园进行资产减值测试，发现该橡胶园存在减值迹象。2022年12月31日账面价值为3 100 000元，预计剩余使用年限为6年，在未来5年中每年的预计现金流量为800 000元、600 000元、550 000元、500 000元、450 000元；第6年预计资产产生的现金流量与处置资产获得的现金流量之和为600 000元；以前年度未计提资产减值准备。综合考虑市场利率和风险因素，西北农场采用6%的折现率，该橡胶园的公允价值减去处置费用后的净额为1 500 000元。

（2）12月31日，西北农场橡胶园发生资产减值。

要求：（1）根据上述有关资产现金流量、折现率等数据计算橡胶园预计未来现金流量现值。

（2）计算橡胶园资产减值损失的金额。

（3）根据上述资料，编制相关会计分录。

【具体核算方法】

（1）有关计算过程见表6-2。

表 6-2　预计未来现金流量现值计算表

单位：元

未来年度	预计未来现金流量	折现率	复利现值系数	现值
1	800 000	0.06	0.943	754 400
2	600 000	0.06	0.89	534 000
3	550 000	0.06	0.84	462 000
4	500 000	0.06	0.792	396 000
5	450 000	0.06	0.747	336 150
6	600 000	0.06	0.705	423 000
合计	3 500 000			2 905 550

（2）该橡胶园的公允价值减去处置费用后的净额为 1 500 000 元，预计未来现金流量现值为 2 905 550 元，2 905 550 元＞1 500 000 元，橡胶园的可回收金额为 2 905 550 元，橡胶园的账面价值高于可回收金额，资产已经发生减值，资产减值损失＝3 100 000－2 905 550＝194 450（元）。

（3）该公司应编制会计分录如下：

借：资产减值损失——生产性生物资产（橡胶园）　　194 450
　　贷：生产性生物资产减值准备　　194 450

五、生产性生物资产的收获以及处置

（一）收获生产性生物资产

生产性生物资产达到成熟之后，就可以开始收获农产品。收获农产品成本类似于消耗性生物资产的收获业务，需要归集在收获过程中发生的原材料、人工费、其他间接费用。与消耗性生物资产的不同之处是，成熟的生产性生物资产收获的农产品还需要分摊应该负担的生产性生物资产累计折旧。

【典型任务举例】

西北农场的奶牛已经进入产奶期，本月发生饲养费用为 4 000 元、人工费 6 000 元、银行存款支付防疫费用 1 200 元，本月应提取折旧费用 1 800 元。

要求：根据上述资料，编制相关会计分录。

【具体核算方法】

该农场应编制会计分录如下：

借：农业生产成本——奶牛　　13 000
　　贷：生产性生物资产累计折旧　　1 800
　　　　原材料　　4 000

应付职工薪酬——工资　　　　　　　　　　　　　6 000
　　　银行存款　　　　　　　　　　　　　　　　　　 1 200

生产性生物资产成本结转的各种方法与消耗性生物资产成本结转方法类似，具体方法包括个别计价法、加权平均法、折耗率法、蓄积量比例法、轮伐期年限法等。

■【典型任务举例】

西北农场入库牛奶 260 000 千克，每千克牛奶成本为 1.50 元。

要求：根据上述资料，编制相关会计分录。

【具体核算方法】

该农场应编制会计分录如下：

借：农产品——牛奶　　　　　　　　　　　　　　　390 000
　　贷：农业生产成本——奶牛　　　　　　　　　　 390 000

（二）处置生产性生物资产

企业处置生产性生物资产，按实际交易的金额借记"银行存款""应收账款"等账户，按已计提的生产性生物资产累计折旧借记"生产性生物资产累计折旧"账户，按已计提的生产性生物资产减值金额借记"生产性生物资产减值准备"账户，按生产性生物资产的账面价值贷记"生产性生物资产——××"账户，按借贷方差额确认处置收入，贷记"营业外收入——处置非流动资产利得"账户。

■【典型任务举例】

西北农场将 6 头奶牛转让给当地农户，奶牛转让价格为 49 000 元，6 头奶牛账面原值为 68 000 元，已计提折旧 25 000 元，计提减值准备 16 000 元，已收到农户汇入银行的购买奶牛款。

要求：根据上述资料，编制相关会计分录。

【具体核算方法】

该农场应编制会计分录如下：

借：银行存款　　　　　　　　　　　　　　　　　　49 000
　　生产性生物资产减值准备　　　　　　　　　　　 16 000
　　生产性生物资产累计折旧　　　　　　　　　　　 25 000
　　贷：生产性生物资产——奶牛　　　　　　　　　 68 000
　　　　营业外收入——处置非流动资产利得　　　　 22 000

（三）生物资产盘亏或死亡、毁损

生物资产盘亏或死亡、毁损时，应当将处置收入扣除其账面价值和相关税费后的余额先记入"待处理财产损溢"账户，待查明原因后，根据企业的管理权限，经股东大会、董事会、经理（场长）会议或类似机构批准后，在期末结账前处理完毕。

生物资产因盘亏或死亡、毁损造成的损失，在减去过失人或者保险公司等的赔款和残余价值之后，计入当期管理费用；属于自然灾害等非常损失的，计入营业外支出。

【典型任务举例】

A 企业 2022 年 8 月 4 日丢失三头种牛，账面原值为 18 000 元，已经计提折旧 8 000 元；8 月 29 日，经查实，饲养员王某应赔偿 4 000 元。

要求：根据上述资料，编制相关会计分录。

【具体核算方法】

A 企业应编制会计分录如下：

借：待处理财产损溢——待处理流动资产损溢	10 000	
生产性生物资产累计折旧	8 000	
贷：生产性生物资产——种牛		18 000
借：其他应收款——王某	4 000	
管理费用	6 000	
贷：待处理财产损溢——待处理流动资产损溢		10 000

六、按公允价值进行后续计量

有确凿证据表明生物资产的公允价值能够持续、可靠地取得的，应当对生物资产采用公允价值计量。采用公允价值计量的，应当同时满足下列条件：

（1）生物资产有活跃的交易市场；

（2）能够从交易市场上取得同类或类似生物资产的市场价格及其他相关信息，从而对生物资产的公允价值作出合理估计。

【典型任务举例】

2021 年 12 月 31 日，某农场账面生物资产一直采用公允价值进行计量，其中：消耗性生物资产的账面余额为 30 万元，市场价值为 35 万元；生产性生物资产的账面余额为 100 万元，市场价值为 70 万元；公益性生物资产的账面余额为 60 万元，市场价值为 100 万元。

要求：根据上述资料，编制相关会计分录。

【具体核算方法】

如果没有其他因素影响，则该公司的会计处理应在月末进行如下调整：

借：消耗性生物资产	50 000	
公益性生物资产	400 000	
贷：公允价值变动损益		450 000
借：公允价值变动损益	300 000	
贷：生产性生物资产		300 000

学习子情境五　公益性生物资产的核算

【情境引例】

西北农场 2022 年发生如下经济业务：

（1）使用自有资金购入一批杨树种苗，作为公益性生物资产，各种成本项目花费总计 180 000 元，款项尚未支付；

（2）自行营造 20 公顷公益林，该批公益林的实际成本为 100 000 元，林木已经郁闭。

要求：根据上述资料，编制相关会计分录。

【知识准备】

企业取得公益性生物资产一般按其实际成本进行初始计量。公益性生物资产的取得方式包括外购取得、自行营造取得、天然起源取得等。

（1）外购公益性生物资产的取得成本包括购买价款、相关税费、运输费、保险费以及可直接归属于购买该资产的其他支出。其中，可直接归属于购买该资产的其他支出包括场地整理费、装卸费、栽植费、专业人员服务费等。

（2）自行营造生物资产的取得成本包括郁闭前发生的造林费、抚育费、森林保护费、营林设施费、良种试验费、调查设计费和应分摊的间接费用等必要支出。

（3）天然起源取得生物资产按名义金额确定公益性生物资产成本。

> **注意事项**
>
> 郁闭为林学概念，通常是指一块林地上的林木的树干、树冠生长达到一定标准，林木成活率和保持率达到一定的技术规范要求。
>
> 郁闭是判断消耗性生物资产相关支出（包括借款费用）资本化或者是费用化的时点。郁闭之前的林木类消耗性生物资产处在培植阶段，需要发生较多的造林费、抚育费、营林设施费、良种试验费、调查设计费等相关支出，这些支出应予以资本化计入成本，郁闭之后的林木类消耗性生物资产进入稳定的生长期，基本上可以比较稳定地成活，主要依靠林木本身的自然生长，一般只需要发生较少的管护费用，从重要性和谨慎性考虑应当计入当期费用。

【职业判断与业务操作】

一、公益性生物资产取得的核算

（一）账户设置

"公益性生物资产"账户是对公益性生物资产进行核算的账户。该账户的借方登记外购、自行营造取得公益性生物资产的实际成本，贷方登记公益性生物资产的减少，期末借方余额表示公益性现存生物资产成本。

（二）公益性生物资产取得的账务处理

1. 外购公益性生物资产

企业外购公益性生物资产，按应计入成本的相关费用项目合计借记"公益性生物资产"账户，贷记"银行存款""应付账款"等账户。

■【做中学】■

根据本学习情境引例，编制会计分录。

业务（1）：

借：公益性生物资产　　　　　　　　　　　　　　　180 000
　　贷：应付账款　　　　　　　　　　　　　　　　　　180 000

2. 自行营造公益性生物资产

自行营造公益性生物资产，按林木郁闭前的必要支出借记"公益性生物资产"账户，贷记"银行存款"等账户。

■【做中学】■

根据本学习情境引例，编制会计分录。

业务（2）：

借：公益性生物资产　　　　　　　　　　　　　　　100 000
　　贷：应付账款　　　　　　　　　　　　　　　　　　100 000

3. 天然起源取得公益性生物资产

对于天然起源取得的公益性生物资产，企业应当按名义价格1元，借记"公益性生物资产"账户，贷记"银行存款"等账户。

二、公益性生物资产后续计量与核算

消耗性生物资产和生产性生物资产转为公益性生物资产，按已计提折旧借记"生产性生物资产累计折旧"账户，按已计提资产减值借记"存货跌价准备——消耗性生物资产"账户，按消耗性生物资产或生产性生物资产的账面原值，贷记"生产性生物资产"或"消耗性生物资产"账户，按借贷方差额借记"公益性生物资产"账户。

■【典型任务举例】■

根据环境保护需要，西北农场将30公顷生产原料林划转为公益林。该生产原料林的账面原值为200 000元，已计提存货跌价准备60 000元。

要求：根据上述资料，编制相关会计分录。

【具体核算方法】

该农场应编制会计分录如下：

借：公益性生物资产　　　　　　　　　　　　　　　140 000

存货跌价准备——消耗性生物资产　　　　　　　60 000
　　　贷：消耗性生物资产　　　　　　　　　　　　　　200 000

> **注意事项**
> 公益性生物资产不需要计提折旧以及确认资产减值损失。

【行业观察】

"四好农村公路"助力农业产业发展

"从小马路变成宽敞的大公路,景色越来越美,游人一批接着一批来,我们的日子越来越好了。"长沙县开慧镇锡福村村民谢女士在地里采摘蓝莓,喜上眉梢。因为家门口的美丽公路,村里民宿一房难求,而且蓝莓也不再愁销路,"年收入比之前提高了好几万元。"

长沙县开慧镇农村公路总里程达到了700公里,通村、通组道路硬化率100%,入户道路硬化率80%以上。借助"四好农村公路"建设的契机,2020年,开慧镇民宿产业综合收入超3 000万元,带动农产品销售额1 000余万元,带动周边旅游产业销售额3 000余万元,带动周边产业就业500余人,接待游客30余万人,村集体增收80万元。

公路,一头连着经济,一头牵着民生。公路一通,蔬菜瓜果端上了广大市民的餐桌,山乡美景迎来了络绎不绝的游客。"四好农村公路"打通了乡村振兴"双向道",既给农村"输血",又让农村拥有"造血"能力,有效激发农村的内生动力,深化产业带动作用,助推农村产业化水平实现质的飞跃。

学习子情境六　生物资产的转换

【情境引例】

西北农场2022年发生如下经济业务:

(1)将自行繁殖的50头种牛转为屠宰牛,此批种牛的账面原价为600 000元,已经计提的累计折旧为300 000元,已经计提的资产减值准备为40 000元。

(2)7月,由于区域生态环境保护的需要,西北农场的12公顷造纸原料林(杨树)被划为防风固沙林,仍由公司负责管理。该原料林的账面余额为90 000元,已经计提的跌价准备为6 000元。

(3)7月,根据所属区域的林业发展规划相关政策调整,将以马尾松为主的800公顷防风固沙林,全部转为以采脂为目的的商林,该马尾松的账面价值为3 000 000元。其中,已经具备采脂条件的为600公顷,账面价值为2 600 000元,其余的尚不具备采脂条件。9月，西北农场根据国家政策规定，将100公顷作为防风固沙林的杨树转作为造纸原料的商品林，该杨树账面余额为190 000元。

要求：根据上述资料，编制相关会计分录。

■【知识准备】■

生物资产具有流动性资产（消耗性生物资产）和长期性资产（生产性生物资产和公益性生物资产）的双重特性。并且在一定情况下可以相互转化。如牛、羊等生物资产在人类以取得肉、皮等产品为目的时，这些牛羊只能利用一次，价值一次性地转移，即具有流动性资产的性质；当人类以取得毛、乳等产品为目的时，这些牛羊可以反复利用，价值逐步转移，即具有长期性资产的性质。生物资产改变用途后的成本应当按照改变用途时的账面价值确定，也就是说，将转出生物资产的账面价值作为转入资产的实际成本。

■【职业判断与业务操作】■

生物资产改变用途后的成本应当按照改变用途时的账面价值确定，也就是说，将转出生物资产的账面价值作为转入资产的实际成本。通常包括如下情况：

一、生产性生物资产转为消耗性生物资产

产畜或役畜淘汰转为育肥畜，或者林木类生产性生物资产转为林木类消耗性生物资产时，按转变用途时的账面价值，借记"消耗性生物资产"账户，按已计提的累计折旧，借记"生产性生物资产累计折旧"账户，按其账面余额，贷记"生产性生物资产"账户。已计提减值准备的，还应同时结转已计提的减值准备。

■【做中学】■

根据本学习情境引例，编制会计分录。

业务（1）：

借：消耗性生物资产——屠宰牛　　　　　　　　　　260 000
　　生产性生物资产累计折旧　　　　　　　　　　　300 000
　　生产性生物资产减值准备　　　　　　　　　　　 40 000
　　贷：生产性生物资产——成熟生产性生物资产（种猪）　600 000

二、消耗性生物资产转为生产性生物资产

育肥畜转为产畜或役畜，或者林木类消耗性生物资产转为林木类生产性生物资产时，应按其账面余额，借记"生产性生物资产"账户，贷记"消耗性生物资产"账户。已计提跌价准备的，还应同时结转跌价准备。

三、消耗性生物资产、生产性生物资产转为公益性生物资产

消耗性生物资产、生产性生物资产转为公益性生物资产时，应当按照相关准则规定，考虑其是否发生减值，发生减值时，应首先计提减值准备，并以计提减值准备后的账面价值作为公益性生物资产的入账价值。

转换时，应按其扣除减值准备后的账面价值，借记"公益性生物资产"账户，按已计提的生产性生物资产累计折旧，借记"生产性生物资产累计折旧"账户，按已计提的减值准备，借记"存货跌价准备""生产性生物资产减值准备"账户，按账面余额，贷记"消耗性生物资产""生产性生物资产"账户。

■【做中学】■

根据本学习情境引例，编制会计分录。

业务（2）：

借：公益性生物资产——防风固沙林（杨树）　　　　84 000
　　存货跌价准备——消耗性生物资产　　　　　　　6 000
　　贷：消耗性生物资产——造纸原料林（杨树）　　　　90 000

四、公益性生物资产转为消耗性生物资产或生产性生物资产

公益性生物资产转为消耗性生物资产或生产性生物资产时，应按其账面余额，借记"消耗性生物资产"或"生产性生物资产"账户，贷记"公益性生物资产"账户。

■【做中学】■

根据本学习情境引例，编制会计分录。

业务（3）：

① 7月应编制会计分录如下：

借：生产性生物资产——成熟生产性生物资产
　　（马尾松）　　　　　　　　　　　　　　　2 600 000
　　生产性生物资产——未成熟生产性生物资产
　　（马尾松）　　　　　　　　　　　　　　　400 000
　　贷：公益性生物资产——防风固沙林（马尾松）　　3 000 000

② 9月应编制会计分录如下：

借：消耗性生物资产——造纸原料林（杨树）　　　190 000
　　贷：公益性生物资产——防风固沙林（杨树）　　　190 000

【情境小结】

```
                            ┌── 农业企业的认知
                            │
                            ├── 生物资产的认知
                            │
                            │                         ┌── 消耗性生物资产取得的核算
                            │                         ├── 消耗性生物资产的后续计量
                            ├── 消耗性生物资产的核算 ──┤
                            │                         ├── 消耗性生物资产减值的核算
                            │                         └── 消耗性生物资产的收获以及处置
农业企业典型业务的会计核算 ─┤
                            │                         ┌── 生产性生物资产取得的核算
                            │                         ├── 生产性生物资产的后续计量
                            │                         ├── 生产性生物资产折旧的核算
                            ├── 生产性生物资产的核算 ──┤── 生产性生物资产减值的核算
                            │                         ├── 生产性生物资产的收获以及处置
                            │                         └── 按公允价值进行后续计量
                            │
                            ├── 公益性生物资产的核算 ──┬── 公益性生物资产取得的核算
                            │                         └── 公益性生物资产后续计量与核算
                            │
                            │                         ┌── 生产性生物资产转为消耗性生物资产
                            │                         ├── 消耗性生物资产转为生产性生物资产
                            └── 生物资产的转换 ────────┤── 消耗性生物资产、生产性生物资产转
                                                      │    为公益性生物资产
                                                      └── 公益性生物资产转为消耗性生物资产
                                                           或生产性生物资产
```

【情境思考】

小王原是一家制造企业的会计，刚刚调到一家大型的农业企业工作，仍然做本行——会计工作。他在工作中遇到一些问题，你能帮他解决吗？

1. 与制造业相比较，农业企业的会计核算主要有什么特点？
2. 农业企业的存货内容与制造业相比有哪些异同？
3. 消耗性生物资产、生产性生物资产和公益性生物资产在会计核算方法上有哪些异同？
4. 农业企业的利润由哪些项目构成？
5. 农业企业的成本核算与其他行业会计是否相同？为什么？
6. 农业企业的损益核算与其他行业会计是否相同？为什么？

农业企业会计核算自测题

学习情境七

民间非营利组织典型业务的会计核算

【职业能力目标】

知识目标
- 明确民间非营利组织会计核算的特点及与其他行业会计核算的差异
- 掌握受托代理业务的界定，受托代理资产和受托代理负债的核算
- 掌握非交换交易收入的核算和交换交易收入的核算，掌握业务活动成本的核算以及管理费用、筹资费用等期间费用的核算，掌握其他费用的核算
- 掌握限定性净资产和非限定性净资产的会计处理
- 掌握资产负债表、业务活动表、现金流量表的编制方法

技能目标
- 能根据学习情境设计的需要查阅有关资料
- 能根据民间非营利组织的净资产状况与捐赠者、会员、政府管理部门等沟通，积极争取他们的支持，能监督民间非营利组织实现预定的目标
- 能向其他财会人员宣传民间非营利组织的法规政策，共同进行税收筹划，向会员及捐赠者等提供及时、准确、高效的信息

- 培养敬业精神、团队合作能力和良好的职业道德修养

素养目标

- 养成关注时政，关心国家民生的爱国情怀
- 培养热心公益，乐于助人的品质

学习子情境一　民间非营利组织的认知

【知识准备】

一、民间非营利组织的类型

在社会主义市场经济条件下，我国的社会组织一般由政府组织、营利性组织和非营利组织三部分组成。

（一）政府组织

政府组织是指国家各级政府行政机关。具体包括：国家权力机关，即各级人民代表大会及其所属机构；国家行政机关，即从国务院到省、自治区、直辖市以及下属的市、地、县、乡的各级人民政府及其所属机构；公安、司法、检察机关等。政府组织的基本宗旨是为全社会公众提供各种服务，促进全社会持续、稳定和健康地发展。

（二）营利性组织

营利性组织也可以称为"企业"，是指依法设立的以营利为目的从事生产经营活动的独立核算的经济组织，如公司等。营利性组织是一个既区别于政府、社会组织和团体，又不是政府行政管理机构附属物的独立经济组织。获得并不断增加利润是营利性组织的目的。自负盈亏、承担经营责任，是该组织不断发展的内在动力。

（三）非营利组织

一般而言，非营利组织是指那些经营目的在于社会公共利益，而非谋取个人或组织的经济利益，即不以营利为目的的经济组织。但社会公益事业可以由政府举办，也可以由民间来组织。本书所指的非营利组织是指独立于政府之外的非营利组织，即民间非营利组织。

民间非营利组织是指依照国家法律、行政法规登记的社会团体、基金会、民办非企业单位和宗教团体、宗教院校、宗教活动场所等。

根据《民间非营利组织会计制度》（财会〔2004〕7号，简称《民非制度》）第二条规定，同时具备《民非制度》第二条第二款所列三项特征的非营利性民办学校、医疗机构等社会服务机构，境外非政府组织在中国境内依法登记设立的代表机构应当按照《民非制度》进行会计核算。

1. 社会团体

《社会团体登记管理条例》规定，社会团体指中国公民自愿组成，为实现会员共同意愿，按照其章程开展活动的非营利性社会组织。社会团体是当代中国政治生活的重要组成部分。国家机关以外的组织可以作为单位会员加入社会团体。社会团体不得从事营利性经营活动。社会团体的资产来源必须合法，任何单位和个人不得侵占、私分或者挪用社会团体的资产。社会团体的经费，以及开展章程规定的活动按照国家有关规定所取得的合法收入，必须用于章程规定的业务活动，不得在会员中分配。社会团体接受捐赠、资助，必须符合章程规定的宗旨和业务范围，必须根据与捐赠人、资助人约定的期限、方式和合法用途使用。社会团体应当向业务主管单位报告接受、使用捐赠、资助的有关情况，并应当将有关情况以适当方式向社会公布。中国目前的社会团体都带有准官方性质，成立社会团体必须提交业务主管部门的批准文件。业务主管部门是指县级以上各级人民政府有关部门及其授权的组织。社会团体实际上附属在业务主管部门之下。

2. 基金会

我国的《基金会管理条例》规定，基金会是指利用自然人、法人或者其他组织捐赠的，以从事公益事业为目的，按照本条例的规定成立的非营利性法人。基金会是对兴办、维持或发展某项事业而储备的资金或专门拨款进行管理的机构。一般为民间非营利性组织。其宗旨是通过无偿资助，促进社会的科学、文化教育事业和社会福利救助等公益性事业的发展。基金会的资金具有明确的目的和用途。基金会分为面向公众募捐的基金会和不得面向公众募捐的基金会。公募基金会按照募捐的地域范围，分为全国性公募基金会和地方性公募基金会。

3. 民办非企业单位

民办非企业单位是1996年国务院针对以往的民办事业单位这一概念所作出的修正。即：事业单位是国家举办的，而民间不应再称事业单位。1998年10月，国务院颁布了《民办非企业单位登记管理暂行条例》，将民办非企业单位界定为：企业事业单位、社会团体和其他社会力量以及公民个人利用非国有资产举办的，从事非营利性社会服务活动的社会组织。

4. 宗教团体、宗教院校、宗教活动场所

我国《宗教事务条例》规定，宗教团体、宗教院校、宗教活动场所是非营利性组织，其财产和收入应当用于与其宗旨相符的活动以及公益慈善事业，不得用于分配。任何组织或者个人捐资修建宗教活动场所，不享有该宗教活动场所的所有权、使用权，不得从该宗教活动场所获得经济收益。宗教团体、宗教院校、宗教活动场所可以按照国家有关规定接受境内外组织和个人的捐赠，用于与其宗旨相符的活动。宗教团体、宗教院校、宗教活动场所不得接受境外组织和个人附带条件的捐赠，接受捐赠金额超过10万元的，应当报县级以上人民政府宗教事务部门审批。

非营利性是民办非企业单位区别于企业的一个基本特征。营利与非营利主要应从两点来区分：一是看其宗旨和目的。二是从财务管理和财产分配体制上来区分。

为了对所有的民间非营利组织制定一套统一的会计制度，我国《民间非营利组织会计制度》根据现行法律、行政法规对于民间非营利组织具体组织形式的定义，规定民间非营利组织应当同时具备以下三个特征：

（1）该组织不以营利为宗旨和目的。
（2）资源提供者向该组织投入资源不取得经济回报。
（3）资源提供者不享有该组织的所有权。

【行业观察】

弘扬人道博爱奉献精神

中国红十字基金会（简称"中国红基会"）是中国红十字会总会发起并主管、经民政部登记注册的具有独立法人地位的全国性公募基金会。其宗旨是弘扬人道、博爱、奉献的红十字精神，致力于改善人的生存与发展境况，保护人的生命与健康，促进世界和平与社会进步。中国红基会的主要目的是呼吁社会各界弘扬无私的奉献精神，积极参加救死扶伤、扶危济困、敬老助残、助人为乐的活动，为公益事业作出贡献；积极开展社会救助的各项活动；开展与国际友好团体、个人的友好往来和相互合作；坚持自愿原则，积极开展募捐活动，使基金不断升值，管理并使用好基金。中国红基会的基金主要来源于：国际国内友好团体、社会组织以及个人捐赠给基金会的款物；举办义诊、义演、义卖等活动的收入以及发行附捐邮票收入；基金存入金融机构收取的利息和购买有价证券收入。其基金用于各项福利事业项目。2008年、2013年和2018年中国红基会三次被民政部正式授予5A级基金会，也是全国首批获得此荣誉的5家基金会之一。2021年9月5日，中国红基会"新站·新健康"博爱卫生站援建项目、字节跳动医务工作者人道救助基金荣获第十一届"中华慈善奖"慈善项目，这是中国红基会第七次荣获"中国慈善奖"。

截至2020年12月31日，中国红基会累计公益收入87.42亿元，其中社会捐赠71.85亿元，彩票公益金及政府采购项目资金15.55亿元，累计公益支出80.86亿元，受益人数超过5 000万人。

要求：根据中国红基会的材料，了解什么是非营利组织。

二、民间非营利组织会计核算的特点

在充分考虑民间非营利组织的组织特性和业务特点的同时，又尽可能借鉴国际通行惯例的前提条件下，民间非营利组织会计核算具有如下特点。

（一）会计目标

民间非营利组织是以非营利为其业务活动宗旨的经济实体，其资源主要来自社会各界的捐赠、会员缴纳的会费、接受服务对象缴纳的服务费等。这些资源流入

民间非营利组织后，会计人员便负有不可推卸的对所管理财产的受托责任（代理责任），其一切活动都要围绕完成这一责任开展，完成受托责任就成了会计根本性的目标。而会计的信息提供，则是反映受托责任履行情况的基本手段。

1. 会计信息使用者

现代社会中，需要使用民间非营利组织会计信息的人士不同，他们的要求也不同。从现状和发展的角度来看，民间非营利组织会计信息的使用者包括：① 捐资人，包括个人、法人组织、政府机构；② 会员；③ 接受服务者；④ 债权人；⑤ 政府管理部门，包括财政、税收、国家资产管理和审计等部门；⑥ 本单位职工；⑦ 单位的内部管理部门；⑧ 社会公众。

2. 会计信息内容

民间非营利组织会计信息的使用者一般都非常关心该组织机构提供服务的能力，以及所提供服务的效率和效果。为了能够反映这方面的情况，该组织应提供财务状况、业务活动成果以及现金流量等方面的信息。

（二）会计核算基础

我国的民间非营利组织的会计核算应当以权责发生制为基础。其原因是：民间非营利组织的会计核算如果采用收付实现制，不利于真实、完整地反映其财务状况、业务活动情况和现金流量，难以向会计信息使用者提供足够的对其决策有用的信息。采用权责发生制核算基础有助于反映民间非营利组织资产负债和业务活动全貌，有助于实现民间非营利组织的会计目标，满足会计信息使用者的信息需要。

（三）会计要素

我国《民间非营利组织会计制度》规定会计要素包括资产、负债、净资产、收入和费用。

上述会计要素中的资产、负债和净资产，是民间非营利组织财务状况的反映，它们构成了资产负债表的框架，可视为资产负债表要素；收入、费用从动态方面来反映民间非营利组织的业务成果，它们构成了业务活动表的框架，可视为业务活动表要素。

（四）会计计量基础

在坚持历史成本计量基础之上，允许有例外的计量基础可供选择，但是必须在该制度规范的范围之内。

对会计计量基础除了历史成本之外，作出特别规定的情况主要有：

（1）接受捐赠的资产。在捐赠方没有提供有关凭据，或者即使提供了凭据，但是凭据上标明的金额与受赠资产公允价值相差较大时，应当按照公允价值入账。

（2）因受托代理业务所形成的受托代理资产。在委托方没有提供有关凭据，或者即使提供了凭据，但是凭据上标明的金额与受托代理资产公允价值相差较大时，应当按照公允价值入账。

(3) 期末盘盈的存货、固定资产等，应当按照公允价值入账。

（五）净资产的核算和列报

民间非营利组织的净资产按照限定性净资产和非限定性净资产两类进行核算和列报。其中，限定性净资产是指其使用存在时间或（和）用途限制的净资产，除此之外的其他净资产即为非限定性净资产。

三、民间非营利组织与其他行业业务的比较

（一）民间非营利组织与企业的比较

1. 会计目标不同

民间非营利组织是为捐赠人、会员、服务对象、债权人、政府监管部门、本组织管理层、社会公众等提供有用会计信息；企业是为投资者、债权人、政府监管部门、本企业监督机构、职工代表大会、社会潜在投资者等提供会计信息。

2. 会计要素不同

民间非营利组织会计要素是对会计对象的基本分类，是构成会计报表的基本项目。由于民间非营利组织资源提供者既不享有组织的所有权，又不从组织中取得回报，因此《民间非营利组织会计制度》把民间非营利组织会计所核算和控制的项目分为五大类：资产、负债、净资产、收入和费用，并且按照这五大会计要素进行会计科目分类，设计会计报表结构。所以民间非营利组织不存在核算"所有者权益"和"利润"问题。

3. 会计基本原则不同

民间非营利组织会计基本原则包括客观性原则、可比性原则、一贯性原则、相关性原则、及时性原则、明晰性原则、配比原则、历史成本原则、划分收益性支出与资本性支出原则、谨慎性原则、重要性原则、实质重于形式原则；企业会计的基本原则除了以上原则还有一个权责发生制原则。民间非营利组织会计中把权责发生制单独作为会计核算基础。

4. 特殊项目设置

民间非营利组织会计中专门设置了"受托代理资产""文物文化资产"两项，而这两项资产在企业会计中并没有涉及；民间非营利组织会计中设置了"受托代理负债"，而没有设置"应付债券"，而企业会计没有"受托代理资产"项目，只有"应付债券"。

5. 净资产内容不同

民间非营利组织既没有所有权属于出资者的投入资本，又没有针对出资者的分配，其净资产主要来源于社会捐赠、会费收入、政府补助、组织运转结余等不需要偿还的资金。

6. 收入的确认不同

民间非营利组织会计的收入按照来源分为捐赠收入、会费收入、提供劳务收

入、政府补助收入、商品销售收入、投资收益和其他收入；按照收入存在限定与否分为非限定性收入和限定性收入（资金使用受到资金提供者所附条件的限制而取得的收入）；按照收入与等价交换原则关系分为交换交易收入（收入的来源是按等价交换的原则取得的）与非交换交易收入。企业会计的收入按照来源不同分为销售商品收入、提供劳务收入和让渡资产使用权收入。

7. 会计报表的组成内容不同

民间非营利组织会计报表分为资产负债表、业务活动表和现金流量表。

企业会计报表分为资产负债表、利润表、现金流量表和所有者权益变动表。

(二) 民间非营利组织与事业单位的比较

1. 会计主体不同

民间非营利组织会计主体是在中华人民共和国境内依法成立的各类民间非营利组织，包括社会团体、基金会、民办非企业单位和宗教团体、宗教院校、宗教活动场所等。事业单位会计主体是在中华人民共和国境内的各级各类国有事业单位。

2. 规范会计核算的法规不同

规范民间非营利组织会计核算的是《民间非营利组织会计制度》，规范事业单位会计核算的是《政府会计准则》和《政府会计制度——行政事业单位会计科目和报表》。

3. 会计目标不同

民间非营利组织的会计目标是满足捐赠人、会员、服务对象、债权人、监管部门等会计信息使用者的决策需要；而事业单位的会计目标不仅要真实反映事业单位财务活动情况及财务状况，强调与国家预算保持一致，还要提供具有一定信息质量的财务信息，使会计信息使用者客观公正地分析、评价事业单位的受托责任。

4. 会计记账基础不同

民间非营利组织会计采用权责发生制；而事业单位财务会计核算实行权责发生制，单位预算会计核算实行收付实现制，这表明事业单位会计采用混合会计确认基础。

5. 资金来源不同

民间非营利组织的资金主要来自社会各界的捐赠、会员交纳的会费、接受服务对象（如学生、患者等）交纳的服务费等。事业单位的资金来源主要为财政预算拨款，各种捐赠和自己的创收收入所占比例较小。因此事业单位净资产分为：事业基金（未限定用途基金）、固定基金和专用基金（属限定用途基金），在事业基金中又分为一般基金和投资基金等。

学习子情境二　受托代理资产和受托代理负债的核算

【情境引例】

2021年12月，甲基金会发生了如下两笔业务：

（1）15日，与乙电视机生产企业签署了一份电视机捐赠协议。协议规定，乙电视机生产企业通过甲基金会对20家儿童福利院捐赠全新液晶电视机40台，每家福利院受赠两台，具体接受捐赠的福利院附有详细清单。乙电视机生产企业应在协议签订后的10日内将电视机送至甲基金会，甲基金会组织在电视机到达后的15日内派志愿者将电视机送至这20家儿童福利院，并进行安装调试，确保正常使用。12月22日，甲基金会收到乙电视机生产企业送达的电视机40台及发票。发票上注明的每台电视机价格为3 000元，共计120 000元，同时甲基金会向乙企业开具了金额为120 000元的公益性捐赠票据。12月31日，甲基金会将10台电视机运输至名单中的5家福利院，并办理了相关手续。另外30台电视机年前尚未运达其余15家福利院。

（2）12月10日，甲基金会与丁制药企业签订了一份捐赠协议。协议规定，丁制药企业向甲基金会捐赠150万元，其中140万元用于资助贫困地区学前儿童教育，10万元用于此项活动的宣传和管理。资助贫困地区学前儿童教育的规则已经明确，资助对象由基金会按资助规则确定。捐赠款项于协议签订后10日内汇至甲基金会账户。12月19日，甲基金会收到丁制药企业150万元捐赠款，并向丁制药企业开具了公益性捐赠票据。12月28日至次年4月13日，甲基金会将140万元捐赠给160所贫困地区学前教育机构，发生宣传及管理费8万元。

要求：根据以上经济业务进行相应会计处理。

【知识准备】

一、民间非营利组织受托代理业务及其界定

我国的《民间非营利组织会计制度》规定，受托代理资产是指民间非营利组织接受委托方委托从事受托代理业务而收到的资产。在受托代理过程中，民间非营利组织通常只是从委托方收到受托资产，并按照委托人的意愿将资产转赠给指定的其他组织或者个人。民间非营利组织只在委托代理过程中起中介作用，无权改变受托代理资产的用途或者变更受益人。

二、受托代理业务与一般性捐赠业务的界定

捐赠业务是民间非营利组织的主要业务内容之一，但受托代理业务与一般性捐赠业务不同，具体体现在以下方面不同：

（一）资产的直接受益权不同

民间非营利组织接受捐赠，直接受益人是民间非营利组织，民间非营利组织对捐赠的资产及资产收益具有控制权。

对于接受的代理资产，其直接受益人是委托方指定的第三方，民间非营利组织为该资产的直接受益人，暂时保管这些资产。

（二）资产受益人及资产用途和使用方式的自主权不同

在受托代理业务中，民间非营利组织只是扮演中间人角色，接受委托人委托将资产按委托人限定用途转赠给指定的受益人，无权改变资产的具体受益人。

在一般性的限定性捐赠中，民间非营利组织可以在资产提供者的限定范围内自主选择具体受益人。

在界定一项业务是限定性捐赠还是受托代理业务时，需要依据接受资产的具体收益权、确定受益人有无自主权等，根据合同条款加以判断。在委托方、受托方和受益人共同签署书面协议的情况下，一般应作为受托代理业务处理。比如，捐赠人向民间非营利组织捐款并指定按限定时间或用途转赠给捐赠人认定及认领的被资助对象，民间非营利组织应将接受的捐款作为受托代理资产和受托代理负债处理，不作为限定性捐赠收入处理。如情境引例中甲基金会与乙电视机生产企业签署了一份电视机捐赠协议，乙电视机生产企业详细规定了受赠对象和时间，甲基金会应当将接受的电视机作为受托业务处理。

如果捐赠人向民间非营利组织捐款并指定按限定时间或用途捐赠给由民间非营利组织自主确定的具体被资助对象，民间非营利组织应将接受的捐款作为限定性捐赠收入处理。如情境引例中甲基金会与丁制药企业签订了一份捐赠协议则可作为捐赠业务处理。

【职业判断与业务操作】

《民间非营利组织会计制度》规定，民间非营利组织应当对受托代理资产比照接受捐赠资产的原则进行确认和计量，但在确认一项受托代理资产时，应当同时确认一项受托代理负债。

受托代理负债是指民间非营利组织因从事受托代理交易、接受受托代理资产而产生的负债。受托代理负债应当按照相应的受托代理资产的金额予以确认和计量。民间非营利组织应当设置受托代理资产登记簿记录受托代理资产的接收、使用及结存情况，加强代理资产的管理。

一、账户设置

在会计核算上，需要设置"受托代理资产"和"受托代理负债"账户，分别核算民间非营利组织接受委托方委托从事受托代理业务资产而产生的受托代理负债，并根据具体情况，在"受托代理资产"和"受托代理负债"账户下，按照委托人和指定的受赠组织或个人设置明细账进行明细核算。民间非营利组织应当设置受托代理资产登记簿记录受托代理资产及其变动的详细情况。

民间非营利组织收到受托代理货币资金并受托代为购买物资的，应当在"受托代理资产"账户下设置"应收及暂付款""代购物资"等明细账户，进行明细核算。

二、账务处理

收到受托代理资产时，按照应确认的入账金额，借记"受托代理资产"账户，贷记"受托代理负债"账户。转赠或者转出受托代理资产时，按照转出受托代理资产的账面余额，借记"受托代理负债"账户，贷记"受托代理资产"账户。

民间非营利组织收到的受托代理资产如果为现金、银行存款或其他货币资金，可以不通过本账户核算，而在"库存现金""银行存款""其他货币资金"账户下设置"受托代理资产"明细账户进行核算。

【做中学】

根据情境引例编制会计分录。

业务（1）：

12月22日收到电视机时：

借：受托代理资产——电视机　　　　　　　　　120 000
　　贷：受托代理负债——20家儿童福利院　　　　120 000

12月31日将电视机转赠5家福利院时：

借：受托代理负债——5家儿童福利院　　　　　30 000
　　贷：受托代理资产——电视机　　　　　　　　30 000

12月31日，甲基金会应在资产负债表中反映受托代理资产90 000元和受托代理负债90 000元，同时在报表附注中披露该受托代理业务的详细情况。

需要说明的是，按照委托人委托使用受托代理资金购置固定资产或无形资产时，借记"受托代理资产——固定资产"或"受托代理资产——无形资产"账户，贷记"银行存款——受托代理资产""库存现金——受托代理资产"等账户。"受托代理资产"账户下的固定资产、无形资产不计提折旧和摊销。受托代理的固定资产、无形资产报废、转交时，按照受托代理的固定资产、无形资产账面余额，借记"受托代理负债"账户，贷记"受托代理资产"账户及其明细账户。

【做中学】

根据情境引例编制会计分录。

业务（2）：

12月19日

借：银行存款　　　　　　　　　　　　　　　1 500 000
　　贷：捐赠收入——限定性收入　　　　　　　1 500 000

12月28日至次年4月13日捐出140万元

借：业务活动成本　　　　　　　　　　　　　　　　1 400 000
　　贷：银行存款　　　　　　　　　　　　　　　　　　1 400 000
借：管理费用　　　　　　　　　　　　　　　　　　　　80 000
　　贷：银行存款　　　　　　　　　　　　　　　　　　　80 000

学习子情境三　收入和费用的核算

▶【情境引例】

甲民间非营利组织发生以下业务（根据业务情况，未序时说明）：

（1）2022年2月8日，甲民间非营利组织根据捐款协议，收到乙企业无条件的捐赠款项500 000元，该款项已通过开户行收妥。

（2）2022年5月6日，甲民间非营利组织收到乙企业捐赠的新设备一台，发票上注明价值21 000元。协议约定，该设备只能用于某种公益性用途。甲民间非营利组织为使设备达到预计可使用状态发生运输费、安装费等3 000元，全部以银行存款支付。

（3）承引例（2），2022年5月30日，甲民间非营利组织与乙企业签订一份补充协议。协议规定，此次捐赠的新设备可由甲民间非营利组织自由使用和支配。

（4）2021年12月31日，甲民间非营利组织"捐赠收入"账户的账面余额为600 000元，其中，"限定性收入"明细账户为200 000元，"非限定性收入"明细账户为400 000元。

（5）2022年2月1日，某政府部门支付给甲民间非营利组织300 000元，并转入该民间非营利组织的银行账户，用于资助其进行某项基础研究，研究成果归该民间非营利组织所有。

（6）2021年6月1日，某市科技局支付给甲民间非营利组织600 000元，并转入该非营利组织的银行账户，用于组织其进行某项基础研究，研究成果归该非营利组织所有。2021年6月25日，经科技局批准，其中110 000元科研经费由该非营利组织自由支配。2021年12月31日，该非营利组织"政府补助收入"账户的账面余额为360 000元，其中，"限定性收入"明细账户的账面余额是250 000元，"非限定性收入"明细账户的账面余额为110 000元。

（7）按照甲民间非营利组织会员代表大会通过的会费收缴办法的规定，该非营利组织的各单位会员应当缴纳30 000元的年度会费，各个人会员应当每年缴纳300元会费，每年度会费应当在当年度1月1日至12月31日缴纳；当年度不能按时缴纳会费的会员，将在下一年度的1月1日自动取消会员资格。该民间非营利组织可以将会费收入用于符合其宗旨的各项活动。假设2022年1月至12月，该非营利组织每月分别收到单位会费180 000元，个人会费7 500元（均以银行存款转账支付）。

（8）甲民间非营利组织于2021年10月出版并对外发售该组织会刊，该刊物的统一零售价为每本50元，对该组织会员的优惠价格为每本45元，成本为每本40元。2021年10月共售出1 000本会刊，其中600本为会员购买，共收到会刊收入47 000元。假设不考虑税收及其他费用。

（9）2021年12月31日，甲民间非营利组织"商品销售收入"账户的账面余额为1 000 000元，均属于非限定性收入。

（10）甲民间非营利组织于2021年9月受托为某会员单位培训一批学员，培训期为10个月，9月1日开学。双方签订的协议注明，会员单位应支付培训费总额为120 000元，分三次支付。第一次在开学时预付；第二次在培训中期，即2022年2月1日支付；第三次在培训结束时支付。每期支付40 000元。会员单位已在9月1日预付第一期款项。2021年12月31日，甲民间非营利组织得知会员单位当年效益不好，经营发生困难，后两次培训费能否收回没有把握。截至2021年12月31日将已经发生的培训成本50 000元中能够得到补偿的部分（即40 000元）确认为收入，并将发生的50 000元成本全部确认为当年费用。

（11）甲民间非营利组织2021年12月31日"提供服务收入"账户的账面余额为480 000元，均属于非限定性收入。

（12）甲民间非营利组织2021年12月31日收到其开户银行通知，其银行存款的当期利息为60 000元，全部为自有资金存款产生的利息。

（13）2022年5月10日，甲民间非营利组织出版并对外发售该组织会刊，该刊物的统一零售价为每本60元，成本为每本50元。2022年5月10日共售出1 000本会刊，收到会刊收入60 000元。假设不考虑税收及其他费用。

（14）2022年7月18日，甲民间非营利组织受托为某会员单位培训一批学员，会员单位通过银行转账支付培训费总额为80 000元，该组织所支付的会议费等培训成本为60 000元，假设全部支出通过银行转账，而且不考虑其他税费。

（15）2022年12月31日，甲民间非营利组织"业务活动成本"账户的借方余额为200 000元。

（16）2022年12月31日，甲民间非营利组织盘点固定资产时发现，一项作为固定资产入账的笔记本电脑盘亏，该笔记本电脑账面原值10 600元，已提取折旧4 600元。根据管理权限报经批准后，该笔记本电脑保管人员张强负责赔偿2 000元，从该职工下月工资中扣除。

（17）2022年12月31日，甲民间非营利组织通过对本年度应收账款金额、账龄和欠款单位的经营状况进行分析后，计提坏账准备共计32 000元。

（18）2022年12月31日，甲民间非营利组织"管理费用"账户的借方余额为

73 000 元。

（19）2022 年 4 月 1 日，甲民间非营利组织向 A 银行借入短期借款，借款金额 50 000 元，借款期限为 3 个月，借款利息为 6%，到期一次还本付息。

（20）2021 年 12 月 31 日，甲民间非营利组织"筹资费用"账户借方余额 50 000 元。

（21）2022 年 7 月 15 日，甲民间非营利组织的一项固定资产使用期满经批准报废。该项固定资产原值 190 000 元，已计提累计折旧 185 000 元，在报废过程中，以银行存款支付清理费用 6 000 元，残料变卖收入为 7 200 元。

（22）2021 年 12 月 31 日，甲民间非营利组织"其他费用"账户借方余额 40 000 元。

要求：根据以上经济业务，进行相应会计处理。

【知识准备】

一、收入的概念及分类

收入是指民间非营利组织开展业务活动取得的、导致本期净资产增加的经济利益或者服务潜力的流入。

民间非营利组织的收入主要有三种分类。

（一）按收入的来源分

按照收入的来源，民间非营利组织的收入可分为捐赠收入、会费收入、提供服务收入、商品销售收入、政府补助收入等。

1. 捐赠收入

捐赠收入是指民间非营利组织接受其他单位或者个人捐赠所取得的收入。

2. 会费收入

会费收入是指民间非营利组织根据章程等的规定向会员收取的会费。

3. 提供服务收入

提供服务收入是指民间非营利组织根据章程等的规定向其服务对象提供服务取得的收入，包括学费收入、医疗费收入、培训费收入等。

4. 商品销售收入

商品销售收入是指民间非营利组织销售商品等形成的收入。

5. 政府补助收入

政府补助收入是指民间非营利组织接受政府拨款或者政府机构给予的补助而取得的收入。

（二）按收入的使用是否存在限制分

按照收入的使用是否存在限制，民间非营利组织的收入可分为限定性收入和非限定性收入。

1. 限定性收入

如果资产提供者对资产的使用设置了时间限制或者（和）用途限制，则所确认的相关收入为限定性收入。

2. 非限定性收入

如果资产提供者没有对资产的使用设置时间限制或者用途限制，则所确认的相关收入为非限定性收入。

（三）按收入的性质分

按照收入的性质，民间非营利组织的收入可分为交换交易收入和非交换交易收入。

1. 交换交易收入

交换交易收入指交换交易所形成的收入。交换交易是指按照等价交换原则所从事的交易，即当某一主体取得资产、获得服务或者解除债务时，需要向交易双方支付等值或者大致等值的现金，或者提供等值或大致等值的货物、服务等的交易。如按照等价交换原则销售商品、提供劳务、让渡资产使用权、投资收益和其他收入等属于交换交易。

2. 非交换交易收入

非交换交易收入指非交换交易所形成的收入。其中非交换交易是指除交换交易之外的交易，如捐赠、政府补助、会费收入等。

二、费用的含义及分类

《民间非营利组织会计制度》中规定的费用是指民间非营利组织为开展业务活动所发生的、导致本期净资产减少的经济利益或者服务潜力的流出。

按照《民间非营利组织会计制度》的规定，民间非营利组织在对费用的会计核算中，应当按照费用功能的不同，将费用分为业务活动成本、管理费用、筹资费用和其他费用。

【职业判断与业务操作】

一、非交换交易收入的核算

（一）捐赠收入的核算

1. 捐赠收入的确认

捐赠收入是指民间非营利组织接受其他单位或者个人捐赠所取得的收入。根据捐赠者对捐赠资产的使用是否设置了时间限制或（和）用途限制，捐赠收入可以区分为限定性捐赠收入和非限定性捐赠收入。

2. 捐赠收入核算账户的设置

为了核算接受其他单位或个人捐赠所取得的收入，民间非营利组织应设置"捐赠收入"账户。该账户贷方反映本期实现的收入额，期末结转净资产后，该账户应无余额。该账户可以按照收入是否存在限制，设置"限定性收入"和"非限定性收入"二级明细账户进行明细核算。

3. 捐赠收入的账务处理

（1）接受捐赠。民间非营利组织接受的捐赠，按照应确认的金额，借记"库存现金""银行存款""固定资产"等账户，贷记"捐赠收入——限定性收入"或"捐赠收入——非限定性收入"账户。

■【做中学】■

根据情境引例编制会计分录。

业务（1）：

借：银行存款　　　　　　　　　　　　　　　500 000
　　贷：捐赠收入——非限定性收入　　　　　　　　　500 000

■【做中学】■

根据情境引例编制会计分录。

业务（2）：

2022年5月6日，会计部门根据有关凭证：

借：固定资产——专用设备　　　　　　　　　24 000
　　贷：捐赠收入——限定性收入　　　　　　　　　21 000
　　　　银行存款　　　　　　　　　　　　　　　　3 000

（2）限定性捐赠收入的限制解除。如果限定性捐赠收入的限制在确认收入的当期得以解除，则应当将其转为非限定性捐赠收入，借记"捐赠收入——限定性收入"账户，贷记"捐赠收入——非限定性收入"账户。

■【做中学】■

根据情境引例编制会计分录。

业务（3）：

借：捐赠收入——限定性收入　　　　　　　　21 000
　　贷：捐赠收入——非限定性收入　　　　　　　　21 000

（3）期末将捐赠收入账户余额转入净资产。期末，将"捐赠收入"账户的各明细账户的余额分别转入限定性净资产和非限定性净资产，借记"捐赠收入——限定性收入"账户，贷记"限定性净资产"账户；借记"捐赠收入——非限定性收入"账户，贷记"非限定性净资产"账户。

■【做中学】■

根据情境引例编制会计分录。

业务（4）：

2021年12月31日，将"捐赠收入"账户各明细账户余额分别转入"限定性净资产"和"非限定性净资产"。

```
借：捐赠收入——限定性收入           200 000
    贷：限定性净资产                         200 000
借：捐赠收入——非限定性收入         400 000
    贷：非限定性净资产                       400 000
```

（二）政府补助收入的核算

1. 政府补助收入的确认

政府补助收入是指民间非营利组织接受政府拨款或者政府机构给予的补助而取得的收入。民间非营利组织的政府补助收入应当视相关资产提供者对资产的使用是否设置限制，分为限定性收入和非限定性收入进行核算。

2. 政府补助收入核算账户的设置

为了核算民间非营利组织因为政府拨款或者政府机构给予的补助而形成的收入，民间非营利组织应设置"政府补助收入"账户。该账户贷方反映本期实现的收入额，期末结转净资产后，该账户应无余额。该账户可以按照收入是否存在限制，设置"限定性收入"和"非限定性收入"二级明细账户进行明细核算。

3. 政府补助收入的账务处理

（1）接受政府补助。民间非营利组织接受的政府补助，按照应确认的金额，借记"库存现金""银行存款"等账户，贷记"政府补助收入——非限定性收入"账户或者"政府补助收入——限定性收入"账户。

【做中学】

根据情境引例编制会计分录。

业务（5）：

```
借：银行存款                          300 000
    贷：政府补助收入——限定性收入             300 000
```

（2）政府补助收入限制的解除。如果民间非营利组织限定性政府补助收入的限制在确认收入的当期得以解除，应当将其转为非限定性政府补助收入，借记"政府补助收入——限定性收入"账户，贷记"政府补助收入——非限定性收入"账户。

（3）期末将政府补助收入转入净资产。期末，将"政府补助收入"账户的各明细账户的余额分别转入限定性净资产和非限定性净资产，按照明细账户余额，借记"政府补助收入——限定性收入"账户，贷记"限定性净资产"账户；借记"政府补助收入——非限定性收入"账户，贷记"非限定性净资产"账户。

【做中学】

根据情境引例编制会计分录。

业务（6）：

① 2021年6月1日，按照收到的政府补助金额，确认政府补助收入。

```
借：银行存款                          600 000
```

贷：政府补助收入——限定性收入　　　　　　　　　600 000

②2021年6月25日，部分限定性政府补助收入的限制在确认收入的当期予以解除，将其转为非限定性政府补助收入。

　　借：政府补助收入——限定性收入　　　　　　　　　110 000
　　　　贷：政府补助收入——非限定性收入　　　　　　　110 000

③2021年12月31日，将"政府补助收入"账户各明细账户的余额分别转入"限定性净资产"和"非限定性净资产"。

　　借：政府补助收入——限定性收入　　　　　　　　　250 000
　　　　贷：限定性净资产　　　　　　　　　　　　　　　250 000
　　借：政府补助收入——非限定性收入　　　　　　　　110 000
　　　　贷：非限定性净资产　　　　　　　　　　　　　　110 000

（三）会费收入的核算

1. 会费收入的确认

会费收入是指民间非营利组织根据章程等的规定向会员收取的会费。一般情况下，民间非营利组织的会费收入为非限定性收入。

2. 会费收入核算账户的设置

民间非营利组织应设置"会费收入"账户。该账户贷方反映本期实现的收入额，期末结转净资产后，该账户应无余额。

3. 会费收入的账务处理

（1）向会员收取会费，在满足收入确认条件时，借记"库存现金""银行存款""应收账款"等账户，贷记"会费收入——非限定性收入"账户。

【做中学】

根据情境引例编制会计分录。

业务（7）：

2022年1月至12月：

　　借：银行存款　　　　　　　　　　　　　　　　　　187 500
　　　　贷：会费收入——非限定性收入——单位会费　　　180 000
　　　　　　　　　非限定性收入——个人会费　　　　　　 7 500

假设2022年1月1日，该社会团体收到某个人通过网银汇款支付的会费900元，并说明此款项是支付2022年、2023年和2024年三个年度的会费。

2022年1月1日收到会费时：

　　借：银行存款　　　　　　　　　　　　　　　　　　　　900
　　　　贷：预收账款　　　　　　　　　　　　　　　　　　　600
　　　　　　会费收入——非限定性收入——个人会费　　　　　300

（2）期末将会费收入转入净资产。将"会费收入——非限定性收入"账户的余额转入非限定性净资产，借记"会费收入——非限定性收入"账户，贷记"非限定性净资产"账户；如果存在限定性会费收入，则将其金额转入限定性净资产，借记"会费收入——限定性收入"账户，贷记"限定性净资产"账户。

二、交换交易收入的核算

（一）商品销售收入的核算

1. 商品销售收入的确认

商品销售收入是指民间非营利组织销售商品等所形成的收入。比如，出售杂志、报纸等出版物，出售外购或自制的药品，出售接受捐赠的物品等，都属于商品销售的范畴。销售商品收入通常为交换交易收入。

2. 商品销售收入的账务处理

（1）民间非营利组织销售商品取得收入时，按照实际收到或应当收取的金额，借记"库存现金""银行存款"和"应收账款"等账户，按照应当确认的商品销售收入金额，贷记"商品销售收入——非限定性收入"账户。

【做中学】

根据情境引例编制会计分录。

业务（8）：

2021年10月，收到会刊发售收入时：

借：银行存款　　　　　　　　　　　　　　　　　47 000
　　贷：商品销售收入——非限定性收入　　　　　　　　47 000
借：业务活动成本——商品销售成本　　　　　　　40 000
　　贷：存货——会刊　　　　　　　　　　　　　　　　40 000

（2）期末，将"商品销售收入"账户的余额转入非限定性净资产，借记"商品销售收入——非限定性收入"账户，贷记"非限定性净资产"账户。

【做中学】

根据情境引例编制会计分录。

业务（9）：

2021年12月31日：

借：商品销售收入——非限定性收入　　　　　　1 000 000
　　贷：非限定性净资产　　　　　　　　　　　　　　1 000 000

（二）提供服务收入的核算

1. 提供服务收入的确认

提供服务收入是指民间非营利组织根据章程等的规定向其服务对象提供服务取得的收入，包括学费收入、医疗费收入、培训收入等，又称提供劳务收入。提供服务收入一般属于非限定性收入。

2. 提供服务收入的账务处理

（1）提供服务完成时确认收入的核算。民间非营利组织提供服务取得收入时，按照实际收到或应当收取的价款，借记"库存现金""银行存款""应收账款"等账户；按照应当确认的提供服务收入金额，贷记"提供服务收入"账户。同时，民间非营利组织发生的各项劳务成本，借记"存货——劳务成本"账户，贷记"银行存款""应付职工薪酬"等账户；结转完成劳务成本时，借记"业务活动成本——提供服务成本"账户，贷记"存货——劳务成本"账户。

【做中学】

根据情境引例编制会计分录。

业务（10）：

① 2021年9月1日收到预付的培训费：

借：银行存款	40 000
贷：预收账款——某会员单位	40 000

② 2021年12月31日：

借：预收账款——某会员单位	40 000
贷：提供服务收入——非限定性收入	40 000
借：存货——劳务成本	50 000
贷：银行存款	50 000
借：业务活动成本——提供服务成本	50 000
贷：存货——劳务成本	50 000

（2）期末结转提供服务收入的核算。在会计期末，民间非营利组织应将"提供服务收入"账户的余额转入非限定性净资产，借记"提供服务收入——非限定性收入"账户，贷记"非限定性净资产"账户。

【做中学】

根据情境引例编制会计分录。

业务（11）：

2021年12月31日：

借：提供服务收入——非限定性收入	480 000
贷：非限定性净资产	480 000

（三）让渡资产使用权收入的核算

1. 让渡资产使用权的确认

让渡资产使用权产生的收入主要包括以下两类：一类是让渡现金资产使用权而获得的利息收入，主要是指民间非营利组织取得的银行存款利息收入；另一类是转让无形资产（如商标权、专利权、专有技术使用权、版权、专营权）等资产的使用权而取得的使用费收入。

2. 让渡资产使用权核算账户的设置

民间非营利组织让渡资产使用权收入通过"其他收入"账户核算。该账户属于收入类累积账户，借方登记结转为本期净资产的收入额，贷方登记本期实现的收入额，期末结转净资产后，该账户应无余额。该账户可以按照收入是否存在限制，设置"限定性收入"和"非限定性收入"二级明细账户进行明细核算；然后，在"限定性收入"和"非限定性收入"明细账户下设置"使用费收入""利息收入"明细账户，进行明细核算。

3. 让渡资产使用权收入的核算

（1）利息收入的账务处理。会计期末，民间非营利组织按照应确认的利息金额，借记"银行存款"账户，贷记"其他收入"账户。

【做中学】

根据情境引例编制会计分录。

业务（12）：

2021 年 12 月 31 日：

借：银行存款　　　　　　　　　　　　　　　　　　60 000
　　贷：其他收入——非限定性收入——利息收入　　　　60 000

（2）使用费收入的账务处理。按照应当确认的使用费金额，借记"银行存款"账户，贷记"其他收入"账户。

三、业务活动成本的核算

（一）业务活动成本的确认

业务活动成本是指民间非营利组织为了实现其业务活动目标、开展其项目活动或者提供服务所发生的费用。如果民间非营利组织的某些费用是因业务活动、管理活动或筹资活动等共同发生的，而且不能直接归属某一类活动，则应当将这些费用按照合理的方法在各项活动中进行分配。

（二）业务活动成本核算账户的设置

民间非营利组织根据本单位业务活动的实际情况，设置"业务活动成本"账户。平时余额在借方，反映民间非营利组织当期累计发生的业务活动成本，期末结转到非限定性净资产后账户应无余额。

如果民间非营利组织从事的项目、提供的服务或者开展的项目种类较多，应当在"业务活动成本"科目下分别按照项目（如捐赠、商品销售等）、服务（如会员服务、免费杂志等）或者业务大类（如慈善活动、其他业务活动等）进行核算和列报。在实务中民间非营利组织通过在"业务活动成本"下设置"销售商品成本""提供服务成本""会员服务成本""捐赠项目成本""业务活动税金及附加""业务活动费用"等明细科目进行明细核算。

需要说明的是，如果民间非营利组织接受政府提供的专项资金补助，为提供专项资金使用情况的详细信息，可以在"政府补助收入——限定性收入"科目下设置"专项补助收入"明细科目，并在"业务活动成本"科目下设置"专项补助成本"明细科目，便于对接受的政府补助专项资金进行专项核算和报告。

（三）业务活动成本的账务处理

（1）确认发生的业务活动成本，借记"业务活动成本"账户，贷记"银行存款""存货""应付账款"等账户。

【做中学】

根据情境引例编制会计分录。

业务（13）：

2022 年 5 月 10 日：

借：银行存款	60 000
贷：商品销售收入——非限定性收入	60 000
借：业务活动成本——商品销售成本	50 000
贷：存货——会刊	50 000

根据情境引例编制会计分录。

业务（14）：

2022 年 7 月 18 日：

借：银行存款	80 000
贷：提供服务收入——非限定性收入	80 000
借：业务活动成本——提供服务成本	60 000
贷：银行存款	60 000

（2）期末，将"业务活动成本"账户的余额转入非限定性净资产，借记"非限定性净资产"账户，贷记"业务活动成本"账户。期末结转后，"业务活动成本"账户应无余额。

【做中学】

根据情境引例编制会计分录。

业务（15）：

借：非限定性净资产	200 000
贷：业务活动成本	200 000

【课堂能力训练】

爱众仁心社会团体为增值税小规模纳税人。2021 年 12 月 20 日，该团体对外销售图书 1 000 册，每册售价 10.3 元，款项于销售当日收到并存入银行存款。假定该图书每册进价为 8 元。

要求：对爱众仁心社会团体有关业务进行账务处理。

四、期间费用的核算
（一）管理费用的核算
1. 管理费用的确认

管理费用是指民间非营利组织为组织和管理其业务活动所发生的各项费用，包括民间非营利组织董事会（理事会或类似权力机构）经费和行政管理人员的工资、奖金、津贴、福利费、住房公积金、住房补贴、社会保障费、离退休人员工资与补助，以及办公费、水电费、邮电费、物业管理费、差旅费、折旧费、修理费、无形资产摊销费、存货盘亏损失、资产减值损失、因预计负债所产生的损失、聘请中介机构费和应偿还的受赠资产等。

2. 管理费用的账务处理

"管理费用"账户的借方反映当期发生的管理费用，期末将"管理费用"账户的余额转入非限定性净资产，借记"非限定性净资产"账户，贷记"管理费用"账户。期末结转后，"管理费用"账户应无余额。

■【做中学】■

根据情境引例编制会计分录。

业务（16）：

2021年12月31日：

借：其他应收款——张强	2 000
累计折旧	4 600
管理费用——固定资产盘亏	4 000
贷：固定资产	10 600

业务（17）：

2021年12月31日：

借：管理费用	32 000
贷：坏账准备	32 000

业务（18）：

借：非限定性净资产	73 000
贷：管理费用	73 000

（二）筹资费用的核算
1. 筹资费用的确认

筹资费用是指民间非营利组织为筹集业务活动所需资金而发生的费用，包括民间非营利组织获得捐赠资产而发生的费用以及应当计入当期费用的借款费用、汇兑损失（减汇兑收益）等。具体包括：

（1）民间非营利组织为了获得捐赠资产而发生的费用，包括举办募款的活动费用，准备、印刷和发放募款宣传资料的费用以及其他与募款或者争取捐赠有关的费用。

（2）借款费用，指应当计入当期费用的借款费用，主要包括利息支出、债券溢价折价的摊销及相关手续费等。

2. 筹资费用核算账户的设置

民间非营利组织为了筹集业务活动所需资金而发生的费用，应设置"筹资费用"账户。"筹资费用"账户是费用累计账户。"筹资费用"账户的借方反映当期筹资费用的实际发生额，贷方反映冲减和期末结转的筹资费用，会计期末，应当将"筹资费用"账户的借方发生额转入非限定性净资产，期末结转后该账户应无余额。

3. 筹资费用的账务处理

（1）发生的筹资费用，借记"筹资费用"账户，贷记"预提费用""银行存款""长期借款"等账户。

【做中学】

根据情境引例编制会计分录。

业务（19）：

该组织应在借款期限内按月计提利息，每月月末计提借款利息250（50 000×6%÷12）元。

① 2022年4月1日，借款时：

借：银行存款　　　　　　　　　　　　　　　　　50 000
　　贷：短期借款　　　　　　　　　　　　　　　　　50 000

② 2022年4月30日，计提借款利息：

借：筹资费用——利息　　　　　　　　　　　　　　250
　　贷：预提费用——借款利息　　　　　　　　　　　250

③ 2022年5月31日分录同上。

④ 2022年6月30日，到期一次还本付息：

借：短期借款　　　　　　　　　　　　　　　　　50 000
　　筹资费用——利息　　　　　　　　　　　　　　　250
　　预提费用——借款利息　　　　　　　　　　　　　500
　　贷：银行存款　　　　　　　　　　　　　　　　　50 750

（2）期末，将"筹资费用"账户的余额转入非限定性净资产，借记"非限定性净资产"账户，贷记"筹资费用"账户。

【做中学】

根据情境引例编制会计分录。

业务（20）：

2021年12月31日：

借：非限定性净资产　　　　　　　　　　　　　　50 000
　　贷：筹资费用　　　　　　　　　　　　　　　　　50 000

（三）其他费用的核算

1. 其他费用的确认

其他费用是指民间非营利组织发生的、无法归属于上述业务活动成本、管理费用或者筹资费用中的费用，包括固定资产处置净损失、无形资产处置净损失等。

2. 其他费用的账务处理

（1）发生的固定资产处置净损失，借记"其他费用"账户，贷记"固定资产清理"账户。

【做中学】

根据情境引例编制会计分录。

业务（21）：

① 2022年7月15日，固定资产转入清理时：

借：固定资产清理	5 000
累计折旧	185 000
贷：固定资产	190 000

② 发生清理费用时：

| 借：固定资产清理 | 6 000 |
| 贷：银行存款 | 6 000 |

③ 收到残料变价收入时：

| 借：银行存款 | 7 200 |
| 贷：固定资产清理 | 7 200 |

④ 结转固定资产净损益时：

| 借：其他费用——处置固定资产净损失 | 3 800 |
| 贷：固定资产清理 | 3 800 |

（2）发生的无形资产处置净损失，按照实际取得的价款，借记"银行存款"等账户，按照该项无形资产的账面余额，贷记"无形资产"账户，按照其差额，借记"其他费用"账户。

（3）期末，将"其他费用"账户的余额转入非限定性净资产，借记"非限定性净资产"账户，贷记"其他费用"账户。

【做中学】

根据情境引例编制会计分录。

业务（22）：

2022年12月31日：

| 借：非限定性净资产 | 40 000 |
| 贷：其他费用 | 40 000 |

【课堂能力训练】

2022 年 12 月 10 日，甲民间非营利组织受托为某会员单位培训一批学员，会员单位通过银行转账支付培训费总金额为 100 000 元，该民间非营利组织所支付的会议费等培训成本为 70 000 元，假设全部支出通过银行转账，而且暂不考虑其他税费。

要求：该民间非营利组织如何进行账务处理？

学习子情境四　净资产的核算

【情境引例】

甲民间非营利组织发生以下业务：

（1）2021 年 12 月 1 日，收到某企业家的一笔捐款 100 000 元，该企业家要求将款项用于 2022 年业务活动经费。

（2）2021 年 12 月 20 日，获得某个人捐款 500 000 元，捐赠人没有对捐款的使用提出要求。

（3）2021 年 12 月，为某企业提供培训，取得收入 800 000 元，相关成本为 400 000 元，该项收入没有使用限制条件。

（4）2021 年度的非限定性净资产增加额为 1 000 000 元，按照有关法规的要求，应当计提 25% 的发展基金。

（5）2022 年 1 月 1 日，甲民间非营利组织原来捐赠人捐赠 200 000 元，约定的资产限制使用期限已满。

（6）2022 年 3 月，某企业家捐赠的赈灾款 100 000 元已全额用于赈灾，并已计入赈灾费用。

（7）2022 年 4 月，某个人捐赠 200 000 元，要求该款项在 2023 年方可使用。2022 年 6 月，该捐款人撤销了对所捐赠款项的时间限制。

（8）2021 年 12 月，收到捐赠的明代文物一件，要求只能用于展览，不能转让或者出售，捐赠当时无法确定该文物的公允价值。2022 年 5 月，经鉴定，确认该文物的公允价值为 600 000 元。

要求：写出甲民间非营利组织的账务处理过程。

【知识准备】

一、基本概念

（一）民间非营利组织的净资产

民间非营利组织的净资产，是指资产减去负债后的余额。也就是说，在民间非

民间非营利组织限定性净资产

营利组织的总资产中，扣除债权人对之享有要求的资产（即负债）之后，剩余的就是该组织自己享有要求权的资产，即净资产。

民间非营利组织的净资产按照其是否受到限制，分为限定性净资产和非限定性净资产。

（二）限定性净资产

如果资产或者资产所产生的经济利益的使用受到资产提供者或者国家有关法律、行政法规所设置的时间限制（特定时期之内、特定日期之后才能使用或者对资产的使用设置了永久限制）或用途限制，则由此形成的净资产即为限定性净资产；国家有关法律、行政法规对净资产的使用直接设置限制的，该受限制的净资产亦为限定性净资产。

（三）非限定性净资产

民间非营利组织的净资产中除了限定性净资产之外的其他净资产，即为非限定性净资产。也就是说，如果净资产的使用不受资产提供者或者国家有关法律、行政法规的限制，该净资产即为非限定性净资产。

二、净资产之间的重分类

（一）非限定性净资产与限定性净资产之间的重分类

资源提供者对以前期间未设置限制的资产增加了时间或用途限制，如果新增限制得到民间非营利组织的承认，或者国家法律、行政法规对资产增加了限制，则相应的非限定性净资产应当转入限定性净资产，引起限定性净资产的增加。

相反，如果资源提供者或者国家法律、行政法规撤销了原先对资产或净资产所设置的限制，或者原先对资产设置的时间限制已经到期，或者对资产规定的用途已经实现，那么相应限定性净资产的限制已经得到解除，应当转入非限定性净资产，从而引起限定性净资产的减少。

（二）限定性净资产进行重分类的主要情况

当限定性净资产或相关资产的限制得到解除时，应当对净资产进行重新分类，将限定性净资产转为非限定性净资产，从而减少限定性净资产金额，增加非限定性净资产金额。

当存在下列情况之一时，可以认为对限定性净资产或相关资产的限制已经解除：

（1）所限定净资产或相关资产的限制时间已经到期；

（2）所限定净资产或相关资产规定的用途已经实现（或者目的已经达到）；

（3）资产提供者或者国家有关法律、行政法规撤销了对限定性净资产或相关资产所设置的限制。

如果限定性净资产或相关资产受到两项或两项以上的限制，应当在最后一项限制解除时，才能认为该项限定性净资产的限制已经解除。

【职业判断与业务操作】

一、期末结转限定性收入

民间非营利组织限定性净资产的主要来源之一是获得了限定性收入（主要是限定性捐赠收入和政府补助收入）。期末，民间非营利组织应当将当期限定性收入的贷方余额转为限定性净资产，即将各收入账户中所属的限定性收入明细账户的贷方余额转入"限定性净资产"账户的贷方，借记"捐赠收入——限定性收入""政府补助收入——限定性收入"等账户，贷记"限定性净资产"账户。

【做中学】

根据情境引例编制会计分录。

业务（1）：

2021年12月1日，收到企业家捐款时：

借：银行存款　　　　　　　　　　　　　　　100 000
　　贷：捐赠收入——限定性收入　　　　　　　　100 000

2021年12月31日，将捐赠收入结转净资产时：

借：捐赠收入——限定性收入　　　　　　　　100 000
　　贷：限定性净资产　　　　　　　　　　　　　100 000

二、期末结转非限定性收入

期末，民间非营利组织应当将捐赠收入、会费收入、提供服务收入、政府补助收入、商品销售收入、投资收益和其他收入等各项收入项目中非限定性收入明细账户的期末余额转入非限定性净资产，借记"捐赠收入——非限定性收入""会费收入——非限定性收入""提供服务收入——非限定性收入""政府补助收入——非限定性收入""商品销售收入——非限定性收入""投资收益——非限定性收入""其他收入——非限定性收入"账户，贷记"非限定性净资产"账户。

【做中学】

根据情境引例编制会计分录。

业务（2）：

2021年12月20日，收到某个人捐款时：

借：银行存款　　　　　　　　　　　　　　　500 000
　　贷：捐赠收入——非限定性收入　　　　　　　500 000

2021年12月31日，将捐赠收入结转净资产时：

借：捐赠收入——非限定性收入　　　　　　　500 000
　　贷：非限定性净资产　　　　　　　　　　　　500 000

三、期末结转成本费用项目

在会计期末，民间非营利组织应当将业务活动成本、管理费用、筹资费用和其他费用的期末余额结转至非限定性净资产，借记"非限定性净资产"账户，贷记"业务活动成本""管理费用""筹资费用""其他费用"账户。

【做中学】

根据情境引例编制会计分录。

业务（3）：

提供培训取得收入时：

借：银行存款　　　　　　　　　　　　　　　　　800 000
　　贷：提供服务收入——非限定性收入　　　　　　800 000

发生相关成本时：

借：业务活动成本——提供服务成本　　　　　　　400 000
　　贷：存货——服务成本　　　　　　　　　　　　400 000

2021年12月31日，结转净资产时：

借：提供服务收入——非限定性收入　　　　　　　800 000
　　贷：非限定性净资产　　　　　　　　　　　　　800 000
借：非限定性净资产　　　　　　　　　　　　　　400 000
　　贷：业务活动成本——提供服务成本　　　　　　400 000

四、未设置限制的资产增加时间或用途限制

资源提供者或者国家法律、行政法规会对以前期间未设置限制的资产增加时间或者用途限制。这时，应将非限定性净资产转入限定性净资产，借记"非限定性净资产"账户，贷记"限定性净资产"账户。

【做中学】

根据情境引例编制会计分录。

业务（4）：

应该计提的发展基金 = 1 000 000 × 25% = 250 000（元）

借：非限定性净资产　　　　　　　　　　　　　　250 000
　　贷：限定性净资产　　　　　　　　　　　　　　250 000

五、所限定净资产或相关资产的限制时间已经到期

若所限定净资产或相关资产的限制时间已经到期，则相应限定性净资产的限制已经得到解除，此时应当将限定性净资产转入非限定性净资产，借记"限定性净资产"账户，贷记"非限定性净资产"账户。

【做中学】

根据情境引例编制会计分录。

业务（5）：

甲民间非营利组织原来捐赠人捐赠款项约定的资产限制使用期限已满。

借：限定性净资产　　　　　　　　　　　　　　　200 000

　　　　贷：非限定性净资产　　　　　　　　　　　　　200 000

六、所限定净资产或相关资产规定的用途已经实现

对资产规定的用途已经实现，那么相应限定性净资产的限制已经得到解除，应当将限定性净资产转入非限定性净资产，借记"限定性净资产"账户，贷记"非限定性净资产"账户。

【做中学】

根据情境引例编制会计分录。

业务（6）：

某企业家捐赠的赈灾款已全额用于赈灾，并已计入赈灾费用。

借：业务活动成本　　　　　　　　　　　　　　　100 000
　　贷：银行存款　　　　　　　　　　　　　　　　100 000
借：限定性净资产　　　　　　　　　　　　　　　100 000
　　贷：非限定性净资产　　　　　　　　　　　　　100 000

七、资产提供者或者国家有关法律、行政法规撤销对限定性净资产或相关资产所设置的限制

对于资产提供者或者国家有关法律、行政法规撤销对限定性净资产或相关资产所设置限制的情况，限定性净资产的限制应当在限制得到实际撤销时得以解除。应当将限定性净资产转入非限定性净资产，借记"限定性净资产"账户，贷记"非限定性净资产"账户。

【做中学】

根据情境引例编制会计分录。

业务（7）：

2022年4月，收到捐赠时：

借：银行存款　　　　　　　　　　　　　　　　　200 000
　　贷：捐赠收入——限定性收入　　　　　　　　　200 000

2022年4月30日：

借：捐赠收入——限定性收入　　　　　　　　　　200 000
　　贷：限定性净资产　　　　　　　　　　　　　　200 000

2022年6月，捐赠人的捐赠款项尚未使用而撤销了原先设置的用途限制时：

借：限定性净资产　　　　　　　　　　　　　　　200 000
　　贷：非限定性净资产　　　　　　　　　　　　　200 000

八、调整以前期间限定性收入项目

如果因调整以前期间限定性收入项目而涉及调整限定性净资产时，应该就需要调整的金额，借记或者贷记有关账户，贷记或者借记"限定性净资产"账户。

【做中学】

根据情境引例编制会计分录。

业务（8）：

2021年接受捐赠时，只在辅助账中进行相关登记，并在会计报表附注中进行相关披露。

2022年5月，该文物的公允价值已经确定：

借：文化文物资产　　　　　　　　　　　　　　600 000
　　贷：限定性净资产　　　　　　　　　　　　　　　600 000

【课堂能力训练】

某民间非营利组织发生如下业务：

（1）在2021年10月共取得捐赠收入50 000元（全部限定用途），会费收入80 000元（非限定性），服务收入60 000元（非限定性），政府补助收入30 000元（其中：20 000元限定用途，10 000元非限定性），其他收入20 000元（非限定性）。

发生相关费用，其中业务活动成本200 000元，管理费用70 000元，其他费用30 000元。

（2）2022年5月收到一笔金额为500 000元的捐赠，捐赠人对款项无使用要求。2022年7月，该捐赠人提出将捐款中的200 000元用于资助贫困家庭，另外300 000元在2023年1月1日之后才能使用，新增限制得到了民间非营利组织的承认。同月，该民间非营利组织将捐款中的200 000元捐赠给贫困家庭。

（3）2021年9月收到某企业家捐款300 000元，捐款人要求该款项用于2022年的日常管理费用。2022年1月，该组织用其中的200 000元支付日常管理费用。2022年2月通过与捐款人协商，捐款人撤销了对剩余款项100 000元的使用限制。

（4）2022年5月发现上年度的会计记录有以下错误：

① 2022年少计限定性捐赠商品的销售成本70 000元，应予以调整；

② 应补提固定资产折旧5 000元；

③ 应补计工资8 000元；

④ 待摊费用中费用1 000元应摊销。

请问：该民间非营利组织应如何做账务处理和调整上年账项？

学习子情境五　会计报表的编制

▶【情境引例】

某红十字会2021年11月月末资产负债表如表7-1所示。

表7-1　资产负债表

编制单位:某红十字会　　　　　2021年11月30日　　　　　　　　　　单位:元

资产	行次	年初数	期末数	负债和净资产	行次	年初数	期末数
流动资产:				流动负债:			
货币资金	1		105 000	短期借款	61		
短期投资	2		2 000	应付款项	62		10 000
应收款项	3		50 000	应付工资	63		35 000
预付账款	4		10 000	应交税费	65		
存货	8		30 000	预收账款	66		15 000
待摊费用	9			预提费用	71		
一年内到期的长期债权投资	15			预计负债	72		
其他流动资产	18			一年内到期的长期负债	74		
流动资产合计	20		197 000	其他流动负债	78		
				流动负债合计	80		60 000
长期投资:							
长期股权投资	21			长期负债:			
长期债权投资	24			长期借款	81		20 000
长期投资合计	30			长期应付款	84		
				其他长期负债	88		
固定资产:				长期负债合计	90		20 000
固定资产原价	31		70 000				
减:累计折旧	32		8 000	受托代理负债:			
固定资产净值	33		62 000	受托代理负债	91		
在建工程	34						
文物文化资产	35			负债合计	100		80 000

民间非营利组织资产负债表

续表

资产	行次	年初数	期末数	负债和净资产	行次	年初数	期末数
固定资产清理	38						
固定资产合计	40		62 000				
无形资产：							
无形资产	41			净资产：			
				非限定性净资产	101		109 000
受托代理资产：				限定性净资产	105		70 000
受托代理资产	51			净资产合计	110		179 000
资产总计	60		259 000	负债和净资产总计	120		259 000

假设该红十字会 12 月发生的经济业务及相关会计分录如下：

（1）12 月 3 日，该红十字会根据捐款协议，收到 A 企业的一项无条件的捐款款项 40 000 元，该款项已经存入银行。

借：银行存款　　　　　　　　　　　　　　　　　　　40 000
　　贷：捐赠收入——非限定性收入　　　　　　　　　　40 000

（2）12 月 4 日，该红十字会向 B 企业提供一项咨询服务，价款为 23 000 元，咨询服务当日完成，但是价款尚未收到。

借：应收账款　　　　　　　　　　　　　　　　　　　23 000
　　贷：提供服务收入——非限定性收入　　　　　　　　23 000

（3）12 月 4 日，该红十字会到外地采购，价款合计 8 600 元，价款以银行汇票支付，材料已经验收入库。

借：存货——库存商品　　　　　　　　　　　　　　　8 600
　　贷：其他货币资金——银行汇票存款　　　　　　　　8 600

（4）12 月 5 日，该红十字会销售一批商品给 C 企业，货已发出，价款合计为 20 000 元，当日，收到 C 企业签发的不带息的商业承兑汇票一张。

借：应收票据　　　　　　　　　　　　　　　　　　　20 000
　　贷：商品销售收入——非限定性收入　　　　　　　　20 000

（5）12 月 5 日，收到 D 企业上月所欠货款 15 000 元，存入银行。

借：银行存款　　　　　　　　　　　　　　　　　　　15 000
　　贷：应收账款　　　　　　　　　　　　　　　　　　15 000

(6) 12月8日，该红十字会收到政府补助的笔记本电脑5台，约定该笔记本电脑只能用于某一次公益活动中。该批笔记本电脑的市场价值每台10 000元。

借：固定资产　　　　　　　　　　　　　　　　　50 000
　　贷：政府补助收入——限定性收入　　　　　　　　　50 000

(7) 12月12日，该红十字会向某银行借入一笔短期借款，金额为80 000元。

借：银行存款　　　　　　　　　　　　　　　　　80 000
　　贷：短期借款　　　　　　　　　　　　　　　　　80 000

(8) 12月15日，该红十字会用现金800元购买办公用品。

借：管理费用　　　　　　　　　　　　　　　　　　800
　　贷：库存现金　　　　　　　　　　　　　　　　　　800

(9) 12月20日，某捐赠人向法院起诉该组织要求赔偿金额10 000元，该红十字会预计很可能败诉，败诉后支付相应金额。

借：管理费用　　　　　　　　　　　　　　　　10 000
　　贷：预计负债——未决公诉　　　　　　　　　　　10 000

(10) 12月31日，结转该企业当月销售商品的成本12 000元。

借：业务活动成本　　　　　　　　　　　　　　12 000
　　贷：存货——库存商品　　　　　　　　　　　　12 000

(11) 12月31日，该红十字会本月计提固定资产折旧9 000元，其中业务用固定资产折旧7 000元，行政管理部门折旧2 000元。

借：业务活动成本　　　　　　　　　　　　　　　7 000
　　管理费用　　　　　　　　　　　　　　　　　2 000
　　贷：累计折旧　　　　　　　　　　　　　　　　　9 000

(12) 12月31日，该红十字会收到开户银行通知，其银行存款的当期利息为2 000元，全部为自有资金产生的利息。

借：银行存款　　　　　　　　　　　　　　　　　2 000
　　贷：其他业务收入——非限定性收入　　　　　　　　2 000

(13) 该红十字会将本年各项收入和成本费用结转至净资产项目。

借：捐赠收入——非限定性收入　　　　　　　　40 000
　　提供服务收入——非限定性收入　　　　　　　23 000
　　商品销售收入——非限定性收入　　　　　　　20 000
　　其他业务收入——非限定性收入　　　　　　　 2 000
　　贷：非限定性净资产　　　　　　　　　　　　　85 000
借：政府补助收入——限定性收入　　　　　　　50 000
　　贷：限定性净资产　　　　　　　　　　　　　　50 000
借：非限定性净资产　　　　　　　　　　　　　31 800

　　　　贷：业务活动成本　　　　　　　　　　　　　　　　19 000
　　　　　　管理费用　　　　　　　　　　　　　　　　　　12 800
注：月末账面上分析有10 000元的长期借款不到一年到期。
要求：（1）根据材料编制该民间非营利组织2022年12月的资产负债表。
　　　（2）根据以上资料编制该民间非营利组织2022年12月的业务活动表。
　　　（3）根据上述资产负债表和业务活动表，采用分析填列的方法编制现金流量表。

【知识准备】

民间非营利组织的财务会计报告是反映民间非营利组织财务状况、业务活动情况和现金流量等的书面文件。民间非营利组织对外提供的财务会计报告的内容、会计报表的种类和格式、会计报表附注应予披露的主要内容等，由《民间非营利组织会计制度》规定。民间非营利组织内部管理需要的会计报表由单位自行规定。

一、财务会计报告的概念

财务会计报告是反映民间非营利组织财务状况、业务活动情况和现金流量等的书面文件。

二、财务会计报告的种类

财务会计报告包括会计报表、会计报表附注和财务情况说明书。

（一）会计报表

会计报表，是指以会计账簿记录和有关资料为依据，按照规定的报表格式，全面、系统地反映民间非营利组织财务状况、业务成果和现金流量的一种报告文件。财务会计报告至少应当包括资产负债表、业务活动表、现金流量表。

（二）会计报表附注

会计报表附注，是指为了帮助会计信息使用者理解会计报表的内容而对报表有关项目等所作的解释。会计报表附注主要包括两项内容：一是对会计报表各项目的补充说明；二是对会计报表中无法描述的其他财务信息的补充说明。

（三）财务情况说明书

财务情况说明书，是指对民间非营利组织一定期间经济活动进行分析总结的文字报告。它是在会计报表的基础上，对民间非营利组织财务状况、业务成果、资金周转情况及其发展前景等所做的总括说明。

【职业判断与业务操作】

一、资产负债表

（一）资产负债表的概念

资产负债表是反映民间非营利组织某一会计期末全部资产、负债和净资产情况的报表。

（二）资产负债表的结构

资产负债表由表头和基本内容两部分组成，格式见表7-2。

表头部分包括报表名称、编制单位、编制日期和金额单位等内容。

基本内容部分是资产负债表的核心，它以"账户式"形式分项列示民间非营利组织的资产、负债和净资产。所谓"账户式"资产负债表是指用左右两方基本账户，反映资产、负债和净资产的基本状况。资产项目列示在左方，负债和净资产列示在右方。左方资产总额等于右方负债和净资产总额之和。

（三）资产负债表的编制

资产负债表的填列方式如下：

（1）根据总账账户余额直接填列。如"应收票据""短期借款"等项目。

（2）根据总账账户余额合计数填列。如"货币资金"项目。

（3）根据总账账户和明细账户余额分析计算填列。如"长期借款"项目，根据"长期借款"总账账户期末余额，扣除"长期借款"账户所属明细账户中反映的将于一年内到期的长期借款部分，分析计算填列。

（4）根据总账账户余额减去其备抵项目后的净额填列。如"短期投资"项目，根据"短期投资"项目的期末借方余额，减去"短期投资跌价准备"备抵账户余额后的净额填列。

（5）根据总账账户余额合计数减去其备抵项目后的净额填列。如"应收账款"项目，应当根据"应收票据""应收账款""其他应收款"账户的期末余额合计，减去"坏账准备"账户的期末余额填列。

（6）根据总账账户余额的方向分析填列。如"应付工资""应交税费"等项目，根据项目对应的会计账户期末余额方向分析填列，若期末为贷方余额直接填列，若为借方余额加"-"号填列。

随着民间非营利组织快速发展，各利益相关者对民间非营利组织定量和定性信息透明度的需求增加。美国财务会计准则委员会（FASB）发布非营利组织财务报告的会计准则更新内容，要求提高民间非营利组织会计信息精细化程度和会计系信息透明度，着重反映捐赠资产的接受和使用情况、受托代理资产的代理情况、限定性净资产等的明细情况。

二、业务活动表

（一）业务活动表的作用

业务活动表是反映民间非营利组织在某一会计期间开展业务活动实际情况的报表。其作用如下：

（1）业务活动表反映了民间非营利组织业务活动成果；

（2）业务活动表为评价管理机构、管理者业绩提供了重要依据；

民间非营利组织业务活动表

（3）业务活动表有助于反映净资产增减变化情况。

（二）业务活动表的结构

业务活动表由表头和基本内容组成，格式见表7-3。基本内容是报表主体，采用自上而下分项列示的报告式结构。其结构原理是根据收入减去费用对净资产产生的影响而设置的。在项目排列上，先收入后费用，并将收入与费用对净资产产生的影响一并列入基本内容。

1．"项目"栏

（1）收入。收入是指民间非营利组织开展业务活动取得的导致本期净资产增加的经济利益或者服务潜力的流入。它包括捐赠收入、会费收入、提供服务收入、政府补助收入、投资收益、商品销售收入和其他收入。

（2）费用。费用是指民间非营利组织为开展业务活动所发生的导致本期净资产减少的经济利益或者服务潜力的流出。它包括业务活动成本、管理费用、筹资费用和其他费用。

（3）限定性净资产转为非限定性净资产。它是指民间非营利组织限定性净资产的限制解除时，将限定性资产转为非限定性资产。

（4）净资产变动额。它是指民间非营利组织当期净资产变动的金额。

2．"金额"栏

业务活动表"金额"栏又分为"本月数"和"本年累计数"。

"本月数"反映各项目的本月实际发生数；"本年累计数"反映各项目自年初起至报告期末止的累计实际发生数。

"本月数"和"本年累计数"又根据其收入和费用是否存在限定而分为"非限定性"和"限定性"两部分。"非限定性"反映本期非限定性收入的实际发生数、本期费用的实际发生数和本期由限定性资产转为非限定性净资产的金额；"限定性"反映本期限定性收入的实际发生数和本期由限定性资产转为非限定性净资产的金额。

（三）编制方法

1．收入

（1）"捐赠收入"项目，反映民间非营利组织接受其他单位或者个人捐赠所取得的收入总额。本项目应当根据"捐赠收入"账户的发生额填列。

【做中学】

根据情境引例核算：

"捐赠收入" = 40 000（元）

（2）"会费收入"项目应当根据"会费收入"账户的发生额填列。

（3）"提供服务收入"项目应当根据"提供服务收入"账户的发生额填列。

【做中学】

根据情境引例核算：

"提供服务收入" = 23 000（元）

（4）"商品销售收入"项目，反映民间非营利组织销售商品等所形成的收入总额。本项目应当根据"商品销售收入"账户的发生额填列。

【做中学】

根据情境引例核算：

"商品销售收入" = 20 000（元）

（5）"政府补助收入"项目，反映民间非营利组织接受政府拨款或者政府机构给予的补助而取得的收入总额。本项目应当根据"政府补助收入"账户的发生额填列。

【做中学】

根据情境引例核算：

"政府补助收入" = 50 000（元）

（6）"投资收益"项目应当根据"投资收益"账户的贷方发生额填列；如果为借方发生额，则以"－"号填列。

（7）"其他收入"项目应当根据"其他业务收入"科目的发生额填列。

【做中学】

根据情境引例核算：

"其他收入" = 2 000（元）

2. 费用

（1）"业务活动成本"项目应当根据"业务活动成本"账户的发生额填列。

【做中学】

根据情境引例核算：

"业务活动成本" = 19 000（元）

（2）"管理费用"项目应当根据"管理费用"账户的发生额填列。

【做中学】

根据情境引例核算：

"管理费用" = 12 800（元）

（3）"筹资费用"项目应当根据"筹资费用"账户的发生额填列。

（4）"其他费用"项目应当根据有关账户的发生额填列。

3. 限定性净资产转为非限定性净资产

"限定性净资产转为非限定性净资产"项目应当根据"限定性净资产""非限定性净资产"账户的发生额分析填列。

4. 净资产变动额

"净资产变动额"项目应当根据业务活动表"收入合计"项目的金额,减去"费用合计"项目的金额,再加上"限定性净资产转为非限定性净资产"项目的金额后填列。"期初净资产余额"项目,反映民间非营利组织当期期初的净资产金额。本项目应当根据可比期末资产负债表中的"净资产合计"项目填列。"期末净资产余额"项目,反映民间非营利组织当期期末的净资产金额。本项目应当根据业务活动表"期初净资产"项目的金额,加上"净资产变动额"项目的金额后填列。

■【做中学】■

根据情境引例核算:

"净资产变动额" = 85 000 + 50 000 − 31 800 = 103 200(元)

三、现金流量表

(一)现金流量表的作用

现金流量表是反映民间非营利组织在某一会计期间内现金和现金等价物流入与流出信息的会计报表。其作用具体表现如下:

民间非营利组织作为机构,其业务活动宗旨之一是最大限度筹集资金。民间非营利组织的工作成果,最终将体现在现金的存量上,现金流入的多少直接反映组织筹集资金的业务量,是民间非营利组织工作业绩最直观的体现。

现金流量表以现金收支为基础编制。通过现金流量表,捐赠者、会员可以了解组织当前的支付能力;债权人可以判断组织当前的偿债能力。

现金流量表反映了民间非营利组织一定时期业务活动、投资活动和筹资活动的现金流入和流出情况,具体说明了民间非营利组织现金来源渠道和运用方向。

(二)现金流量表的编制

《民间非营利组织会计制度》规定:民间非营利组织应当采用直接法编制业务活动产生的现金流量。采用直接法编制业务活动现金流量时,有关现金流量的信息可以从会计记录中直接获得,也可以在业务活动收入和费用数据基础上,通过调整存货与业务活动有关的应收应付款项的变动、投资以及固定资产折旧、无形资产摊销等项目后获得。现金流量表格式见表7-4,其具体填列方法如下:

(1)"接受捐赠收到的现金"项目可以根据"库存现金""银行存款""捐赠收入"等账户的记录分析填列。

■【做中学】■

根据情境引例核算:

"接受捐赠收到的现金"项目 = 40 000(元)

(2)"收取会费收到的现金"项目可以根据"库存现金""银行存款""应收账款""会费收入"等账户的记录分析填列。

（3）"提供服务收到的现金"项目可以根据"库存现金""银行存款""应收账款""应收票据""预收账款""提供服务收入"等账户的记录分析填列。

（4）"销售商品收到的现金"项目可以根据"库存现金""银行存款""应收账款""应收票据""预收账款""商品销售收入"等账户的记录分析填列。

■【做中学】■

根据情境引例核算：

"销售商品收到的现金"项目＝15 000（元）

（5）"政府补助收到的现金"项目可以根据"库存现金""银行存款""政府补助收入"等账户的记录分析填列。

（6）"收到的其他与业务活动有关的现金"项目可以根据"库存现金""银行存款""其他应收款""其他收入"等账户的记录分析填列。

■【做中学】■

根据情境引例核算：

"收到的其他与业务活动有关的现金"项目＝2 000（元）

（7）"提供捐赠或者资助支付的现金"项目可以根据"库存现金""银行存款""业务活动成本"等账户的记录分析填列。

（8）"支付给员工以及为员工支付的现金"项目可以根据"库存现金""银行存款""应付工资"等账户的记录分析填列。

民间非营利组织支付的在建工程人员的工资等，在本表"购建固定资产和无形资产所支付的现金"项目中反映。

（9）"购买商品、接受服务支付的现金"项目可以根据"库存现金""银行存款""应付账款""应付票据""预付账款""业务活动成本"等账户的记录分析填列。

■【做中学】■

根据情境引例核算：

"购买商品、接受服务支付的现金"项目＝8 600（元）

（10）"支付的其他与业务活动有关的现金"项目可以根据"库存现金""银行存款""其他应付款""管理费用""其他费用"等账户的记录分析填列。

■【做中学】■

根据情境引例核算：

"支付的其他与业务活动有关的现金"项目＝800（元）

（11）"收回投资所收到的现金"项目可以根据"库存现金""银行存款""短期投资""长期股权投资""长期债权投资"等账户的记录分析填列。

（12）"取得投资收益所收到的现金"项目可以根据"库存现金""银行存款""投资收益"等账户的记录分析填列。

（13）"处置固定资产和无形资产所收回的现金"项目可以根据"库存现金""银行存款""固定资产清理"等账户的记录分析填列。

（14）"收到的其他与投资活动有关的现金"项目可以根据"库存现金""银行存款"等有关账户的记录分析填列。

（15）"购建固定资产和无形资产所支付的现金"项目可以根据"库存现金""银行存款""固定资产""无形资产""在建工程"等账户的记录分析填列。

（16）"对外投资所支付的现金"项目可以根据"库存现金""银行存款""短期投资""长期股权投资""长期债权投资"等账户的记录分析填列。

（17）"支付的其他与投资活动有关的现金"项目可以根据"库存现金""银行存款"等有关账户的记录分析填列。

（18）"借款所收到的现金"项目可以根据"库存现金""银行存款""短期借款""长期借款"等账户的记录分析填列。

■【做中学】■

根据情境引例核算：

"借款所收到的现金"项目 = 80 000（元）

（19）"收到的其他与筹资活动有关的现金"项目可以根据"库存现金""银行存款"等有关账户的记录分析填列。

（20）"偿还借款所支付的现金"项目可以根据"库存现金""银行存款""短期借款""长期借款""筹资费用"等账户的记录分析填列。

（21）"偿付利息所支付的现金"项目可以根据"库存现金""银行存款""长期借款""筹资费用"等账户的记录分析填列。

（22）"支付的其他与筹资活动有关的现金"项目可以根据"库存现金""银行存款""长期应付款"等有关账户的记录分析填列。

（23）"汇率变动对现金的影响额"项目，反映民间非营利组织外币现金流量及境外所属分支机构的现金流量折算为人民币时，所采用的现金流量发生日的汇率或期初汇率折算的人民币金额与本表"现金及现金等价物净增加额"中外币现金净增加额按期末汇率折算的人民币金额之间的差额。

（24）"现金及现金等价物净增加额"项目应当根据本表"业务活动产生的现金流量净额""投资活动产生的现金流量净额""筹资活动产生的现金流量净额"和"汇率变动对现金的影响额"项目的金额合计填列。

■【做中学】■

根据情境引例，编制会计报表如表7-2~表7-4所示。

表 7-2　资产负债表

会民非 01 表

编制单位：某红十字会　　　　2021 年 12 月 31 日　　　　　　　　单位：元

资产	行次	年初数	期末数	负债和净资产	行次	年初数	期末数
流动资产：				流动负债：			
货币资金	1		232 600	短期借款	61		80 000
短期投资	2		2 000	应付款项	62		10 000
应收款项	3		78 000	应付工资	63		35 000
预付账款	4		10 000	应交税费	65		
存货	8		26 600	预收账款	66		15 000
待摊费用	9			预提费用	71		
一年内到期的长期债权投资	15			预计负债	72		10 000
其他流动资产	18			一年内到期的长期负债	74		
流动资产合计	20		349 200	其他流动负债	78		
				流动负债合计	80		150 000
长期投资：							
长期股权投资	21			长期负债：			
长期债权投资	24			长期借款	81		20 000
长期投资合计	30			长期应付款	84		
				其他长期负债	88		
固定资产：				长期负债合计	90		20 000
固定资产原价	31		120 000				
减：累计折旧	32		17 000	受托代理负债：			
固定资产净值	33		103 000	受托代理负债	91		
在建工程	34						
文物文化资产	35			负债合计	100		170 000
固定资产清理	38						
固定资产合计	40		103 000				

续表

资产	行次	年初数	期末数	负债和净资产	行次	年初数	期末数
无形资产:							
无形资产	41			净资产:			
				非限定性净资产	101		162 200
受托代理资产:				限定性净资产	105		120 000
受托代理资产	51			净资产合计	110		282 200
资产总计	60		452 200	负债和净资产总计	120		452 200

表 7-3　业务活动表

编制单位:某红十字会　　　　　　2021 年 12 月　　　　　　会民非 02 表
　　　　　　　　　　　　　　　　　　　　　　　　　　　单位:元

项目	行次	金额						
		本月数			本年累计数		
		非限定性	限定性	合计	非限定性	限定性	合计
一、收入							
其中:捐赠收入	1	40 000		40 000			
会费收入	2						
提供服务收入	3	23 000		23 000			
商品销售收入	4	20 000		20 000			
政府补助收入	5		50 000	50 000			
投资收益	6						
其他收入	9	2 000		2 000			
收入合计	11	85 000	50 000	135 000			
二、费用							
(一)业务活动成本	12	19 000		19 000			
(二)管理费用	21	12 800		12 800			

续表

项目	行次	金额					
		本月数			本年累计数*		
		非限定性	限定性	合计	非限定性	限定性	合计
(三)筹资费用	24						
(四)其他费用	28						
费用合计	35	31 800		31 800			
三、限定性净资产转为非限定性净资产	40						
四、净资产变动额(若为净资产减少额,以"-"号填列)	45	53 200	50 000	103 200			

* 本年累计数此表略。

表 7-4 现金流量表

编制单位:某红十字会　　　　　　　　2021 年度　　　　　　　　会民非 03 表
　　　　　　　　　　　　　　　　　　　　　　　　　　　　　单位:元

项目	行次	金额
一、业务活动产生的现金流量:		
接受捐赠收到的现金	1	40 000
收取会费收到的现金	2	
提供服务收到的现金	3	
销售商品收到的现金	4	15 000
政府补助收到的现金	5	
收到的其他与业务活动有关的现金	8	2 000
现金流入小计	13	57 000
提供捐赠或者资助支付的现金	14	
支付给员工以及为员工支付的现金	15	
购买商品、接受服务支付的现金	16	8 600
支付的其他与业务活动有关的现金	19	800
现金流出小计	23	9 400
业务活动产生的现金流量净额	24	47 600

续表

项目	行次	金额
二、投资活动产生的现金流量：		
收回投资所收到的现金	25	
取得投资收益所收到的现金	26	
处置固定资产和无形资产所收回的现金	27	
收到的其他与投资活动有关的现金	30	
现金流入小计	34	
购建固定资产和无形资产所支付的现金	35	
对外投资所支付的现金	36	
支付的其他与投资活动有关的现金	39	
现金流出小计	43	
投资活动产生的现金流量净额	44	
三、筹资活动产生的现金流量：		
借款所收到的现金	45	80 000
收到的其他与筹资活动有关的现金	48	
现金流入小计	50	80 000
偿还借款所支付的现金	51	
偿付利息所支付的现金	52	
支付的其他与筹资活动有关的现金	55	
现金流出小计	58	
筹资活动产生的现金流量净额	59	80 000
四、汇率变动对现金的影响额	60	
五、现金及现金等价物净增加额	61	127 600

【情境小结】

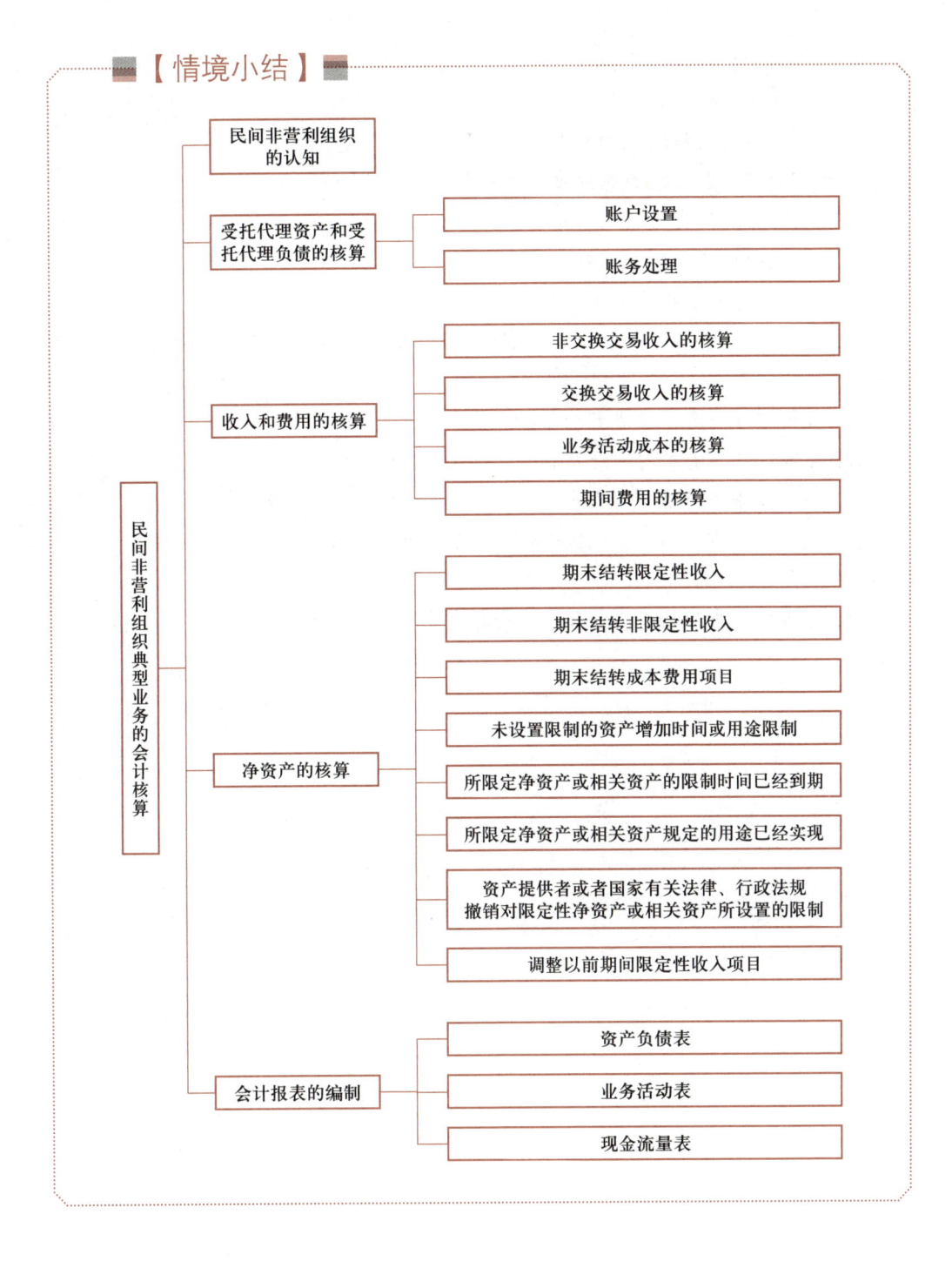

```
民间非营利组织典型业务的会计核算
├── 民间非营利组织的认知
├── 受托代理资产和受托代理负债的核算
│   ├── 账户设置
│   └── 账务处理
├── 收入和费用的核算
│   ├── 非交换交易收入的核算
│   ├── 交换交易收入的核算
│   ├── 业务活动成本的核算
│   └── 期间费用的核算
├── 净资产的核算
│   ├── 期末结转限定性收入
│   ├── 期末结转非限定性收入
│   ├── 期末结转成本费用项目
│   ├── 未设置限制的资产增加时间或用途限制
│   ├── 所限定净资产或相关资产的限制时间已经到期
│   ├── 所限定净资产或相关资产规定的用途已经实现
│   ├── 资产提供者或者国家有关法律、行政法规撤销对限定性净资产或相关资产所设置的限制
│   └── 调整以前期间限定性收入项目
└── 会计报表的编制
    ├── 资产负债表
    ├── 业务活动表
    └── 现金流量表
```

【情境思考】

1. 民间非营利组织的类型有哪些？
2. 民间非营利组织会计与其他会计的主要区别是什么？
3. 民间非营利组织会计核算的特点是什么？

民间非营利组织会计核算自测题

4. 什么是受托代理资产？

5. 什么是受托代理负债？

6. 民间非营利组织收入和费用的概念及主要特征是什么？

7. 如何对民间非营利组织的收入和费用进行分类？

8. 如何区分交换交易收入和非交换交易收入？

9. 如何区分受托代理与捐赠？

10. 民间非营利组织费用确认与计量的原则有哪些？

11. 在收入和成本费用核算时，民间非营利组织会计与企业会计的主要区别是什么？

12. 如何划分限定性净资产和非限定性净资产？

13. 非限定性净资产的来源及其变动情况包括哪些？

14. 限定性净资产重分类为非限定性净资产有哪几种情况？

15. 调整以前期间非限定性收入，是否需要将"非限定性收入"账户替换为"非限定性净资产"账户？

16. 分析民间非营利组织业务活动表与企业利润表的区别。

学习情境八

行政事业单位典型业务的会计核算

【职业能力目标】

知识目标
- 了解行政事业单位经济活动特点及会计核算特征
- 了解政府会计准则制度体系的构成和会计核算模式
- 掌握行政事业单位国库集中支付业务的会计核算
- 掌握行政事业单位非财政拨款收支业务的会计核算
- 掌握行政事业单位预算结转结余及分配业务的会计核算
- 掌握行政事业单位资产、负债、净资产业务的会计核算

技能目标
- 能够对行政事业单位纳入预算管理的现金收支业务进行会计核算
- 能够对未纳入预算管理的现金收支业务进行会计核算
- 能够对不涉及现金收支的其他业务进行会计核算

素养目标
- 培养诚信为本、遵纪守法的工作态度
- 培养敬业务实、严谨细致的工作作风
- 培养财务分析、为国理财的专业能力
- 培养团队合作、沟通协作的组织能力

学习子情境一　行政事业单位的认知

【知识准备】

一、行政事业单位的概念
（一）行政单位

行政单位是指进行国家行政管理、组织经济建设和文化建设、维护社会公共秩序的单位，主要包括国家权力机关、行政机关、司法机关、检察机关以及实行预算管理的其他机关、政党组织等。行政单位与行政机关是有区别的，这里主要是财政上的概念。其人员实行公务员体制管理，经费、工资福利等全部由政府拨付。

行政机关是指依宪法和有关组织法的规定设置的，行使国家行政职权，负责对国家各项行政事务进行组织、管理、监督和指挥的国家机关。

（二）事业单位

事业单位一般指以增进社会福利，满足社会文化、教育、科学、卫生等方面需要，以提供各种社会服务为直接目的的社会组织。事业单位一般不以盈利为直接目的，其工作成果与价值不直接表现或主要不表现为可以估量的物质形态或货币形态。事业单位是相对于企业而言的，事业单位包括一些有公务员工作的单位，是国家机构的分支。我国的公立学校就是最典型的事业单位。

（三）行政单位与事业单位的区别

（1）内涵不同。行政单位是国家机关，而事业单位是实施政府某项公共服务的部门，是社会服务组织。

（2）担负的职责不同。行政单位负责对国家各项行政事务进行组织、管理和指挥，而事业单位是为了社会的公益目的，从事教育、文化、卫生、科技等活动。

（3）编制和工资待遇的来源不同。行政单位使用行政编制，由国家行政经费负担；事业单位使用事业编制，由国家事业经费负担。事业单位有全额拨款的，有部分拨款的，还有事业单位企业化管理的。行政单位人员的工资按《中华人民共和国公务员法》由国家负担，而事业单位则根据不同的管理模式实行不同的待遇。行政单位或事业单位根据工作性质，也有具有行政事业编制的非公务员的人就职，一般是从事后勤保障的工勤人员，他们的待遇除职权不同外，收入和公务员完全一致。

二、政府会计制度体系

为了适应权责发生制政府综合财务报告制度改革需要，规范行政事业单位会计核算，提高会计信息质量，根据《中华人民共和国会计法》《中华人民共和国预算法》和《政府会计准则——基本准则》等法律、行政法规和规章，2017年10月24日财政部制定印发了《政府会计制度——行政事业单位会计科目和报表》。2018年8月16日财政部颁布了《关于贯彻实施政府会计准则制度的通知》（财会〔2018〕21

号），通知要求自 2019 年 1 月 1 日起，政府会计准则制度在全国各级各类行政事业单位全面施行。

我国的政府会计准则制度体系主要由政府会计基本准则、具体准则及应用指南和政府会计制度等组成。

（一）政府会计基本准则

政府会计基本准则用于规范政府会计目标、政府会计主体、政府会计信息质量要求、政府会计核算基础，以及政府会计要素定义、确认和计量原则、列报要求等原则事项。政府会计基本准则指导具体准则和制度的制定，并为政府会计实务问题提供处理原则。2015 年 10 月，财政部印发了《政府会计准则——基本准则》（简称《基本准则》）。

（二）政府会计具体准则及应用指南

政府会计具体准则依据基本准则制定，用于规范政府会计主体发生的经济业务或事项的会计处理原则，详细规定经济业务或事项引起的会计要素变动的确认、计量和报告。

应用指南是对具体准则的实际应用作出的操作性规定。2016 年以来，财政部相继出台了存货、投资、固定资产、无形资产、公共基础设施、政府储备物资、会计调整、负债、财务报表编制和列报等具体准则和固定资产准则应用指南等。

（三）政府会计制度

政府会计制度是依据基本准则制定，主要规定政府会计科目及账务处理、报表体系及编制说明等。2017 年财政部制定出台了《政府会计制度——行政事业单位会计科目和报表》（简称《政府会计制度》），2018 年制定发布了行政单位会计制度、事业单位会制度和 9 个行业事业单位会计制度与《政府会计制度》的衔接规定以及高等学校、医院等 7 个特殊行业执行《政府会计制度》的补充规定，这些衔接规定和补充规定都是政府会计制度的有机组成部分。

此外，为了及时回应和解决政府会计准则制度执行中的问题，进一步补充和完善政府会计标准体系，财政部还适时出台政府会计准则制度解释，以确保准则制度有效实施。2019 年 7 月财政部印发了《政府会计准则制度解释第 1 号》。

三、政府会计主体

政府会计主体应当根据政府会计准则（包括基本准则和具体准则）规定的原则和政府会计制度及解释的要求，对其发生的各项经济业务或事项进行会计核算。根据《基本准则》，政府会计主体主要包括各级政府、各部门、各单位。各级政府指各级政府财政部门，具体负责财政总会计的核算。各部门、各单位是指与本级政府财政部门直接或者间接发生预算拨款关系的国家机关、军队、政党组织、社会团体、事业单位和其他单位。军队、已纳入企业财务管理体系的单位和执行《民间非营利组织会计制度》的社会团体，其会计核算不适用政府会计准则制度。

四、政府会计要素及其确认和计量

政府会计要素包括政府预算会计要素和政府财务会计要素。政府预算会计要素包括预算收入、预算支出与预算结余；政府财务会计要素包括资产、负债、净资产、收入和费用。

（一）政府预算会计要素

1. 预算收入

预算收入是指政府会计主体在预算年度内依法取得的并纳入预算管理的现金流入。预算收入一般在实际收到时予以确认，以实际收到的金额计量。

2. 预算支出

预算支出是指政府会计主体在预算年度内依法发生并纳入预算管理的现金流出。预算支出一般在实际支付时予以确认，以实际支付的金额计量。

3. 预算结余

预算结余是指政府会计主体预算年度内预算收入扣除预算支出后的资金余额，以及历年滚存的资金余额。

预算结余包括结余资金和结转资金。结余资金是指年度预算执行终了，预算收入实际完成数扣除预算支出和结转资金后剩余的资金。结转资金是指预算安排项目的支出年终尚未执行完毕或者因故未执行，且下年需要按原用途继续使用的资金。

（二）政府财务会计要素

1. 资产

（1）资产的定义。资产是指政府会计主体过去的经济业务或者事项形成的，由政府会计主体控制的，预期能够产生服务潜力或者带来经济利益流入的经济资源。服务潜力是指政府会计主体利用资产提供公共产品和服务以履行政府职能的潜在能力。经济利益流入表现为现金及现金等价物的流入，或者现金及现金等价物流出的减少。

（2）资产类别。政府会计主体的资产按照流动性，分为流动资产和非流动资产。

流动资产是指预计在1年内（含1年）耗用或者可以变现的资产，包括货币资金、短期投资、应收及预付款项、存货等。

非流动资产是指流动资产以外的资产，包括固定资产、在建工程、无形资产、长期投资、公共基础设施、政府储备资产、文物文化资产、保障性住房和自然资源资产等。

（3）资产的确认条件。符合政府资产定义的经济资源，在同时满足以下条件时，确认为资产：一是与该经济资源相关的服务潜力很可能实现或者经济利益很可能流入政府会计主体；二是该经济资源的成本或者价值能够可靠地计量。

（4）资产的计量属性。政府资产的计量属性主要有历史成本、重置成本、现值、公允价值和名义金额。① 在历史成本计量下，资产按照取得时支付的现金金额或者支付对价的公允价值计量。② 在重置成本计量下，资产按照现在购买相同或者相似资产所需支付的现金金额计量。③ 在现值计量下，资产按照预计从其持续使用和最终处置中所产生的未来净现金流入量的折现金额计量。④ 在公允价值计量下，资产按照市场参与者在计量日发生的有序交易中，出售资产所能收到的价格计量。⑤ 无法采用历史成本、重置成本、现值和公允价值计量属性的，采用名义金额（即人民币1元）计量。

政府会计主体对资产进行计量时，一般应当采用历史成本。采用重置成本、现值、公允价值计量的，应当保证所确定的资产金额能够持续、可靠计量。

2. 负债

（1）负债的定义。负债是指政府会计主体过去的经济业务或者事项形成的，预期会导致经济资源流出政府会计主体的现时义务。现时义务是指政府会计主体在现行条件下已承担的义务。未来发生的经济业务或者事项形成的义务不属于现时义务，不应当确认为负债。

（2）负债的分类。政府会计主体的负债按照流动性，分为流动负债和非流动负债。流动负债是指预计在1年内（含1年）偿还的负债，包括短期借款、应付短期政府债券、应付及预收款项、应缴款项等。非流动负债是指流动负债以外的负债，包括长期借款、长期应付款、应付长期政府债券等。

政府会计主体的负债分为偿还时间与金额基本确定的负债和由或有事项形成的预计负债。偿还时间与金额基本确定的负债按政府会计主体的业务性质及风险程度，分为融资活动形成的政府举借债务及其应付利息、运营活动形成的应付及预收款项和暂收性负债。政府举借债务包括政府发行的政府债券，向外国政府、国际经济组织等借入的款项，以及向上级政府借入转贷资金形成的借入转贷款。应付及预收款项包括应付职工薪酬、应付账款、预收款项、应交税费、应付国库集中支付结余和其他应付未付款项。暂收性负债是指政府会计主体暂时收取，随后应作上缴、退回、转拨等处理的款项，主要包括应缴财政款和其他暂收款项。通常政府会计主体的或有事项主要有：未决诉讼或未决仲裁、对外国政府或国际经济组织的贷款担保、承诺（补贴、代偿）、自然灾害或公共事件的救助等。

（3）负债的确认条件。符合政府负债定义的义务，在同时满足以下条件时，确认为负债：一是履行该义务很可能导致含有服务潜力或者经济利益的经济资源流出政府会计主体；二是该义务的金额能够可靠地计量。

（4）负债的计量属性。政府负债的计量属性主要有历史成本、现值和公允价值。

① 在历史成本计量下，负债按照因承担现时义务而实际收到的款项或者资产的金额，或者承担现时义务的合同金额，或者按照为偿还负债预期需要支付的现金计

量。② 在现值计量下，负债按照预计期限内需要偿还的未来净现金流出量的折现金额计量。③ 在公允价值计量下，负债按照市场参与者在计量日发生的有序交易中，转移负债所需支付的价格计量。

政府会计主体对负债进行计量，一般应当采用历史成本。采用现值、公允价值计量的，应当保证所确定的负债金额能够持续、可靠计量。

3. 净资产

净资产是指政府会计主体资产扣除负债后的净额，其金额取决于资产和负债的计量。

4. 收入

收入是指报告期内导致政府会计主体净资产增加的、含有服务潜力或者经济利益的经济资源的流入。

收入的确认应当同时满足以下条件：一是与收入相关的含有服务潜力或者经济利益的经济资源很可能流入政府会计主体；二是含有服务潜力或者经济利益的经济资源流入会导致政府会计主体资产增加或者负债减少；三是流入金额能够可靠地计量。

5. 费用

费用是指报告期内导致政府会计主体净资产减少的、含有服务潜力或者经济利益的经济资源的流出。

费用的确认应当同时满足以下条件：一是与费用相关的含有服务潜力或者经济利益的经济资源很可能流出政府会计主体；二是含有服务潜力或者经济利益的经济资源流出会导致政府会计主体资产减少或者负债增加；三是流出金额能够可靠地计量。

五、政府财务报告和决算报告

（一）政府财务报告

从内容和构成讲，政府财务报告是反映政府会计主体某一特定日期的财务状况和某一会计期间的运行情况和现金流量等信息的文件。政府财务报告的目标是向财务报告使用者提供与政府财务状况、运行情况和现金流量等有关的信息，反映政府会计主体公共受托责任履行情况，有助于财务报告使用者作出决策或者进行监督和管理。政府财务报告使用者包括各级人民代表大会常务委员会、债权人、各级政府及其有关部门、政府会计主体自身和其他利益相关者。

政府财务报告应当包括财务报表和其他应当在财务报告中披露的相关信息和资料。财务报表包括会计报表和附注。会计报表一般包括资产负债表、收入费用表和现金流量表，单位可根据实际情况自行选择编制现金流量表。资产负债表是反映政府会计主体在某一特定日期的财务状况的报表。收入费用表是反映政府会计主体在一定会计期间运行情况的报表。现金流量表是反映政府会计主体在一定会计期间现金及现金等价物流入和流出情况的报表。净资产变动表是反映政府会计主体在某一年度内净资产项目变动情况的报表。附注是对在资产负债表、收入费用表、现金流量表等报表中列示项目所作的进一步说明，以及对未能在这些报表中列示项目的说明。

从编制主体讲，政府财务报告主要包括政府部门财务报告和政府综合财务报告。政府各部门、各单位按规定编制部门财务报告，反映本部门、单位的财务状况和运行情况；财政部门编制政府综合财务报告，反映政府整体的财务状况、运行情况和财政中长期可持续性。

从编制程序讲，各单位应在政府会计标准体系和政府财务报告制度框架体系内，按时编制以资产负债表、收入费用表等财务报表为主要内容的财务报告。各部门应合并本部门所属单位的财务报表，编制部门财务报告。各级政府财政部门应合并各部门和其他纳入合并范围主体的财务报表，编制以资产负债表、收入费用表等财务报表为主要内容的本级政府综合财务报告。县级以上政府财政部门要合并汇总本级政府综合财务报告和下级政府综合财务报告，编制本行政区政府综合财务报告。

（二）政府决算报告

政府决算报告是综合反映政府会计主体年度预算收支执行结果的文件。政府决算报告的目标是向决算报告使用者提供与政府预算执行情况有关的信息，综合反映政府会计主体预算收支的年度执行结果，有助于决算报告使用者进行监督和管理，并为编制后续年度预算提供参考和依据。政府决算报告使用者包括各级人民代表大会及其常务委员会、各级政府及其有关部门、政府会计主体自身、社会公众和其他利益相关者。

政府决算报告应当包括决算报表和其他应当在决算报告中反映的相关信息和资料。预算会计报表是单位通过预算会计核算直接形成的报表，是决算报表的主要信息来源。根据《政府会计制度》规定，预算会计报表至少包括预算收入支出表、预算结转结余变动表和财政拨款预算收入支出表。

六、政府会计核算模式

政府会计由预算会计和财务会计构成。政府会计核算模式应当实现预算会计与财务会计适度分离并相互衔接，全面、清晰反映政府财务信息和预算执行信息。这种核算模式，能够使公共资金管理中预算管理、财务管理和绩效管理相互联结、融合，全面提高管理水平和资金使用效率，对于规范政府会计行为，夯实政府会计主体预算和财务管理基础，强化政府绩效管理具有重要的影响。

（一）预算会计与财务会计适度分离

1．"双功能"

政府会计应当实现预算会计和财务会计的双重功能。预算会计对政府会计主体预算执行过程中发生的全部预算收入和全部预算支出进行会计核算，主要反映和监督预算收支执行情况。财务会计对政府会计主体发生的各项经济业务或者事项进行会计核算，主要反映和监督政府会计主体财务状况、运行情况和现金流量等。

2."双基础"

预算会计实行收付实现制，国务院另有规定的，从其规定；财务会计实行权责发生制。

3."双报告"

政府会计主体应当编制决算报告和财务报告。政府决算报告的编制主要以收付实现制为基础，以预算会计核算生成的数据为准。政府财务报告的编制主要以权责发生制为基础，以财务会计核算生成的数据为准。

（二）预算会计与财务会计相互衔接

政府预算会计和财务会计"适度分离"，并不是要求政府会计主体分别建立预算会计和财务会计两套账，对同一笔经济业务或事项进行会计核算，而是要求政府预算会计要素和财务会计要素相互协调，决算报告和财务报告相互补充，共同反映政府会计主体的预算执行信息和财务信息。

【典型任务举例】

2022年9月1日，长沙民政职业技术学院采用国库授权支付方式购置一项价值为120 000元的固定资产，折旧年限为10年。假定不考虑其他因素，要求：对上述业务进行相应的账务处理。

【具体核算方法】

（1）9月1日，学校收到银行转来的"授权支付到账通知书"时，应编制如下财务会计分录：

借：零余额账户用款额度　　　　　　　　　　　　120 000
　　贷：财政拨款收入　　　　　　　　　　　　　　　120 000

同时，应编制如下预算会计分录：

借：资金结存——零余额账户用款额度　　　　　　120 000
　　贷：财政拨款预算收入　　　　　　　　　　　　　120 000

（2）9月1日，学校购买固定资产时，应编制如下财务会计分录：

借：固定资产　　　　　　　　　　　　　　　　　120 000
　　贷：零余额账户用款额度　　　　　　　　　　　　120 000

同时，应编制如下预算会计分录：

借：事业支出——财政拨款支出　　　　　　　　　120 000
　　贷：资金结存——零余额账户用款额度　　　　　120 000

（3）9月末，单位计提固定资产折旧时，应编制如下财务会计分录：

借：业务活动费用　　　　　　　　　　　　　　　　1 000
　　贷：固定资产累计折旧　　　　　　　　　　　　　　1 000

预算会计下不做计提固定资产折旧的处理。

本任务中，财务会计反映了财务状况和运行情况，而预算会计反映了预算执行情况。

七、行政事业单位会计科目

（一）行政事业单位会计科目表（见表8-1）

表8-1 行政事业单位会计科目表

序号	科目编号	科目名称
一、财务会计科目		
（一）资产类		
1	1001	库存现金
2	1002	银行存款
3	1011	零余额账户用款额度
4	1021	其他货币资金
5	1101	短期投资
6	1201	财政应返还额度
7	1211	应收票据
8	1212	应收账款
9	1214	预付账款
10	1215	应收股利
11	1216	应收利息
12	1218	其他应收款
13	1219	坏账准备
14	1301	在途物品
15	1302	库存物品
16	1303	加工物品
17	1401	待摊费用
18	1501	长期股权投资
19	1502	长期债券投资
20	1601	固定资产
21	1602	固定资产累计折旧
22	1611	工程物资
23	1613	在建工程
24	1701	无形资产
25	1702	无形资产累计摊销

续表

序号	科目编号	科目名称
26	1703	研发支出
27	1801	公共基础设施
28	1802	公共基础设施累计折旧（摊销）
29	1811	政府储备物资
30	1821	文物文化资产
31	1831	保障性住房
32	1832	保障性住房累计折旧
33	1891	受托代理资产
34	1901	长期待摊费用
35	1902	待处理财产损溢

（二）负债类

序号	科目编号	科目名称
36	2001	短期借款
37	2101	应交增值税
38	2102	其他应交税费
39	2103	应缴财政款
40	2201	应付职工薪酬
41	2301	应付票据
42	2302	应付账款
43	2303	应付政府补贴款
44	2304	应付利息
45	2305	预收账款
46	2307	其他应付款
47	2401	预提费用
48	2501	长期借款
49	2502	长期应付款
50	2601	预计负债
51	2901	受托代理负债

（三）净资产类

序号	科目编号	科目名称
52	3001	累计盈余
53	3101	专用基金
54	3201	权益法调整
55	3301	本期盈余

续表

序号	科目编号	科目名称
56	3302	本年盈余分配
57	3401	无偿调拨净资产
58	3501	以前年度盈余调整
(四) 收入类		
59	4001	财政拨款收入
60	4101	事业收入
61	4201	上级补助收入
62	4301	附属单位上缴收入
63	4401	经营收入
64	4601	非同级财政拨款收入
65	4602	投资收益
66	4603	捐赠收入
67	4604	利息收入
68	4605	租金收入
69	4609	其他收入
(五) 费用类		
70	5001	业务活动费用
71	5101	单位管理费用
72	5201	经营费用
73	5301	资产处置费用
74	5401	上缴上级费用
75	5501	对附属单位补助费用
76	5801	所得税费用
77	5901	其他费用
二、预算会计科目		
(一) 预算收入类		
1	6001	财政拨款预算收入
2	6101	事业预算收入
3	6201	上级补助预算收入
4	6301	附属单位上缴预算收入
5	6401	经营预算收入
6	6501	债务预算收入

续表

序号	科目编号	科目名称
7	6601	非同级财政拨款预算收入
8	6602	投资预算收益
9	6609	其他预算收入
(二)预算支出类		
10	7101	行政支出
11	7201	事业支出
12	7301	经营支出
13	7401	上缴上级支出
14	7501	对附属单位补助支出
15	7601	投资支出
16	7701	债务还本支出
17	7901	其他支出
(三)预算结余类		
18	8001	资金结存
19	8101	财政拨款结转
20	8102	财政拨款结余
21	8201	非财政拨款结转
22	8202	非财政拨款结余
23	8301	专用结余
24	8401	经营结余
25	8501	其他结余
26	8701	非财政拨款结余分配

(二)行政事业单位会计科目使用要求

行政事业单位应当按照下列规定使用会计科目：

（1）单位应当按照《政府会计制度——行政事业单位科目和报表》的规定设置和使用会计科目。在不影响会计处理和编制报表的前提下，单位可以根据实际情况自行增设或减少某些会计科目。

（2）单位应当执行《政府会计制度——行政事业单位科目和报表》统一规定的会计科目编号，以便于填制会计凭证、登记账簿、查阅账目，实行会计信息化管理。

（3）单位在填制会计凭证、登记会计账簿时，应当填列会计科目的名称，或者同时填列会计科目的名称和编号，不得只填列会计科目编号、不填列会计科目名称。

（4）单位设置明细科目或进行明细核算，除遵循《政府会计制度——行政事业单位科目和报表》规定外，还应当满足权责发生制政府部门财务报告和政府综合财务报告编制的其他需要。

【行业观察】

中央财政下达彩票公益金专项资金12.7亿元助力教育事业发展

为贯彻落实党中央、国务院决策部署，支持社会公益事业协调发展，充分发挥彩票公益金的公益属性，2021年9月，中央财政安排中央专项彩票公益金支持教育相关项目资金12.7亿元已全部下达。

在总结"十三五"时期中央专项彩票公益金项目执行情况的基础上，财政部会同教育部进一步调整完善项目体系，着力补齐教育事业短板。一是关注就业大学生群体，新设"宏志助航计划"——全国低收入家庭高校毕业生就业帮扶项目，面向全国低收入家庭高校毕业生，通过线上线下就业能力培训，帮助其提升综合素质和就业能力。二是聚焦民族地区学前儿童，新设"童语同音计划"——幼儿普通话教育项目，面向有关民族地区农村幼儿园教师，开展国家通用语言文字应用能力培训，提高学前儿童普通话教育质量。三是立足中小学生群体，调整中小学生校外研学实践活动支持方向，通过实践教育活动，帮助中小学生了解国情、开阔眼界，着力提高中小学生的实践能力和社会责任感。四是帮扶大学入学新生，完善教育助学项目实施内容，通过安排普通家庭经济困难新生入学资助，补助入学交通费和入学后短期生活费，保证其顺利入学。

为进一步规范和加强中央专项彩票公益金管理，财政部会同教育部多次与中国教育发展基金会等项目实施单位进行座谈调研，研究制定《关于印发中央专项彩票公益金支持教育相关项目资金管理办法的通知》（财教〔2021〕156号），明确各项目支持对象和支持标准，规范资金使用范围，建立支出负面清单，划分各部门、单位职责分工，全面加强绩效管理，强化评价结果应用，提高彩票公益金资源配置效率和使用效益。

为严格落实预算管理要求，中央财政根据"十四五"时期项目规划评审报告，结合项目资金管理办法，细化预算编制，2021年下达中央专项彩票公益金"宏志助航计划"——全国低收入家庭高校毕业生就业帮扶项目0.49亿元；"童语同音计划"——幼儿普通话教育项目0.31亿元；中小学生校外研学实践活动项目1.9亿元；教育助学项目10亿元，其中，滋蕙计划2亿元，励耕计划6.25亿元，润雨计划1.75亿元，确保各项目及时落地，充分发挥彩票公益金社会效益。

此项中央财政资金的特点表现以下三方面：①聚焦大中小学生群体，完善了彩票公益金项目体系；②落实预算管理要求，制定了专项资金管理办法；③细化预算编制，组织了具体项目实施。

学习子情境二　行政事业单位典型业务的会计核算

【情境引例】

长沙民政职业技术学院发生以下业务（根据业务情况，未序时说明）：

（1）2021年9月10日，长沙民政职业技术学院根据经过批准的部门预算和用款计划，向湖南省财政厅申请支付8月的物业管理费550 000元。9月12日，经省财政厅国库支付中心审核后，以财政直接支付方式向湖南保利天创物业发展有限公司支付物业费550 000元。9月13日，学校收到"财政直接支付入账通知书"。

（2）2021年12月31日，长沙民政职业技术学院财政直接支付指标数与当年财政直接支付实际支出数之间的差额为1 800 000元。2023年年初，湖南省财政厅恢复学校的财政直接支付额度。2022年1月20日，该单位以财政直接支付方式购买一批不需要安装的实训设备（属于上年预算指标数），支付给供应商520 000元价款。1月22日，经省财政厅国库支付中心审核后，以财政直接支付方式向供应商支付该笔设备价款520 000元。1月23日，学校收到"财政直接支付入账通知书"。

（3）2022年5月，长沙民政职业技术学院根据批准的部门预算和用款计划，向湖南省财政厅申请财政授权支付用款额度1 800 000元。6月2日，经省财政厅国库支付中心审核后，以财政授权支付方式下达1 780 000元用款额度。6月5日，学校收到代理银行转来的"授权支付到账通知书"。

（4）2021年12月31日，长沙民政职业技术学院与代理银行提供的对账单核对无误后，将150 000元零余额账户用款额度予以注销。另外，本年度财政授权支付预算指标数大于零余额账户用款额度下达数，未下达的用款额度为200 000元。2022年年初，学校收到代理银行提供的额度恢复到账通知书及财政部门批复的上年末未下达零余额账户用款额度。

（5）长沙民政职业技术学院的学费和住宿费等事业收入采用财政专户返还的方式管理。2022年9月5日，学校收到应上缴财政专户的事业收入5 000 000元。9月15日，学校将上述款项上缴财政专户。10月15日，该单位收到从财政专户返还的事业收入5 000 000元。

（6）长沙民政职业技术学院为增值税一般纳税人，对开展技术咨询服务开具的增值税专用发票上注明的劳务收入为200 000元，增值税税额为12 000元，全部款项已存入银行。

（7）2022年9月12日，长沙民政职业技术学院接受甲公司捐赠的一批实验材料，甲公司所提供的凭据表明其价值为 100 000 元，学校以银行存款支付运输费 1 000 元，假设不考虑相关税费。

（8）2022 年 9 月 12 日，长沙民政职业技术学院收到民政部拨付的非财政专项资金 5 000 000 元，为该项目发生事业支出 4 800 000 元，2022 年 12 月，项目结项，经民政部批准，该项目的结余资金留归学校使用。不考虑其他因素。

（9）2022 年年终结账时，长沙民政职业技术学院当年"经营结余"科目的贷方余额为 30 000 元，"其他结余"科目的贷方余额为 40 000 元。学校按照有关规定提取职工福利基金 10 000 元。不考虑其他因素。

（10）2022 年 7 月 5 日，长沙民政职业技术学院经批准对外无偿调出一套设备，该设备账面余额为 100 000 元，已计提折旧 40 000 元。设备调拨过程中该单位以现金支付运输费 1 000 元。不考虑相关税费。

（11）2022 年 7 月 5 日，长沙民政职业技术学院购买不需要安装的实训设备一套，购买价 800 000 元，全部款项以银行存款支付，不考虑相关税费。

（12）2022 年 6 月 30 日，长沙民政职业技术学院本月教学用固定资产的折旧额为 350 000 元。

（13）2022 年 6 月，长沙民政职业技术学院为教学人员和教辅人员发放工资 500 000 元、津贴 300 000 元、奖金 100 000 元，按规定应代扣代缴个人所得税 30 000 元，学校以国库授权支付方式支付薪酬并上缴代扣的个人所得税。

要求：根据上述业务以学校会计人员的身份进行相应的账务处理。

【知识准备】

行政事业单位（简称单位）是政府会计主体的重要组成部分。单位财务会计的原理和方法与企业会计基本一致，但与企业会计不同的是，单位会计核算应当具备财务会计与预算会计的双重功能，实现财务会计与预算会计适度分离并相互衔接，全面、清晰反映单位财务信息和预算执行信息。

单位应当根据政府会计准则规定的原则和《政府会计制度》的要求，对其发生的各项经济业务或事项进行会计核算，并具备财务会计与预算会计的双重功能。

一、预算会计

单位预算会计通过预算收入、预算支出和预算结余三个要素全面反映单位预算收支执行情况。预算会计恒等式为：预算收入 - 预算支出 = 预算结余。

为了保证单位预算会计要素单独循环，在日常核算时，单位应当设置"资金结存"账户，核算纳入年度部门预算管理的资金的流入、流出、调整和滚存等情况。根据资金支付方式及资金形态，"资金结存"账户应设置"零余额账户用款额度""货币资金""财政应返还额度"三个明细账户。年末预算收支结转后，"资金结存"账户借方余额与"预算结转结余"账户贷方余额相等。

二、财务会计

单位财务会计通过资产、负债、净资产、收入、费用五个要素，全面反映单位财务状况、运行情况和现金流量情况。反映单位财务状况的等式为"资产－负债＝净资产"，反映单位运行情况的等式为：收入－费用＝本期盈余，本期盈余经分配后最终转入净资产。

收入类账户包括"财政拨款收入""事业收入""上级补助收入""附属单位上缴收入""经营收入""非同级财政拨款收入""投资收益""捐赠收入""利息收入""租金收入""其他收入"。费用账户包括"业务活动费用""单位管理费用""经营费用""上缴上级费用""对附属单位补助费用""所得税费用""其他费用"。其中："业务活动费用"账户核算单位为实现其职能目标、依法履职或开展专业业务活动及其辅助活动所发生的各项费用。"单位管理费用"账户核算事业单位本级行政及后勤管理部门开展管理活动发生的各项费用，包括单位行政及后勤管理部门发生的人员经费、公用经费、资产折旧（摊销）等费用，以及由单位统一负担的离退休人员经费、工会经费、诉讼费、中介费等。

对于纳入年度部门预算管理的现金收支业务，在采用财务会计核算的同时应当进行预算会计核算；对于其他业务，仅需进行财务会计核算。这里的部门预算是指部门综合预算，包括财政拨款收支和非财政拨款收支；未纳入年初批复的预算但纳入决算报表编制范围的非财政拨款收支，也应当进行预算会计核算。这里的现金，是指单位的库存现金以及其他可以随时用于支付的款项，包括库存现金、银行存款、其他货币资金、零余额账户用款额度、财政应返还额度，以及通过财政直接支付方式支付的款项。对于单位受托代理的现金、不属于本年度部门预算的现金，以及应上缴财政的、应转拨的、应退回的现金所涉及的收支业务，仅需要进行财务会计处理，不需要进行预算会计处理。

另外，单位会计核算的一个重要特点是关于明细科目的设置及运用。比如，为了满足决算报表的编制要求，单位应当在预算会计"行政支出""事业支出"科目下，分别按照"财政拨款支出""非财政专项资金支出""其他资金支出""基本支出""项目支出"等进行明细核算，并按照《政府收支分类科目》中"支出功能分类科目"的项级科目进行明细核算；"基本支出"和"项目支出"明细科目下应当按照《政府收支分类科目》中"部门预算支出经济分类科目"的款级科目进行明细核算，同时在"项目支出"明细科目下按照具体项目进行明细核算。又如，为了满足成本核算需要，单位应当在财务会计"业务活动费用"和"单位管理费用"科目下，按照"工资福利费用""商品和服务费用""对个人和家庭的补助费用""对企业补助费用""固定资产折旧费""无形资产摊销费""公共基础设施折旧（摊销）费""保障性住房折旧费""计提专用基金"等成本项目设置明细科目，归集能够直接计入业务活动或采用一定方法计算后计入业务活动的费用。

此外，单位财务会计核算中关于应交增值税的会计处理与企业会计基本相同，但是在预算会计处理中，预算收入和预算支出包含了销项税额和进项税额，实际缴纳增值税时计入预算支出。

【职业判断与业务操作】

一、国库集中支付业务

国库集中收付，是指以国库单一账户体系为基础，将所有财政性资金都纳入国库单一账户体系管理，收入直接缴入国库和财政专户，支出通过国库单一账户体系支付到商品和劳务供应者或用款单位的一项国库管理制度。实行国库集中支付的单位，财政资金的支付方式包括财政直接支付和财政授权支付。

（一）财政直接支付业务

在财政直接支付方式下，对直接支付的支出，单位在收到"财政直接支付入账通知书"时，按照通知书中直接支付的金额，在预算会计中借计"行政支出""事业支出"等账户，贷记"财政拨款预算收入"账户；同时在财务会计中借记"库存物品""固定资产""应付职工薪酬""业务活动费用""单位管理费用"等账户，贷记"财政拨款收入"账户。

年末，根据本年度财政直接支付预算指标数与其实际支出数的差额，在预算会计中借记"资金结存——财政应返还额度"账户，贷记"财政拨款预算收入"账户；同时在财务会计中借记"财政应返还额度——财政直接支付"账户，贷记"财政拨款收入"账户。

下年度恢复财政直接支付额度后，单位以财政直接支付方式发生实际支出时，在预算会计中借记"行政支出""事业支出"等账户，贷记"资金结存——财政应返还额度"账户；同时在财务会计中借记"库存物品""固定资产""应付职工薪酬""业务活动费用""单位管理费用"等账户，贷记"财政应返还额度——财政直接支付"账户。

【做中学】

根据情境引例，编制会计分录。

业务（1）：

9月13日，根据物业管理费发票、"财政直接支付入账通知书"和费用报销单等原始凭证编制预算会计分录：

借：事业支出	550 000
贷：财政拨款预算收入	550 000

同时，编制财务会计分录：

借：单位管理费用	550 000
贷：财政拨款收入	550 000

业务（2）：

2021 年 12 月 31 日，根据财政指标对账单等原始凭证编制预算会计分录：

借：资金结存——财政应返还额度　　　　　　1 800 000
　　贷：财政拨款预算收入　　　　　　　　　　　　　1 800 000

同时，编制财务会计分录：

借：财政应返还额度——财政直接支付　　　　1 800 000
　　贷：财政拨款收入　　　　　　　　　　　　　　　1 800 000

2022 年 1 月 23 日，根据购买实训设备的增值税发票、"财政直接支付入账通知书"和固定资产验收单等原始凭证编制预算会计分录：

借：事业支出　　　　　　　　　　　　　　　520 000
　　贷：资金结存——财政应返还额度　　　　　　　　520 000

同时，编制财务会计分录：

借：固定资产　　　　　　　　　　　　　　　520 000
　　贷：财政应返还额度——财政直接支付　　　　　　520 000

（二）财政授权支付业务

在财政授权支付方式下，单位收到代理银行盖章的"授权支付到账通知书"时，根据通知书所列数额，在预算会计中借记"资金结存——零余额账户用款额度"账户，贷记"财政拨款预算收入"账户；同时在财务会计中借记"零余额账户用款额度"账户，贷记"财政拨款收入"账户。

按规定支用额度时，按照实际支用的额度，在预算会计中借记"行政支出""事业支出"等账户，贷记"资金结存——零余额账户用款额度"账户；同时在财务会计中借记"库存物品""固定资产""应付职工薪酬""业务活动费用""单位管理费用"等账户，贷记"零余额账户用款额度"账户。

年末，依据代理银行提供的对账单作注销额度的相关账务处理，在预算会计中借记"资金结存——财政应返还额度"账户，贷记"资金结存——零余额账户用款额度"账户；同时在财务会计中借记"财政应返还额度——财政授权支付"账户，贷记"零余额账户用款额度"账户。下年年初恢复额度时，在预算会计中借记"资金结存——零余额账户用款额度"账户，贷记"资金结存——财政应返还额度"账户；同时在财务会计中借记"零余额账户用款额度"账户，贷记"财政应返还额度——财政授权支付"账户。

年末，单位本年度财政授权支付预算指标数大于零余额账户用款额度下达数的，根据未下达的用款额度，在预算会计中借记"资金结存——财政应返还额度"账户，贷记"财政拨款预算收入"账户；同时在财务会计中借记"财政应返还额度——财政授权支付"账户，贷记"财政拨款收入"账户。下年度收到财政部门批复的上年年末未下达零余额账户用款额度时，在预算会计中借记"资金结存——零余额账户用款额度"账户，贷记"资金结存——财政应返还额度"账户；同时在财务会计中借记"零余额账户用款额度"账户，贷记"财政应返还额度——财政授权支付"账户。

■【做中学】■

根据情境引例，编制会计分录。

业务（3）：

6月5日，根据财政授权支付到账通知书等原始凭证编制预算会计分录：

借：资金结存——零余额账户用款额度　　　　　1 780 000
　　贷：财政拨款预算收入　　　　　　　　　　　　　1 780 000

同时，编制财务会计分录：

借：零余额账户用款额度　　　　　　　　　　　1 780 000
　　贷：财政拨款收入　　　　　　　　　　　　　　　1 780 000

业务（4）：

① 2021年年末，注销额度时编制预算会计分录：

借：资金结存——财政应返还额度　　　　　　　150 000
　　贷：资金结存——零余额账户用款额度　　　　　　150 000

同时，编制财务会计分录：

借：财政应返还额度——财政授权支付　　　　　150 000
　　贷：零余额账户用款额度　　　　　　　　　　　　150 000

② 补记指标数时编制预算会计分录：

借：资金结存——财政应返还额度　　　　　　　200 000
　　贷：财政拨款预算收入　　　　　　　　　　　　　200 000

同时，编制财务会计分录：

借：财政应返还额度——财政授权支付　　　　　200 000
　　贷：财政拨款收入　　　　　　　　　　　　　　　200 000

③ 恢复额度时编制预算会计分录：

借：资金结存——零余额账户用款额度　　　　　150 000
　　贷：资金结存——财政应返还额度　　　　　　　　150 000

同时，编制财务会计分录：

借：零余额账户用款额度　　　　　　　　　　　150 000
　　贷：财政应返还额度——财政授权支付　　　　　　150 000

④ 2022年年初收到财政部门批复的上年末未下达的额度时，编制预算会计分录：

借：资金结存——零余额账户用款额度　　　　　200 000
　　贷：资金结存——财政应返还额度　　　　　　　　200 000

同时，编制财务会计分录：
借：零余额账户用款额度　　　　　　　　　　　200 000
　　贷：财政应返还额度——财政授权支付　　　　　　200 000

二、非财政拨款收支业务

单位的收支业务除国库集中收付业务外，还包括事业活动、经营活动等形成的非财政拨款收支，主要包括：事业（预算）收入、捐赠（预算）收入和支出。

（一）事业（预算）收入

事业收入是指事业单位开展专业业务活动及其辅助活动实现的收入，不包括从同级政府财政部门取得的各类财政拨款。

（1）对采用财政专户返还方式管理的事业（预算）收入，实现应上缴财政专户的事业收入时，按照实际收到或应收的金额，在财务会计中借记"银行存款""应收账款"等账户，贷记"应缴财政款"账户。向财政专户上缴款项时，按照实际上缴的款项金额，在财务会计中借记"应缴财政款"账户，贷记"银行存款"等账户。收到从财政专户返还的事业收入时，按照实际收到的返还金额，在财务会计中借记"银行存款"等账户，贷记"事业收入"账户；同时在预算会计中借记"资金结存——货币资金"账户，贷记"事业预算收入"账户。

【做中学】

根据情境引例，编制会计分录。

业务（5）：

①9月5日，收到事业收入时，应编制如下财务会计分录：
借：银行存款　　　　　　　　　　　　　　　5 000 000
　　贷：应缴财政款　　　　　　　　　　　　　　　5 000 000

②9月15日，向财政专户上缴款项时，应编制如下财务会计分录：
借：应缴财政款　　　　　　　　　　　　　　5 000 000
　　贷：银行存款　　　　　　　　　　　　　　　　5 000 000

③10月15日，收到从财政专户返还的事业收入时，编制财务会计分录：
借：银行存款　　　　　　　　　　　　　　　5 000 000
　　贷：事业收入　　　　　　　　　　　　　　　　5 000 000

同时，编制预算会计分录：
借：资金结存——货币资金　　　　　　　　　5 000 000
　　贷：事业预算收入　　　　　　　　　　　　　　5 000 000

（2）对采用预收款方式确认的事业（预算）收入，实际收到预收款项时，按照收到的金额，在财务会计中借记"银行存款"等账户，贷记"预收账款"账户；同时在预算会计中借记"资金结存——货币资金"账户，贷记"事业预算收入"账户。以合同完成进度确认事业收入时，按照基于合同完成进度计算的金额，在财务会计中借记"预收账款"账户，贷记"事业收入"账户。

（3）对采用应收款方式确认的事业（预算）收入，根据合同完成进度计算本期应收的款项，在财务会计中借记"应收账款"账户，贷记"事业收入"账户。实际收到款项时，在财务会计中借记"银行存款"等账户，贷记"应收账款"账户；同时在预算会计中借记"资金结存——货币资金"账户，贷记"事业预算收入"账户。

单位以合同完成进度确认事业收入时，应当根据业务实质，选择累计实际发生的合同成本占合同预计总成本的比例、已经完成的合同工作量占合同预计总工作量的比例、已经完成的时间占合同期限的比例、实际测定的完工进度等方法，合理确定合同完成进度。

（4）对于其他方式下确认的事业（预算）收入，按照实际收到的金额，在财务会计中借记"银行存款""库存现金"等账户，贷记"事业收入"账户；同时在预算会计中借记"资金结存——货币资金"账户，贷记"事业预算收入"账户。

（5）事业活动中涉及增值税业务的，事业（预算）收入按照实际收到的金额扣除增值税销项税额之后的金额入账，事业（预算）收入按照实际收到的金额入账。

【做中学】

根据情境引例，编制会计分录。

业务（6）：

（1）收到劳务收入时编制财务会计分录：

借：银行存款　　　　　　　　　　　　　　　　212 000
　　贷：事业收入　　　　　　　　　　　　　　　　200 000
　　　　应交增值税——应交税金（销项税额）　　　12 000

同时，编制预算会计分录：

借：资金结存——货币资金　　　　　　　　　　212 000
　　贷：事业预算收入　　　　　　　　　　　　　　212 000

（2）实际缴纳增值税时编制财务会计分录：

借：应交增值税——应交税金（已交税金）　　　 12 000
　　贷：银行存款　　　　　　　　　　　　　　　　12 000

同时，编制预算会计分录：

借：事业支出　　　　　　　　　　　　　　　　　12 000
　　贷：资金结存——货币资金　　　　　　　　　　12 000

（6）事业单位对于开展专业业务活动及其辅助活动取得的非同级财政拨款收入（包括两大类：一类是从同级财政以外的同级政府部门取得的横向转拨财政款，另一类是从上级或下级政府取得的各类财政款），应当通过"事业收入"和"事业预算收入"账户下的"非同级财政拨款"明细账户核算；对于其他非同级财政拨款收入，应当通过"非同级财政拨款收入"和"非同级财政拨款预算收入"账户核算。

（二）捐赠（预算）收入和支出

1. 捐赠（预算）收入

捐赠收入指单位接受其他单位或者个人捐赠取得的收入，包括现金捐赠收入和非现金捐赠收入。捐赠预算收入指单位接受捐赠的现金资产。

（1）单位接受捐赠的货币资金，按照实际收到的金额，在财务会计中借记"银行存款""库存现金"等账户，贷记"捐赠收入"账户；同时在预算会计中借记"资金结存——货币资金"账户，贷记"其他预算收入——捐赠预算收入"账户。

（2）单位接受捐赠的存货、固定资产等非现金资产，按照确定的成本，在财务会计中借记"库存物品""固定资产"等账户，按照发生的相关税费、运输费等，贷记"银行存款"等账户，按照其差额，贷记"捐赠收入"账户；同时在预算会计中，按照发生的相关税费、运输费等支出金额，借记"其他支出"账户，贷记"资金结存——货币资金"账户。

■【做中学】■

根据情境引例，编制会计分录。

业务（7）：

学校根据捐赠协议、材料验收单等原始凭证编制财务会计分录：

借：库存物品　　　　　　　　　　　　　　　101 000
　　贷：捐赠收入　　　　　　　　　　　　　　100 000
　　　　银行存款　　　　　　　　　　　　　　　1 000

同时，编制预算会计分录：

借：其他支出　　　　　　　　　　　　　　　　 1 000
　　贷：资金结存——货币资金　　　　　　　　　1 000

2. 捐赠（支出）费用

单位对外捐赠现金资产的，按照实际捐赠的金额，在财务会计中借记"其他费用"账户，贷记"银行存款""库存现金"等账户；同时在预算会计中借记"其他支出"账户，贷记"资金结存——货币资金"账户。

单位对外捐赠库存物品、固定资产等非现金资产的，在财务会计中应当将资产的账面价值转入"资产处置费用"账户，如未支付相关费用，预算会计则不做账务处理。

三、预算结转结余及分配业务

单位在预算会计中应当严格区分财政拨款结转结余和非财政拨款结转结余。财政拨款结转结余不参与事业单位的结余分配，单独设置"财政拨款结转"和"财政拨款结余"账户核算。非财政拨款结转结余通过设置"非财政拨款结转""非财政拨款结余""专用结余""经营结余""非财政拨款结余分配"等账户核算。

（一）财政拨款结转结余的核算

1. 财政拨款结转的核算

"财政拨款结转"账户核算单位滚存的财政拨款结转资金。财政拨款结转的主要账务处理如下：

（1）年末，将财政拨款收入和对应的财政拨款支出结转入"财政拨款结转"账户。

（2）按照规定从其他单位调入财政拨款结转资金的，按照实际调增的额度数额或调入的资金数额，在预算会计中借记"资金结存"账户，贷记"财政拨款结转——归集调入"；同时在财务会计中借记"零余额账户用款额度""财政应返还额度"等账户，贷记"累计盈余"账户。

按规定上缴（或注销）财政拨款结转资金、向其他单位调出财政拨款结转资金，按照实际上缴资金数额、实际调减的额度数额或调出的资金数额，在预算会计中借记"财政拨款结转——归集上缴、归集调出"账户，贷记"资金结存"账户；同时在财务会计中借记"累计盈余"账户，贷记"零余额账户用款额度""财政应返还额度"等账户。

因发生会计差错等事项调整以前年度财政拨款结转资金的，按照调整的金额，在预算会计中借记或贷记"资金结存"账户，贷记或借记"财政拨款结转——年初余额调整"账户；同时在财务会计中借记或贷记"以前年度盈余调整"账户，贷记或借记"零余额账户用款额度""银行存款"等账户。

经财政部门批准对财政拨款结余资金改变用途，调整用于本单位基本支出或其他未完成项目支出的，按照批准调剂的金额，借记"财政拨款结余——单位内部调剂"账户，贷记"财政拨款结转——单位内部调剂"账户。

（3）年末，冲销有关明细账户余额。将"财政拨款结转——本年收支结转、年初余额调整、归集调入、归集调出、归集上缴、单位内部调剂"账户余额转入"财政拨款结转累计结转"账户。

（4）年末，完成上述财政拨款收支结转后，应当对财政拨款结转各明细项目执行情况进行分析，按照有关规定将符合财政拨款结余性质的项目余额转入财政拨款结余，借记"财政拨款结转——累计结转"账户，贷记"财政拨款结余——结转转入"账户。

2. 财政拨款结余的核算

"财政拨款结余"账户核算单位滚存的财政拨款项目支出结余资金。财政拨款结余的主要账务处理如下：

（1）年末，对财政拨款结转各明细项目执行情况进行分析，按照有关规定将符合财政拨款结余性质的项目余额转入财政拨款结余。

（2）经财政部门批准对财政拨款结余资金改变用途，调整用于本单位基本支出或其他未完成项目支出的，按照批准调剂的金额，借记"财政拨款结余——单位内部调剂"账户，贷记"财政拨款结转——单位内部调剂"账户。

按照规定上缴财政拨款结余资金或注销财政拨款结余资金额度的，按照实际上缴资金数额或注销的资金额度数额，在预算会计中借记"财政拨款结余——归集上缴"账户，贷记"资金结存"账户；同时在财务会计中借记"累计盈余"账户，贷记"零余额账户用款额度""财政应返还额度"等账户。

因发生会计差错等事项调整以前年度财政拨款结余资金的，按照调整的金额，在预算会计中借记或贷记"资金结存"账户，贷记或借记"财政拨款结余——年初余额调整"账户；同时在财务会计中借记或贷记"以前年度盈余调整"账户，贷记或借记"零余额账户用款额度""银行存款"等账户。

（3）年末，冲销有关明细账户余额。将"财政拨款结余——年初余额调整、归集上缴、单位内部调剂、结转转入"账户余额转入"财政拨款结余——累计结余"账户。

（二）非财政拨款结转结余的核算

1. 非财政拨款结转的核算

非财政拨款结转资金是指事业单位除财政拨款收支、经营收支以外的各非同级财政拨款专项资金收入与其相关支出相抵后剩余滚存的、须按规定用途使用的结转资金。

非财政拨款结转的主要账务处理如下：

（1）年末，将除财政拨款预算收入、经营预算收入以外的各类预算收入本年发生额中的专项资金收入转入"非财政拨款结转"账户，将行政支出、事业支出、其他支出本年发生额中的非财政拨款专项资金支出转入"非财政拨款结转"账户。

（2）按照规定从科研项目预算收入中提取项目管理费或间接费时，按照提取金额，在预算会计中借记"非财政拨款结转——项目间接费用或管理费"账户，贷记"非财政拨款结余——项目间接费用或管理费"账户；同时在财务会计中借记"业务活动费用""单位管理费用"等账户，贷记"预提费用——项目间接费用或管理费"账户。

因会计差错更正等事项调整非财政拨款结转资金的，按照收到或支出的金额，在预算会计中借记或贷记"资金结存——货币资金"账户，贷记或借记"非财政拨款结转——年初余额调整"账户；同时在财务会计中借记或贷记"以前年度盈余调整"账户，贷记或借记"银行存款"等账户。

按照规定缴回非财政拨款结转资金的，按照实际缴回资金数额，在预算会计中借记"非财政拨款结转——缴回资金"账户，贷记"资金结存——货币资金"账户；同时在财务会计中借记"累计盈余"账户，贷记"银行存款"等账户。

（3）年末，冲销有关明细账户余额。将"非财政拨款结转——年初余额调整、项目间接费用或管理费、缴回资金、本年收支结转"账户余额转入"非财政拨款结转——累计结转"账户。结转后,"非财政拨款结转"账户除"累计结转"明细账户外,其他明细账户应无余额。

(4)年末,完成上述结转后,应当对非财政拨款专项结转资金各项目情况进行分析,将留归本单位使用的非财政拨款专项(项目已完成)剩余资金转入非财政拨款结余,借记"非财政拨款结转——累计结转"账户,贷记"非财政拨款结余——结转转入"账户。

■【做中学】■

根据情境引例,编制会计分录。

业务(8):

(1)收到上级主管部门拨付款项时编制财务会计分录:

借:银行存款　　　　　　　　　　　　　　5 000 000
　　贷:上级补助收入　　　　　　　　　　　　　5 000 000

同时,编制预算会计分录:

借:资金结存——货币资金　　　　　　　　5 000 000
　　贷:上级补助收入　　　　　　　　　　　　　5 000 000

(2)发生业务活动费用(事业支出)时编制财务会计分录:

借:业务活动费用　　　　　　　　　　　　4 800 000
　　贷:银行存款　　　　　　　　　　　　　　　4 800 000

同时,编制预算会计分录:

借:事业支出——非财政专项资金支出　　　4 800 000
　　贷:资金结存——货币资金　　　　　　　　　4 800 000

(3)年末结转上级补助预算收入中该专项资金:

借:上级补助预算收入　　　　　　　　　　5 000 000
　　贷:非财政拨款结转——本年收支结转　　　　5 000 000

(4)年末结转事业支出中该科研专项支出:

借:非财政拨款结转——本年收支结转　　　4 800 000
　　贷:事业支出——非财政专项资金支出　　　　4 800 000

(5)经批准确定结余资金留归本单位使用时:

借:非财政拨款结转——累计结转　　　　　　200 000
　　贷:非财政拨款结余——结转转入　　　　　　　200 000

2. 非财政拨款结余的核算

非财政拨款结余指单位历年滚存的非限定用途的非同级财政拨款结余资金,主要为非财政拨款结余扣除结余分配后滚存的金额。

非财政拨款结余的主要账务处理如下:

（1）年末，将留归本单位使用的非财政拨款专项（项目已完成）剩余资金转入"非财政拨款结余——结转转入"账户，借记"非财政拨款结转——累计结转"账户，贷记"非财政拨款结余——结转转入"账户。

（2）有企业所得税缴纳义务的事业单位实际缴纳企业所得税时，按照缴纳金额，在预算会计中借记"非财政拨款结余——累计结余"账户，贷记"资金结存——货币资金"账户；同时在财务会计中借记"其他应交税费——单位应交所得税"账户，贷记"银行存款"等账户。

因会计差错更正等调整非财政拨款结余资金的，按照收到或支出的金额，在预算会计中借记或贷记"资金结存——货币资金"账户，贷或借记"非财政拨款结余——年初余额调整"账户；同时在财务会计中借记或贷记"以前年度盈余调整"账户，贷记或借记"银行存款"等账户。

（3）年末，冲销有关明细科目余额。将"非财政拨款结余——年初余额调整、项目间接费用或管理费、结转转入"账户余额结转入"非财政拨款结余累计结余"账户。结转后，"非财政拨款结余"账户除"累计结余"明细账户外，其他明细账户应无余额。

（4）年末，事业单位将"非财政拨款结余分配"账户余额转入非财政拨款结余。"非财政拨款结余分配"账户为借方余额的，借记"非财政拨款结余——累计结余"账户，贷记"非财政拨款结余分配"账户；"非财政拨款结余分配"账户为贷方余额的，借记"非财政拨款结余分配"账户，贷记"非财政拨款结余——累计结余"账户。

年末，行政单位将"其他结余"账户余额转入非财政拨款结余。"其他结余"账户为借方余额的，借记"非财政拨款结余——累计结余"账户，贷记"其他结余"账户；"其他结余"账户为贷方余额的，借记"其他结余"账户，贷记"非财政拨款结余——累计结余"账户。

3. 专用结余的核算

专用结余是指事业单位按照规定从非财政拨款结余中提取的具有专门用途的资金。"专用结余"账户，核算专用结余资金的变动和滚存情况。根据有关规定从本年度非财政拨款结余或经营结余中提取基金的，按照提取金额，借记"非财政拨款结余分配"账户，贷记"专用结余"账户。根据规定使用从非财政拨款结余或经营结余中提取的专用基金时，按照使用金额，借记"专用结余"账户，贷记"资金结存——货币资金"账户。"专用结余"账户年末贷方余额，反映事业单位从非同级财政拨款结余中提取的专用基金的累计滚存数额。

4. 经营结余的核算

"经营结余"账户，核算事业单位本年度经营活动收支相抵后余额弥补以前年度经营亏损的余额。期末，事业单位应当结转本期经营收支。根据经营预算收入本期发生额，借记"经营预算收入"账户，贷记"经营结余"账户；根据经营支出本期发生额，借记"经营结余"账户，贷记"经营支出"账户。年末，如"经营结余"账户为贷方余额，将余额结转入"非财政拨款结余分配"账户；如为借方余额，为经营亏损，不予结转。

5. 其他结余的核算

"其他结余"账户，核算单位本年度除财政拨款收支、非同级财政专项资金收支和经营收支以外各项收支相抵后的余额。年末，行政单位将本账户余额转入"非财政拨款结余累计结余"账户；事业单位将本账户余额转入"非财政拨款结余分配"账户。

6. 非财政拨款结余分配的核算

"非财政拨款结余分配"账户，核算事业单位本年度非财政拨款结余分配的情况和结果。年末，事业单位应将"其他结余"账户余额和"经营结余"账户贷方余额转入"非财政拨款结余分配"账户。根据有关规定提取专用基金的，按照提取的金额，借记"非财政拨款结余分配"账户，贷记"专用结余"账户；同时在财务会计中按照相同金额，借记"本年盈余分配"账户，贷记"专用基金"账户。然后，将"非财政拨款结余分配"账户余额转入非财政拨款结余。

【做中学】

根据情境引例，编制相关会计分录。

业务（9）：

（1）结转其他结余时编制预算会计分录：

借：其他结余　　　　　　　　　　　　　　40 000
　　贷：非财政拨款结余分配　　　　　　　　　　　40 000

（2）结转经营结余时编制预算会计分录：

借：经营结余　　　　　　　　　　　　　　30 000
　　贷：非财政拨款结余分配　　　　　　　　　　　30 000

（3）提取专用基金时编制预算会计分录：

借：非财政拨款结余分配　　　　　　　　　10 000
　　贷：专用结余——职工福利基金　　　　　　　　10 000

同时，编制财务会计分录：

借：本年盈余分配　　　　　　　　　　　　10 000
　　贷：专用基金——职工福利基金　　　　　　　　10 000

（4）将"非财政拨款结余分配"账户的余额转入"非财政拨款结余"账户：

借：非财政拨款结余分配　　　　　　　　　60 000
　　贷：非财政拨款结余　　　　　　　　　　　　　60 000

四、净资产业务

单位财务会计净资产的来源主要包括累计实现的盈余和无偿调拨的净资产。在日常核算中，单位应当在财务会计中设置"累计盈余""专用基金""无偿调拨净资产""权益法调整""本期盈余""本年盈余分配""以前年度盈余调整"等账户。

（一）本期盈余及本年盈余分配

1. 本期盈余

"本期盈余"账户核算单位本期各项收入、费用相抵后的余额。期末，单位应当将各类收入账户和各类费用账户本期发生额转入"本期盈余"账户。年末，单位应当将"本期盈余"账户余额转入"本年盈余分配"账户。

2. 本年盈余分配

"本年盈余分配"账户核算单位本年度盈余分配的情况和结果。年末，单位应当将"本期盈余"账户余额转入本账户。根据有关规定从本年度非财政拨款结余或经营结余中提取专用基金的，按照预算会计下计算的提取金额，借记"本年盈余分配"账户，贷记"专用基金"账户。然后，将"本年盈余分配"账户余额转入"累计盈余"账户。

（二）专用基金

"专用基金"账户核算事业单位按照规定提取或设置的具有专门用途的净资产，主要包括职工福利基金、科技成果转换基金等。事业单位从本年度非财政拨款结余或经营结余中提取专用基金的，在财务会计中通过"专用基金"账户核算的同时，还应在预算会计"专用结余"账户进行核算。

（三）无偿调拨净资产

按照行政事业单位资产管理相关规定，政府单位之间可以无偿调拨资产。通常情况下，无偿调拨非现金资产不涉及资金业务，因此不需要进行预算会计核算（除非以现金支付相关费用等）。从本质上讲，无偿调拨资产业务属于政府间净资产的变化，调入、调出方不确认相应的收入和费用。单位应当设置"无偿调拨净资产"账户，核算无偿调入或调出非现金资产所引起的净资产变动金额。年末，单位应将"无偿调拨净资产"账户余额转入"累计盈余"账户。

【做中学】

根据情境引例，编制相关会计分录。

业务（10）：

根据审批文件、固定资产出库单等原始凭证编制财务会计分录：

借：无偿调拨净资产	60 000	
固定资产累计折旧	40 000	
贷：固定资产		100 000
借：资产处置费用	1 000	
贷：库存现金		1 000

同时，编制预算会计分录：

借：其他支出　　　　　　　　　　　　　　　　　　　　　1 000
　　　　贷：资金结存——货币资金　　　　　　　　　　　　　　　1 000

（四）以前年度盈余调整

"以前年度盈余调整"账户核算单位本年度发生的调整以前年度盈余的事项，包括本年度发生的重要前期差错更正涉及调整以前年度盈余的事项。单位对相关事项调整后，应及时将"以前年度盈余调整"账户余额转入"累计盈余"账户，借记或贷记"累计盈余"账户，贷记或借记"以前年度盈余调整"账户。

（五）累计盈余

"累计盈余"账户核算单位历年实现的盈余扣除盈余分配后滚存的金额，以及因无偿调入调出资产产生的净资产变动额。年末，将"本年盈余分配"账户的余额转入"累计盈余"账户，借记或贷记"本年盈余分配"账户，贷记或借记"累计盈余"账户；将"无偿调拨净资产"账户的余额转入"累计盈余"账户，借记或贷记"无偿调拨净资产"账户，贷记或借记"累计盈余"账户。

按照规定上缴、缴回、单位间调剂结转结余资金产生的净资产变动额，以及对以前年度盈余的调整金额，也通过"累计盈余"账户核算。

五、资产业务

（一）资产业务的几个共性内容

1. 资产取得

单位资产取得的方式包括外购、自行加工或自行建造、接受捐赠、无偿调入、置换换入等。资产在取得时按照成本进行初始计量，并分别根据不同取得方式进行会计处理。

（1）外购的资产，其成本通常包括购买价款、相关税费（不包括按规定可抵扣的增值税进项税额），以及使得资产达到目前场所和状态或交付使用前所发生的归属于该项资产的其他费用。

（2）自行加工或自行建造的资产，其成本包括该项资产至验收入库或交付使用前所发生的全部必要支出。

（3）接受捐赠的非现金资产，对于存货、固定资产、无形资产而言，其成本按照有关凭据注明的金额加上相关税费等确定；没有相关凭据可供取得，但按规定经过资产评估的，其成本按照评估价值加上相关税费等确定；没有相关凭据可供取得、也未经资产评估的，其成本比照同类或类似资产的市场价格加上相关税费等确定；没有相关凭据且未经资产评估、同类或类似资产的市场价格也无法可靠取得的，按照名义金额（人民币1元）入账。对于投资和公共基础设施、政府储备物资、保障性住房、文物文化资产等经管资产而言，其初始成本只能按照前三个层次进行计量，不能采用名义金额计量。盘盈资产的入账成本参照上述办法确定。

单位对于接受捐赠的资产，其成本能够确定的，应当按照确定的成本减去相关税费后的净额计入捐赠收入。资产成本不能确定的，单独设置备查簿进行登记，相关税费等计入当期费用。

（4）无偿调入的资产，其成本按照调出方账面价值加上相关税费等确定，根据确定的成本减去相关税费后的金额计入无偿调拨净资产。

（5）置换取得的资产，其成本按照换出资产的评估价值，加上支付的补价或减去收到的补价，加上为换入资产发生的其他相关支出确定。

2. 资产处置

按照规定，资产处置的形式包括无偿调拨、出售、出让、转让、置换、对外捐赠、报废、毁损以及货币性资产损失核销等。单位应当按规定报经批准后对资产进行处置。通常情况下，单位应当将被处置资产账面价值转销计入资产处置费用，并按照"收支两条线"将处置净收益上缴财政。如按规定将资产处置净收益纳入单位预算管理的，应将净收益计入当期收入。对于资产盘盈、盘亏、报废或毁损的，应当在报经批准前将相关资产账面价值转入"待处理财产损溢"科目，待报经批准后再进行资产处置。

对于无偿调出的资产，单位应当在转销被处置资产账面价值时冲减无偿调拨净资产。

对于置换换出的资产，应当与换入资产一同进行相关会计处理。

（二）固定资产

行政事业单位的固定资产一般分为六类：① 房屋及构筑物；② 专用设备；③ 通用设备；④ 文物和陈列品；⑤ 图书、档案；⑥ 家具、用具、装具及动植物。单位价值虽未达到规定标准，但是使用年限超过1年（不含1年）的大批同类物资，如图书、家具、用具、装具等，应当确认为固定资产。

为了核算固定资产，单位应当设置"固定资产""固定资产累计折旧"等账户。购入需要安装的固定资产，应当先通过"在建工程"账户核算，安装完毕交付使用时再转入"固定资产"账户。

单位应当按月对固定资产计提折旧，下列固定资产除外：① 文物和陈列品；② 动植物；③ 图书、档案；④ 单独计价入账的土地；⑤ 以名义金额计量的固定资产。单位应当根据相关规定以及固定资产的性质和使用情况，合理确定固定资产的使用年限。因改建、扩建等原因而延长固定资产使用年限的，应当重新确定固定资产的折旧年限。单位盘盈、无偿调入、接受捐赠以及置换的固定资产，应当考虑该项资产的新旧程度，按照其尚可使用的年限计提折旧。

固定资产应当按月计提折旧，当月增加的固定资产，当月开始计提折旧；当月减少的固定资产，当月不再计提折旧。固定资产提足折旧后，无论能否继续使用，均不再计提折旧；提前报废的固定资产，也不再补提折旧。已提足折旧的固定资产，可以继续使用的，应当继续使用，规范实物管理。

【做中学】

根据情境引例，编制相关会计分录。

业务（11）：

根据购买发票、固定资产验收单和银行支付回单等原始凭证编制财务会计分录：

借：固定资产　　　　　　　　　　　　　　　800 000
　　贷：银行存款　　　　　　　　　　　　　　　800 000

同时，编制预算会计分录：

借：事业支出　　　　　　　　　　　　　　　800 000
　　贷：资金结存——货币资金　　　　　　　8 000 000

业务（12）：

根据折旧计提表编制财务会计分录：

借：业务活动费用　　　　　　　　　　　　　350 000
　　贷：固定资产累计折旧　　　　　　　　　　350 000

六、负债业务

（一）应缴财政款

应缴财政款是指单位取得或应收的按照规定应当上缴财政的款项，包括应缴国库的款项和应缴财政专户的款项。为核算应缴财政的各类款项，单位应当设置"应缴财政款"账户。单位按照国家税法等有关规定应当缴纳的各种税费，通过"应交增值税""其他应交税费"账户核算，不通过"应缴财政款"账户核算。

单位取得或应收按照规定应缴财政的款项时，借记"银行存款""应收账款"等账户，贷记"应缴财政款"账户。单位上缴应缴财政的款项时，按照实际上缴的金额，借记"应缴财政款"账户，贷记"银行存款"账户。由于应缴财政的款项不属于纳入部门预算管理的现金收支，因此不进行预算会计处理。

（二）应付职工薪酬

应付职工薪酬是指按照有关规定应付给职工（含长期聘用人员）及为职工支付的各种薪酬，包括基本工资、国家统一规定的津贴补贴、规范津贴补贴（绩效工资）、改革性补贴、社会保险费（如职工基本养老保险费、职业年金、基本医疗保险费等）、住房公积金等。为核算应付职工薪酬业务，单位应当设置"应付职工薪酬"账户。该账户应当根据国家有关规定按照"基本工资（含离退休费）""国家统一规定的津贴补贴""规范津贴补贴（绩效工资）""改革性补贴""社会保险费""住房公积金""其他个人收入"等进行明细核算。其中，"社会保险费""住房公积金"明细科目核算内容包括单位从职工工资中代扣代缴的社会保险费、住房公积金，以及单位为职工计算缴纳的社会保险费、住房公积金。

【做中学】

根据情境引例，编制相关会计分录。

业务（13）：

（1）计算工资时编制财务会计分录：

借：业务活动费用　　　　　　　　　　　　　　　900 000
　　贷：应付职工薪酬　　　　　　　　　　　　　　　　900 000

（2）代扣个人所得税时编制财务会计分录：

借：应付职工薪酬　　　　　　　　　　　　　　　30 000
　　贷：其他应交税费——应交个人所得税　　　　　　30 000

（3）实际发放工资时编制财务会计分录：

借：应付职工薪酬　　　　　　　　　　　　　　　870 000
　　贷：零余额账户用款额度　　　　　　　　　　　　870 000

同时，编制预算会计分录：

借：事业支出　　　　　　　　　　　　　　　　　870 000
　　贷：资金结存——零余额账户用款额度　　　　　　870 000

（4）上缴代扣的个人所得税时编制财务会计分录：

借：其他应交税费——应交个人所得税　　　　　　30 000
　　贷：零余额账户用款额度　　　　　　　　　　　　30 000

同时，编制预算会计分录：

借：事业支出　　　　　　　　　　　　　　　　　30 000
　　贷：资金结存——零余额账户用款额度　　　　　　30 000

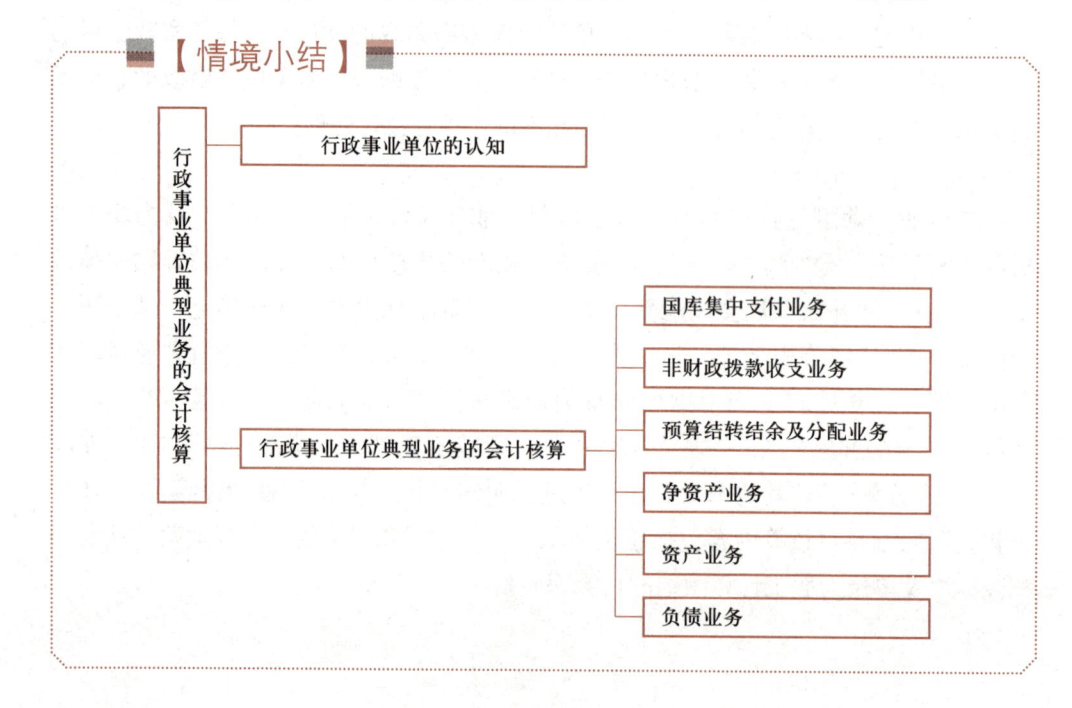

【情境小结】

行政事业单位典型业务的会计核算
- 行政事业单位的认知
- 行政事业单位典型业务的会计核算
  - 国库集中支付业务
  - 非财政拨款收支业务
  - 预算结转结余及分配业务
  - 净资产业务
  - 资产业务
  - 负债业务

【情境思考】

1. 行政单位与事业单位的区别有哪些方面？
2. 政府会计要素有几类？具体要素是哪些？
3. 预算会计与财务会计有什么不同？
4. 什么是国库集中支付？具体包括几种形式？
5. 行政事业单位有哪些非财政拨款收入？
6. 预算结转结余如何核算？
7. 行政事业单位的资产和负债分别有哪些？与企业的资产和负债相比有哪些特点？
8. 行政事业单位的净资产包括哪些内容？
9. "应缴财政款"包含哪些内容？如何进行会计核算？

参考文献

[1] 黄启国. 行业会计比较［M］. 6版. 北京：高等教育出版社，2020.

[2] 中华人民共和国财政部. 企业会计准则应用指南［M］. 上海：立信会计出版社，2021.

[3] 孙玉栋，张斌，樊勇. 民间非营利组织会计实务［M］. 北京：清华大学出版社，2006.

[4] 王国生，姚维刚. 民间非营利组织会计［M］. 北京：中国金融出版社，2007.

[5] 傅胜. 行业会计比较［M］. 7版. 大连：东北财经大学出版社，2019.

[6] 刘志翔，赵艳玲. 行业会计比较［M］. 4版. 北京：首都经济贸易大学出版社，2019.

[7] 周云，倪莉. 房地产概论［M］. 北京：中国环境科学出版社，2006.

[8] 刘学华. 政府与非营利组织会计［M］. 上海：立信会计出版社，2019年.

[9] 董普. 新编政府与非营利组织会计［M］. 北京：清华大学出版社，2020年.

[10] 杨明，晋晓琴，卢凤娟. 政府与非营利组织会计［M］. 2版. 北京：中国财政经济出版社，2020年.

[11] 王彦，王建英，赵西卜. 政府与非营利组织会计［M］. 6版. 北京：中国人民大学出版社，2019年.

[12] 董宏. 建筑企业日常涉税业务实操大全［M］. 北京：中国市场出版社，2020年.

[13] 平准. 建筑施工会计真账实操全流程演练［M］. 2版. 北京：人民邮电出版社，2020年.

[14] 林久时. 建筑企业财税处理与合同涉税管理［M］. 北京：中国铁道出版社有限公司，2020年.

[15] 平准. 建筑施工企业会计核算与纳税、财务报表编制实务［M］. 北京：人民邮电出版社，2020年.

[16] 平准. 农业企业会计核算与纳税、财务报表编制实务［M］. 北京：人民邮电出版社，2020年.

[17] 于秉汝. 商业会计与纳税真账实操——从入门到精通［M］. 北京：中国铁道出版社有限公司，2019年.

[18] 李海波. 蒋瑛，新编商业会计［M］. 上海：立信会计出版社，2017年.

[19] 平准. 餐饮企业会计核算与纳税、财务报表编制实务［M］. 北京：人民邮电

出版社，2020年．

［20］于秉汝．餐饮会计与纳税真账实操——从入门到精通［M］．北京：中国铁道出版社有限公司，2020年．

［21］朱新展．餐饮企业成本控制与会计核算全案［M］．北京：化学工业出版社，2018年．

［22］财政部会计资格评估中心．2021年度全国会计专业技术资格考试辅导教材、初级会计实务［M］．北京：经济科学出版社，2022年．

［23］张洪伟．餐饮企业会计真账实操全图解［M］．北京：中国铁道出版社有限公司，2018年．

［24］平准．房地产企业会计核算与纳税、财务报表编制实务［M］．北京：人民邮电出版社，2020年．

主编简介

张流柱，长沙民政职业技术学院财务处处长，历任会计系带头人和会计系主任，管理学副教授，注册会计师。多年来坚持从事会计专业课程教学和管理，获国家级教学成果奖一等奖1项，公开发表论文30多篇，主编教材12本，主持和参与省级课题12项，主持国家职业教育会计专业教学资源库"行业会计比较"课程资源的开发与建设，国家级精品资源共享课程"企业纳税实务"和"会计循环综合实训"主讲教师。

周艳，长沙民政职业技术学院财经管理学院会计系主任，管理学副教授，会计师。主持5项省厅级教研教改课题，发表论文20余篇，参与2门国家精品共享课程建设。是国家职业教育会计专业教学资源库子课程"行业会计比较"第二主讲人，湖南省国培、省培项目指导教师，湖南省中高职会计技能竞赛评委。2018年开始作为竞赛总指导，历任成本会计、管理会计、税法模块指导教师，4年来多次荣获湖南省高职技能竞赛优秀指导教师称号。

郑重声明

高等教育出版社依法对本书享有专有出版权。任何未经许可的复制、销售行为均违反《中华人民共和国著作权法》，其行为人将承担相应的民事责任和行政责任；构成犯罪的，将被依法追究刑事责任。为了维护市场秩序，保护读者的合法权益，避免读者误用盗版书造成不良后果，我社将配合行政执法部门和司法机关对违法犯罪的单位和个人进行严厉打击。社会各界人士如发现上述侵权行为，希望及时举报，我社将奖励举报有功人员。

反盗版举报电话　　（010）58581999　58582371
反盗版举报邮箱　　dd@hep.com.cn
通信地址　　北京市西城区德外大街4号　高等教育出版社法律事务部
邮政编码　　100120

读者意见反馈

为收集对教材的意见建议，进一步完善教材编写并做好服务工作，读者可将对本教材的意见建议通过如下渠道反馈至我社。

咨询电话　　400-810-0598
反馈邮箱　　gjdzfwb@pub.hep.cn
通信地址　　北京市朝阳区惠新东街4号富盛大厦1座
　　　　　　高等教育出版社总编辑办公室
邮政编码　　100029

防伪查询说明（适用于封底贴有防伪标的图书）

用户购书后刮开封底防伪涂层，使用手机微信等软件扫描二维码，会跳转至防伪查询网页，获得所购图书详细信息。

防伪客服电话　　（010）58582300